陕西省房地产业发展研究报告

（2018）

西安建筑科技大学丝绸之路住房研究所
陕西省房地产业发展研究中心　　著

中国建筑工业出版社

图书在版编目(CIP)数据

陕西省房地产业发展研究报告. 2018/西安建筑科技大学丝绸之路住房研究所,陕西省房地产业发展研究中心著. —北京:中国建筑工业出版社,2019.4
ISBN 978-7-112-23403-5

Ⅰ.①陕… Ⅱ.①西…②陕… Ⅲ.①房地产业-经济发展-研究报告-陕西-2018 Ⅳ.①F299.274.1

中国版本图书馆 CIP 数据核字(2019)第 039761 号

责任编辑:高延伟 张 晶 周方圆
责任校对:王 瑞

陕西省房地产业发展研究报告(2018)
西安建筑科技大学丝绸之路住房研究所
陕西省房地产业发展研究中心 著

*

中国建筑工业出版社出版、发行 (北京海淀三里河路 9 号)
各地新华书店、建筑书店经销
北京科地亚盟排版公司制版
北京建筑工业印刷厂印刷

*

开本:787×1092 毫米 1/16 印张:24¾ 字数:587 千字
2019 年 4 月第一版 2019 年 4 月第一次印刷
定价:**78.00 元**
ISBN 978-7-112-23403-5
(33701)

编　委　会

主　　任：刘晓君　西安建筑科技大学校长、党委副书记
　　　　　　　　　　陕西省房地产业发展研究中心主任
副 主 任：张伟成　陕西省住房和城乡建设厅房地产市场监管处处长
　　　　　　李玲燕　陕西省房地产业发展研究中心副主任
成　　员：刘　卉　陕西省住房和城乡建设厅房地产市场监管处调研员
　　　　　　殷赞乐　陕西省住房和城乡建设厅房地产市场监管处副处长
　　　　　　康保林　陕西省住房和城乡建设厅房地产市场监管处副调研员
　　　　　　刘　佳　陕西省住房和城乡建设厅房地产市场监管处科员

著作编撰人员：刘晓君　李玲燕　张晶晶　胡升凯　郭晓彤　贺　丽
　　　　　　　　高子倩　刘　浪　赵月溪　鲁晶涵　王东旭　李　培
　　　　　　　　郭兴兴　安姜誉　刘　梁　孙肖洁　高伯洋　张　晨
　　　　　　　　孙婉铭　高园园

前　言

党的十九大会议上，习近平总书记明确指出"要坚持房子是用来住的，不是用来炒的定位，加快建立多主体供给、多渠道保障、租购并举的住房制度"，为房地产业的发展提出了新方向、新路径和新要求。2018年是全面贯彻党的十九大精神的开局之年，2018年中央经济工作会议在重点工作任务部署中指出，"要构建房地产市场健康发展长效机制，坚持房子是用来住的、不是用来炒的定位，因城施策、分类指导，夯实城市政府主体责任，完善住房市场体系和住房保障体系"，进一步明确了未来我国城镇住房市场发展应深度结合各地经济结构、社会发展、人口转变的实际情况，将房地产市场调控主体从中央顶层决策逐渐调整为城市政府因城施策，政策工具使用、组合的愈加灵活。陕西省2019年政府工作报告中提到，"坚持分类指导，推动房地产市场平稳健康发展，有效防控房地产领域风险"，因此，陕西省房地产市场高效调控的关键就在于因城施策、分类指导。

房地产市场发展与地区社会、经济、人口状况高度相关。社会经济方面，陕西省域各城市经济发展差距较大、发展模式各异，近年来，逐渐形成"关中协同创新、陕北持续转型、陕南绿色循环"的特色发展路线；区域发展结构方面，全省着力推动县域经济发展以县城为重点打造区域性中小城市；人口发展方面，随着"一带一路"倡议的不断推进、关中平原城市群发展的顺利启动、西安国家中心城市建设的逐渐起步，陕西省各地区在国家重大战略部署中的地位分化、强度差异也使得人口存量结构和人口增量结构出现明显差异。因而，在房地产市场发展中，亟需形成以区域规模结构、经济发展结构、人口增存结构等分类指标为基础，多维度、全过程、重反馈的陕西省一城一策房地产市场调控体系，为陕西省继续坚持房住不炒定位，稳步、高效地建立多主体供给、多渠道保障、租购并举的住房制度打下坚实基础，为增强人民群众获得感、幸福感、安全感，保持经济持续健康发展和社会大局稳定作出贡献。

基于此，本书以陕西省"一城一策"房地产市场调控政策研究为主题，系统追溯2011—2017全省房地产市场与调控政策的发展历程、影响因素及其作用机理，分城市透析西安市、宝鸡市、咸阳市、铜川市、渭南市、延安市、榆林市、汉中市、安康市、商洛市、杨凌示范区的房地产市场结构、房地产政策，构建"市场结构—政策手段—绩效评价"的"一城一策"房地产调控政策研究体系，并基于市场预期利用系统动力模型系统仿真各城市各类政策手段的调控效果，同时持续追踪陕西省房地产市场动态、深入解析陕西省房地产市场行情，为推动房地产市场平稳健康发展、有效防控房地产领域风险提供借鉴参考。

本书共分为四篇：

第一篇　2011~2018年陕西省总体房地产市场及调控政策发展情况。本篇系统解析2011年以来的陕西省房地产市场结构、房地产调控政策，客观评价房地产调控政策与房地产市场发展的绩效作用，深入透析房地产市场发展影响因素及作用关系，进而聚焦问题，提出建议与保障措施。

第二篇　陕西省"一城一策"房地产市场调控政策研究专题。本篇依照"一城一策"的研究思路，针对西安市、宝鸡市、咸阳市、铜川市、渭南市、延安市、榆林市、汉中市、安康市、商洛市、杨凌示范区等11个城市，分11章内容深入剖析各地市房地产市场结构，精准评价各地市房地产调控政策、合理预期各地市房地产市场发展，科学构建各地市房地产政策建议。

第三篇　2018年陕西省房地产市场运行分析。本篇详细剖析2018年陕西省各地市（区）房地产市场的月度、季度、年度的供需情况、现存问题及下一步任务与措施，具体包括2018年1月至2018年11月的各月度陕西省房地产市场供需现状，2018年一季度、2018年上半年、2018年三季度及2018年四季度房地产市场运行分析报告。

第四篇　2018年全国及陕西省房地产市场资讯。本部分详细盘点分析2018年各月度的全国房地产市场重要资讯、陕西省各地市（区）房地产市场重要资讯，涵盖土地、金融、税收、户籍政策、市场调控等重要资讯信息。

最后，研究报告附有1998~2018年陕西省及各地市（区）与房地产相关的政策汇总，包括政策的发布时间、政策名称及发布部门，以供读者参考。

本研究报告是基于陕西省住房和城乡建设厅房地产信息管理系统、国家统计局、陕西省统计局公布的相关数据进行数据挖掘、数据统计与分析后而得，数据权威、资料丰富、统计科学、分析详实，同时通过专业的统计分析模型，对房地产市场运行现状进行科学统计与剖析，对房地产调控政策进行系统仿真与研究。作为陕西省住房和城乡建设厅咨询项目的部分内容，感谢陕西省住房和城乡建设厅房地产市场监管处给予的巨大支持与帮助，也感谢项目课题组成员长期以来的辛勤耕耘及对本书的重要贡献。本书编委会期待各界领导和朋友能够继续关心我们的发展，并对我们的工作提出宝贵建议。

目　　录

第一篇
2011～2018 年陕西省总体房地产市场及调控政策发展情况

一、陕西省房地产市场总体发展现状

2011~2017 年间，陕西省 GDP 和固定资产总投资快速增长，二者分别由 2011 年的 12512.3 亿元和 9701.43 亿元增长至 2017 年的 21898.81 亿元和 23468.21 亿元，年均增长率分别为 9.78% 和 15.86%；2011~2016 年房地产业增加值平稳上扬，由 2011 年的 3980.3 亿元上涨至 2016 年的 7471.70 亿元，如图 1-1-1 所示。

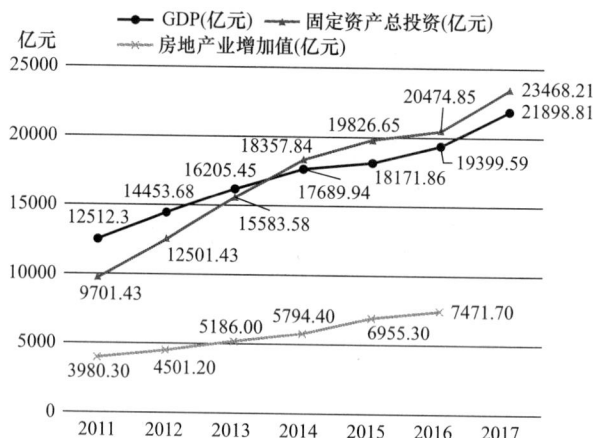

图 1-1-1　2011~2017 年陕西省综合经济指标

房地产开发投资额持续上涨，由 2011 年的 1349.91 亿元增加至 2017 年的 3259.36 亿元，年均增长率为 15.83%。其中，保障性安居工程开发投资额在 2011~2013 年呈 "V" 形变化，2013 年至今，投资平稳增加，由 730.61 亿元增长至 924.13 亿元；商品住房开发投资额由 2011 年的 1158.08 亿元逐年增长到 2016 年的 2631.80 亿元，2017 年的商品住房开发投资额有所减少，为 2416.90 亿元，如图 1-1-2 所示。

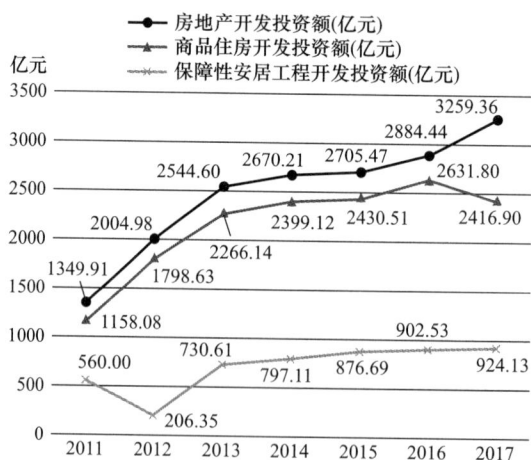

图 1-1-2　2011~2017 年陕西省房地产开发投资情况

全省商品房施工面积稳步上涨，由 2011 年的 9983.6 万 m² 增长至 2017 年的 19069.69 万 m²；商品房竣工面积在 2011~2015 年期间平稳上涨，2016 年、2017 年逐年减少，由

2015 年的 3832.20 万 m² 小幅降至 3548.93 万 m²；商品房新开工面积总体呈下降趋势，由 2012 年的 5819.46 万 m² 降至 3824.05 万 m²，如图 1-1-3 所示。新建商品房销售面积在 2011~2016 年呈平稳微升的趋势，由 2011 年的 2710.4 万 m² 增长至 2016 年的 4454.9 万 m²，2017 年销售面积略有减少至 4297.64 万 m²；商品住房销售面积变化趋势与商品房销售面积相同，由 2011 年的 2450.39 万 m² 增长至 2017 年的 3702.41 万 m²，住宅销售均价整体呈上涨趋势，由 2011 年末的 4959 元/m² 增长至 2017 年的 5318 元/m²；二手房成交量和成交价格整体快步增长，其中，二手住房交易面积和交易均价分别由 2014 年的 454.51 万 m² 和 2015 年的 4079 元/m² 增加至 2017 年的 977.1 万 m² 和 5336 元/m²，如图 1-1-4 所示。

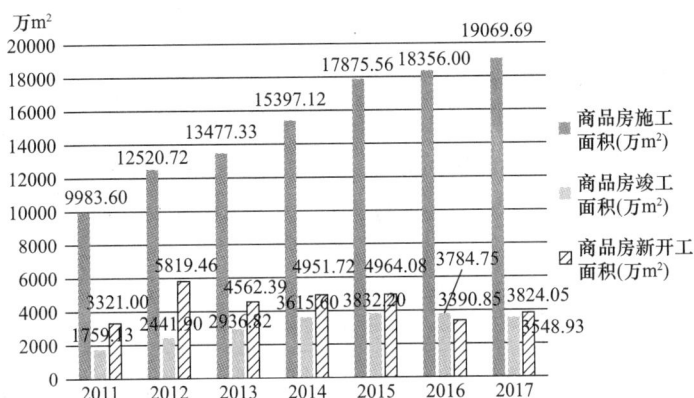

图 1-1-3　2011~2017 年陕西省新建商品房供给情况

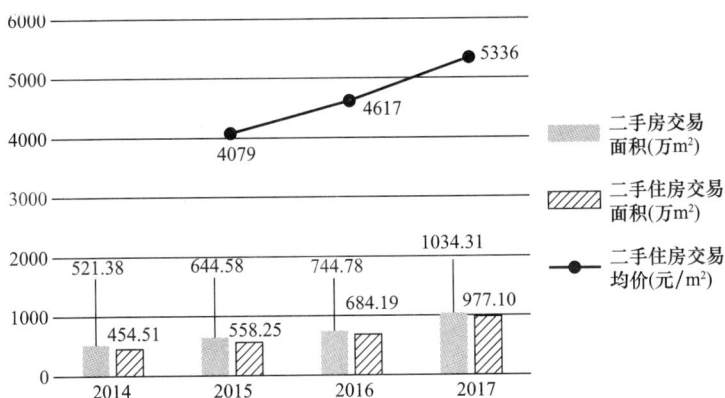

图 1-1-4　2014~2017 年陕西省二手房交易情况

二、陕西省房地产政策演化路径及绩效评价

(一)陕西省房地产政策梳理

本书所选取的房地产政策文本均来源于公开的数据资料，主要从陕西省住房和城乡建设厅与人民政府等网站搜集得到。

1. 陕西省房地产政策概况

陕西省从 2004 年到 2018 年共发布 55 条房地产政策，其中 2007 年发布最多，为 10 条，占发布政策总量的 17.24%，而 2006 年、2012 年发布最少，分别为 0 条、1 条，占发布政策总量的 0%、1.75%，具体如图 1-2-1 所示。

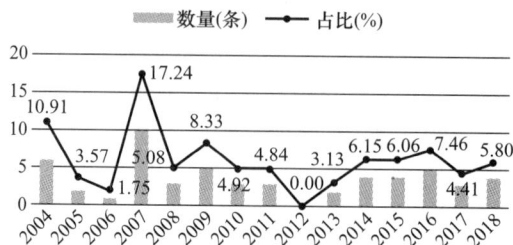

图 1-2-1　陕西省历年发布政策数量及占比

从政策类型来看，陕西省发布的房地产政策中办法和条例最多，分别为 14 条、12 条，占发布政策总量的 25.45%、21.82%；而规划最少，为 1 条，占发布政策总量的 1.82%。具体如表 1-2-1 所示。

陕西省发布政策类型数量及占比　　　　　　　　　　表 1-2-1

政策类型	条例	通知	方案	意见	办法	规定	规划	细则
数量（条）	12	11	2	9	14	4	1	2
占比（%）	21.82	20.00	3.64	16.36	25.45	7.27	1.82	3.64

2. 陕西省重要政策回顾

2004 年 7 月陕西省印发《省级驻西安单位住房分配货币化实施方案》，为实现住房资源配置市场化、住房分配货币化，明确提出了要全面停止住房实物分配、实行住房货币补贴，进一步规范和完善住房公积金制度，并在此基础上提出稳步推进租金改革。

2004 年 10 月陕西省颁布《陕西省人民政府办公厅贯彻国务院办公厅关于控制城镇房屋拆迁规模严格拆迁管理的通知》，对于端正城镇房屋拆迁指导思想、控制拆迁规模、严格拆迁管理、进一步加强城镇房屋拆迁工作，具有重要指导意义。文件指出要加快建设适合被拆迁居民购买的中低价位、中小户型普通商品住房，缓解拆迁安置用房供应不足的矛盾，要完善拆迁户弱势群体的住房保障机制，综合运用最低收入保障、失业保障、最低补偿标准和经济适用住房、廉租住房等政策措施，确保被拆迁居民中困难家庭的基本居住需要，但是没有提出具体的实施措施。

2006 年陕西省颁布《经济适用住房管理办法》细则，指出了要从开发建设、价格公示、销售管理等方面对经济适用住房进行管理，并且从建设用地、行政事业收费、基础设施费用和居民购房利率等方面提出优惠举措来鼓励经济适用住房的建设。

2007 年 11 月陕西省颁布《陕西省人民政府关于进一步加快解决城市低收入家庭住房困难的若干意见》，提出各级政府要坚持统筹规划、分步解决、政府主导、社会参与、因地制宜的原则，加快建立健全廉租住房制度，切实解决好城市低收入家庭的住房困难问题，同时要改进和规范经济适用住房制度，加大棚户区、旧住宅区改造力度，使低收入家庭住房条件得到明显改善，农民工等其他城市住房困难群体的居住条件也得到一定改善。

2009年2月陕西省颁布《陕西省人民政府关于进一步加强住房公积金管理提高使用率的意见》，提出要从扩大住房公积金覆盖面、规范住房公积金缴存基数和比例、提高住房公积金使用率等方面加强对住房公积金的管理。针对提高住房公积金使用率提出了具体的措施。

2010年3月陕西省颁布《陕西省人民政府关于促进房地产市场平稳健康发展的意见》，提出要切实增加保障性住房和普通商品住房的有效供给，并加大保障性安居工程建设力度。在此基础上提出了对首次购房与非首次购房实行差别化信贷政策，对普通住房与非普通住房、首次购房与非首次购房实行差别化税收政策，来合理引导住房消费，抑制投资投机性购房需求。

2010年7月陕西省颁布《中共陕西省委办公厅　陕西省人民政府办公厅关于加快保障性住房建设的意见》，从建设用地、税费优惠、信贷支持等方面鼓励廉租住房、经济适用住房、公共租赁住房的建设，并对廉租住房的建设提出了具体的目标。文件明确提出支持"限价商品房"建设，对建筑面积及房价确定进行大概的指导并规定限价商品房5年内不得转让。

2011年3月陕西省颁布《陕西省人民政府办公厅转发国务院办公厅关于进一步做好房地产市场调控工作有关问题的能知》，进一步强化差别信贷政策，贷款首付款比例从2010年陕西省29号文件规定的不得低于40%上涨到了不得低于60%，贷款利率不低于基准利率的1.1倍。该文件明确提出要加大保障性安居工程建设力度，要求保障性住房、棚户区改造住房和中小套型普通商品住房用地不低于住房建设用地供应总量的70%，并调整个人转让住房营业税政策，对个人购买住房不足5年转手交易的，统一按其销售收入全额征税。要求各设区市政府要根据当地经济发展目标、人均可支配收入增长速度和居民住房支付能力，合理确定本地区年度新建住房价格控制目标。

2011年7月陕西省颁布《陕西省保障性住房管理办法（试行）》，从规划设计、土地、资金、建设、分配、运营、推出、监督等方面加强对保障性住房的管理，体现了保障性住房管理的全阶段性。

2011年9月陕西省颁布《陕西省城镇住房制度改革总体方案》，旨在逐步实现住房商品化和住房资金投入产出的良性循环，努力缓解居民住房困难，不断改善居住条件，发展房地产业，更好地促进国民经济发展，对各个阶段提出了具体的目标，并且提出了提租发补贴、实行公积金、租房购债券、出售公有房、集资多建房、分级设基金、建立房改委等具体实施办法。

2013年4月陕西省颁布《陕西省人民政府办公厅转发国务院办公厅关于继续做好房地产市场调控工作的通知》，进一步强调要加快保障性安居工程规划建设，落实城镇保障性安居工程基本建成470万套、新开工630万套的任务。该文件提出要从限购、差别化税信贷政策方面坚决抑制投资投机性购房，并要求升级有关部门要加强对城市人民政府稳定房价工作的监督和检查，对于措施执行不到位、房价上涨过快的，要进行约谈和问责。

2014年1月陕西省颁布《关于加快棚户区改造工作的实施意见》，旨在加快棚户区改造工作，对于不同的棚户区提出了不同的改造目标，并且从资金、用地、税费等方面加大对棚户区改造的支持力度。

2015年3月陕西省颁布《陕西省人民政府办公厅转发〈陕西省保障性住房建设管理工作奖励暂行办法〉的通知》为推进全省年度保障性住房目标任务的完成，保证保障性住房奖励工作的公平、公正，首次提出了保障性住房建设管理工作奖励暂行办法，并明确了奖励的实施办法以及奖励资金的使用范围。

在2014年1月陕西省颁布《关于加快棚户区改造工作的实施意见》的落实政策支持基础上，2015年4月陕西省颁布《关于进一步加强棚户区改造工作的通知》，从完善规划、优化规划布局、加快项目前期工作以及加强基础设施配套等方面进一步加强棚户区改造工作的实施。

2016年1月陕西省颁布《关于进一步做好城镇棚户区和城乡危房改造及配套基础设施建设工作的通知》，明确提出多渠道筹集房源，打通保障性安居工程与存量商品房通道，支持各地通过购买和长期租赁方式，把适合或经改造符合公共租赁住房条件的存量商品房转为公共租赁住房房源，配租给保障对象。加大公共租赁住房补贴发放力度，支持保障对象通过租赁市场解决住房问题。

2016年5月陕西省颁布《关于房地产去库存优结构的若干意见》，首次明确提出了培育发展住房租赁市场，建立健全购买与租房并举、市场配置与政府保障相结合的住房制度，并提出提高商品住房品质，努力盘活存量。该文件提出要严格房地产用地管控，对于商品住房存量较大的市、县名单不再供应新的商品住房开发用地。

2016年8月陕西省颁布《关于转发〈陕西省保障性安居工程建设管理工作奖励办法〉的通知》，再次提出了保障性安居工程建设管理的奖励办法，在2015年3月陕西省颁布的18号文件的基础上，调整了奖励资金以及奖励资金的使用范围。

2016年10月陕西省颁布《关于深入推进新型城镇化建设的实施意见》，明确坚持购租并举方式，完善城镇住房体系，并提出了具体措施：积极培育市场供应主体，鼓励自然人和各类机构投资者购买库存商品房，规范住房租赁中介行为，引导社会闲置房源进入租赁市场，发展住房租赁专业化企业；加快推广租赁补贴制度，支持保障对象通过租赁市场解决住房问题。

2016年12月陕西省颁布《关于加快培育和发展住房租赁市场的实施意见》，为解决住房租赁市场供应主体发育不充分、制度措施不完善、市场秩序不规范等问题，明确提出要培育各类市场供应主体，通过加大政策支持力度、加强房地产租赁市场监管以及鼓励住房租赁消费来加快培育和发展我省的住房租赁市场。

2017年7月陕西省颁布《关于印发城镇土地使用税实施办法和房产税实施细则的通知》，明确了城镇土地使用税及房地产税的实施办法。分别从计税依据、征税范围、免缴税费的范围规定了城镇土地使用税和房地产税的管理。

2018年3月陕西省颁布《关于进一步规范全省房地产市场秩序工作的通知》，进一步规范全省房地产市场秩序工作。明确要严厉打击开发企业、中介机构、物业管理的违法违规行为，并且采取多种措施处理违法违规行为。

2018 年 9 月陕西省颁布《陕西省保障性安居工程建设管理工作奖励办法》，为推进全省年度保障性安居工程目标任务的完成，明确了奖励办法、奖励方式以及奖励资金的使用范围。

2018 年 10 月陕西省颁布《关于进一步加强公租房分配管理工作的通知》，旨在进一步加强公租房分配管理工作。完善了公租房的准入机制及退出机制，并明确要求加大租赁补贴力度及实施特殊群体精准保障。

综上所述，从供给端看：住房发展政策主要提到了加快经济适用住房、廉租住房、公共租赁住房、保障性住房的建设和加大棚户区、旧住宅区的改造，同时提到了建立租购并举制度，积极培育和发展住房租赁市场；从需求端看：通过差别化信贷政策、差别化税收政策、限购等方面抑制投资投机性购房需求。

(二) 基于政策工具的陕西省房地产政策结构分析

1. 政策工具分析框架制定

政策工具是公共政策研究的一个重要路径，是伴随政策科学的兴起而展开的，是政策过程分析在工具理性层面的发展和深化。政策工具分析以政策的结构性为基本立论基础，认为政策是可以通过一系列基本的单元工具的合理组合而建构出来的，并认为政策工具反映了决策者的公共政策价值和理念。公共政策理论认为，政策主体在制定和执行政策时，必须依据政策间的客观关系将它们有机结合起来，以形成政策合力，在功能上实现互补，发挥理想的政策效应。因此，合理的政策结构需政策主体兼顾自己所在的政策位置，即与其他政策主体的上下、左右、前后的关系。例如，时间层面表现为先行政策、现行政策与后续政策间的继承，空间层面表现为多个平行或不同层级政策间的互补等。通过对政策工具和房地产行业价值链的理论梳理，最终形成了基于政策工具的风能政策分析框架。

1）Y 维度：基本政策工具维度

将基本政策工具分为组织人事、财政税收、鼓励引导和行政强制四种类型。其中，组织人事工具分为资质评价和培训考核，财政税收工具分为税收措施、金融措施和其他经济，行政强制工具分为标准规范、强制要求和市场监管。

2）X 维度：产业价值链维度

严格来讲，以上基本工具维度的划分并不能全部描述房地产行业政策的所有特征，还必须考虑房地产行业自身内在的活动规律和特点，这种内在的规律和特点是制定住房发展政策过程中需要考虑的重要因素。按照技术生命周期和价值链活动规律，房地产业的发展过程可以分为开发、规划、设计、施工、采购、销售、运营管理和拆除转移八个阶段。不同的政策作用于价值链的不同阶段，并产生不同的效用。本文将这八个价值链活动类型简化为价值链维度，即住房发展政策分析框架的 X 维度。

2. 陕西省房地产市场调控政策结构分析

1）文本选取

由于涉及房地产行业的政策文本数量众多，为了保证政策选取的准确性和代表性，笔者按照与房地产市场调控密切相关的原则对政策文本进行了整理和遴选，政策类型主要选取2011年后颁布的法律法规、规划、意见、办法、通知、公告等体现政府政策的文件，最终梳理了有效政策样本25份。具体如表1-2-2所示。

陕西省住房发展政策文本 表1-2-2

序号	政策名称
1	陕西省人民政府办公厅转发国务院办公厅关于进一步做好房地产市场调控工作有关问题的通知
2	陕西省人民政府关于印发《陕西省保障性住房管理办法（试行）》的通知
3	陕西省城镇住房制度改革总体方案
4	陕西省人民政府办公厅转发国务院办公厅关于继续做好房地产市场调控工作的通知
5	关于印发《陕西省保障性安居工程项目规划选址及配套设施建设管理办法（试行）》的通知
6	关于印发《陕西省房屋建筑和市政基础设施工程电子招标投标办法》的通知
7	陕西省人民政府办公厅转发《陕西省保障性住房建设管理工作奖励暂行办法》的通知
8	关于印发《陕西省房屋建筑和市政基础设施工程施工、监理招标投标办法》的通知
9	陕西省建筑市场管理条例
10	关于房地产去库存优结构的若干意见
11	关于转发《陕西省保障性安居工程建设管理工作奖励办法》的通知
12	关于深入推进新型城镇化建设的实施意见
13	关于加快培育和发展住房租赁市场的实施意见
14	陕西省"十二五"城镇化发展规划
15	关于加快棚户区改造工作的实施意见
16	陕西省物业服务收费管理实施办法
17	关于进一步加强棚户区改造工作的通知
18	关于进一步做好城镇棚户区和城乡危房改造及配套基础设施建设工作的通知
19	关于印发城镇土地使用税实施办法和房产税实施细则的通知
20	关于进一步规范全省房地产市场秩序工作的通知
21	关于《加强房屋建筑和市政基础设施工程施工、监理招标投标监管》的通知
22	关于印发《陕西省保障性安居工程建设管理工作奖励办法》的通知
23	关于进一步加强公租房分配管理工作的通知
24	陕西省绿色生态城区指标体系
25	关于促进建筑业持续健康发展的实施意见

2）单元编码

样本的分析类目包括"组织人事""财政税收""鼓励引导""行政强制""资质评价""培训考核""税收措施""金融措施""其他经济""标准规范""强制要求""市场监管""开发""规划""设计""施工""采购""销售""运营管理"和"拆除转移"。而分析单元则为住房发展政策文本的有关条款。

本书首先对已遴选出的25份政策文本内容按照"政策编号—具体条款/章节"进行编码；然后，根据已建立的住房发展政策二维分析框架，将其分别归类，最终形成了基于政策工具的住房发展政策文本的内容分析单元编码表（表1-2-3）。

政策文本内容分析单元编码　　　　　　　　　　表1-2-3

序号	政策名称	政策文本的内容分析单元	编码
1	陕西省人民政府办公厅转发国务院办公厅关于进一步做好房地产市场调控工作有关问题的通知	从土地有效供应、税收信贷政策、住房信息系统建设等方面落实地方政府责任	1-1
		加大保障性安居工程建设力度	1-2
		调整完善相关税收政策，加强税收征管（个人转让房地产所得税征收政策）	1-3-1
		调整完善相关税收政策，加强税收征管（土地增值税征管情况）	1-3-2
		强化差别化住房信贷政策	1-4
		严格住房用地供应管理（对企业土地市场准入资格和资金来源的审查）	1-5
		合理引导住房需求（限购措施）	1-6
		落实住房保障和稳定房价工作的约谈问责机制	1-7
2	陕西省人民政府关于印发《陕西省保障性住房管理办法（试行）》的通知	保障性住房建设项目应当依据经批准的土地利用总体规划、城乡规划	2-1-1
		保障性住房的建筑设计应符合要求	2-1-2
		将保障性住房建设用地纳入土地管理	2-2
		保障性住房的分配管理	2-3
		保障性住房的退出管理	2-4
		保障性住房的监督管理	2-5
3	陕西省城镇住房制度改革总体方案	提租发补贴，实行公积金，租房购债券，分级设基金	3-1
		建立房改委并规定其职责	3-2
		城镇住房制度改革的组织领导	3-3
4	陕西省人民政府办公厅转发国务院办公厅关于继续做好房地产市场调控工作的通知	完善稳定房价工作责任制	4-1
		严格执行商品住房限购措施	4-2-1
		严格实施差别化住房信贷政策	4-2-2
		发挥税收政策的调节作用	4-2-3
		增加普通商品住房及用地供应	4-3
		加快保障性安居工程规划建设	4-4
		加强市场监管和预期管理	4-5
5	关于印发《陕西省保障性安居工程项目规划选址及配套设施建设管理办法（试行）》的通知	做好保障性安居工程的规划	5-1
		配套设施的建设标准	5-2
6	关于印发《陕西省房屋建筑和市政基础设施工程电子招标投标办法》的通知	房屋建筑电子招标、投标、开标、评标、中标	6
7	陕西省人民政府办公厅转发《陕西省保障性住房建设管理工作奖励暂行办法》的通知	保障性住房建设的奖励办法、奖励方式、奖励资金的使用范围	7
8	关于印发《陕西省房屋建筑和市政基础设施工程施工、监理招标投标办法》的通知	房屋建筑招标、投标、开标、评标、中标	8

序号	政策名称	政策文本的内容分析单元	编码
9	陕西省建筑市场管理条例	明确建筑市场的管理部门及其职责	9-1
		建筑市场的资质管理	9-2
		发包承包管理	9-3
		建设工程造价管理	9-4
		质量安全管理	9-5
10	关于房地产去库存优结构的若干意见	落实信贷支持政策	10-1
		发挥住房公积金作用	10-2
		落实税收优惠政策	10-3
		培育发展住房租赁市场	10-4
		严格房地产用地管控	10-5
		优化房地产规划布局	10-6
11	关于转发《陕西省保障性安居工程建设管理工作奖励办法》的通知	保障性住房奖励办法、方式及资金的使用范围	11
12	关于深入推进新型城镇化建设的实施意见	以户籍制度改革为突破，推进农业转移人口市民化	12-1
		深化土地制度改革，推进土地集约高效利用	12-2
		坚持购租并举方式，完善城镇住房体系	12-3
13	关于加快培育和发展住房租赁市场的实施意见	培育市场供应主体	13-1
		鼓励住房租赁消费	13-2
		支持租赁住房建设	13-3
		给予税收优惠	13-4
		提供金融支持	13-5
		加强住房租赁市场监管	13-6
14	陕西省"十二五"城镇化发展规划	增强城镇住房保障能力	14
15	关于加快棚户区改造工作的实施意见	加大对棚户区改造的政策支持力度	15-1
		提高规划建设水平（优化规划布局）	15-2-1
		提高规划建设水平（确保工程质量安全）	15-2-2
		加强组织领导	15-3
16	陕西省物业服务收费管理实施办法	物业服务收费的标准	16
17	关于进一步加强棚户区改造工作的通知	优化规划布局（选址、基础设施规划布局）	17-1
		做好征收补偿工作，推行货币化安置	17-2
		加强质量安全管理	17-3
		落实财税支持政策	17-4-1
		加大金融支持力度	17-4-2
18	关于进一步做好城镇棚户区和城乡危房改造及配套基础设施建设工作的通知	多渠道筹集房源	18-1
		完善配套基础设施	18-2
		多渠道创新融资体制机制	18-3
		规范实施农村危房改造	18-4
		强化工作落实	18-5

序号	政策名称	政策文本的内容分析单元	编码
19	关于印发城镇土地使用税实施办法和房产税实施细则的通知	土地使用税及房地产使用税的实施办法	19
20	关于进一步规范全省房地产市场秩序工作的通知	严厉查处房地产开发企业不正当经营行为	20-1
		严厉打击房地产中介机构违法违规行为	20-2
		严厉查处物业管理企业违法违规行为	20-3
		加强组织领导，建立查处及报送机制	20-4
21	关于《加强房屋建筑和市政基础设施工程施工、监理招标投标监管》的通知	明确工作职责，理顺招投标管理体制	21-1
		强化监管，规范招投标行为	21-2
		加快信用体系建设，加强失信联合惩戒	21-3
		完善开评标制度，优化工程招标投标评标办法	21-4
		强化监管，将"市场"与"现场"有机联动	21-5
22	关于印发《陕西省保障性安居工程建设管理工作奖励办法》的通知	保障性安居工程奖励办法、方式、资金的使用范围	22
23	关于进一步加强公租房分配管理工作的通知	完善公租房准入条件	23-1
		建立健全退出机制	23-2
		加大租赁补贴力度	23-3
24	陕西省绿色,生态城区指标体系	绿色生态城区的评价要求	24
25	关于促进建筑业持续健康发展的实施意见	优化资质资格管理，加快推进信用体系建设	25-1
		加强工程质量安全管理	25-2
		提高从业人员素质	25-3

3）频数统计分析

在对政策工具内容分析单元编码的基础上，按照对房地产业价值链作用阶段归属的判断，将其归类，形成了住房发展政策二维分析分布表，如表1-2-4所示。总体上看，25份住房发展政策兼顾了组织人事、财政税收、鼓励引导和行政强制政策工具的运用，内容涉及房地产行业开发、规划、设计、施工、采购、销售、运营管理和拆除转移八个环节，对房地产的开发利用、运营调控等提供了多方面的激励和规制。

陕西省住房发展政策工具二维分布　　　　　　表1-2-4

组织人事	资质评价			9-2, 21-3, 25-1		1-7	
	培训考核	1-1		9-1, 21-1, 25-2, 25-3	4-1	3-2, 3-3, 20-4	15-3, 18-5

续表

财政税收	税收措施	1-3-2，19					1-3-1，4-2-3，10-3		17-4-1
	金融措施	13-5					1-4，3-1，4-2-2，10-1，13-2		17-4-2
	其他经济								17-2，18-3
鼓励引导		1-2，4-3，4-4，7，10-4，11，12-1，12-3，13-1，13-3，14，18-1，22					10-2，13-4	23-3	15-1
行政强制	标准规范			24				16	
	强制要求	2-2，10-5，12-2	2-1-1，5-1，10-6，15-2-1，17-1	2-1-2	6，8，9-3，9-4，9-5，15-2-2，17-3，21-4		4-2-1	2-3，2-4，23-1，23-2	18-4
	市场监管	1-5，20-1			21-2，21-5		1-6，20-2	2-5，4-5，13-6，20-3	18-2
		开发	规划	设计	施工	采购	销售	运营管理	拆除转移

（1）基本政策工具维度分析

陕西省房地产行业政策的基本政策工具维度统计分析结果如表1-2-5所示。按照条款项目数计，大部分是行政强制政策工具（43.37%），其次是鼓励引导政策工具（20.48%），最少的是组织人事政策工具（18.07%）和政税收政策工具（18.07%）。进一步分析可以发现，在行政强制政策工具中，强制标准占了绝大部分，达到63.89%，包括用地审批、招投标流程、房屋基础配套设施建设标准等；市场监管占30.56%，包括对企业土地市场准入资格和资金来源的审查、房屋限购、商品房市场监管和预期管理等；而标准规范仅占到5.56%，主要是因为房地产行业发展已经较为成熟，主要的标准规范早已成型，2011年后新颁布的较少。在财政税收政策工具中，金融措施较多，达到46.67%，主要表现为强化差别化住房信贷政策，提租发补贴，实行公积金，租房购债券，分级设基金；税收措施达到40%，主要表现为调整完善相关税收政策，加强税收征管（个人转让房地产所得税、土地增值税等），其他经济占到13.33%，主要表现为多渠道创新融资体制机制，做好征收补偿工作，推行货币化安置等。在组织人事政策工具中，主要以培训考核为主占73.33%，主要表现为明确建筑市场各管理部门及其职责，完善稳定房价工作责任制等；资质评审仅占17%，主要表现为加快信用体系建设，加强失信联合惩戒，落实住房保障和稳定房价工作的约谈问责机制。

基本政策工具分配比例   表1-2-5

政策工具	工具名称	条文编号	小计	百分比
组织人事	资质评价	9-2，12-3，25-1，1-7	4	18.07%
	资质评价	9-2，21-3，25-1，4-1，3-2，3-3，20-4，15-3，18-5	11	

政策工具	工具名称	条文编号	小计	百分比
财政税改	税收措施	1-3-2, 19, 1-3-1, 4-2-3, 10-3, 17-4-1	6	18.07%
	金融措施	13-5, 1-4, 3-1, 4-2-2, 10-1, 13-2, 17-4-2	7	
	其他经济	17-2, 18-3	2	
鼓励引导		1-2, 4-3, 4-4, 7, 10-4, 11, 12-1, 12-3, 13-1, 13-3, 14, 18-1, 22, 10-2, 13-4, 23-3, 15-1	17	20.48%
行政强制	标准规范	24, 16	2	43.37%
	强制要求	2-2, 10-5, 12-2, 2-1-1, 5-1, 10-6, 15-2-1, 17-1, 2-1-2, 6, 8, 9-3, 9-4, 9-5, 15-2-2, 17-3, 21-4, 4-2-1, 2-3, 2-4, 23-1, 23-2, 18-4	23	
	市场监管	1-5, 20-1, 21-2, 21-5, 1-6, 20-2, 2-5, 4-5, 13-6, 20-3, 18-2	11	
合计			83	100%

(2) 价值链维度分析

在基本政策工具维度分析的基础上，引入价值链维度的影响因素，得到如表1-2-6所示的政策工具在价值链上的分布统计结果。

政策工具各环节频数分布统计　　　　　　　　表 1-2-6

	资质评价	培训考核	税收措施	金融措施	其他经济	鼓励引导	标准规范	强制要求	市场监管	小计	百分比
开发	0	1	2	1	0	13	0	3	2	22	26.51%
规划	0	0	0	0	0	0	0	5	0	5	6.02%
设计	0	0	0	0	0	0	1	1	0	2	2.41%
施工	3	4	0	0	0	0	0	8	2	17	20.48%
采购	0	0	0	0	0	0	0	0	0	0	0%
销售	0	1	3	5	0	2	0	1	2	14	16.87%
运营管理	1	3	0	0	0	1	1	4	4	14	16.87%
拆除转移	0	2	1	1	2	1	0	1	1	9	10.84%

据表1-2-6，25份陕西省政策文本对房地产行业的发展提供了包括开发（26.51%）、规划（6.02%）、设计（2.41%）、施工（20.48%）、采购（0%）、销售（16.87%）、运营管理（16.87%）和拆除转移（10.84%）阶段的全面干预。根据条款的具体分布，发现绝大多数政策工具都是应用在房地产行业价值链的开发环节和施工环节，其次是销售环节和运营管理环节，规划环节和设计环节政策工具的运用最少，采购环节和拆除转移环节几乎没有。这说明现阶段陕西省房地产的政策调控是围绕着房地产的前期开发和中期的建设、销售和后期的运营，其主要目的是规范房地产的开发建设，以及对商品房的新建、销售和运营进行监管。

（三）陕西省房地产政策绩效评价

随着我国房地产行业一系列调控政策效果不断显现，使得房住不炒目标不断推进，住房从投资属性向居住属性回归。在中央关于"房子是用来住的，不是用来炒的"的政策取向下，地方政府坚持房地产市场调控目标不动摇、力度不放松，坚持因城施策，出台了一系列更加精准的调控政策。

本书采用 DEA 方法研究房地产市场调控效率，避免主观因素影响，同时就房地产市场调控评价而言，作为公共调控手段的房地产市场调控措施，就本身而言评价其调控效果涉及层面较多，很难明确指出其调控方向，本书从房地产市场调控的研究背景出发，利用 DEA 分析方法，选取合适的投入产出数据，分析典型地区房地产市场调控效率，并为下一步房地产市场的调控提出意见与建议。

1. 研究方法

选取了数据包络分析法（Data Envelopment Analysis，简称 DEA），这是目前应用最广泛的多投入多产出评价方法，这主要是因为它具有以下优点：用于多投入多产出的复杂决策单元系统的绩效评价，评价结果为相对数，不受指标量纲的影响；不需要在数据分析前设定投入、产出相关变量的对应权重，对应权重在数据运算后由运筹学模型产生，这种做法有效地避免了研究人员主观选定权重导致评价结果有失偏颇；数据包络分析法是一种非参数估计法，不需要在数据分析前对投入和产出的生产函数方程式进行设定。而数据包络分析法也存在相应的不足，其不足主要表现在其生产函数边界是确定的，无法将随机因素和测量误差的影响进行有效的分离；同时，数据包络分析评价绩效容易受到极端异常值的影响，而且被评价单元的绩效得分情况受投入变量和产出变量选择的影响较大。

CCR 模型是最早的 DEA 模型，此后 DEA 模型又发展了 BCC、AR-I-C、CCWH、ST 和 NCN-I-C 以及 NIRS 等多种模型，但其中应用最普遍的模型还是 CCR 模型。因此本书首先选择 CCR 产出导向模型对房地产市场调控效率进行分析和评价。假设有 n 个 DMU（Decision Making Unit，决策单元），每个决策单元 DMU_j 都有 m 种输入，s 种输出，决策单元 j 的输入向量和输出向量分别为，$x_j = (x_{1j}, x_{2j}, \cdots, x_{mj})^T$，$y_j = (y_{1j}, y_{2j}, \cdots, x_{1j})^T$，$j = 1, 2, \cdots, n$。设 DMU_{j0} 的输入、输出为（x_{j0}，y_{j0}），这里简记为（x_0，y_0），评价 DMU_{j0} 相对有效性的 CCR 模型为：

$$
\begin{cases}
\min \theta_c \\
s.t \sum_{j=1}^{n} x_j \lambda_j + \bar{s} = \theta_c x_0 \\
\sum_{j=1}^{n} y_j \lambda_j - s^+ = y_0 \\
\lambda_j \geqslant 0, \quad j = 1. 2, \cdots, n, \theta_c \in E_1^+
\end{cases}
\quad (1\text{-}2\text{-}1)
$$

为了便于应用和理解模型（1-2-1），在实践应用中一般使用具有非阿基米德无穷小量的模型：

$$
\begin{cases}
\min [\theta_c - \varepsilon(\bar{e}^T \bar{s} + e s^+)] \\
s.t \sum_{j=1}^{n} x_j \lambda_j + \bar{s} = \theta_c x_0 \\
\sum_{j=1}^{n} y_j \lambda_j - s^+ = y_0 \\
\lambda_j \geqslant 0, \quad j = 1, 2, \cdots, n, \quad \theta_c \in E_1^+, \quad s^+ \geqslant 0, \quad s^- \geqslant 0
\end{cases}
\quad (1\text{-}2\text{-}2)
$$

其中 $\bar{e}=(1,1,\cdots 1)t\in E_m^+$, $e=(1,1,\cdots 1)T\in E_m^+$。在该模型中，设为决策单元的技术效率，结论如下：

1）当 θ_c 时，且 $s^+=s^-=0$ 时，在初始投入为 X 的情况下，相应的 DMU 能够得到最优化的产出 Y，实现技术有效，此时称 DEA 总体有效。

2）当 $\theta_c=1$ 时，且 $s^+\neq 0$ 或者 $s^-\neq 0$ 时，投入 X，减少 s^-，但是产出不变，或者保持 X 不发生变化，但 Y 提升到 s^-，此时称 DEA 弱有效。

3）当 $\theta_c<1$ 时，或者 $s^+\neq 0$，$s^-\neq 0$，则称 DMU 为 DEA 无效，所进行的经济活动为技术无效或规模无效。

2. 基于 DEA 分析的房地产市场调控评价模型构建

DEA 方法是将各个评价单元视为 DMU，并根据 DEA 模型的特点调整投入、产出的因素，应用 DEA 来分析房地产市场调控问题，也是将各地区房地产市场视为 DMU，选取指标如表 1-2-7 所示。

房地产市场调控评价 DEA 评价因素   表 1-2-7

指标	类别	构成
投入指标	购买力水平	GDP 增速
		人均 GDP
		人均可支配收入
	城镇化水平	城镇化率
	投资水平	固定资产投资增速
	调控方向	限购政策
	经济导向	CPI 增速
产出指标	房地产发展	商品房销售面积
		商品住宅均价
		土地成交价格
		土地成交面积
	房地产库存压力	住宅待售面积
		土地存量面积
		新开工面积

DEA 模型的效率计算方式测算的就是投入与产出的比值，将 DMI 的综合输入与综合输出比的最小值作为该 DMU 的相对效率值。在实际计算过程中，由于一般 DEA 模型在计算效率评价时就是按照上述指标体系，对每个 DMU 单元收集有关数据，然后按照 DEA 模型的基本思路选取 DEA 中 CCR 模型进行测算，比较 DMU 之间的综合技术效率。

3. 陕西省住房发展政策绩效评价

本书将利用 DEA 方法对房地产市场调控进行分析，因此数据准备主要是根据上述因素查找相关数据。考虑到数据完整性等因素，因此数据收集和研究时段为 2011~2017 年。

随着社会经济的发展、人民生活水平的不断提高，对居住的要求和需求也日益提高。并随着人口的阶段性快速增长，居民收入阶段性积累，使住房需求集中释放，导致房价持续上涨。近年来陕西省房地产业开发投资增幅较高，房地产开发投资成为城镇投资的又一个重点，房地产的发展推动陕西省经济的快速增长（表1-2-8、表1-2-9）。

陕西省房地产市场调控评价投入因素   表 1-2-8

	GDP 增速（%）	人均 GDP（元）	人均可支配收入（元）	城镇化率（%）	固定资产投资增速（%）	限购政策
2011	13.9	33142	18245	47.3	30.2	0
2012	12.9	38557	20734	50.02	28.1	0
2013	11	42692	14372	51.31	24.1	0
2014	9.7	46929	15837	52.57	17.4	0
2015	8	48023	17395	53.92	11.4	0
2016	7.6	50395	18874	55.34	12.1	0
2017	8	57266	20635	56.79	14.4	0

陕西省房地产市场调控评价产出因素   表 1-2-9

	CPI增速（%）	商品房销售面积（万 m²）	商品住房均价（元/m²）	土地成交价格（元/万 m²）	土地成交面积（万 m²）	新开工面积（万 m²）	住宅待售面积（万 m²）	土地存量面积（万 m²）
2011	5.7	2710.42	4431.983	3986151	2979.62	3321	2424.56	683.67
2012	2.8	2499.31	4958.545	5696069	3554.07	5819.46	3549.06	904.44
2013	3	3060.46	5399.583	7181932	4956.70	4562.39	3786.37	976.40
2014	1.6	3029.95	5301.667	6091407	3842.18	4951.72	4473.95	719.41
2015	1	3583.34	5346.25	4067346	2544.56	4964.08	4524.47	532.74
2016	1.3	4454.90	5237.083	4691667	1911.45	3390.85	4048.37	594.81
2017	1.6	4297.64	5318.167	5411820	1685.19	3824.05	3312.9	664.11

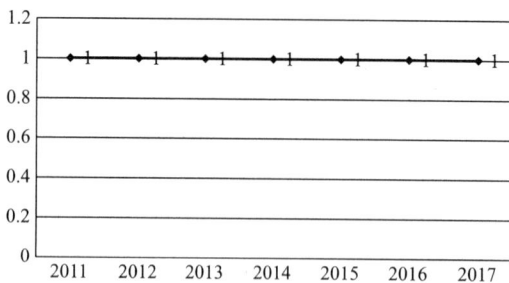

图 1-2-2 陕西省房地产调控综合效率

图 1-2-2 可知，陕西省的综合效率较高，表明其房地产资源配置能力与资源使用效率相较于其他市区而言较高，房地产调控手段较为有效，持续的调控政策降低了房地产投资规模，迫使原本过度聚集在房地产市场的各种资源要素部分流出，促进了资金、土地、人才、物资等资源要素在全社会的合理流动和优化配置。随着调控的持续与深入，房价过快上涨势头得到进一步遏制，房企洗牌呈加速态势，行业结构发生明显变化，企业市场集中度快速提升，大型房企市场份额和占有率不断提高，中小企业大多退市转行，整个行业水平得到较大提升。

收集陕西省各地市 2011～2017 年的有关数据，并利用 CCR 模型进行测算，比较 DMU 之间的综合技术效率。结果如表1-2-10所示。

陕西省及各地市（区）房地产调控综合效率　　　　表 1-2-10

年份 地区	第一阶段	第二阶段				第三阶段	
	2011	2012	2013	2014	2015	2016	2017
陕西	1	1	1	1	1	1	1
西安	1	1	1	0.943	1	1	1
宝鸡	1	0.665	0.713	0.693	0.679	0.662	0.697
咸阳	0.979	0.7	0.815	0.82	0.751	0.743	0.955
铜川	0.837	0.573	0.615	0.606	1	0.742	0.699
渭南	1	0.85	0.868	0.881	0.845	0.839	0.777
延安	1	0.731	0.964	0.856	1	1	1
榆林	1	0.903	1	1	1	0.826	0.709
汉中	1	0.877	0.857	0.746	0.718	0.711	
安康	1	1	0.984	1	0.802	0.727	0.752
商洛	0.906	0.835	0.885	0.888	0.766	0.748	0.659
杨凌	0.616	0.717	0.629	0.568	0.583	0.479	0.558

由表 1-2-10 可知，从房地产调控综合效率上看，除陕西省外，西安市多次位于效率前列，这就意味着西安在整个房地产市场调控 DEA 分析中相对效率较高，即用较少的投入获得了较大的效果。从分时段的房地产调控综合效率来讲，可以将房地产市场三个阶段的特点展现得更为明显（图 1-2-3～图 1-2-5）。

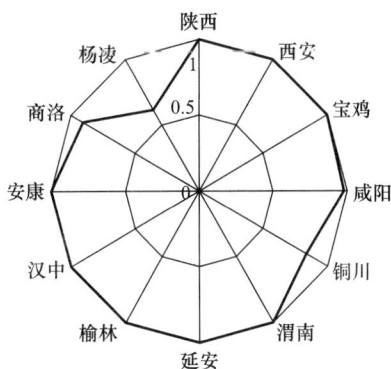

图 1-2-3　第一阶段末综合效率　　图 1-2-4　第二阶段末综合效率

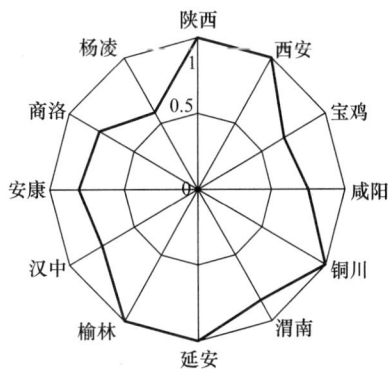

第一阶段（2011 年）：房地产业处于快速上涨时期，陕西省及各地市（区）的综合效率均处于较高阶段，显示出投入明显小于产出，房地产价格快速上涨得益于经济增速。本阶段末，商洛市、铜川市综合效率相对较低，杨凌区最低，其他各地市（区）综合效率均达到 1。

第二阶段（2012～2015 年）：2012 年之后，为了遏制房价过快增长，国家出台了一系列调控政策，房地产调控投入加大，房地产市场价格又进入上涨通道，期间限购等政策层出不穷，房地产市场进入理性回归的去库存期。在国家宏观调控预制房地产过热的局势下，由于各个地市（区）房地产发展水平不同，呈现出相互交替的趋势。其中宝鸡市、咸

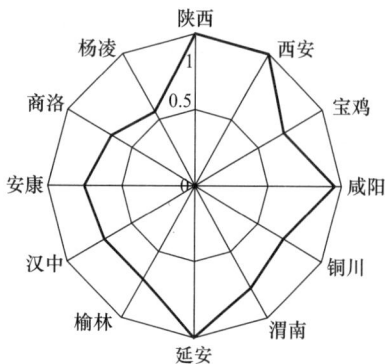

图 1-2-5　第三阶段末综合效率

阳市、铜川市、延安市市场反应较快，综合效率在2012年即呈现出大幅度的下降，杨凌区由于前期经济发展水平较低，其房地产市场对政府政策调控的反映较为不敏感，综合效率在2015才开始出下降。本阶段末，陕西省、西安市、铜川市、延安市和榆林市综合效率最高，杨凌区最低。

第三阶段（2016～2017年）：房地产市场进入持续增长期，受益于经济复苏而持续增长，加上5次降息、4次降准、下调营业税、下调二套房首付比例、提高公积金贷款额度等连环组合拳，房地产市场出现了大幅价格上涨。因此政府出台房价调控政策对房价进行强制调控，除咸阳由于西咸新区的建设促进了房地产业的发展综合效率呈现上涨趋势外，陕西省及各地市（区）综合效率均呈现持续下降趋势，即用相对较多的投入，换得了相对较少的效果。其中铜川市、榆林市、商洛市综合效率下降幅度最大，其他市（区）下降幅度较小。本阶段末，整体水平低于第二阶段末，陕西省、西安市、延安市、综合效率最高，杨凌区最低。

从房地产市场调控的 DEA 分析结果可以看出，从陕西省及各地市（区）房地产市场调控而言，不论是房地产市场调控的相对效率还是房地产市场调控的主要影响因素，最为关键的是经济导向，房地产市场更多地随着经济的变化发生改变，主动调控的手段和方式在整个房地产市场中未能起到较好的作用。随着房地产市场进入到去行政化的2014年之后，利率等金融调控起到了较好的效果，但从住房发展政策而言，并未根本上改变房地产跟随经济发展的步伐的情形。

三、陕西省房地产市场发展影响因素及作用关系分析

（一）影响因素分析

房地产业作为一个具有高度综合性和关联性的行业，是国民经济和民生保障的重要内容，在提高人民生活水平、改善产业结构、扩大就业、促进城市化等方面起到了积极的推动作用。当前，陕西省住房需求日趋多元化，房地产市场处于以刚性需求为主逐步转向以改善性需求为主的重要阶段，然而陕西省房地产市场发展不均衡、各地区房地产市场分化等问题仍影响着陕西省房地产市场的健康稳定发展。有效识别影响房地产市场发展的关键因素，紧盯房地产市场面临的突出问题和薄弱环节，对促进房地产市场平稳健康发展具有关键作用。

房地产业发展受经济、社会等多种因素的影响，学者们对影响房地产业发展的因素主要从经济、人口、宏观经济政策、金融政策、收入水平、市场等方面来研究。

张家宁（2015）以房地产业为研究对象，详细地分析了中国的国民经济发展和市场经济中房地产业在一般意义上的相互关系，深入探讨了国民经济发展和房地产业的相互影响和相互作用，为房地产业的管理者和经营者们提供相关方面的参考和帮助；吴伟伦

（2012）以河北和北京为例，研究结果表明，两地间人均GDP的差距，是影响两地房地产业发展水平差距的关键因素，人口密度的差距对房地产业市场经营状况也有显著影响。

郑应亨（2003）分析了人口数量、质量、结构分布对房地产业的影响，指出要实现房地产业可持续发展，必须控制人口数量、提高人口素质，改善人口结构及分布状态，特别是城镇人口与农村人口的关系。杨文、王巍等（2007）主要从人口角度探讨了房地产业的可持续发展问题，结合济南市的具体情况，从济南市人口数量、人口结构、人口素质等几方面，具体分析了人口的变化对房地产业的可持续发展的影响。

陈雷（2010）采用主成分分析方法对合肥房地产业发展的影响因素进行了实证研究，结果表明：合肥房地产业主要受经济发展水平、宏观经济政策和金融状况等3个方面主因素的影响。孙颖（2010）提出国民经济发展水平对房地产业发展水平有着决定作用，收入水平、消费结构、固定资产投资水平、住房的商品化程度是影响房地产发展水平的重要因素。刘晴（2016）通过建立多元回归模型对武汉市房地产业的发展影响因素进行理论与实证分析，发现城市化水平、工业化水平、经济发展水平、区域开发度、住房消费需求水平以及政府投资支出对武汉房地产业的发展均存在显著的正相关关系。

综上所述，宏观环境下的人口、产业、经济三大因素对于房地产市场发展具有重要影响力。选择城镇化率作为分析社会环境下人口因素对各地市房地产市场发展的影响因素；选择人均GDP、固定资产投资作为分析社会环境下经济因素对房地产业发展的影响因素；选取第二、三产业占GDP的比重作为分析社会环境下产业因素对房地产业发展的影响因素。此外商品住房的供给与需求对于房地产市场的影响也不容忽视。总体上看，商品住房的供给主要取决于商品住房开发投资额及新开工面积。商品住房需求主要表现为居民商品住房购买能力，从形成购买力的来源看，主要是指城镇居民人均可支配收入及商品住房均价等。

房价收入比是指房屋总价与居民家庭年收入的比值，该指标主要用于衡量房价是否处于居民收入能够支撑的合理水平，直接反映出房价水平与广大居民的自住需求相匹配的程度。房价收入比是国际上通用的判断居民购房支付能力的指标，同时也是检测房地产业是否存在泡沫的重要指标。一般而言，房价收入比越高，说明房地产市场中投资或投机需求的成分较高，产生泡沫的可能性就越大。目前，国际上通认的房价收入比合理范围为3~6倍。通过计算特定区域的房价收入比可测度房价泡沫、揭示房地产市场运行情况等。

如杨永华计算了我国1991~2004年的房价收入比，指出我国的房价收入比在下落，迫近国际公认的倍数，同时房价收入比存在地区差异；徐泽民等通过计算发现，2006~2008年我国房价收入比的变动趋势如倒"U"形曲线，而且房价收入比呈现出东、中、西部由高向低梯次排列的顺序；薛莉苇等人通过对我国21个大中城市截面数据的静态回归分析和3个重点城市面板数据的动态回归分析，得出房价收入比一般与经济发展程度呈负相关的结论。

陕西省地处西部，不同城市之间存在差异，房价收入比也就必然具有自己的特点。因此以房价收入比作为反映地市房地产市场发展程度指标。最终确立的陕西省各地市房地产指标体系如表 1-3-1 所示。

陕西省各地市房地产市场指标体系   表 1-3-1

被影响因素		房价收入比
影响因素	宏观环境	城镇化率
		人均 GDP
		固定资产投资
		第二产业占比
		第三产业占比
	商品房供给	商品房开发投资额
		商品房新开工面积
	商品房需求	人均可支配收入
		商品房均价
		商品房销售面积

（二）作用关系分析

1. 影响因素预测

灰色预测是一种对含有不确定因素的系统进行预测的方法。灰色预测通过鉴别系统因素之间发展趋势的相异程度，即进行关联分析，并对原始数据进行生成处理来寻找系统变动的规律，生成有较强规律性的数据序列，然后建立相应的微分方程模型，从而预测事物未来发展趋势的状况。

根据陕西省 2011～2017 年人均 GDP、固定资产投资、人均可支配收入、商品住房销售面积、城镇化率、商品住房开发投资、新开工面积、商品房销售面积、第二产业占比、第三产业占比 10 个指标数据，运用 GM（1，1）模型，对陕西省 2018～2022 年的 10 个指标数据进行预测（表 1-3-2、表 1-3-3）。

陕西省各影响指标（2011～2017 年数据）   表 1-3-2

年份 指标	2011	2012	2013	2014	2015	2016	2017
人均 GDP（元）	33142	38557	42692	46929	48023	50395	57266
固定资产投资（亿元）	9701.43	12501.43	15583.58	18357.84	19826.65	20474.85	23468.21
人均可支配收入（元）	18245	20734	22346	24366	26420	28440	30810
商品住房销售均价（元/m²）	4554.37	4958.55	5399.58	5301.67	5346.25	5237.08	5318.17
城镇化率（%）	47.30	50.10	51.30	52.60	53.90	55.40	56.90
商品住房开发投资（亿元）	1158.08	1798.63	2266.14	2399.12	2430.51	2631.80	2416.90
新开工面积（万 m²）	3321.00	5819.46	4562.39	4951.72	4964.08	3390.85	3824.05

指标 年份	2011	2012	2013	2014	2015	2016	2017
商品房销售面积（万 m²）	2710.42	2499.31	3060.46	3029.95	3583.34	4454.90	4297.64
第二产业占比（亿元）	6935.59	8073.87	8912.34	9577.24	9082.13	9490.72	10895.38
第三产业占比（亿元）	4355.81	5009.65	5832.14	6547.76	7342.10	8215.02	9263.98
房价收入比	7.32	7.03	7.22	6.66	6.33	6.00	5.89

陕西省各影响指标（2018~2022 年数据）　　　　表 1-3-3

指标 年份	2018	2019	2020	2021	2022
人均 GDP（元）	60243.66	64696.75	69479.00	74614.75	80130.12
固定资产投资（亿元）	26341.56	29339.42	32678.47	36397.53	40539.84
人均可支配收入（元）	33360.69	36115.90	39098.67	42327.78	45823.57
商品住房销售均价（元/m²）	5395.23	5434.56	5474.17	5514.08	5554.28
城镇化率（%）	58.29	59.80	61.35	62.93	64.56
商品住房开发投资（亿元）	2751.81	2890.71	3036.62	3189.89	3350.90
新开工面积（万 m²）	3379.87	3107.25	2856.62	2626.21	2414.39
商品房销售面积（万 m²）	5058.21	5655.36	6323.00	7069.47	7904.05
第二产业占比（亿元）	10980.27	11511.80	12069.07	12653.30	13265.83
第三产业占比（亿元）	10435.93	11753.75	13237.99	14909.65	16792.40

对于房价收入比指标的预测，以 2011~2017 年的 10 个指标数据为基础利用 BP 神经网络进行预测。BP 神经网络是一种按照误差逆向传播算法训练的多层前馈神经网络，是目前应用最广泛的神经网络。基本 BP 算法包括信号的前向传播和误差的反向传播两个过程。正向传播时，输入信号通过隐含层作用于输出节点，经过非线性变换，产生输出信号，若实际输出与期望输出不相符，则转入误差的反向传播过程。误差反传是将输出误差通过隐含层向输入层逐层反传，并将误差分摊给各层所有单元，以从各层获得的误差信号作为调整各单元权值的依据。通过调整输入节点与隐层节点的联接强度和隐层节点与输出节点的联接强度以及阈值，使误差沿梯度方向下降，经过反复学习训练，确定与最小误差相对应的网络参数（权值和阈值），训练即告停止。

人工神经网络学习速率的取值范围原则上设置于 0~1 之间，其值具体值由外部确定。其值较小时，意味着人工神经网络以较慢的速度收敛，同时意味着此神经网络更接近实际情况。在此，我们采用 MATLAB 人工神经网络工具箱中的默认设置，即最大迭代次数取为 1000。将陕西省 2011~2017 年的指标数据和房价收入比数据导入 MATLAB 建立人工神经网络，其中将 10 个指标数据作为输入，房价收入比作为输出（表 1-3-4）。经过一段时间的学习之后，网络的残差减小到 3.54×10^{-16}，满足了默认设置的要求。表明此人工神经网络与实际调查数据的拟合度达到预期效果。

陕西省房价收入比（2018~2022 年数据）　　　　表 1-3-4

年份	2018	2019	2020	2021	2022
房价收入比	5.91	5.86	5.72	5.59	5.84

2. 作用关系分析

通过对陕西省房地产市场发展影响因素的预测分析，发现房地产市场的波动不是取决于某一因素的变化，而是取决于若干影响因素的共同作用。一个因变量和几个自变量均存在依存关系，且有时几个影响因素主次难以区分，或者有的因素虽属次要，但无法略去其作用。此时可采用多元回归分析法。

多元线性回归分析是根据多个变量的最优组合来揭示因变量与自变量之间相互关系的一种方法，一般数学模型为：

$$y = a_0 + a_1 x_1 + a_2 x_2 + \cdots + a_n x_n + \varepsilon \tag{1-3-1}$$

式（1-3-1）中，x 是自变量，y 是因变量。a_0 为回归常数项，a_i（$i=1$，2，$\cdots n$）为各自变量对应的系数，即待估参数，x_n 为观测值，ε 为误差系数。

根据对未来 5 年的预测结果可知，各影响因素数据从 2018～2022 年均为递增趋势，通过最小二乘法对模型变量进行共线性诊断发现各变量之间存在高度共线性，因此可采用岭回归分析方法。岭回归是从根本上消除自变量间多重共线性影响的统计方法，其实质是一种改良的最小二乘法，是以放弃最小二乘的无偏性，放弃部分精确度为代价来寻求效果较差但更符合实际的回归过程，精度高于无偏估计。向量估计值 $\widehat{\beta}_{Rid}$ 为

$$\widehat{\beta}_{Rid} = (X^T X + kI)^{-1} X^T Y \tag{1-3-2}$$

式（1-3-2）中，k 为系数，$k \in [0, 1]$，一般小于 0.5，可根据岭迹图轨迹得到，I 为单位矩阵。

将陕西省相关影响因素数据代入 SPSS 与 NCSS 软件计算，得出 k 为 0.08，岭迹图与岭回归计算结果如图 1-3-1、表 1-3-5 所示。

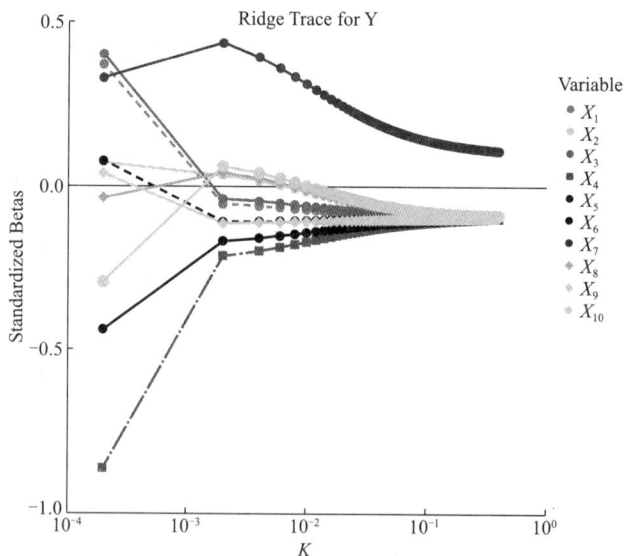

图 1-3-1 陕西省岭迹图

陕西省岭回归结果 表 1-3-5

	标准回归系数	VIF		标准回归系数	VIF
人均GDP（X_1）	−0.0926	0.0234	新开工面积（X_7）	0.1488	0.7922
固定资产总投资（X_2）	−0.0794	0.1324	商品房销售面积（X_8）	−0.078	0.1501
人均可支配收入（X_3）	−0.0901	0.0357	第二产业占比（X_9）	−0.1013	0.0114
商品住房销售均价（X_4）	−0.1159	0.098	第三产业占比（X_{10}）	−0.0753	0.1873
城镇化率（X_5）	−0.1093	0.042	常数项	11.0986	
商品住房开发投资（X_6）	−0.1006	0.0106			

由计算结果可知，各自变量方差膨胀因子 VIF 值均小于 5，已不存在共线性，符合经济学意义。模型方程为：

$$y = -0.0926x_1 - 0.0794x_2 - 0.0901x_3 - 0.1159x_4 - 0.1093x_5$$
$$- 0.1006x_6 + 0.1488x_7 - 0.078x_8 - 0.1013x_9 - 0.0753x_{10} + 11.09$$

该模型计算结果表明，陕西省 2018～2022 年房价收入比正向影响因素仅为商品房新开工面积（14.88%）；负向影响程度位列前三的分别为：商品住房销售均价（11.59%）、城镇化率（10.93%）和第二产业占比（10.13%）。

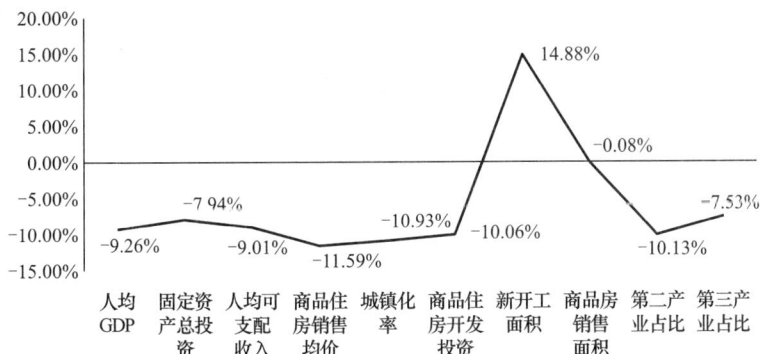

图 1-3-2 陕西省影响因素作用关系

陕西省影响因素预测与回归分析结果（图 1-3-2）表明：除新开工面积外，其余因素与房价收入比的增长均为负相关。而新开工面积在 2018～2022 年为递减趋势，为抑制房价收入比上升，应增加新开工面积，加大供给量；城镇化率负相关说明城市化的发展推动与优化了房地产业的发展与转型，抑制房价收入比增长；第二、三产业占比，收入与投资等负相关表明经济发展有助于抑制房价收入比的高攀。

（三）陕西省与其他西部地区房价收入比对比分析

1. 陕西省与西部地区房价收入比动态变化分析

随着我国住房改革的深入和西部大开发战略的稳步实施，近些年来，西部地区的房地产业发展迅速，房地产市场规模不断扩大，探索陕西省各地市与西部各大城市房价收入比变动过程及空间分布特征对研究陕西省房地产市场发展前景具有重要意义。

查阅相关数据带入房价收入比计算公式，测算西部 10 个省会级城市房价收入比如

表 1-3-6 所示，发现 2011～2017 年，西宁市和重庆市的房价收入比变动幅度相对较小，呼和浩特市的房价收入比在相对低位的水平上运行，南宁市和成都市的房价收入比在相对高位水平上波动。乌鲁木齐在近两年房价收入比出现下降趋势，银川发展较为平稳，稳定在6 左右。将陕西省各地市与西部各大城市进行对比，发现自 2015 年以后西安市房价收入比快速攀升，至 2017 年达到最高的 9.71，居西部各大城市首位；从 2016 年开始，陕南各市房价收入比普遍高于陕北各市，接近南宁、兰州等市，平均水平维持在 8 左右。

西部各大城市房价收入比 表 1-3-6

年份 城市	2011	2012	2013	2014	2015	2016	2017
成都	8.40	8.20	7.68	7.20	7.30	8.14	8.80
贵阳	5.20	4.70	5.65	6.80	6.60	7.09	7.00
昆明	6.60	6.90	7.57	8.30	7.90	7.94	7.10
兰州	6.40	7.70	8.23	8.80	8.30	8.79	7.60
西宁	6.00	7.20	7.49	7.80	7.40	7.09	6.80
银川	6.20	5.80	5.80	5.80	5.80	5.44	5.10
乌鲁木齐	8.00	7.70	8.32	9.00	9.70	7.50	5.80
呼和浩特	4.20	4.70	4.70	4.70	5.90	5.15	4.50
南宁	8.60	8.50	8.04	7.60	8.80	8.39	8.00
重庆	7.10	6.20	6.80	7.00	6.30	6.69	7.10

从空间的视角看，陕西省及西部各城市房价收入比存在区域差异（图 1-3-3），呈现明显的非均衡性，主要表现为两方面。

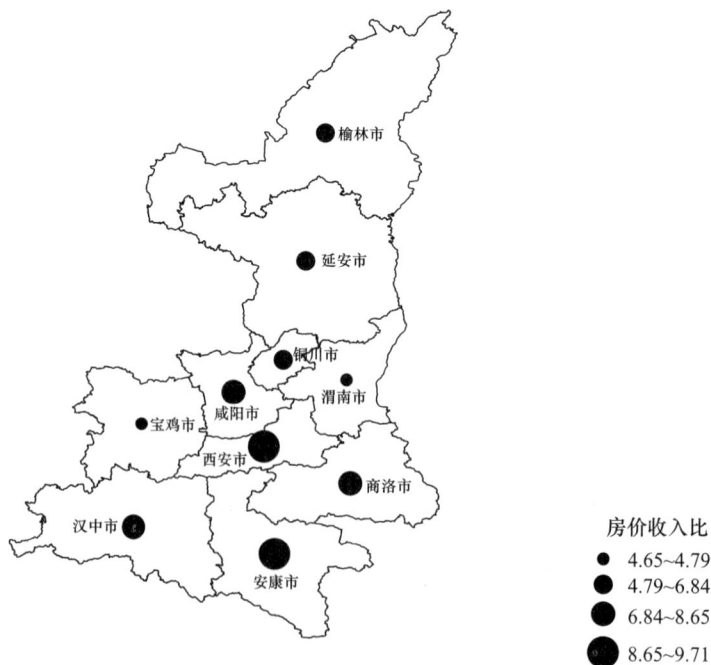

图 1-3-3　2017 年陕西省各地市房价收入比空间分布

第一，西部不同城市间的房价收入比存在较大的差异。以 2017 年为例，西部不同省会城市间的房价收入比存在较大差异，西安市房价收入比高达 9.71，而同期银川和呼和浩特的房价收入比分别为 5.1 和 4.5，西部地区省会城市房价收入比最大值和最小值之间相差 5.21，仅有银川和呼和浩特的房价收入比处在合理的范围，其余均超过了合理区间。成都、重庆、南宁以及西安的商品住宅平均价格为 8731 元/m²、6791 元/m²、7776 元/m² 以及 7234 元/m²，遥遥领先于银川、呼和浩特。可见，西部省会城市房价收入比的空间差异，主要是由其房价差异导致的。

第二，陕西省内部的房价收入比也存在较大差异，西安市的房价收入比明显高于陕西省的平均水平，其房价收入比差距也十分明显。例如 2017 年西安市房价收入比要高于渭南市 5.06，也高于陕西省 3.82，存在显著地区差异。

2. 陕西省各地市房价收入比预期分析

为促进陕西省各地市房地产市场发展，结合陕西省与西部各大城市房价收入比对比分析，以 2018~2022 年房价收入比预测数据平均值为基准判断陕西省各地市（区）未来房地产市场发展状况（表 1-3-7），并基于因素分析提出抑制房价收入比增长的措施。

陕西省各地市（区）房价收入比预测分析结果　　　　表 1-3-7

地区	2018	2019	2020	2021	2022	平均值
西安	8.29	8.05	7.97	7.95	7.98	8.05
宝鸡	10.33	11.46	11.74	11.80	11.81	11.43
咸阳	9.86	10.40	10.76	10.99	11.12	10.63
铜川	5.85	6.25	6.46	6.57	6.65	6.36
渭南	3.91	3.81	3.86	3.94	4.02	3.91
延安	6.48	6.74	6.93	7.08	7.23	6.89
榆林	7.10	7.19	7.26	7.32	7.39	7.25
汉中	7.45	7.80	8.20	8.54	8.70	8.14
安康	8.86	8.80	8.83	8.92	9.01	8.88
商洛	5.92	6.37	6.70	6.77	6.34	6.42
杨凌	6.35	6.61	6.72	6.77	6.80	6.65
陕西省	5.91	5.86	5.72	5.59	5.84	5.78

1）陕西省

从陕西省 2018~2022 年房价收入比预测平均值来看，处于国际公认的 3~6 之间，但临近合理区间边界值。而房价收入比的升高，会使有效的商品住房市场需求难以形成，阻碍住房制度改革和住房自由化率提高的进程，因此结合陕西省房地产影响因素分析结果，未来陕西省应适当增加商品房新开工面积，保障商品住房有效供给，继续推进产业发展和城镇化建设，保证房价收入比处于合理区间。

2）渭南市

从渭南市 2018~2022 年房价收入比预测平均值来看，处于 3~6 的合理区间，属于合理发展状态。将渭南与房价收入比较为接近的呼和浩特相比，其房地产投资、新开工面积、商品房均价均呈现逐年下降趋势，未来渭南市应适当加大地产投资，刺激房地产市场，避免房价收入比出现波动。

3）铜川、延安、商洛、杨凌

从 2018～2022 年房价收入比预测平均值来看，铜川、延安、商洛、杨凌均在 6～7 区间内，超出合理区间。通过房价收入比影响因素回归分析也发现，影响铜川、延安、商洛、杨凌的主要因素有固定资产投资、城镇化率、第三产业发展、人均 GDP 等，这与近年来大力推动城镇化发展有重要关系。随着近年来陕西省城镇化速度推进，各类商用建筑与商品住宅的快速新建，伴随着的是房价的迅速攀升，国家虽然有根据物价等因素适当提高工资性收入，但增速远落后于房价增速，未来应拓宽居民收入来源渠道，推进不同类型的保障性安居工程建设，保证市场有序发展。而在抑制房价收入比增长的因素中，商品房均价与新开工面积虽然有助于抑制房价收入比的增长，但影响程度较小，未来一定要继续对房价进行控制，适当增加新开工面积，保证老百姓买得起、住得起房。

4）西安、榆林、汉中、安康

通过房价收入比预测平均值可以看到西安、榆林、汉中、安康的房价收入比已经超过了 3～6 的合理区间，而伴随着房价收入比的升高，会使有效的商品住房市场需求难以形成，造成大量的商品住房空置而使资源配置不合理。因此未来应结合房价收入比主要影响因素有针对性地进行调控。通过房价收入比影响因素回归分析，影响西安、榆林、汉中、安康的主要因素是城镇化率、人均可支配收入、商品住房均价、新开工面积等。

（1）城市化是我国目前的大趋势，不断加速的城镇化进程所引起的人口大规模跨区域流动会增长住房需求，导致房价上升，从而使房价收入比上升。合理有序的城镇化不仅为扩大内需提供了充足的动力，也是现代化建设的历史任务。如果盲目推动城镇化建设进程，将城镇化简单地等同于房地产建设，则不但会使房价恶性上涨，降低人民生活品质，也会为新进城居民带来过大的购房压力，加大其融入城镇的难度，降低城镇化质量。因此，在推进城镇化进程中，应因势利导、趋利避害，促使其健康发展，有序推进农村转移人口的市民化，切实提高城镇化质量，保证房地产市场持续健康发展。

（2）人均可支配收入、商品房销售均价也是影响 4 个地市的主要因素，应当采取两手抓的思路，即一手抓防止房价过快上涨，一手抓经济建设以及分配制度改革，提高居民收入，从而有效降低房价收入比。

（3）西安、汉中、榆林的新开工面积均与房价收入比呈负相关，只有安康呈正相关。为进一步抑制房价收入比的上涨，保证房地产市场持续健康发展，依据各地市未来数据变化趋势，未来西安、汉中、榆林应该增加商品房的新开工面积，而安康的供给出现过剩，应减少新开工面积。

5）宝鸡、咸阳

通过房价收入比预测值的平均值可以看到宝鸡、咸阳的房价收入比已经大幅度超过了 3～6 的合理区间，为保证房地产市场持续健康发展，亟需对其房地产市场进行调控。宝鸡、咸阳的房价收入比大幅超过合理范围，说明相比于居民的支付能力来说，当前的房价处于较高水平。

（1）从预测数据来看，宝鸡、咸阳的居民收入处于相对稳定状态，有一定的下降趋势，所以提高居民的可支配收入是极其必要的。一方面，要合理调整城镇居民收入分配的差距，增加中低收入者的收入，刺激中低收入者对住房的需求；另一方面，要规范收入分配，扩大就业渠道，建立健全社会保障制度，提高消费支出在国民收入中的比例。就目前情况而言，调控房价的力度应进一步加大，确保居民收入的增长速度要高于房价上涨的速度。

（2）通过宝鸡、咸阳的回归分析结果可以看出，房价收入比与固定资产投资、人均GDP、第二三产业占比等变量呈正相关关系。这些指标是反映城市经济发展的指标，可以看出城市经济发展水平对房价收入比的影响显著。因此，不能过度依赖房地产市场来带动城市经济发展，需要合理分散投资，发展其他产业。

（3）从宝鸡、咸阳新开面积的预测值来看，两市的预测数据均表现为下降趋势，而新开工面积均与房价收入比呈负相关，为进一步抑制房价收入比，未来应该进一步增加新开工面积量。

四、问题聚焦与对策建议

通过梳理陕西省房地产市场总体发展现状发现，2018 年，随着房地产供给侧改革的逐步深化，陕西省房地产市场本质属性不断回归，住房改善性需求加快提升，房地产市场结构日趋合理。从供给端来看，2011～2016 年商品住房开发投资与房地产开发投资呈同向上升变动，商品住房开发投资额占房地产开发投资总额保持在 80% 以上；2017 年房地产开发投资结构出现明显变化，商品住房投资与房地产开发投资呈反向变动，房地产投资逐步多元化。此外，2017 年商品房竣工面积呈下降趋势，商品房新开工面积也由 2012 年的 5819.46 万 m^2 降至 3824.05 万 m^2，然而由于商品房竣工面积下降总量高于商品房新开工面积下降总量，导致商品房施工面积上升。从需求端来看，新建商品房市场与二手房市场呈现出不同的发展趋势，2017 年商品住房销售面积呈下降趋势，住宅销售均价上涨，二手房交易面积与交易均价则均呈现出快速上涨趋势。

各地市房地产市场总体情况如表 1-4-1 所示。

陕西省各地市（区）房地产市场基本情况 　　　　　　　　　　表 1-4-1

地区	供需比	商品住宅占比（%）	新开工面积趋势	新建商品房销售趋势	新建商品房价格趋势	二手房销售趋势	二手房价格趋势
西安	0.81	90.79	－	－	－	＋	＋
铜川	1.75	84.36	－	＋＋	＋	＋	＋＋
宝鸡	0.36	88.27	＋	＋	＋＋	＋＋	＋＋
咸阳	1.26	91.40		＋	＋＋	＋＋	＋
渭南	1.10	92.48	＋	＋	＋＋	－	＋
延安	1.71	87.00		－	＋	＋	＋
汉中	1.10	79.58	－	＋	＋＋	＋	＋
榆林	1.22	91.69	＋	＋＋	＋	＋	－

地区	供需比	商品住宅占比（%）	新开工面积趋势	新建商品房销售趋势	新建商品房价格趋势	二手房销售趋势	二手房价格趋势
安康	0.79	88.02	+	++	+	+	+
商洛	1.58	94.27	−	+	−	++	+
杨凌	1.05	89.31	+	+	+	++	+

注：

① 供需比＝商品房竣工面积/商品房销售面积，用以反映供需情况。表 1-4-1 供需比取 2011～2017 年商品房总竣工面积/2011～2017 年商品房总销售面积

② 商品住宅占比＝商品住宅施工面积/商品房总施工面积，用以反映各地市房地产市场的供给结构。表 1-4-1 投资占比取 2011～2017 年陕西省各地市均值。

③ 新开工面积趋势，如果该年新开工面积较上年有所增长，用"＋"表示，反之用"－"表示。延安 2017 年新开工面积为"0"。

④ 新建商品房销售趋势，如果该年销售面积较上年有所增长，用"＋"表示，反之用"－"表示。

⑤ 新建商品房价格趋势，如果该年销售价格较上年有所增长，用"＋"表示，反之用"－"表示。

⑥ 二手房销售趋势，如果该年二手住宅成交量较上年有所增长，用"＋"表示，反之用"－"表示。

⑦ 二手房价格趋势，如果该年销售价格较上年有所增长，用"＋"表示，反之用"－"表示。

⑧ 表内"＋"表示数据较上一年有略微增长，"＋＋"表示数据较上一年有明显增长；"－"表示数据较上一年有略微下降，"－－"表示较上一年有明显下降。其余数据除另有说明外，"该年"指 2017 年。

1. 西安、宝鸡、安康

西安供需比 0.81，整个市场处于供不应求状态，商品住宅投资占比为 90.79%，新开工面积呈下降趋势，说明其房地产市场需求过剩，要解决该问题，可以采取开征房产税等措施解决，针对购置多套房产及持有多套房产的人员实施不同的累进税率，提高购置及持有成本。宝鸡、安康供需比分别为 0.36 和 0.79，整个市场也处于供不应求状态，然而其相较西安来说，住宅、商办土地供给相对充足。

此外，应注意到西安二手房交易市场活跃，发展势头良好，这有利于进一步多元化房源供给，深化供给侧改革，据此西安可制定完善的二手房交易制度，引导、协助购房者完成二手房交易。宝鸡二手房交易市场初见起色，为有效缓解宝鸡房地产市场供不应求的现状，宝鸡可以对二手房交易给予格外重视。安康为缓解供不应求的房地产市场现状，可着重政策引导，促进新建商品住房开发投资。

2. 咸阳、汉中、渭南、榆林

咸阳、汉中供需比分别为 1.26，1.10，整个市场处于供过于求状态，商品住宅投资占比分别为 91.40% 和 79.58%，新开工面积呈下降趋势，说明其房地产市场供给过剩，为缓解该问题，应抑制炒房。为了抑制"炒"房，一是大力推进"购租并举"，完善住房保障体系。因为公租房等保障性住房会影响到房地产需求，这样会迫使房产购置人员和拥有人员做出更加理性的投资决策，有利于促使住房回归居住属性，保证房地产业健康稳定发展。二是征收房产税，针对购置多套房产及持有多套房产的人员实施不同的累进税率，提高其购置及持有成本。渭南、榆林供需比分别为 1.10 和 1.22，整个市场也处于供给过剩状态，然而渭南，榆林新开工面积投资增加，因此应着重引导投资者投资实现从"量"到"质"的转变。随着居民消费需求的升级，其对优质住房的需求还将稳步增长。因此也应进一步深化住房供给侧结构性改革，加快本土房地产开发企业规模化、龙头化发展步伐，鼓励房地产企业根据市场需求合理调整产品结构，升级房屋品质、完善配套设施、优化物

业管理服务等，让城镇居民能获得高品质、个性化的优质住房，实现房地产市场从"量"到"质"的健康持续发展。其一是鼓励资金、技术、人才流入，加快形成高端、优质、特色的区域优势产业，创造和提升就业岗位，吸引人口回流就业，实现以产兴城、以人为本。二是完善社会保障、就业培训以及教育医疗配套，加快发展旅游地产、养老地产等，加强城市轨道交通互联互通，为支持跨地区购房、满足住房外溢需求提供便利条件。

此外，应注意到咸阳二手房交易市场活跃，发展势头良好，其可通过贷款利率、政府补贴等方式，引导、鼓励购房者购买新建住宅。汉中、渭南、榆林情况与此类似，均可通过贷款利率、补贴等方式引导、鼓励购房者购买新建住宅。

3. 铜川、延安、商洛

铜川、延安、商洛供需比均在 1.50 以上，整个市场处于供过于求状态，商品住宅投资占比分别为 84.36%、87.00% 和 94.27%，其新开工面积呈下降趋势，该情况同咸阳、汉中类似。

此外，应注意到延安、商洛二手房交易市场活跃，发展势头良好，其可通过贷款利率、政府补贴等方式，引导、鼓励购房者购买新建住宅。

4. 杨凌

杨凌供需比 1.05，整个市场基本处于供求平衡状态，商品住宅投资占比为 89.31%，其新开工面积呈上升趋势，说明其投资环境良好，此外，应注意到其商品房、二手房交易市场活跃，发展势头良好，这有利于实现房地产市场的平稳健康发展。因此，杨凌首先应正确引导舆论，避免"炒"房，房产高收益预期舆论导向对于房地产利益集团提升房地产的价格比较重要，由于媒体传播形式变得越来越多，所以舆论宣传所造成的影响越来越高，对于大众而言，借助舆论的宣传作用可以充分地明确房地产市场的实际情况。不过现代的媒体中能够完全独立在房地产市场之外的比较少，要是出现了房价上涨的舆论就会刺激到大众的神经，这样就会使得房价持续上升，不利于房地产市场的平稳健康发展，所以需要增强对于舆论宣传管理的重视。其次应积极推广投资理财知识，政府需要鼓励金融部门或者金融机构采取措施提升民众的投资理财知识，这样大众可以明确投资工具中的优势和劣势，明确房地产投资所存在的风险，进而可以明确自己的投资需求，正确对待房地产的上涨，避免出现非理性投资。

虽然陕西省房地产业供给侧改革已经取得初步发展成果，房地产经济的增长速度也保持在高速发展阶段。然而，纵观陕西省房地产市场发展现状，房地产市场上的供求不平衡矛盾仍然存在，不利于房地产市场的持续稳定发展。为了进一步实现房地产业平稳健康发展，深化房地产业供给侧改革，本书提出以下对策建议。

（一）陕西省房地产市场平稳健康发展对策建议

1. 优先保证供给

一是进一步完善住房保障体系。大力推进"购租并举"，完善住房保障体系，优先解决住房困难家庭的住房问题，实现"居者有其屋"。二是鼓励西安本土房企同国内一线品牌房企合作。通过项目收购、股权并购等方式开展合作，打造品牌效应，满足市场对不同户型住宅的需求，实现住房供给由保证总量到"按需供应"的转变，保证各个层次不同购房者的需求。三是出台相关政策引导、鼓励建造商适度建造大户型住宅，满足市场对大户型住宅的需求。随着城镇居民人均住房面积的不断提升，加之"二孩"政策全面推开，大户型住宅渐受青睐。因此，陕西省应出台相关政策引导、鼓励建造商建造大户型住宅，提升住房品质。

2. 改善投资结构

一是引导企业合理调整户型结构、改善房屋用途，例如将符合条件的商品房改造为孵化器、众创空间以及商用公寓型住房等。二是鼓励开发商通过合作，共同打造高端、优质、特色的区域产业城，促进地区产业发展，进而实现以产兴城。三是引导企业合理调整土地用途，鼓励其转向教育地产、"互联网＋"地产等新兴业态，推动房地产业从制度性土地红利转向基于产业模式优化的红利。四是加快发展旅游地产、养老地产等，针对特色地产开发商，可以提供低息贷款、减免税等优惠政策，从而鼓励、引导其发展。

3. 聚焦商办去库存

纵观陕西省各地市，商品住宅库存压力逐步降低，包括西安、延安、汉中等在内的6地市住宅库存去化周期已经回归8～12个月合理区间，其余地市也十分接近去化周期合理区间。然而，陕西省商办去化周期整体水平与合理区间偏离过大，因此，应聚焦商办去化周期，降低商办库存。一是下调商业贷款首付比例，鼓励外资进入楼市，刺激商业投资。二是严格控制商办土地供应，从源头上遏制房地产商办高库存问题。三是优化房地产投资结构，鼓励旅游地产、养老地产等特色地产发展。四是鼓励房地产跨界经营投资，支持房地产投资商开发建设新兴产业、文化产业、体育产业等项目。

4. 推进产业升级

房地产企业的目的在于销售，所以根本任务就是为用户创造价值。为了更好地服务消费者，政府部门可以出台完善房地产多源供给的政策；房地产开发商可以推出新的产品，吸引顾客；销售部门则要进行营销升级，为客户提供更好的生活体验，从这三个方面共同着手，促进房地产业平稳健康发展，鼓励、引导房地产企业关注国家出台的政策，进行业务转型，适应社会变化，实现更好发展。

（二）陕西省房地产市场平稳健康发展保障措施

1. 完善社保从而吸引外地人口迁入

完善社保，让外来人口在"医疗、保险、教育"等方面享有本地人同等的待遇，一方面可以使外来人口有归属感，愿意长期居住，另一方面也使得外来人口能够持久参与区域经济建设，带动经济发展。在人口政策方面，应关注大学生就业，防止人才流失，为吸引更多毕业生留在陕西，可以出台优惠政策，提供更多的就业岗位，鼓励大学生自主创业。与此同时，可以将教育与房地产销售结合起来，采用房地产与学校联手的方式促进房地产业发展。

2. 为转移人口提供适宜长期居住的住房环境

住房是人生活的关键，想要使转移人口长期居住，就要为他们营造适宜居住的环境。

目前我国进城务工人员有一半以上都是住在单位的集体宿舍内，他们之中能够缴纳住房公积金的更是少之又少。务工人员的居住条件很差，工资水平低是形成上述局面的一方面原因，然而，其居住环境也不容忽视。所以陕西要吸引更多的转移人口进城，就必须积极改善其居住环境。

3. 加大公租房供应以引导房地产业优化供给模式

为了更好地提供公租房，政府应制定具体的政策，将更多库存房纳入公租房范畴，同时在土地供给上系统性地提高租赁用地规模，以满足大量转移人口的住房需求。另外政府可以出台税收等优惠政策，以鼓励各个公司直接收购已建好的商品住宅用作企业员工宿舍，在公租房内可以推出"统包统租"的管理模式，效仿半封闭式管理，以提供更好的居住环境。

4. 加大税费和补贴支持力度

对购买不同户型并在规定的间内办理产权证的业主，按房款总额给予适当的购房补贴。适当调整普通商品房税收优惠政策标准，合理认定二手住房交易税收征收时点；加强"卖旧买新"税费抵扣政策的执行力度，确保将国家有关税费优惠政策落到实处。

5. 调整优化土地市场政策

结合陕西房地产市场实际情况，科学合理地确定土地推出的区位、节奏、数量、结构和出让价格。适当缩小出让土地规模，不断优化土地出让条件，加大土地招商力度，吸引有实力的开发企业参与开发建设。对危旧房改造、企业搬迁改造、城中村改造等项目给予关注；对因特殊原因无法交付或不具备全面开发条件的已出让地块，经批准并办理相关手续后，可适当顺延开、竣工时间，并根据建设规模、进度实际分期或延缓缴纳土地出让金。

第二篇
陕西省"一城一策"房地产市场调控政策研究专题

01 西安市房地产市场调控政策研究

（一）西安市房地产市场结构剖析

1. 西安市房地产市场供给现状总结

1）土地供应面积波动性大

2011～2017 年间，西安市土地计划供应面积波动性大，呈明显"W"形趋势，由 2011 年的 1231.96 万 m² 小幅降至 2017 年的 1104.27 万 m²。其中，住宅土地供应面积、商办土地供应面积分别由 2011 年的 605.51 万 m²、626.45 万 m² 变化至 2017 年的 711.58 万 m²、392.69 万 m²；其次，西安市土地供应面积增长率、住宅土地供应面积增长率、商办土地供应面积均表现出很大的波动性，具体见图 2-1-1。

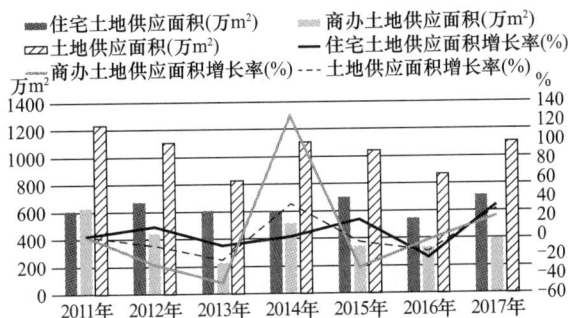

图 2-1-1　2011～2017 年西安市土地计划供应面积情况

2）房地产开发投资总量持续上涨

2011～2017 年间，西安市商品房开发投资持续上涨，由 2011 年的 930 亿元增至 2017 年的 2159.46 亿元，商品房开发投资增长率呈下降趋势，其中 2012 年增长率最高为 39.46%，2015 年最低为 0.83%。其中，西安市商品住房开发投资在 2011～2016 年期间持续上升，由 791 亿元增至 1880.63 亿元，2017 年有所下降，为 1464.45 亿元；商品住房开发投资增长率波动明显，2012～2015 呈下降趋势，2016 年有所上升，2017 年明显下降，增长率达到最低，具体见图 2-1-2。

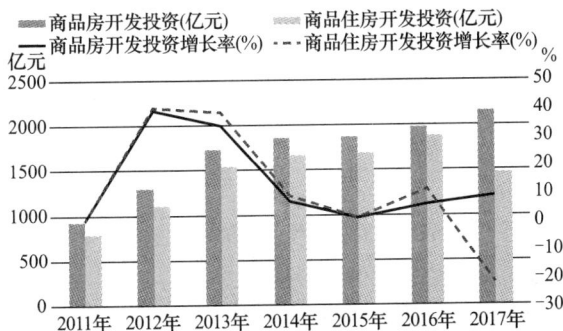

图 2-1-2　2011～2017 年西安市房地产开发投资情况

3）房地产施竣工面积总体上涨，新开工面积总体小幅下降，增长率波动明显

2011～2017 年间，西安市商品房施工面积持续上涨，由 2011 年的 6840 万 m² 增至 2017

年的 9415.71 万 m^2；竣工面积由 2011 年的 791 万 m^2 快速上涨至 2015 年的 2090.7 万 m^2，2016-2017 年基本保持稳定增长；新开工面积由 2011 年的 2290 万 m^2 小幅降至 2017 年的 1957.10 万 m^2，其中 2014 年新开工面积达到最高值为 2307.16 万 m^2。其次，施竣工面积和新开工面积增长率也表现出很大的波动性，具体见图 2-1-3。

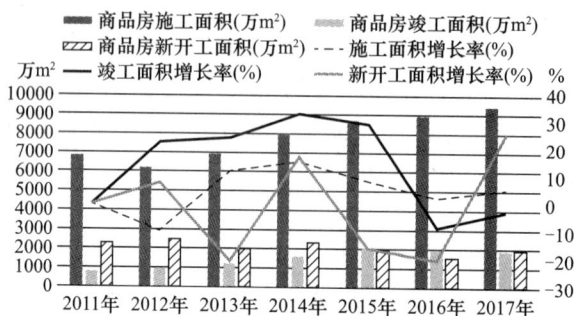

图 2-1-3　2011～2017 年西安市商品房供给指标情况

4）商品房供给类型以住宅为主，占比量持续上升

2011～2017 年间，西安市新建商品房供给类型以住宅为主，占比持续上升。其中住宅施工面积占总面积的比例在 88.14%～93.44% 变动，住宅竣工面积占比呈"V"形变动，近 3 年来大幅上涨，2017 年住宅竣工面积占比达到最高 97.60%；商办施工面积和竣工面积占比总体较低，商办竣工占比由 2011 年的 9.99% 持续增至 2014 年的 24.32%，此后大幅下降至 2017 年的最低值 2.40%，总体说明住宅在商品房市场的供应中占绝对地位且占比不断上升，具体见图 2-1-4。

2. 西安市房地产市场需求现状总结

1）西安市土地价格持续上涨

2011～2017 年间，西安市综合地价持续上涨，由 2011 年的 3719 元/m^2 增至 2017 年的 5064 元/m^2。其中，2016～2017 年商办和住宅用地地价均稳步增长，2017 年末商办用地地价上涨至 7869 元/m^2，住宅达到 6563 元/m^2。如图 2-1-5、图 2-1-6 所示。

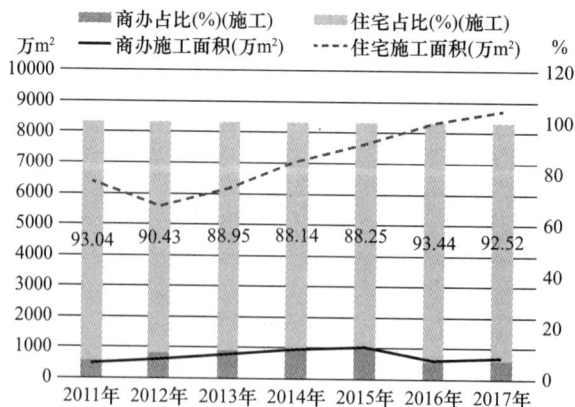

图 2-1-4　2011～2017 年西安市住宅和商办竣工、施工面积及其占比（一）

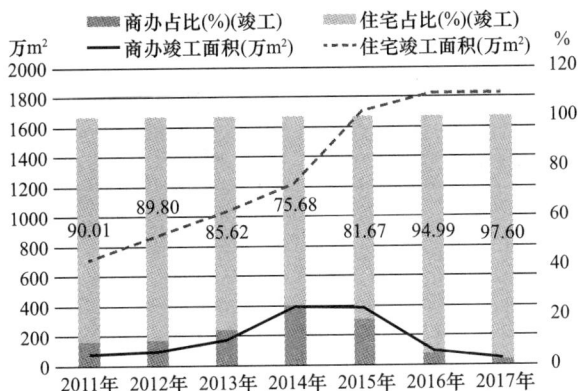

图 2-1-4　2011～2017 年西安市住宅和商办竣工、施工面积及其占比（二）

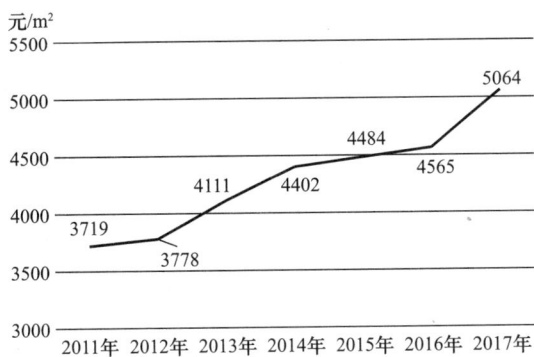

图 2-1-5　2011～2017 年西安市综合地价（元/m²）

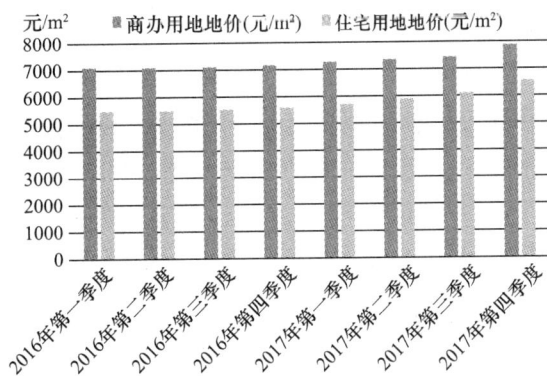

图 2-1-6　2011～2017 年西安市住宅、商办用地地价（元/m²）

2）新建商品房销售面积总体上涨，二手房成交量涨幅明显

2011～2017 年间，西安市商品房销售面积与商品住房销售面积总体均呈上涨趋势，由 2011 年 1391.33 万 m²、1193.19 万 m² 快速增至 2016 年的 2529.49 万 m²、2199.27 万 m²，2017 年小幅降至 2161.92 万 m²、1713.37 万 m²，商品房销售面积和商品住房销售面积增长率呈现波动性变化。其次，2014～2017 年期间，西安市二手房成交量和二手住宅成交量持续增长，分别从 2014 年 246.57 万 m²、208.10 万 m² 稳步增加至 2017 年 687.78 万 m²、651.55 万 m²，二手房成交量和二手住宅成交量增长率呈现倒"V"形波动；二手商办销售面积变化不明显，基本在 40 万 m² 左右波动。具体见图 2-1-7、图 2-1-8。

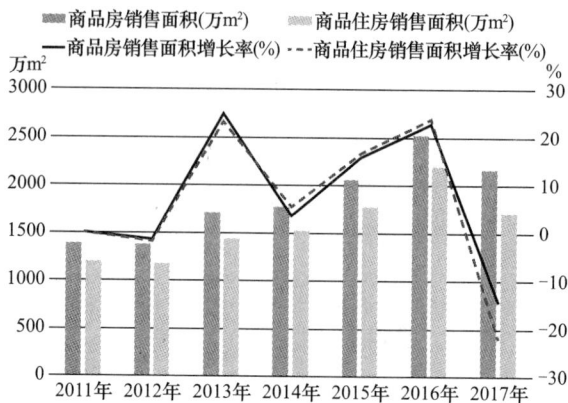

图 2-1-7　2011~2017 年西安市商品房和商品住房销售面积及增长率

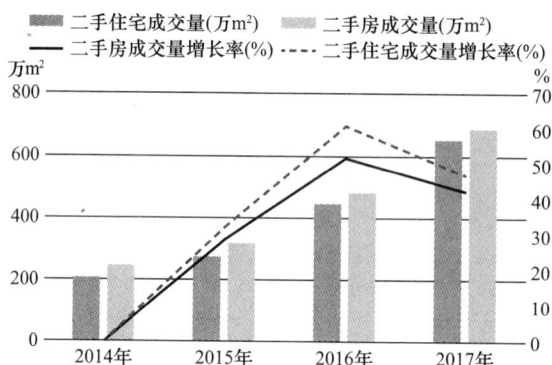

图 2-1-8　2014~2017 年西安市二手商品房和二手商品住房成交量及增长率

3）商品房销售类型以住宅为主，占比 80％以上

2011~2017 年间，西安市商品房销售类型以住宅为主，新建商品房销售面积和二手住宅成交量基本占整个市场需求总量的 80％以上，在商品房销售市场的需求中占据绝对地位。其中商品住房销售面积占比在 2011~2017 年维持在 79.25％~86.95％，二手住宅成交量占比都在 80％以上，二手住宅成交量在二手商品房市场的需求中占据绝对地位并保持增长趋势。如图 2-1-9、图 2-1-10 所示。

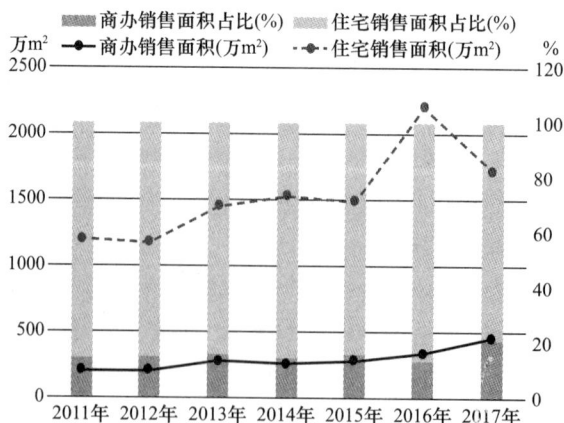

图 2-1-9　2011~2017 年西安市新建商品房需求类型结构相关指标

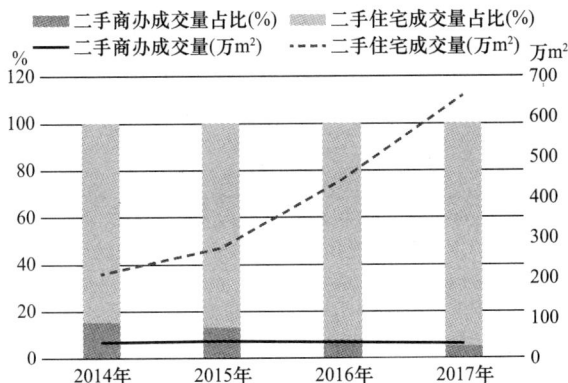

图 2-1-10　2014～2017 年西安市二手商品房需求类型结构相关指标

4）商品房销售价格波动上涨

2011～2017 年，西安市新建商品住房销售价格总体呈波动上涨趋势，其中 2011～2013 年变化不大，2014 年降至 6558 元/m²，2016 年稳步增长至 7443 元/m²，2017 年略有下降。2018 年 1～6 月，商品住房销售价格快速上涨，由 2018 年 1 月的 7224 元/m² 增长到 2018 年 6 月的 8076 元/m²。如图 2-1-9、图 2-1-10 所示。由西安市二手房交易价格来看，2015 年上半年～2018 年上半年，西安市二手住宅交易价格呈快速增长趋势，由 2015 年上半年的 5277 元/m² 持续增长至 2018 年上半年的 8202 元/m²，如图 2-1-11～图 2-1-13 所示。

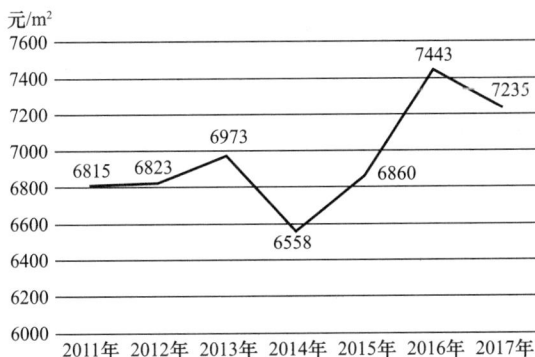

图 2-1-11　2011～2017 年西安市商品住房销售均价（元/m²）

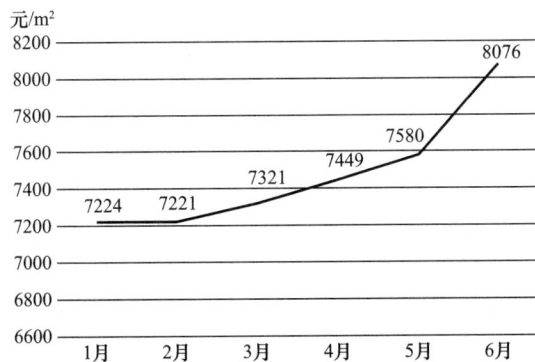

图 2-1-12　2018 年上半年西安市商品住房销售均价（元/m²）

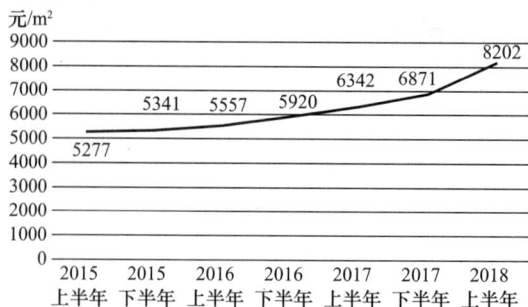

图 2-1-13　2015 年上半年～2018 年上半年西安市二手住宅交易均价（元/m²）

5）商品房库存压力减小

西安市商品房库存量整体减小。2011～2017 年间，西安市住宅累计待售面积呈现为先增后降趋势，2011～2014 年住宅累计待售面积由 1266.89 万 m² 快速增至 2337.83 万 m²，后持续降至 2017 年底的 1287.52 万 m²；住宅去化周期波动减少，由 2011 年的 12.74 个月降至 2017 年的 8.65 个月，见图 2-1-14。2018 年上半年西安市商业办公楼累计待售面积持续降低，其中 4 月份最低达 1239.23 万 m²，商办去化周期曲折波动，具体如图 2-1-15 所示。

图 2-1-14　2011～2017 年西安市住宅待售面积及去化周期

图 2-1-15　2018 年 1～6 月西安市商办待售面积及去化周期

3. 西安市房地产市场结构分析

1) 房地产市场供需总量呈供不应求状态

2011～2017 年间，西安市房地产市场总体供需总量呈供不应求的状态。由图 2-1-16 可以看出，2011～2014 年，西安市的商品房竣工面积始终大于商品房销售面积，其比例呈逐渐增大趋势，但均小于 1，2015 年出现明显拐点，两者比值基本接近持平，说明在 2015 年商品房供给和需求处于平衡状态，2016 年后，西安市的住宅供销比又再次回落，降至 0.86，继续出现市场供需总量供不应求的状态。

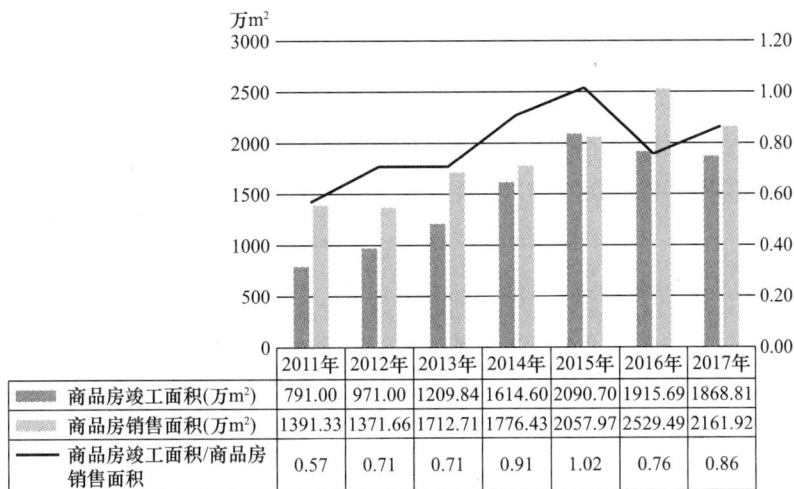

	2011年	2012年	2013年	2014年	2015年	2016年	2017年
商品房竣工面积(万m²)	791.00	971.00	1209.84	1614.60	2090.70	1915.69	1868.81
商品房销售面积(万m²)	1391.33	1371.66	1712.71	1776.43	2057.97	2529.49	2161.92
商品房竣工面积/商品房销售面积	0.57	0.71	0.71	0.91	1.02	0.76	0.86

图 2-1-16　2011～2017 年西安市房地产市场供需总量指标

2) 房地产市场供需结构失衡

2011～2017 年间，从房地产开发投资结构分析来看，商品房开发投资持续上涨，商品住房投资占房地产开发投资比重基本维持在 70％左右，其他性质的房地产开发投资均偏少；从房地产类型结构分析来看，西安市商品房销售类型以住宅为主，新建商品住房销售面积和二手住宅成交量基本占整个市场需求总量的 80％以上，在商品房销售市场的需求中占据绝对地位；从销售住宅均价来看，西安市新建商品住房销售价格和二手住宅交易价格均为增长趋势，商品房总体供不应求，导致了房价持续上涨，总体上说明，西安市房地产处于供需结构不平衡状态。

（二）西安市房地产政策梳理及绩效评价

1. 西安市住房发展政策梳理

1) 西安市住房发展政策概况

从 2006 年到 2018 年，西安市总共发布了 47 条住房发展政策。其中在 2008 年金融危机的背景下，2009 年西安发布了 13 条，占到 27.66％的比例，是发布政策最多的年份。其次是 2008 年，发布了 7 条政策，占到 14.89％的比例。其余年份发布的相关政策相对较少。2006 年、2012 年、2014 年都发布了 1 条，占到 2.13％的比例，是除 2007 年、2011 年、2013 年之外发布政策最少的年份。总体趋势及各年份发布的政策数量如图 2-1-17 所示。

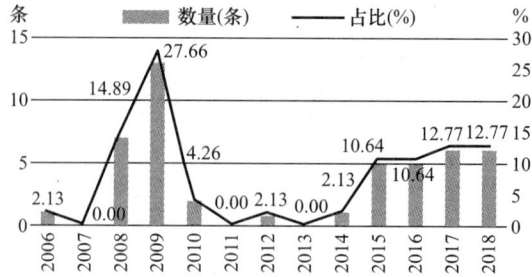

图 2-1-17 西安市历年发布政策数量及占比图

从图 2-1-17 中可以看出，从 2007 年到 2009 年，西安市发布的住房发展政策数量总体呈现上升趋势。2009 年之后，发布的住房发展政策数量急剧下降，之后又进入相对平缓时期。

西安市历年发布的住房发展政策中，主要包括了条例、通知、意见、办法、规定、细则、方案这七类，其中条例类政策所占的比例最多，高达 46.81%。细则和意见所占比例最少，仅占 6.38% 的比例。各类政策的分布与所占比例如表 2-1-1 所示。

西安市历年发布政策类别数量及占比   表 2-1-1

政策类别	条例	规定	办法	细则	通知	意见	方案
数量（条）	22	5	5	3	4	3	5
占比（%）	46.81	10.64	10.64	6.38	8.51	6.38	10.64

2）西安市重要政策回顾

西安市房地产市场的发展大致经历了两个阶段，1992 年至 1999 年的初创及调整上升阶段，以及 2000 年至今的高速发展时期。2000 年起，中央开始实施西部大开发战略。受此政策利好影响，西安城市化进程快速推进，市场环境持续改良，房地产业步入了快速发展期。

2008 年，在金融危机影响下，楼市低迷，西安市政府"救市"政策出台，包括连续数次降息、上调存款准备金率、下调契税税率等，以刺激房地产市场消费，通过降价来实现成交。具体如：对购房者进行住房公积金贷款利率下调 0.18 个百分点，个人公积金购房贷款额度提高，利率下降；符合条件的购房者发放个人住房补贴从总房价的 0.5% 至 1.5% 不等的经济补贴。2008 年 10 月，西安市市政府办公厅发布《西安市城市房屋租赁条例》，规定房屋租赁要实行登记备案制度，加强城市房屋租赁管理，维护房产市场秩序，保障房屋租赁当事人的合法权益；同年 10 月 27 日，发布《西安市土地储备条例》，"土地储备实行集中统一管理，储备土地供应实行集中统一供应"，力争加强政府对土地市场的调控，优化土地资源配置，规范土地储备行为。

2009 年，在国家出台各类救市政策，如紧急下调 1.89 个点后接近历史低点的利率、4 万亿元投资计划、利率七折优惠等以及房企积极的促销让利措施双重刺激下，西安市房地产回归理性，平稳发展。2009 年 8 月 26 日，西安市市政府办公厅发布《西安市住房公积金管理条例》以加强住房公积金管理，维护住房公积金所有者的合法权益，促进城镇住房建设，提高城镇居民的居住水平；同年 8 月 24 日，西安市建委发布《城市房地产开发经营管理条例》，规定了房地产开发企业的设立条件以及规范了房地产开发建设行为以加强对城市房地产开发经营活动的监督管理，促进和保障房地产业的健康发展。

2010 年，房地产价格快速上涨，我国住房发展政策频出，大力鼓励保障房建设。2010 年 5 月 24 日，西安市市政府办公厅发布《西安市物业管理条例》来规范物业管理活动，维护业主和物业服务企业的合法权益；同年 11 月 13 日，西安市市政府办公厅发布《西安市城乡规划条例》来加强城乡规划管理，统筹城乡空间布局，保护生态资源，改善人居环境，促进城乡经济社会全面协调可持续发展。

2012 年，随着国家宏观调控的不断深化，各地的楼市成交都不同程度地受到了影响，而且在 2011 年限购令的影响下，为了支持刚需的首次置业，西安市也加入微调控行列。于 6 月份宣布"将个人住房公积金贷款最高额度将提高至 60 万元，特殊情况经审批可提高至 70 万元"释放刚需，鼓励了首次置业人员购房。2012 年 11 月 19 日，西安市住房和城乡建设委员会发布《西安市建筑装饰装修条例》。

2014 年 7 月 8 日，西安市人民政府办公厅发布《关于印发西安市绿色建筑行动实施意见的通知》，希望能进一步促进城乡建筑模式转变，降低建筑使用能耗，改善空气环境质量，提高生态文明建设水平。

2015 年，全国宏观经济持续下滑，房地产行业再次被推上"救经济"的首要位置。2015 年 7 月 21 日的《西安市民用建筑节能条例》与《西安市城乡建设档案管理条例》也完善了建筑建设的标准与规范。

2016 年，房价、地价快速上涨，但在巨大的库存压力之下，西安市房地产市场还是比较平稳，因城施策，西安市房地产市场的主基调依然是去库存。2016 年 6 月 24 日，发布《西安市人民政府办公厅关于印发西安市棚户区改造货币化房票安置管理办法（试行）的通知》，进一步完善棚户区改造货币化安置方式，充分保障群众合法利益和选择权，满足群众对棚户区改造安置房屋的多样化需求。

2017 年，在十九大提出的加快建立多主体供给、多渠道保障、租购并举的住房制度大环境下，西安多部门多次出台调控政策。2017 年 4 月 19 日，西安市政府办公厅发布《西安市人民政府关于进一步加强管理保持房地产市场平稳健康发展的若干意见》，"国土、规划、建设、房管、城管、工商、物价、公安等部门，要及时采取措施，组织开展专项市场整顿活动，严厉打击违法占地、违法建设、无证售房、捂盘惜售、囤地囤房、虚假宣传、哄抬房价、造谣生事等扰乱市场秩序的违法违规行为，净化市场环境，稳定市场预期，促进我市房地产市场持续平稳健康发展"；同年 6 月份，西安市人民政府办公厅发布《关于调整我市住房交易政策有关问题的通知》，以引导合理住房需求，抑制投资投机性购房行为，稳定住房价格。

2018 年，全国又掀起新一轮"精准调控"，再次收紧住房发展政策。2018 年 6 月 25 日，西安市人民政府办公厅发布《关于进一步规范商品住房交易秩序有关问题的通知》，希望通过强化商品房预售许可及交易管理、规范商品住房开盘销售行为、加强公证摇号售房管理、严厉打击各类违法违规行为等措施进一步整治规范房地产市场秩序，维护购房群众的合法权益，进而促进房地产市场平稳健康发展；同年 5 月，西安市人民政府办公厅发布《关于进一步加强建设用地规划管理工作的通知》希望通过加强用地规划管理工作进一步坚持刚性约束，严格依法执行城市规划，保持用地规划结构平衡，引导西安市房地产市场平稳、健康、可持续发展。

2. 基于政策工具的西安市政策结构分析

1）文本选取

由于涉及房地产行业的政策文本数量众多，为了保证政策选取的准确性和代表性，笔者按照与房地产市场调控密切相关的原则对政策文本进行了整理和遴选，政策类型主要选取 2011 年后颁布的法律法规、规划、意见、办法、通知、公告等体现政府政策的文件，最终梳理了有效政策样本 24 份。具体如表 2-1-2 所示。

西安市住房发展政策文本 表 2-1-2

序号	政策名称
1	西安曲江新区管理委员会关于印发《西安曲江新区公租周转房管理实施细则（暂行）》的通知
2	西安市城市房屋使用安全管理条例
3	西安市城乡建设档案管理条例
4	西安市规划局关于印发西安市建设工程竣工规划条件核实管理规定的通知
5	西安市建设工程施工现场围挡及出入口管理规定
6	西安市建筑装饰装修条例
7	西安市民用建筑节能条例
8	西安市人民代表大会常务委员会关于修改《西安市散装水泥管理条例》的决定
9	西安市人民政府办公厅关于印发西安市建设工程施工现场围挡及出入口管理规定的通知
10	西安市人民政府办公厅关于印发西安市经济适用住房退出管理实施细则的通知
11	西安市人民政府关于进一步加强管理保持房地产市场平稳健康发展的若干意见
12	西安市人民政府办公厅关于印发西安市棚户区改造货币化房票安置管理办法（试行）的通知
13	西安市人民政府办公厅关于印发《西安市深化住房供给侧结构性改革实施方案》的通知
14	西安市人民政府办公厅关于印发《西安市工程建设项目审批制度改革实施细则》的通知
15	西安市人民政府办公厅关于进一步规范商品住房交易秩序有关问题的通知
16	西安市人民政府办公厅关于印发西安市城中村出租屋安全管理办法的通知
17	西安市人民政府办公厅关于进一步加强建设用地规划管理工作的通知
18	西安市人民政府办公厅关于印发城中村及城乡结合部治违拆违专项整治行动实施方案和城区屋顶加盖违建拆除专项行动实施方案的通知
19	西安市人民政府办公厅关于调整我市住房交易政策有关问题的通知
20	西安市人民政府办公厅关于印发西安市加快推进装配式建筑发展实施方案的通知
21	西安市人民政府办公厅关于加快城建 PPP 项目建设的实施意见
22	西安市人民政府办公厅关于印发西安市建设工程招投标市场专项整治方案的通知
23	西安市人民政府办公厅关于印发进一步规范房地产项目审批工作实施方案的通知
24	西安市人民政府办公厅关于印发西安市绿色建筑行动实施意见的通知

2）单元编码

样本的分析类目包括"组织人事""财政税收""鼓励引导""行政强制""资质评价""培训考核""税收措施""金融措施""其他经济""标准规范""强制要求""市场监管"

"开发""规划""设计""施工""采购""销售""运营管理"和"拆除转移"。而分析单元则为住房发展政策文本的有关条款。

本书首先对已遴选出的 24 份政策文本内容按照"政策编号—具体条款/章节"进行编码；然后，根据已建立的住房发展政策二维分析框架，将其分别归类，最终形成了基于政策工具的住房发展政策文本的内容分析单元编码（表 2-1-3）。

政策文本内容分析单元编码　　　　　　　　　　　　　表 2-1-3

序号	政策名称	政策文本的内容分析单元	编码
1	西安曲江新区管理委员会关于印发《西安曲江新区公租周转房管理实施细则（暂行）》的通知	准入标准及申请方式	1-2
		资格审核	1-3
		租金管理	1-4
		动态管理	1-5
2	西安市城市房屋使用安全管理条例	房屋使用安全责任与义务	2-1
		监督检查	2-2
3	西安市城乡建设档案管理条例	建设档案报送流程	3-1
		建设档案报送要求	3-2
		法律责任（金钱处罚）	3-3
		法律行政处分	3-4
4	西安市规划局关于印发西安市建设工程竣工规划条件核实管理规定的通知	工程竣工规划核实管理规定	4-1
		竣工规划条件核实流程	4-2
		经济技术指标规划条件核实标准	4-3
5	西安市建设工程施工现场围挡及出入口管理规定	围挡及出入口的规定	5
6	西安市建筑装饰装修条例	西安市建筑装饰装修条例	6-1
		申请施工许可证的程序	6-2
		新型装饰材料	6-3
		监督管理	6-4
7	西安市民用建筑节能条例	民用建筑节能改造	7-1
		民用建筑节能规划审查	7-2
		建筑节能设计文件要求	7-3
		可再生能源的应用	7-4
8	西安市人民代表大会常务委员会关于修改《西安市散装水泥管理条例》的决定	散装水泥的采购使用要求	8
9	西安市人民政府办公厅关于印发西安市建设工程施工现场围挡及出入口管理规定的通知	围挡及出入口的规定	9
10	西安市人民政府办公厅关于印发西安市经济适用住房退出管理实施细则的通知	经济适用房的相关规定	10-1
		交易环节税费缴纳	10-2
		差额款缴纳	10-3
		申请回购程序	10-4
11	西安市人民政府关于进一步加强管理保持房地产市场平稳健康发展的若干意见	申请贷款购买住房	11-1
		商品住房销售规定	11-2
		市场监管	11-3

序号	政策名称	政策文本的内容分析单元	编码
12	西安市人民政府办公厅关于印发西安市棚户区改造货币化房票安置管理办法（试行）的通知	房屋评估安置	12-1
		被征收人自主购房奖励	12-2
		购房公积金贷款	12-3
		协议与相关规定	12-4
13	西安市人民政府办公厅关于印发《西安市深化住房供给侧结构性改革实施方案》的通知	用地供应	13-1
		租赁型保障房出租	13-2
		提高公租房建设品质	13-3
		共有产权住房套型设计	13-4
14	西安市人民政府办公厅关于印发《西安市工程建设项目审批制度改革实施细则》的通知	职责分工	14-1
		精简事项	14-2
		联合会审	14-3
15	西安市人民政府办公厅关于进一步规范商品住房交易秩序有关问题的通知	商品房预售许可与交易管理	15-1
		规范商品住房开盘销售行为	15-2
		公证摇号售房管理	15-3
16	西安市人民政府办公厅关于印发西安市城中村出租屋安全管理办法的通知	城中村出租屋出租	16-1
		出租屋安全管理	16-2
		各相关部门的安全管理	16-3
		安全管理公约	16-4
17	西安市人民政府办公厅关于进一步加强建设用地规划管理工作的通知	依法规划审批项目	17-1
		鼓励变更商业用地	17-2
18	西安市人民政府办公厅关于印发城中村及城乡结合部治违拆违专项整治行动实施方案和城区屋顶加盖违建拆除专项行动实施方案的通知	各部门职责	18-1
		拆除范围与目标	18-2
		工作要求	18-3
19	西安市人民政府办公厅关于调整我市住房交易政策有关问题的通知	抑制投机行为，稳定房子价格	19
20	西安市人民政府办公厅关于印发西安市加快推进装配式建筑发展实施方案的通知	鼓励推进	20-1
		推广新技术	20-2
		人员培训	20-3
		强化质量	20-4
21	西安市人民政府办公厅关于加快城建 PPP 项目建设的实施意见	加快 PPP 项目建设	21
22	西安市人民政府办公厅关于印发西安市建设工程招投标市场专项整治方案的通知	整治内容	22-1
		加大标前监管力度	22-2
		加强评标专家管理	22-3
23	西安市人民政府办公厅关于印发进一步规范房地产项目审批工作实施方案的通知	改革措施	23-1
		落实监管	23-2
		其他规定	23-3
24	西安市人民政府办公厅关于印发西安市绿色建筑行动实施意见的通知	推进建筑节能	24-1
		加强管理	24-2
		严格建筑物拆除管理	24-3
		绿色建筑标准监督管理	24-4

3）频数统计分析

在对政策工具内容分析单元编码的基础上，按照对房地产业价值链作用阶段归属的判断，将其归类，形成了住房发展政策二维分析分布图，如表 2-1-4 所示。总体上看，24 份住房发展政策兼顾了组织人事、财政税收、鼓励引导和行政强制政策工具的运用，内容涉及房地产行业开发、规划、设计、施工、采购、销售、运营管理和拆除转移八个环节，对房地产的开发利用、运营调控等提供了多方面的激励和规制。

西安市住房发展政策工具二维分布　　　　　　　表 2-1-4

		开发	规划	设计	施工	采购	销售	运营管理	拆除转移
组织人事	资质评价								
	培训考核				20-3, 22-3			16-3	18-1
财政税收	税收措施							10-2	
	金融措施						11-1, 12-3	10-3	
	其他经济	3-3						1-4, 13-2	12-2
鼓励引导			17-2, 20-1		6-3, 7-4, 13-3, 20-2			16-4, 24-1	
行政强制	标准规范	3-4, 21	17-1, 23-3,	7-3, 13-4	4-1, 4-3, 5, 6-1, 9, 14-1, 20-4, 22-1	8	1-2, 11-2, 15-1, 16-1	2-1, 7-1, 10-1, 24-2	12-1, 12-4, 18-2, 24-3
	强制要求	3-1, 3-2	7-2, 13-1, 23-1		4-2, 6-2, 14-2, 14-3		1-3, 15-2, 19	10-4, 16-2	18-3
	市场监管		23-2		6-4, 22-2, 24-4		11-3, 15-3	1-5, 2-2	18-2

（1）基本政策工具维度分析

西安市房地产行业政策的基本政策工具维度统计分析结果如表 2-1-5 所示。按照条款项目数计，大部分是行政强制政策工具（71.83%），其次是鼓励引导政策工具（11.27%）和财政税收政策工具（11.27%），最少的是组织人事政策工具（5.63%）。进一步分析可以发现，在行政强制政策工具中，标准规范占了绝大部分，达到 52.94%，包括用地审批、招投标流程、房屋基础配套设施建设标准等；强制要求占 29.41%，而市场监管占17.65%，包括对企业土地市场准入资格和资金来源的审查、房屋限购、商品房市场监管和预期管理等；主要是因为西安房地产行业发展已经较为成熟，主要的标准规范早已成型，而市场监管较为薄弱。在财政税收政策工具中，其他经济较多，达到 50%，主要表现为多渠道创新融资体制机制，做好征收补偿工作，推行货币化安置等；金融措施达到37.5%，主要表现为强化差别化住房信贷政策，提租发补贴，实行公积金，租房购债券，分级设基金；税收措施达到 12.5%，主要表现为调整完善相关税收政策，加强税收征管（个人转让房地产所得税、土地增值税等）。在组织人事政策工具中，主要以培训考核为主占 100%，主要表现为明确建筑市场各管理部门及其职责，完善稳定房价工作责任制等。

基本政策工具分配比例　　　　　　　　　　　　表 2-1-5

政策工具	工具名称	条文编号	小计	百分比
组织人事	资质评价		0	5.63%
	培训考核	20-3, 22-3, 16-3, 18-1	4	
财政税收	税收措施	10-2	1	11.27%
	金融措施	11-1, 12-3, 10-3	3	
	其他经济	3-3, 1-4, 13-2, 12-2	4	
鼓励引导		17-2, 20-1, 6-3, 7-4, 13-3, 20-2, 16-4, 24-1	8	11.27%
行政强制	标准规范	3-4, 21, 17-1, 23-3, 7-3, 13-4, 4-1, 4-3, 5, 6-1, 9, 14-1, 20-4, 22-1, 8, 1-2, 11-2, 15-1, 16-1, 2-1, 7-1, 10-1, 24-2, 12-1, 12-4, 18-2, 24-3	27	71.83%
	强制要求	3-1, 3-2, 7-2, 13-1, 23-1, 4-2, 6-2, 14-2, 14-3, 1-3, 15-2, 19, 10-4, 16-2, 18-3	15	
	市场监管	23-2, 6-4, 22-2, 24-4, 11-3, 15-3, 1-5, 2-2, 18-2	9	
合计			71	100%

（2）价值链维度分析

在基本政策工具维度分析的基础上，引入价值链维度的影响因素，得到如表 2-1-6 所示的政策工具在价值链上的分布统计结果。

政策工具各环节频数分布统计　　　　　　　　　　　表 2-1-6

	资质评价	培训考核	税收措施	金融措施	其他经济	鼓励引导	标准规范	强制要求	市场监管	小计	百分比
开发	0	0	0	0	1	0	2	2	0	5	7.04%
规划	0	0	0	0	0	2	2	3	1	8	11.28%
设计	0	0	0	0	0	0	2	0	0	2	2.82%
施工	0	2	0	0	0	4	8	4	3	21	29.58%
采购	0	0	0	0	0	0	1	0	0	1	1.41%
销售	0	0	0	2	2	0	4	3	2	13	18.31%
运营管理	0	1	1	0	2	4	2	2	13	18.31%
拆除转移	0	1	0	0	1	0	4	1	1	8	11.28%

据表 2-1-6 所示，24 份西安市政策文本对房地产行业的发展提供了包括开发（7.04%）、规划（11.28%）、设计（2.82%）、施工（29.58%）、采购（1.41%）、销售（18.31%）、运营管理（18.31%）和拆除转移（11.28%）阶段的全面干预。根据条款的具体分布，发现绝大多数政策工具都是应用在房地产行业价值链的施工环节，其次是销售环节和运营管理环节，采购环节政策工具的运用最少。这说明现阶段西安市房地产的政策调控是围绕着房地产的前期开发和中期的建设、销售和后期的运营，其主要目的是规范房地产的开发建设，以及对商品房的新建、销售和运营进行监管。

3. 西安市住房发展政策绩效评价

在房地产市场发展过程中，西安市作为陕西省经济发展较快的地区，是城镇化推进、房地产市场发展较快的地区，也是房地产市场交易较为频繁、房地产市场发展相对完善的地区。

　　由表 2-1-7、表 2-1-8、图 2-1-18 可知，从分时段的相对效率来讲，房地产市场调控 DEA 分析结果可以将房地产市场四个阶段的特点展现得更为明显：2011～2013 年，房地产快速上涨时期，其 DMU 的相对效率均处于较高阶段，显示出投入明显小于产出，也就是房地产价格快速上涨得益于经济增速；2014 年，由于近几年房地产价格增幅较大，因此政府出台房价调控政策对房价进行强制调控，导致房地产调控投入加大，商品住房均价开始下跌，相对效率降低，即用相对较多的投入，换得了相对较少的效果；2014～2015 年房地产调控投入加大，趋于稳定，房地产市场价格又进入上涨通道，期间限购等政策层出不穷，但房地产市场价格仍在上涨，也就意味着限购等投入从某种意义上讲影响不大，住房发展政策的制定有所偏差；从 2015 年末开始，房地产市场进入持续增长期，受益于经济复苏而持续增长，加上 5 次降息、4 次降准、下调营业税、下调二套房首付比例、提高公积金贷款额度等连环组合拳，西安市房地产市场出现了大幅价格上涨，政策效率较高。

西安市房地产市场调控评价投入因素　　　　　　　　　　　　表 2-1-7

年份	GDP 增速（%）	人均 GDP（元）	人均可支配收入（元）	城镇化率（%）	固定资产投资增速（%）	限购政策
2011	13.8	45390	25981	70.1	2.94	1
2012	11.8	51086	29982	71.51	26.81	1
2013	11.1	56817	33100	72.05	21	1
2014	9.9	63457	36100	72.61	14.99	1
2015	8.2	66738	27845	73.02	−12.5	1
2016	8.5	71357	30032	73.43	0.49	1
2017	7.7	78346	32597	73.84	12.9	1

西安市房地产市场调控评价产出因素　　　　　　　　　　　　表 2-1-8

年份	CPI 增速（%）	商品房销售面积（万 m²）	商品住房均价（元/m²）	土地成交价格（元/万 m²）	土地成交面积（万 m²）	新开工面积（万 m²）	住宅待售面积（万 m²）	土地存量面积（万 m²）
2011	5.6	1391.33	6815	1899734	783.10	2290	1266.89	264.48
2012	2.8	1371.66	6822.5	3121358	1066.17	2473.31	1677.61	352.91
2013	2.7	1712.71	6972.67	2793733	1294.40	1964.57	2001.73	269.91
2014	1.4	1776.43	6557.75	3205875	1093.11	2307.16	2337.83	310.93
2015	0.7	2057.97	6606.95	1919649	592.60	1939.95	2238.22	169.00
2016	0.9	2529.49	6714.5	2263712	566.91	1550.51	1643.9	197.82
2017	2	2161.92	7234.5	2669442	542.34	1957.1	1207.40	231.55

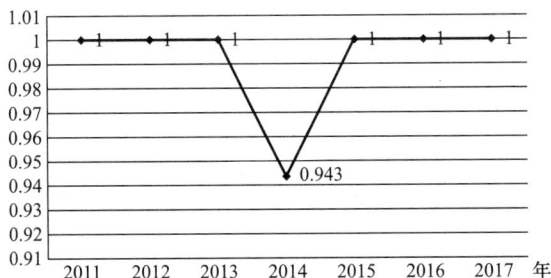

图 2-1-18　西安市房地产调控综合效率

（三）西安市房地产市场发展预期探索

1. 影响因素预测

根据西安市 2011～2017 年 10 个指标数据，采用灰色预测方法，对西安市 2018～2022 年的 10 个指标数据进行预测（表 2-1-9）。

西安市各影响指标（2011～2017 年数据）　　　　　　　　　　表 2-1-9

指标 ＼ 年份	2011	2012	2013	2014	2015	2016	2017
人均 GDP（元）	45475	51166	56871	63457	66738	71357	78346
固定资产投资（亿元）	3279.61	4165.99	5055.23	5824.53	5086.93	5097.00	7463.31
人均可支配收入（元）	25981	29982	33100	36100	33188	35630	38536
商品住房销售均价（元/m²）	6815.00	6822.50	6972.67	6557.75	6606.95	6714.50	7234.50
城镇化率（%）	70.10	71.50	72.05	72.61	73.02	73.43	73.84
商品住房开发投资（亿元）	791	1250	1540.88	1675.01	1737.59	1953.3	1693.61
新开工面积（万 m²）	2290.00	2473.31	1964.57	2307.16	1939.95	1550.51	1957.10
商品房销售面积（万 m²）	1391.33	1371.66	1712.71	1776.43	2057.97	2529.49	2161.92
第二产业占比（亿元）	1583.21	1781.09	1998.82	2194.78	2126.29	2200.36	2596.08
第三产业占比（亿元）	2113.49	2417.79	2725.70	3083.31	3454.71	3850.28	4592.65
房价收入比	6.10	6.80	6.40	7.35	9.82	9.51	9.71

西安市各影响指标（2018～2022 年数据预测）　　　　　　　　表 2-1-10

指标 ＼ 年份	2018	2019	2020	2021	2022
人均 GDP（元）	84818.95	91918.54	99612.39	107950.24	116985.99
固定资产投资（亿元）	7265.72	7915.81	8624.06	9395.67	10236.33
人均可支配收入（元）	39394.53	40970.32	42609.14	44313.51	46086.06
商品住房销售均价（元/m²）	6955.60	6995.49	7035.60	7075.94	7116.52
城镇化率（%）	74.38	74.86	75.33	75.82	76.30
商品住房开发投资（亿元）	2000.71	2119.71	2245.79	2379.37	2520.89
新开工面积（万 m²）	1634.07	1537.96	1447.50	1362.37	1282.24
商品房销售面积（万 m²）	2660.20	2923.62	3213.13	3531.30	3880.98
第二产业占比（亿元）	2651.39	2820.00	2999.33	3190.06	3392.93
第三产业占比（亿元）	5095.13	5784.44	6567.00	7455.44	8464.07

对于房价收入比指标的预测，以 2011～2017 年的 10 个指标数据为基础利用 BP 神经网络进行预测。得到西安市 2018～2022 年的预测房价收入比，如表 2-1-11 所示。

西安市房价收入比（2018～2022 年数据）　　　　　　　　　表 2-1-11

年份	2018	2019	2020	2021	2022
房价收入比	8.29	8.05	7.97	7.95	7.98

2. 作用关系分析

对西安市 2018～2022 年影响因素数据做岭回归分析，将西安市相关影响因素数据代入 SPSS 与 NCSS 软件计算，得出 K 为 0.096，岭迹图与岭回归计算结果如图 2-1-19、表 2-1-12 所示。

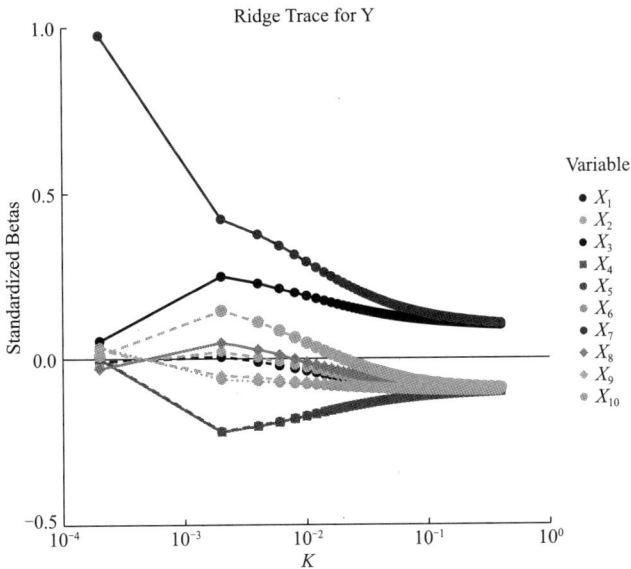

图 2-1-19　西安市岭迹图

西安市岭回归结果　　　　　　　　　　　表 2-1-12

	标准回归系数	VIF		标准回归系数	VIF
人均 GDP（X_1）	−0.0868	0.0477	新开工面积（X_7）	0.1355	0.3577
固定资产总投资（X_2）	−0.0850	0.0600	商品房销售面积（X_8）	−0.0820	0.0840
人均可支配收入（X_3）	0.1160	0.0853	第二产业占比（X_9）	−0.0933	0.0181
商品住房销售均价（X_4）	−0.1127	0.0587	第三产业占比（X_{10}）	−0.0708	0.2137
城镇化率（X_5）	−0.1124	0.0570	常数项		12.6594
商品住房开发投资（X_6）	−0.0947	0.0146			

由计算结果可知，各自变量方差膨胀因子 VIF 值均小于 5，已不存在共线性，符合经济学意义。模型方程为：

$$y = -0.087x_1 - 0.085x_2 + 0.116x_3 - 0.113x_4 - 0.112x_5 - 0.095x_6$$
$$+ 0.136x_7 - 0.082x_8 - 0.093x_9 - 0.071x_{10} + 12.66$$

该模型计算结果表明，西安市 2018～2022 年房价收入比正向影响因素按影响程度从大到小排序依次为：新开工面积（13.6%）、人均可支配收入（11.6%）；负向影响程度位列前三的分别为：商品住房销售均价（11.3%）、城镇化率（11.2%）和商品住房开发投资（9.5%），如图 2-1-20 所示。

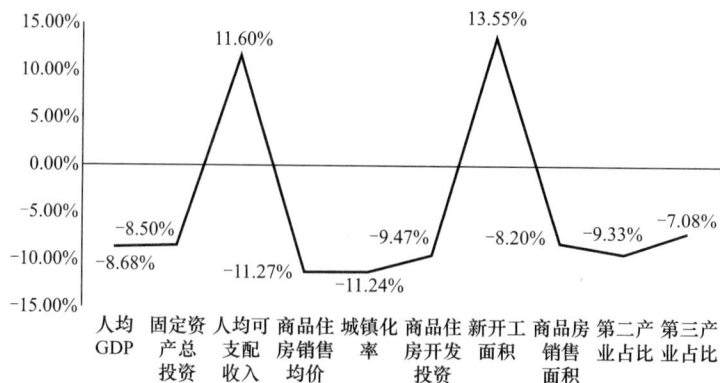

图 2-1-20　西安市影响因素作用关系

结合西安市影响因素预测与回归分析结果表明：人均可支配收入、商品房新开工面积与房价收入比为正相关，其余因素均为负相关，而西安市新开工面积在 2018～2022 年为递减趋势，为抑制房价收入比上升，应加大新开工面积，继续加强房价调控，避免房价上涨快于收入增长带来房价收入比的增长，同时继续推进城镇化与经济的发展，抑制房价收入比的上升。

（四）西安市房地产调控政策仿真及建议

1. 西安市地产市场调控政策系统动力学流图构建

系统因果回路是表示系统反馈结构的重要工具，可以迅速表达系统纳入的每一个变量之间的因果关系，进而明确地表现出整个系统所有变量的微观结构，是系统内部的直接表达。在因果关系图构建的过程中，首先分为供给、需求、价格三个子系统，并进行逐一分析，然后将三个子系统综合进而形成整体的系统因果关系图。

1）供给子系统

根据相关文献研究，商品住宅的供给主要受以下变量的影响：土地政策、GDP、房地产开发投资、新开发土地面积、住宅新竣工面积、住宅价格。各变量之间的因果关系如图 2-1-21 所示。

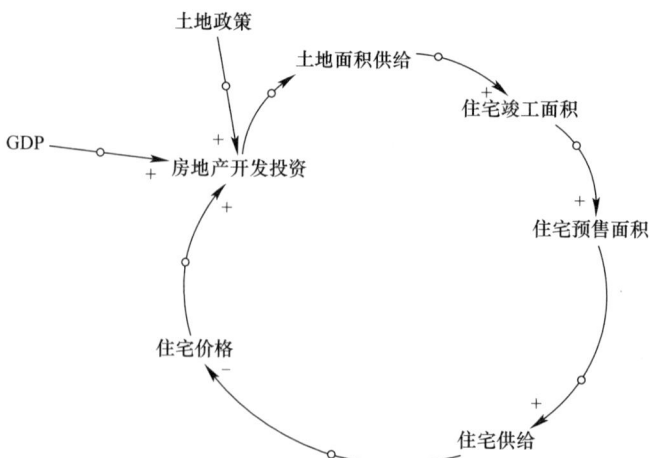

图 2-1-21　供给子系统

该子系统描述了住宅供给的因果关系。从图 2-1-21 中可以看出存在一个负反馈回路:房地产开发投资＋→新开发土地面积＋→住宅新竣工面积＋→住宅预售面积＋→住宅供给＋→住宅价格－。当土地政策相对宽松且 GDP 水平不断提高时,促进了房地产开发投资扩张,最终表现为住宅供给的增加,住宅价格降低。

2)需求子系统

根据住宅的购买动机,可以将住宅需求分为三种:刚性需求、改善性需求和投资性需求。住宅需求的变动表现为以上三种需求的变动。从整体的角度来看,城市人口的变化、首付比例以及购房贷款利率的变化都会对住宅需求产生影响。而城市人口的变化直接取决于我国城镇化进程以及经济发展水平。因此,综合以上因素,住宅需求板块的因果关系如图 2-1-22 所示。

该子系统描述了住宅需求的因果关系。从图中可以看出主要的反馈回路有两条,①GDP＋→城镇化＋→城市规模＋→城市人口＋→住宅需求＋;②GDP＋→人均可支配收入＋→住宅需求＋。第一条为正反馈回路,经济水平的增加加快了城镇化进程,从而使城镇人口增加,住宅需求也随之不断增加。第二条也为正反馈回路,GDP 的增加,使得人均可支配收入增加,使人口的购买力增强,从而扩大了购房需求。但是这种增加并不是无限制的,住宅价格的上涨和购房贷款利率的提高对住宅需求的增加趋势起到抑制的作用。

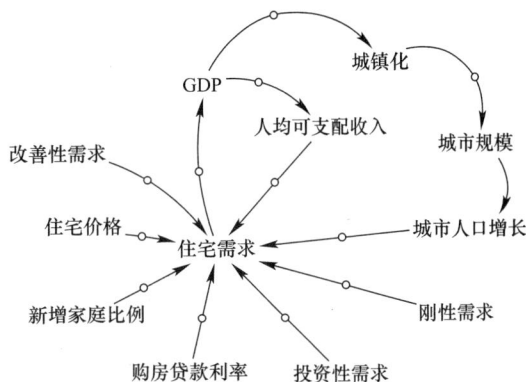

图 2-1-22 需求子系统

3)价格子系统

影响商品住宅价格的因素主要包括四个方面:住宅需求、住宅供给、经济因素和政策因素,其中经济因素主要体现在经济发展水平和银行贷款利率,政策因素主要包括:土地政策、税收政策和信贷政策。另外,与商品住宅价格直接相关的主要是建安成本、开发商利润以及容积率等指标,综合以上分析得出价格板块的因果关系图,如图 2-1-23 所示。

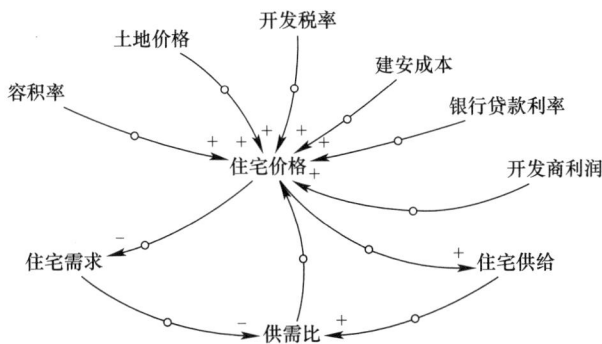

图 2-1-23 价格子系统

该子系统存在两个反馈回路：①住宅价格＋→住宅需求→供需比－；②住宅价格＋→住宅供给＋→供需比＋。第一条反馈回路中商品住宅价格上涨使得需求减少，价格呈现下降趋势；第二条反馈回路中，价格上涨，开发商为获取更多利润会增加供给，从而导致供求比增加，价格下降。另外，土地价格、银行贷款利率、开发商利润率以及建安成本都会影响住宅价格。容积率决定了住宅的舒适度与住宅类型的设计，从而间接影响住宅价格。

从三个板块的因果关系分析可以看出，各变量之间存在相互关系，相互影响，相互制约。同样，三个板块并不是独立存在的，通过共同变量以及变量间的关系紧密连接，从而建立了商品住宅价格因果反馈图如图 2-1-24 所示：

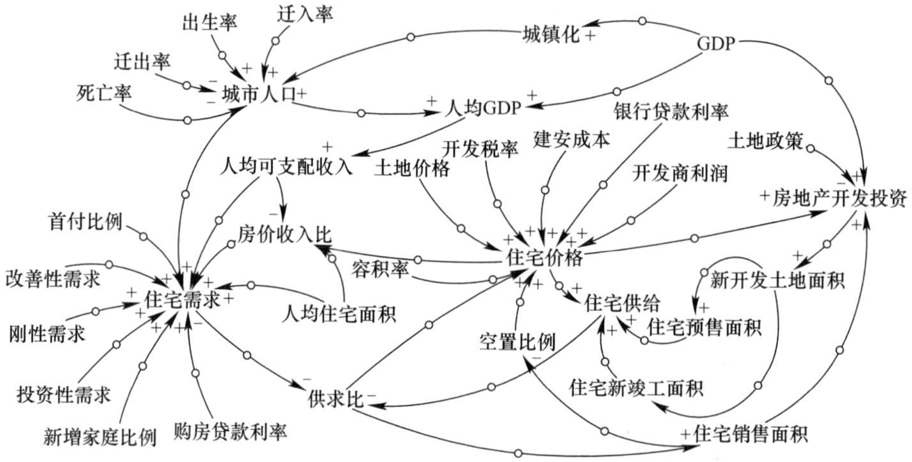

图 2-1-24　价格子系统

4）系统反馈流图的构建

通过研究政策的传导因果关系和供需两个方面的变量，现构建陕西省房地产市场政策系统流图，如图 1-4-5 所示。该模型的模拟步长为 1 年，速率变量对水平变量的影响滞后 1 年。例如，计算 2010 年商品房供给面积时，以 2009 年的供给面积为基础，再加上 2010 年新供给面积得到 2010 年总的供给面积。

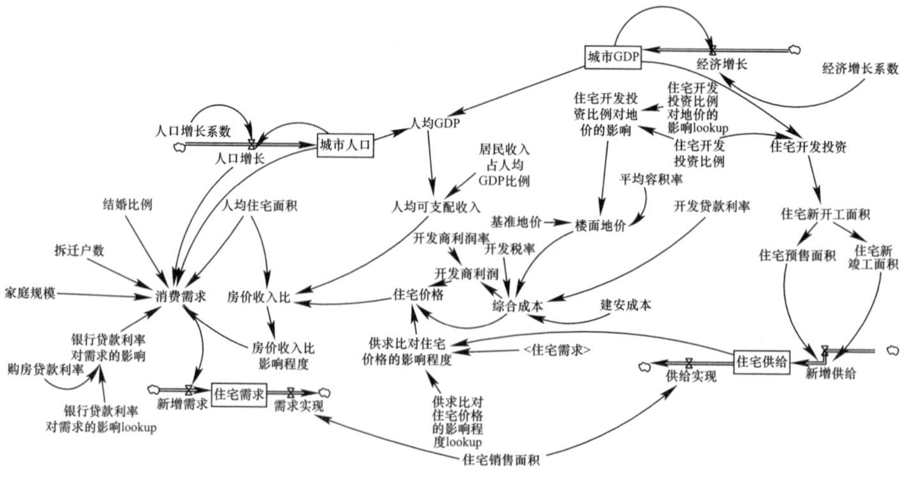

图 2-1-25　系统动力学流图

2. 西安市住房发展政策系统动力学模型构建

1）水平变量初始值及常数值确定

水平变量的确定由建模的目的和实现的可能性决定，以下对水平变量的初始值进行设定：

（1）城市人口，根据 2012 年的《陕西统计年鉴》可知，2011 年西安市常住人口为847.41 万人，因此将 847.41 万人设定为西安市人口的初始值。

（2）城市 GDP，根据 2012 年《陕西统计年鉴》，将 2011 年的城市 GDP 设定为初始值即 3864.21 亿元。

（3）住宅需求变量，根据 2012 年《陕西统计年鉴》，将 2011 年西安市商品住宅销售面积 1391.33 万 m^2 设定为住宅需求量的初始值。

（4）住宅供给变量，根据 2012 年《陕西统计年鉴》，将 2011 年商品房竣工面积 791万 m^2 设定为住宅供应量的初始值。

2）辅助变量初始值及常数设定

（1）常住人口、人口增长系数及家庭规模（表 2-1-13）。根据《陕西统计年鉴》中西安市常住人口的变化对人口增长系数进行测算。拆迁户数因《陕西统计年鉴》中为统计精确数据，根据文献分析，估计值为 4400 户，结婚人口比例＝该年平均每天结婚登记人口数×365/该年人口总数，经计算将结婚人口比例设为 2％。家庭规模仅 2011 年数据，所以取近似值 3 作为家庭规模数。

2011～2016 年西安市人口数据　　　　　　　　　　　　表 2-1-13

年份	常住人口（万人）	人口增长系数
2011	851.34	
2012	855.29	0.0046
2013	858.81	0.0041
2014	862.75	0.0046
2015	870.56	0.0091
2016	883.21	0.0145

（2）2011～2016 年西安市经济情况数据（表 2-1-14）。

2011～2016 年西安市经济数据　　　　　　　　　　　　表 2-1-14

年份	GDP（亿元）	经济增长系数	人均生产总值（元）	城镇居民人均可支配收入（元）	居民收入占 GDP的比例
2011	3864.21	19.21％	45389.74	25981	57.24％
2012	4369.37	13.07％	51086.42	29982	58.69％
2013	4884.13	11.78％	56871	33100	58.2％
2014	5474.77	12.09％	63457	36100	56.89％
2015	5810.03	6.12％	66738	33188	49.73％
2016	6282.65	8.13％	71357	35630	49.93％

（3）2011～2016年西安住宅房地产市场统计数据（表2-1-15）。

2011～2016年西安市房地产市场数据　　　　表2-1-15

年份	房地产投资总额（万元）	住宅投资总额（万元）	住宅开发投资占GDP比例	销售面积（万 m²）	新开工面积（万 m²）	竣工面积（万 m²）
2011	9300000	7910000	20%	1391.33	2290	791
2012	12969647.22	12500000	28.6%	1371.66	2473.31	971
2013	17368890	15408890	31.5%	1712.71	1964.57	1209.84
2014	18564417.26	16750139	30.59%	1776.43	2307.16	1614.6
2015	18719010.5	16922875	29.13%	2057.97	1939.95	2090.7
2016	19817548	18806310	29.93%	2529.49	1550.51	1915.69

（4）土地成本是商品房住宅建设成本中最重要的组成部分，本书利用综合地价作为土地成本进行测算住宅楼面地价。由于土地综合地价、住宅开发投资比例以及容积率对地价均有影响，所以楼面地价由以上影响因素计算得出。税费按照房价总额的20%计算；容积率按照《西安市城市规划管理技术规定》中的3.5计算。建安成本根据统计年鉴中相关数据测算。房地产开发贷款利率按照半年至1年的利率取值，商业银行贷款按照5年以上贷款利率取值，具体如表2-1-16所示。

2011～2016年商业银行基准利率　　　　表2-1-16

年份	1～3年利率（%）	5年以上利率（%）
2011	6.4	6.8
2012	6.4	6.8
2013	6.15	6.55
2014	6.0	6.15
2015	5	5.15
2016	4.75	4.9

3. 构建流图方程式

1）住宅新开工面积＝－0.0000567×住宅开发投资＋2922.407

说明：根据所得各系数影响因素的因果关系以及所搜集的相关历史数据，运用SPSS20.0软件进行回归分析。

2）人口增长＝城市人口×人口增长系数（单位：万人）

3）人均GDP＝城市GDP/城市人口

人均住宅面积＝STEP（29.3，2011）＋STEP（5.62，2013）＋STEP（0.98，2014）＋STEP（1，2015）＋（1.7，2016）（单位：m²/人）

4）人均可支配收入＝人均GDP×可支配收入占GDP比例（单位：元/人）

5）住宅开发投资＝城市GDP×住宅开发投资比例（单位：万元）

6）住宅新竣工面积＝－0.43×住宅新开工面积＋2710.05

7）住宅预售面积＝9.96×住宅新开工面积＋30249.8

8）住房价格＝综合成本×供求比对住宅价格的影响程度×（1＋利润率）（单位：元/m²）

9）住房供给＝INTEG（新增供给－供给实现，791）（单位：万 m²）

10）住房需求＝INTEG（新增需求－需求实现，1391.33）（单位：万 m²）

11）房价收入比＝人均住宅面积×住房价格/人均可支配收入

12）新增供给＝住宅新竣工面积×0.1＋住宅预售面积（单位：万 m²）

说明：当年竣工面积中，预计有10%的竣工面积转化为现房销售。

13）楼面地价＝综合地价/平均容积率×住宅开发投资比例对地价的影响（单位：元/m²）

14）消费需求＝房价收入比影响程度×银行利率对需求的影响×（人口增长×0.5×人均住宅面积＋城市人口×0.2×0.5×人均住宅面积＋结婚比例×0.8×城市人口×人均住宅面积＋拆迁户数×家庭规模×0.5×人均住宅面积）（单位：万 m²）

说明：由城市住房需求算法得出，估算新增人口中的50%有购房需求，城市人口中有20%属于高收入人群，他们中的50%有改善性购房需求，拆迁人口中50%有购房需求，结婚人口中80%的有购房需求。

15）综合成本＝（建安成本/0.65＋楼面地价）×（1＋0.7×2×开发贷款率）×（1＋开发税率）（单位：元/m²）

说明：公式中的数据是根据房地产开发的经验数据估计而得。估计除土地成本外，开发成本里建安成本占65%，整个项目开发过程中有70%的直接成本需要靠银行长期贷款支持，且平均贷款期限为2年。

16）需求实现面积＝住宅销售面积（单位：万 m²）

17）模型中的表函数如表2-1-17所示：

模型表函数　　　　　　　　　　　　　　　　　表 2-1-17

银行贷款利率	0.01	0.04	0.045	0.05	0.07	0.075	0.08	
银行贷款利率对需求的影响	1.2	1	0.98	0.95	0.8	0.75	0.7	
供求比	0.01	0.05	0.1	0.5	0.8	1	1.2	1.5
供求比对住宅价格的影响	1.3	1.1	1	0.95	0.92	0.9	0.85	0.8
住宅开发投资比例	0.03	0.04	0.05	0.1	0.15	0.2		
住宅开发投资比例对需求的影响	0.8	0.9	1	1.2	1.3	1.5		
房价收入比	4	5	8	11	14	17	20	23
房价收入比对需求的影响	1.02	1	0.98	0.96	0.94	0.92	0.9	0.88

4. 西安市政策仿真

1）政策模型的检验

仿真模型是否能够有效地描述现实系统，要求我们对所建立的模型进行检验，通过检验来予以证实，其中模型的检验包括结构检验以及有效性检验。结构检验主要是针对系统因果回路图建立过程中，对涉及的因果关系的合理性进行检验，以剔除不合理的因素，这一检验我们在构建系统回路图时，已贯穿其中。结构检验主要用来验证系统模型的真实性、关系上的合理性。有效性检验是通过分析由结构产生的行为来评价模型结构的适度性问题，最有效的方法是分析仿真结构如同现实的实际数据一样，将模型的部分运行结果的模拟趋势与历史数据进行对比，计算两者的相对误差，其计算公式如式（2-1-1）所示。本研究主要对模型进行有效性检验，将系统仿真的结果同实际的房地产价格按照上述方法进行对比，对比结果如表2-1-26所示。

$$\varepsilon = \frac{y'_{it} - y_{it}}{y_{it}} \quad i = 1,2,3\cdots;t = 2002,2003,\cdots 2016 \qquad (2\text{-}1\text{-}1)$$

其中，y_{it}，y'_{it}分别表示第i个变量在第t年的实际值和仿真值。

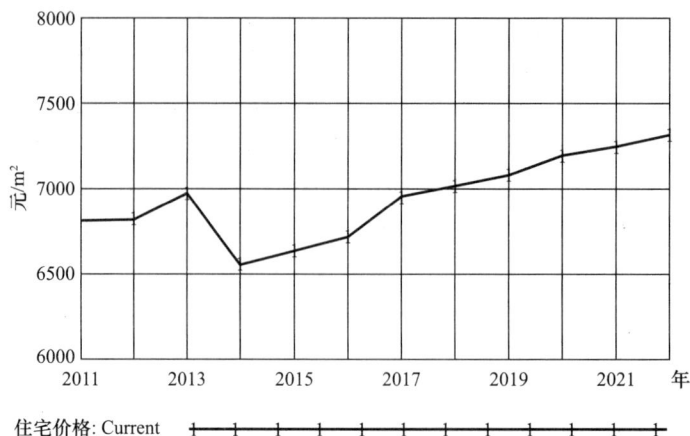

图 2-1-26　住宅价格

2011～2016 年西安市商品房价格仿真值与实际值误差　　　　表 2-1-18

年份	真实数据	仿真数据	相对误差
2011	6815	6815.1	0.00146%
2012	6822.5	6823.73	0.18%
2013	6972.667	6974.51	0.26%
2014	6557.75	6554.88	−0.438%
2015	6606.953	6636.41	0.446%
2016	6714.5	6716.17	0.025%

2）灵敏度检验及政策实验调控结果分析

灵敏度检验是通过改变模型参数比较模型输出结果，从而确定修改的变量对模型环境的影响。利用灵敏度分析，可以阐述系统中分析的变量或直接被定义为常量的数的变对系统中其他变量的影响。

（1）税收政策调控实验

我国的开发税率大概占到总成本的 20% 左右，比例比较大，现拟将商品房开发税率下调 5%，其他指标保持不变，可以得出房地产价格的变化情况如图 2-1-27 所示。

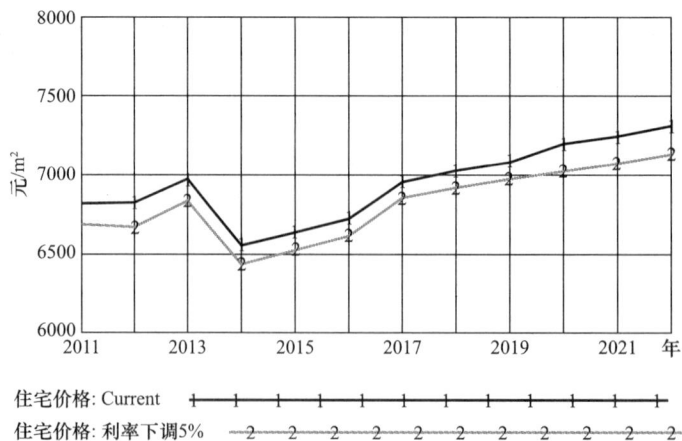

图 2-1-27　开发税率调整前后住宅价格对比

开发税率调整前后对比

表 2-1-19

年份	2011	2012	2013	2014	2015	2016
原始数据	6815.1	6823.73	6974.51	6554.88	6636.41	6716.17
调控数据	6688.25	6668.29	6831.88	6432.2	6523.33	6614.86
变化情况	−1.90%	−2.33%	−2.09%	−1.91%	−1.73%	−1.53%
年份	2017	2018	2019	2020	2021	2022
原始数据	6956.99	7021.78	7078.57	7194.02	7245.75	7313.52
调控数据	6854.34	6919.33	6871.91	7027.19	7070.3	7134.83
变化情况	−1.50%	−1.48%	−3.01%	−2.37%	−2.48%	−2.5%

从调控的数据结果可以看出，开发税率下降 5% 使得房价下降约为 2.07%，且影响趋势较为平坦，说明开发税率对房价的影响较小。开发税率更多的是影响房地产开发商，在税收压力较小的情况下，开发商只需要保证既得利润，通过降低税率来控制房地产价格波动的调控作用不大。

（2）货币政策调控实验

本书中的利率指标是指商业银行规定的 1～3 年期贷款利率，在接下来的货币政策的调控实验中，将该利率指标数值进行调整，利率下浮 20%，其他指标保持不变，房价变动情况如图 2-1-28 所示。

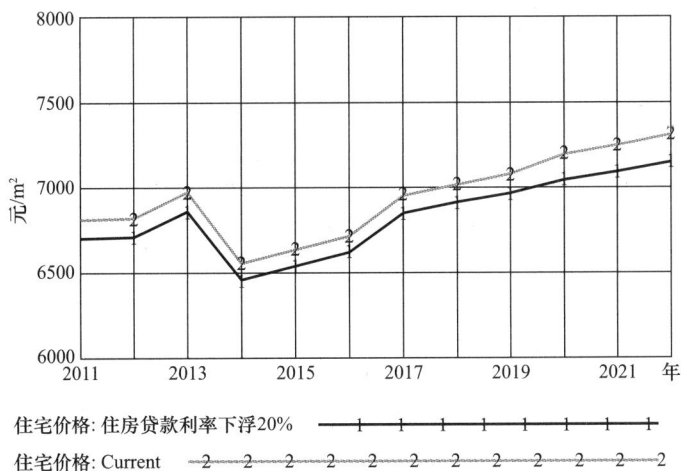

住宅价格：住房贷款利率下浮20%

住宅价格：Current

图 2-1-28 住房贷款利率调整前后住宅价格对比

住房贷款利率调整对比

表 2-1-20

年份	2011	2012	2013	2014	2015	2016
原始数据	6815.1	6823.73	6974.51	6554.88	6636.41	6716.17
调控数据	6709.51	6715.71	6859.3	6450.82	6535.97	6619.12
变化情况	−1.57%	−1.6%	−1.68%	−1.61%	−1.54%	−1.47%
年份	2017	2018	2019	2020	2021	2022
原始数据	6956.99	7021.78	7078.57	7194.02	7245.75	7313.52
调控数据	6853.09	6914.03	6969.12	7043.08	7086.28	7150.96
变化情况	−1.52%	−1.56%	−1.57%	−2.14%	−2.25%	−2.27%

西安市住房贷款利率下浮 20%，住宅价格下降约 1.73%，且住房贷款利率对住宅价格的影响趋势不断变大，相较于开发税率对于住宅价格的影响程度，住房贷款利率对住宅的价格影响较小，所以西安市未来应注重货币政策的把控，使住宅价格保持稳定。

（3）土地政策调控实验

在进行土地价格指标调控实验时，将土地价格下浮 10%，其他指标保持不变，住宅价格变化情况如图 2-1-29 所示。从表 2-1-21 中可以看出，当综合地价下浮 10% 时，商品住宅价格下降约 1.2%。

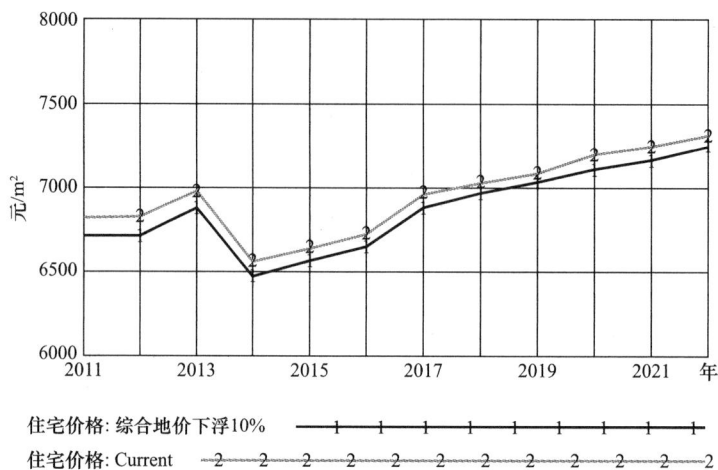

图 2-1-29　综合地价调整前后住宅价格对比

综合地价调整对比　　　　　　　　　　　　　表 2-1-21

年份	2011	2012	2013	2014	2015	2016
原始数据	6815.1	6823.73	6974.51	6554.88	6636.41	6716.17
调控数据	6709.51	6715.71	6875.13	6472.15	6561.57	6645.33
变化情况	−1.57%	−1.6%	−1.4%	−1.3%	−1.1%	−1.1%
年份	2017	2018	2019	2020	2021	2022
原始数据	6856.99	7021.78	7078.57	7194.02	7245.75	7313.52
调控数据	6880.73	6964.06	7033.24	7104.62	7165.95	7251.86
变化情况	−1.1%	−0.8%	−0.6%	−1.3%	−1.1%	−0.9%

从调控的数据结果可以看出，土地价格对商品住宅价格的作用有效，当土地价格下浮 10% 时，反映到住宅价格上比较明显，且变化趋势较为稳定，所以西安市长期内要保持土地政策的稳定，才可以促进西安市房地产市场的平稳健康发展。

02 宝鸡市房地产市场调控政策研究

（一）宝鸡市房地产市场结构剖析

1. 宝鸡市房地产市场供给现状总结

1）土地供应面积波动性大

2011～2016 年，宝鸡市土地计划供应面积波动性大，呈"W"形下降趋势，由 2011 年的 659.73 万 m² 降至 2016 年的 485.37 万 m²。其中，住宅土地供应面积、商办土地供应面积分别由 2011 年的 276.77 万 m²、382.96 万 m² 变化至 2016 年的 287.74 万 m²、197.63 万 m²，其次，宝鸡市土地供应面积增长率、住宅土地供应面积增长率、商办土地供应面积均表现出很大的波动性，其中 2015～2016 年住宅土地供应面积增长率波动极大，从 2015 年的—39.69％增加至 2016 年的 279.95％。具体见图 2-2-1。

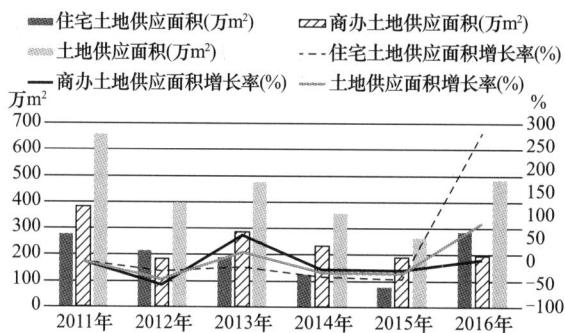

图 2-2-1　2011～2016 年宝鸡市土地计划供应面积情况

2）房地产开发投资总量波动上涨

2011～2017 年，宝鸡市商品房开发投资波动上涨，由 2011 年的 59.64 亿元增至 2017 年的 141.44 亿元，其中，商品住房开发投资在 2011～2013 年期间持续上升，由 46.40 亿元增至 101.34 亿元，2014～2015 年持续下降，降至 91.30 亿元，2016～2017 年有所上涨，涨至 116.53 亿元；商品房开发投资和商品住房开发增长率波动明显且变化趋势相同，其中，商品住房开发投资增长率在 2011～2013 年呈倒"V"形波动，2012 年涨至峰值 98.61％，2015 年增长率最低为—7.45％，2016 年上涨至 17.71％，2017 年有所下降，降至 8.43％。具体见图 2-2-2。

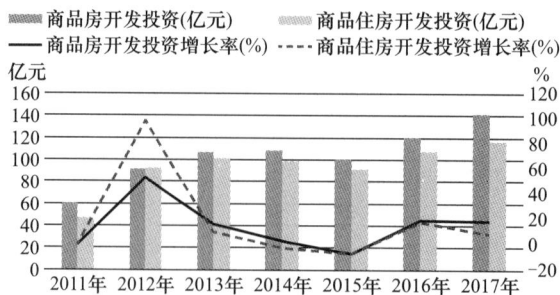

图 2-2-2　2011～2017 年宝鸡市房地产开发投资情况

3）房地产施竣工面积、新开工面积总体上涨，增长率波动明显

2011～2017年，宝鸡市商品房施工面积持续上涨，由2011年的453.40万 m^2 增至2017年的1323.82万 m^2；竣工面积由2011年的29.37万 m^2 上涨至2017年的130.00万 m^2；新开工面积趋势先增加后减少，由2011年的148.49万 m^2 微涨至2017年的226.39万 m^2，其中2014年新开工面积达到最高值为358.39万 m^2。其次，施竣工面积和新开工面积增长率也表现出很大的波动性，其中商品房竣工面积增长率波动尤为明显，2014年达到峰值400.74%，2017年最低为−40.63%。具体见图2-2-3。

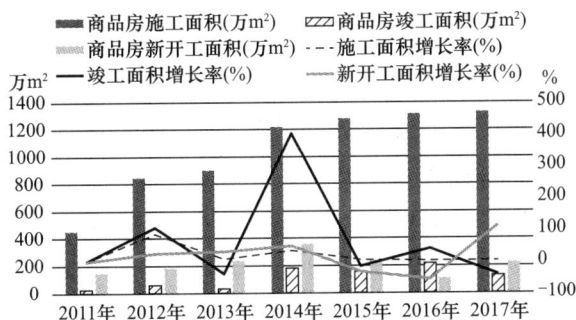

图2-2-3　2011～2017年宝鸡市商品房供给指标情况

4）商品房供给类型以住宅为主，占比量八成以上

2011～2017年，宝鸡市新建商品房供给类型以住宅为主，占比量八成以上。其中住宅施工面积占总面积的比例在81.54%～94.99%变动，住宅竣工面积持续上涨，从2011年的25.12万 m^2 增加至2017年的125.09万 m^2，2016年住宅竣工面积占比达到最高97.38%；商办施工面积和竣工面积占比总体较低，商办竣工占比由2011年的4.15%持续降至2013年的0.55%，2014年剧烈上涨至峰值16.40%，此后持续下降至2017年的4.91%，总体说明住宅在商品房市场的供应中占绝对地位且占比较为稳定，具体见图2-2-4。

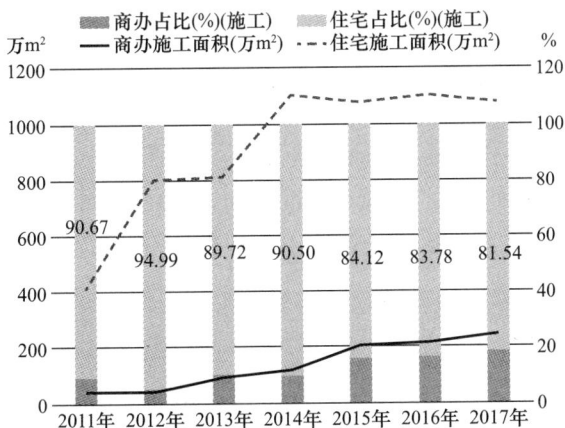

图2-2-4　2011～2017年宝鸡市住宅和商办竣工、施工面积及其占比（一）

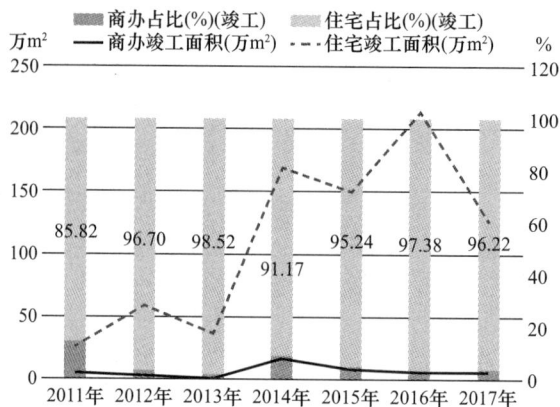

图 2-2-4　2011~2017 年宝鸡市住宅和商办竣工、施工面积及其占比（二）

2. 宝鸡市房地产市场需求现状总结

1）新建商品房销售面积总体上涨，二手房成交量涨幅明显

2011~2017 年间，宝鸡市商品房销售面积与商品住房销售面积总体均呈上涨趋势，由 2011 年 285.34 万 m²、269.47 万 m² 波动上涨至 2017 年的 380.07 万 m²、359.04 万 m²，商品房销售面积和商品住房销售面积增长率呈现波动性变化，总体呈上涨趋势。其次，2014~2017 年间，宝鸡市二手房成交量和二手住宅成交量总体呈增长趋势，分别从 2014 年 70.66 万 m²、59.10 万 m² 先下降至 2015 年的 62.54 万 m²、58.13 万 m²，再增长至 2017 年的 85.87 万 m²、81.00 万 m²；二手商办销售面积持续下降，二手房成交量和二手住宅成交量增长率呈倒"V"形波动；具体见图 2-2-5、图 2-2-6。

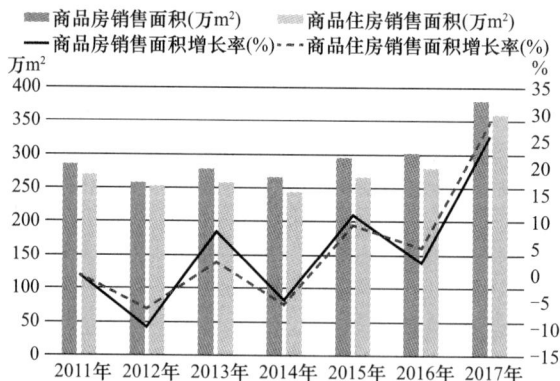

图 2-2-5　2011~2017 年宝鸡市商品房和商品住房销售面积及增长率

2）销售类型以住宅为主，占比九成以上

2011~2017 年间，宝鸡市商品住房销售面积占比大部分在 90% 以上，其中 2012 年占比最高为 97.81%，2015 年占比最低，为 90.26%，商品住房在新建商品房销售市场的需求中占据绝对地位。二手住宅成交量占比都在 80% 以上，二手商办占比 4 年来呈下降趋势，从 2014 年的 16.36% 下降至 2017 年的 0.06%，二手住宅成交量在二手商品房市场的需求中占据绝对地位并保持增长趋势，如图 2-2-7、图 2-2-8 所示。

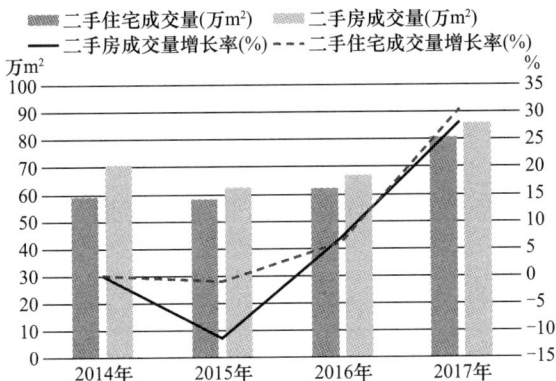

图 2-2-6 2014~2017 年宝鸡市二手商品房和二手商品住房成交量及增长率

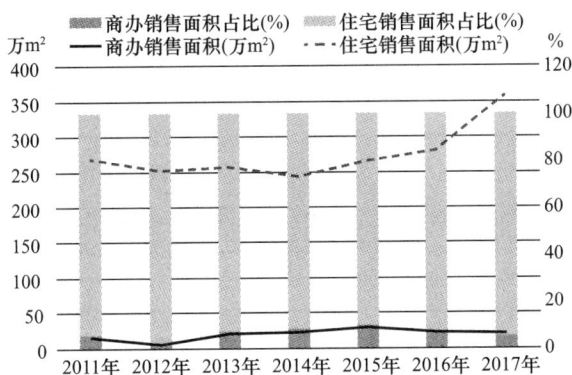

图 2-2-7 2011~2017 年宝鸡市新建商品房需求类型结构相关指标

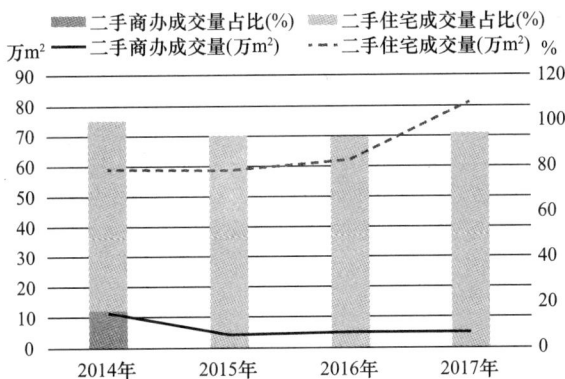

图 2-2-8 2014~2017 年宝鸡市二手商品房需求类型结构相关指标

3）新建商品房销售价格波动上涨

2011~2017 年间，宝鸡市商品住房销售价格总体呈上涨趋势，其中 2011~2013 年小幅上涨，后降至 2016 年的 3100 元/m²，2017 年又增长至 3629 元/m²。2018 年 1~6 月，商品住房销售价格呈"V"形波动，总体上涨，由 2018 年 1 月的 3830 元/m² 降低至 2 月的 3366 元/m²，4~6 月稳步增长至 4565 元/m²。由二手房交易价格来看，2015 年上半年~

2018 年上半年，宝鸡市二手住宅交易价格呈稳步增长趋势，由 2015 年上半年的 2303 元/m²
持续增长至 2018 年上半年的 2820 元/m²，如图 2-2-9～图 2-2-11 所示。

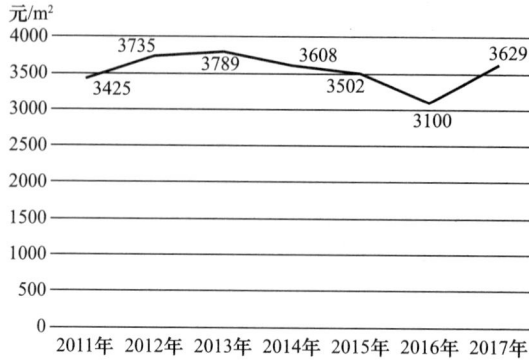

图 2-2-9　2011～2017 年宝鸡市商品住房销售均价（元/m²）

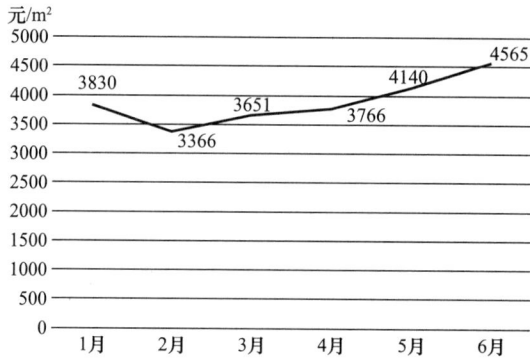

图 2-2-10　2018 年上半年宝鸡市商品住房销售均价（元/m²）

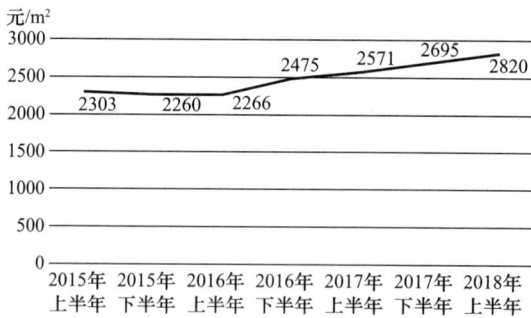

图 2-2-11　2015 年上半年～2018 年上半年西安市二手住宅交易均价（元/m²）

4）商品住房去化周期总体减少，商办库存压力大

宝鸡市商品房库存量整体减小。2011～2017 年间，宝鸡市住宅累计待售面积呈现为
先增后降趋势，2011～2012 年住宅累计待售面积由 541.9 万 m² 快速增至 922.11 万 m²，
后持续降至 2015 年底的 214.25 万 m²；2016～2017 年，住宅累计待售面积有所回升，至
340.57 万 m²；住宅去化周期总体减小，由 2011 年的 24.13 个月降至 2017 年的 13.12 个

月，其中，2012 年的去化周期为 43.9 个月，达到峰值；2018 年上半年宝鸡市商业办公楼累计待售面积缓慢增加，由 1 月的 226.27 万 m² 增至 6 月的 304.08 万 m²，其中，2 月份待售面积最大为 377.3 万 m²，商办去化周期波动明显，总体库存量大，商办去化周期存在较大压力，具体如图 2-2-12、图 2-2-13 所示。

图 2-2-12 2011～2017 年宝鸡市住宅待售面积及去化周期

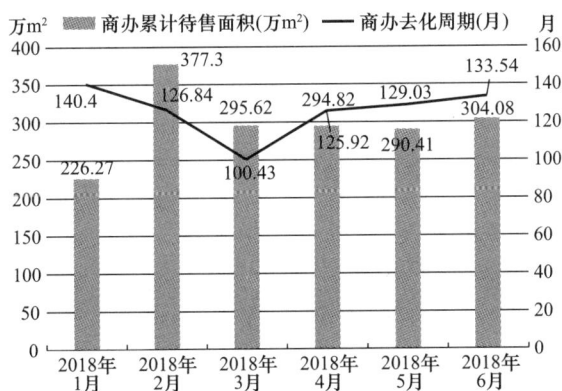

图 2-2-13 2018 年 1～6 月宝鸡市商办待售面积及去化周期

3. 宝鸡市房地产市场结构分析

1）房地产市场供需总量呈明显供小于求状态

2011～2017 年间，宝鸡市房地产市场总体供需总量呈明显供小于求的状态。由图 2-2-14 可以看出，宝鸡市的商品房竣工面积始终小于商品房销售面积，其比例均明显小于 1，供销比由 2011 年 0.1 增至 2013 年的 0.13，说明在这个阶段，宝鸡市商品房需求量急剧增大，房地产市场供给处于严重的供不应求状态，2014～2016 年，供需失衡稍有缓解，但 2017 年供销比减少，仍处于较严重的供不应求状态。

2）房地产市场供需结构失衡

从供销比来看，2011～2014 年间，宝鸡市房地产呈现出明显的供不应求状态，房地产开发投资力度不断加强，商品房施、竣工面积不断上升，但土地市场表现为波动性供应，不足以满足市场的商品房需求。房地产市场的供需非平衡导致了宝鸡市房价的持续上升，新建商品住房不断变化增长，尤其以 2018 年上半年较为突出，二手住宅成交价也不断上涨；从房地产供给类型来看，商品住房在商品房市场中占据主要领导地位，但商业办公楼仍存较大库存，去化压力明显。总体上，宝鸡市房地产处于较严重的供需不平衡状态。

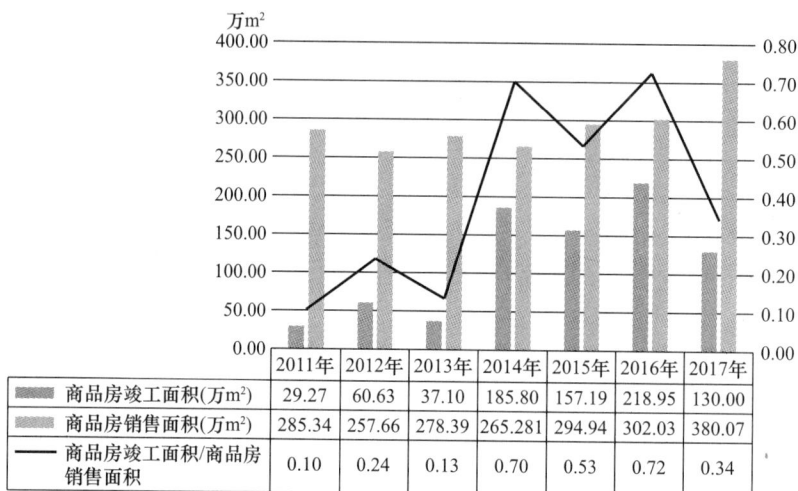

	2011年	2012年	2013年	2014年	2015年	2016年	2017年
商品房竣工面积(万m²)	29.27	60.63	37.10	185.80	157.19	218.95	130.00
商品房销售面积(万m²)	285.34	257.66	278.39	265.281	294.94	302.03	380.07
商品房竣工面积/商品房销售面积	0.10	0.24	0.13	0.70	0.53	0.72	0.34

图 2-2-14　2011~2017 年宝鸡市房地产市场供需总量指标

（二）宝鸡市房地产政策梳理及绩效评价

1. 宝鸡市住房发展政策梳理

1）宝鸡市住房发展政策概况

宝鸡市从 2006 年到 2018 年共发布了 18 条住房发展政策，其中 2013 年、2016 年、2017 年和 2018 年发布政策最多，共 12 条，占发布政策总量的 66.67%，除此以外，2006 年、2008 年、2015 年和 2010~2012 年均只发布 1 条政策。具体如图 2-2-15 所示。

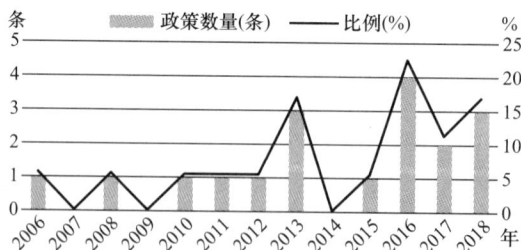

图 2-2-15　宝鸡市历年发布政策数量及占比

从政策类型来看，宝鸡市发布的住房发展政策中办法、意见居多，这两种政策总和占发布政策总量的 61.11%，其他类型的政策中除通知、方案发布 3 条外，细则只发布 1 条。除此以外，其他类型均未发布过有关于房地产调控方面的政策，具体如表 2-2-1 所示。

宝鸡市发布政策类型数量及占比　　　　　　　表 2-2-1

政策类型	通知	办法	方案	意见	细则
数量（条）	3	5	3	6	1
占比（%）	16.67	27.78	16.67	33.33	5.56

2）宝鸡市重要政策回顾

2006 年 11 月，宝鸡市发布《关于进一步加强土地管理和调控有关工作的通知》，提出要强化土地管理和耕地保护目标责任制、严把新增建设用地预审关，严禁低价征占土地、禁止擅自将农用地转为建设用地、确保基础设施和重点建设项目用地需求、规范土地出让收支管理、切实建立被征地农民生活保障机制、坚持土地集约节约利用、落实住房发展政策、严肃查处土地违法违规行为。

2008 年 6 月宝鸡市发布关于印发《宝鸡市土地、房地产业税收一体化管理实施意见》，对土地、房地产税收实施一体化管理提出要地税部门在房产权属登记场所及土地登记、审批场所设立办税窗口，方便纳税人咨询和办理有关涉税事项。简化办税程序，提高征管效率。国土资源、房产管理部门要严格执行"先税后证"政策，积极配合各级财政、地税部门做好土地、房地产税收的征管工作。加强部门协作配合，建立信息共享机制。建立部门协作联系制度。对国土资源、房产管理部门配合税收管理增加的支出，财政部门给予必要的经费支持。市监察、财政、地税和市政府督办室要定期对"先税后证"政策执行情况开展专项检查。

2010 年 8 月宝鸡市发布《关于印发宝鸡市土地收购储备工作实施意见》，为了加强土地资源管理、节约集约利用土地、增强政府调控能力、完善土地储备制度、规范土地市场运行、促进我市经济社会持续快速健康发展，对组织领导和实施主体、新增建设用地的收购储备、存量土地收购储备、"城中村"改造、储备资金的运作及管理进行了说明。

2011 年宝鸡市发布《关于做好 2006—2010 年市级耕地保护责任目标考核工作的通知》，要求县区人民政府迅速组织有关部门按照《陕西省市级耕地保护责任目标考核核查工作方案》认真做好耕地保护责任目标履行情况的自查工作。并提出要高度重视，增强认识、严密组织、认真部署、做好现场核查工作、落实整改工作。

2012 年，宝鸡市发布《住宅专项维修资金管理办法》，为了加强对住宅专项维修资金的管理，保障住宅共用部位、共用设施设备的维修和正常使用，维护住宅专项维修资金所有者的合法权益。对住宅专项维修资金的交存、使用、监督管理、法律责任进行了说明。

2013 年，宝鸡市发布《关于做好耕地占用税和契税征收职能划转工作的通知》，提出 2013 年 10 月 1 日起，原由市财政农税部门承担直征的市本级两税征管职能划转到市地税部门，各县、区财政农税部门承担的两税征管职能统一划转到县区地税部门。2013 年两税征收计划仍由同级财政部门下达，已完成职能划转工作的，当年征收计划同时移交同级地税部门。

2015 年宝鸡市发布《宝鸡市市区国有土地上房屋征收与补偿实施办法》，为规范本市国有土地上房屋征收与补偿活动，维护公共利益，保障被征收房屋所有权人的合法权益，对确需征收的房屋范围、补偿方法、法律责任进行了说明。

2016 年宝鸡市发布《宝鸡市城市建成区"五拆"工作实施方案》，为了全面提升城市品位，打造最具幸福感城市，优化人居环境，改善城市形象，促进城市建设管理水平提升，为打造关天副中心、建设最具幸福感城市作出积极贡献。对"五拆"范围、组织领导、政策依据、组织实施和工作要求进行了说明。

2016 年 12 月宝鸡市发布《宝鸡市利用存量商品住房作为棚户区改造安置房奖励实施细则》，提出对符合条件的被征收人，在 2016 年 1 月 1 日后购买存量商品住房的，每套省级奖励 0.8 万元；对在市区购买存量商品住房的，市上再予每套 0.2 万元奖励，所需资金按照去库存房源地由市、区两级财政对半分担；在各县城或重点镇购买存量商品住房的，各县结合实际自行制定奖励政策。并对资金划拨、发放办法等进行了说明。

2016 年宝鸡市发布《宝鸡市房屋租赁防止传销管理办法》，为防范传销，规范房屋租赁行为，保护公民、法人和其他组织的合法权益，维护市场经济秩序，促进社会和谐稳定。提出公民、法人或者其他组织有权向工商行政管理部门、公安机关举报传销行为。并且房屋出租人和房屋承租人应当履行防止传销责任。

2016 年 8 月，宝鸡市发布《关于做好政府购买棚户区改造服务工作的实施意见》，对政府购买棚户区改造服务的主体及范围、政府购买棚改服务程序、通过市级购买主体统一采购的县区、开发区项目、职责分工及工作要求做出了说明。

2017 年 9 月，宝鸡市发布《关于加快推进新型城镇化建设的指导意见》，提出要推进农业转移人口市民化、提升城市载体服务功能、建设关中西部城镇群、加快城乡一体化发展、深化土地制度改革、完善城镇住房体系。同时对保障措施进行了说明。

2018 年 2 月宝鸡市发布《关于进一步做好城镇棚户区改造及配套基础设施建设有关工作的意见》，提出创新融资体制机制如加强政府与社会资本合作、深化政府购买棚改服务、争取金融贷款支持。

2. 基于政策工具的宝鸡市政策结构分析

1）文本选取

由于涉及房地产行业的政策文本数量众多，为了保证政策选取的准确性和代表性，笔者按照与房地产市场调控密切相关的原则对政策文本进行了整理和遴选，政策类型主要选取 2011 年后颁布的法律法规、规划、意见、办法、通知、公告等体现政府政策的文件，最终梳理了有效政策样本 14 份。具体如表 2-2-2 所示。

宝鸡市住房发展政策文本   表 2-2-2

序号	政策名称
1	关于做好 2006—2010 年市级耕地保护责任目标考核工作的通知
2	住宅专项维修资金管理办法
3	关于做好耕地占用税和契税征收职能划转工作的通知
4	宝鸡市住房和城市建设局关于转发《陕西省物价局　陕西省住房和城乡建设厅《关于重新修订印发〈陕西省物业服务收费管理办法〉的通知》的通知
5	宝鸡市住房和城市建设局关于转发《陕西省物价局　住房和城乡建设厅关于印发修订后的《陕西省物业管理区域内交通工具停放服务价格管理办法》的通知》的通知

序号	政策名称
6	宝鸡市人民政府关于印发宝鸡市市区国有土地上房屋征收与补偿实施办法的通知
7	宝鸡市人民政府办公室关于印发宝鸡市城市建成区"五拆"工作实施方案的通知
8	宝鸡市人民政府关于印发《宝鸡市房屋租赁防止传销管理办法》的通知
9	宝鸡市人民政府关于加快推进新型城镇化建设的指导意见
10	宝鸡市人民政府办公室关于推进重大建设项目批准和实施、公共资源配置、社会公益事业建设领域政府信息公开的实施意见
11	宝鸡市人民政府办公室关于印发宝鸡市城市既有住宅增设电梯的意见（试行）的通知
12	宝鸡市人民政府办公室关于印发宝鸡市利用存量商品住房作为棚户区改造安置房奖励实施细则的通知
13	宝鸡市人民政府关于做好政府购买棚户区改造服务工作的实施意见
14	宝鸡市人民政府办公室关于进一步做好城镇棚户区改造及配套基础设施建设有关工作的意见

2) 单元编码

样本的分析类目包括"组织人事""财政税收""鼓励引导""行政强制""资质评价""培训考核""税收措施""金融措施""其他经济""标准规范""强制要求""市场监管""开发""规划""设计""施工""采购""销售""运营管理"和"拆除转移"。而分析单元则为住房发展政策文本的有关条款。

本书首先对已遴选出的 14 份政策文本内容按照"政策编号—具体条款/章节"进行编码；然后，根据已建立的住房发展政策二维分析框架，将其分别归类，最终形成了基于政策工具的住房发展政策文本的内容分析单元编码表（表 2-2-3）。

政策文本内容分析单元编码　　　　　　表 2-2-3

序号	政策名称	政策文本的内容分析单元	编码
1	关于做好 2006—2010 年市级耕地保护责任目标考核工作的通知	耕地保护责任目标考核	1
2	住宅专项维修资金管理办法	交存，使用，监督管理	2-2, 2-3, 2-4
3	关于做好耕地占用税和契税征收职能划转工作的通知	工作要求	3
4	宝鸡市住房和城乡建设局关于转发《陕西省物价局　陕西省住房和城乡建设厅《关于重新修订印发〈陕西省物业服务收费管理办法〉的通知》的通知	宝鸡市物业服务收费等级标准	4
5	宝鸡市住房和城乡建设局关于转发《陕西省物价局　住房和城乡建设厅关于印发修订后的《陕西省物业管理区域内交通工具停放服务价格管理办法》的通知》的通知	陕西省物业管理区域内交通工具停放服务价格管理办法	5
6	宝鸡市人民政府关于印发宝鸡市市区国有土地上房屋征收与补偿实施办法的通知	征收决定	6-2
		补偿	6-3
		奖励和补助	6-4
7	宝鸡市人民政府办公室关于印发宝鸡市城市建成区"五拆"工作实施方案的通知	基本原则	7-2
		"五拆"范围	7-3
		组织领导	7-4
		工作要求	7-7
8	宝鸡市人民政府关于印发《宝鸡市房屋租赁防止传销管理办法》的通知	宝鸡市房屋租赁防止传销管理办法	8

序号	政策名称	政策文本的内容分析单元	编码
9	宝鸡市人民政府关于加快推进新型城镇化建设的指导意见	重点任务及责任分工	9-2
		加强财政支持力度	9-3-2
10	宝鸡市人民政府办公室关于推进重大建设项目批准和实施、公共资源配置、社会公益事业建设领域政府信息公开的实施意见	公共资源配置领域	10
11	宝鸡市人民政府办公室关于印发宝鸡市城市既有住宅增设电梯的意见（试行）的通知	实施程序	11-4
		职责分工	11-8
12	宝鸡市人民政府办公室关于印发宝鸡市利用存量商品住房作为棚户区改造安置房奖励实施细则的通知	棚户区改造安置房奖励	12
13	宝鸡市人民政府关于做好政府购买棚户区改造服务工作的实施意见	购买棚户区	13
14	宝鸡市人民政府办公室关于进一步做好城镇棚户区改造及配套基础设施建设有关工作的意见	购买棚户区	14

3）频数统计分析

在对政策工具内容分析单元编码的基础上，按照对房地产业价值链作用阶段归属的判断，将其归类，形成了住房发展政策二维分析分布图，如表2-2-4所示。总体上看，14份住房发展政策兼顾了组织人事、财政税收、鼓励引导和行政强制政策工具的运用，内容涉及房地产行业开发、规划、设计、施工、采购、销售、运营管理和拆除转移八个环节，对房地产的开发利用、运营调控等提供了多方面的激励和规制。

宝鸡市住房发展政策工具二维分布　　　　　　　　　　表 2-2-4

		开发	规划	设计	施工	采购	销售	运营管理	拆除转移
组织人事	资质评价								
	培训考核	10	7-4，7-7		1，11-8			3，8	
财政税收	税收措施								
	金融措施		9-3-2					12	
	其他经济								
鼓励引导		6-4							
行政强制	标准规范	6-2，6-3	7-2，7-3，9-2		11-4			2-2，2-3，4，5	
	强制要求								13，14
	市场监管							2-4	

（1）基本政策工具维度分析

宝鸡市房地产行业政策的基本政策工具维度统计分析结果如表2-2-5所示。按照条款项目数计，大部分是行政强制政策工具（56.52%），其次是组织人事政策工具（30.43%）。进一步分析可以发现，在行政强制政策工具中，标准规范占了绝大部分，达到 43.48%，包括用地审批、招投标流程、房屋基础配套设施建设标准等；市场监管占 4.35%，包括对企业土地市场准入资格和资金来源的审查、房屋限购、商品房市场监管和预期管理等；而强制要求占到 8.70%，主要是因为房地产行业发展已经较为成熟，主要的标准规范早已成型，2011 年后新颁布的较少。在财政税收政策工具中，金融措施较多，达到 46.67%，主要表现为强化差别化住房信贷政策，提租发补贴，实行公积金，租房购债券，分级设基金；税收措施达到 40%，主要表现为调整完善相关税收政策，加强税收征管（个人转让房地产所得税、土地增值税等），其他经济占到 13.33%，主要表现为多渠道创新融资体制机制，做好征收补偿工作，推行货币化安置等。在组织人事政策工具中，主要以培训考核为主占 73.33%，主要表现为明确建筑市场各管理部门及其职责，完善稳定房价工作责任制等；资质评审仅占 17%，主要表现为加快信用体系建设，加强失信联合惩戒，落实住房保障和稳定房价工作的约谈问责机制。

基本政策工具分配比例　　　　　　　　　表 2-2-5

政策工具	工具名称	条文编号	小计	百分比
组织人事	资质评价	0	0	30.43%
	培训考核	10，7-4，7-7，1，11-8，3，8	7	
财政税收	税收措施	0	0	8.70%
	金融措施	9-3-2，12	2	
	其他经济	0	0	
鼓励引导		6-4	1	4.35%
行政强制	标准规范	6-2，6-3，7-2，7-3，9-2，11-4，2-2，2-3，4，5	10	56.52%
	强制要求	13，14	2	
	市场监管	2-4	1	
合计			23	100%

（2）价值链维度分析

在基本政策工具维度分析的基础上，引入价值链维度的影响因素，得到如表 2-2-6 所示的政策工具在价值链上的分布统计结果。

政策工具各环节频数分布统计　　　　　　　　表 2-2-6

	资质评价	培训考核	税收措施	金融措施	其他经济	鼓励引导	标准规范	强制要求	市场监管	小计	百分比
开发	0	1	0	0	0	1	2	0	0	4	17.39%
规划	0	2	0	1	0	0	3	0	0	6	26.09%
设计	0	0	0	0	0	0	0	0	0	0	0%
施工	0	2	0	0	0	0	1	0	0	3	13.04%
采购	0	0	0	0	0	0	0	0	0	0	0%
销售	0	0	0	0	0	0	0	0	0	0	0%
运营管理	0	2	0	0	0	0	4	0	1	7	30.43%
拆除转移	0	0	0	1	0	0	0	2	0	3	13.04%

据表 2-2-6 所示，14 份宝鸡市政策文本对房地产行业的发展提供了包括开发（17.39%）、规划（26.09%）、设计（0%）、施工（13.04%）、采购（0%）、销售（0%）、

运营管理（30.43％）和拆除转移（13.04％）阶段的全面干预。根据条款的具体分布，发现绝大多数政策工具都是应用在房地产行业价值链的运营环节，其次是规划环节，设计、采购、销售环节几乎没有。这说明现阶段宝鸡市房地产的政策调控是围绕着房地产后期的运营，其主要目的是规范房地产的运营管理，进行监管。

3. 宝鸡市住房发展政策绩效评价

宝鸡位于陕西关中西部，整体经济发展迅速，以第二产业发展为主，第三产业也在快速发展。经历了"三线"规划建设和"十二五"规划建设时期，宝鸡市已经被整装成为中国西部的大型重工业区，同时在大中型国防企业宝鸡市投建了一批先进的技术设备，从而奠定了宝鸡市经济区发展的基础。经过这么多年的发展，宝鸡市房地产现已具备一定的规模和水平。

由表2-2-7、表2-2-8、图2-2-16可知，在陕西省的宏观调控下，宝鸡市相对反应速度较快，给房地产市场调控予以较大支撑，但同时也带来了负面影响，其综合效率整体波动较大，总体上升趋势缓慢。由于前期房地产业的不良发展，2012年宝鸡市人民政府下达关于进一步做好房地产市场调控工作的通知，采取各项举措抑制不合理住房需求，稳定房价，促进房地产业平稳发展，由于产出因素的减少，导致2012年起综合效率下降；随着2016年"十三五"规划的初步开展，宝鸡市作为陕西省重要的工业经济区，城镇化率明显提高，固定资产投资增速也稳步上升，房地产调控投入因素增高，因此其综合效率上涨明显。

宝鸡市房地产市场调控评价产出因素　　　　　　　　　　　表 2-2-7

年份	GDP增速（％）	人均GDP（元）	人均可支配收入（元）	城镇化率（％）	固定资产投资增速（％）	限购政策
2011	14.5	31579	22337	44.46	31.9	0
2012	15.1	37778	25777	45.66	30.1	0
2013	13	41327	28509	46.89	27.3	0
2014	10.8	44241	31560	48.15	26.1	0
2015	10.4	47591	29475	49.44	23	0
2016	9.3	51262	10287	50.76	24.1	0
2017	8.7	57697	34351	52.12	20.5	0

宝鸡市房地产市场调控评价产出因素　　　　　　　　　　　表 2-2-8

年份	CPI增速（％）	商品房销售面积（万 m²）	商品住房均价（元/m²）	土地成交价格（元/万 m²）	土地成交面积（万 m²）	新开工面积（万 m²）	住宅待售面积（万 m²）	土地存量面积（万 m²）
2011	5.9	285.34	3425	301149.5	231	148.49	541.9	60.90
2012	2.3	257.66	3734.75	232520.1	322.30	185.36	922.11	53.04
2013	2.9	278.39	3788.5	582762.6	744.16	240.56	362.29	73.15
2014	1.9	265.281	3607.92	446921	357.97	358.39	258.9	56.74
2015	1.1	294.94	3632.86	299149.1	230.79	238.73	214.25	15.52
2016	2.6	302.03	3363.17	440424.5	287.74	107.31	435.72	47.15
2017	1.2	380.07	3629.08	332852.1	358.74	226.39	340.57	39.19

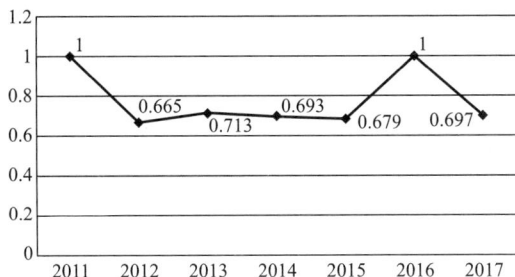

图 2-2-16　2011～2017 年宝鸡市房地产调控综合效率

（三）宝鸡市房地产市场发展预期探索

1. 影响因素预测

根据宝鸡市 2011～2017 年 10 个指标数据，采用灰色预测方法，对宝鸡市 2018～2022 年的 10 个指标数据进行预测。

宝鸡市各影响指标（2011～2017 年数据）　　　　　　　　表 2-2-9

年份	2011	2012	2013	2014	2015	2016	2017
人均 GDP（元）	31579	37778	41327	44241	47591	51262	57697
固定资产投资（亿元）	918.03	1212.05	1581.44	1979.17	2520.59	3116.18	3746.49
人均可支配收入（元）	22337	25777	28509	31560	29475	31730	34351
商品住房销售均价（元/m²）	3425.00	3734.75	3788.50	3607.92	3632.86	3363.17	3629.08
城镇化率（%）	44.46	45.66	46.89	48.15	49.44	50.76	52.12
商品住房开发投资（亿元）	46.40	72.66	101.34	98.65	91.30	107.47	116.53
新开工面积（万 m²）	148.49	185.36	240.56	358.39	238.73	107.31	226.39
商品房销售面积（万 m²）	285.34	257.66	278.39	265.28	294.94	302.03	380.07
第二产业占比（亿元）	749.25	895.92	1007.72	1051.65	1141.43	1227.06	1404.81
第三产业占比（亿元）	297.94	335.15	380.54	429.92	481.07	533.62	599.68
房价收入比	4.96	4.69	4.14	3.79	4.17	4.47	4.79

宝鸡市各影响指标（2018～2022 年数据预测）　　　　　　表 2-2-10

年份	2018	2019	2020	2021	2022
人均 GDP（元）	61537.80	66810.51	72535.01	78749.99	85497.49
固定资产投资（亿元）	4708.47	5853.02	7275.78	9044.38	11242.90
人均可支配收入（元）	35568.48	37295.49	39106.35	41005.14	42996.12
商品住房销售均价（元/m²）	3450.11	3401.73	3354.03	3307.00	3260.63
城镇化率（%）	53.52	54.95	56.42	57.94	59.49
商品住房开发投资（亿元）	122.84	131.29	140.32	149.96	160.27
新开工面积（万 m²）	199.69	192.80	186.15	179.72	173.52
商品房销售面积（万 m²）	377.86	406.04	436.31	468.84	503.80
第二产业占比（亿元）	1492.80	1625.29	1769.53	1926.58	2097.57
第三产业占比（亿元）	672.24	753.54	844.68	946.84	1061.36

对于房价收入比指标的预测，以 2011～2017 年的 10 个指标数据为基础利用 BP 神经网络进行预测。得到宝鸡市 2018～2022 年的预测房价收入比如表 2-2-11 所示。

宝鸡市房价收入比（2018～2022 年数据） 表 2-2-11

年份	2018	2019	2020	2021	2022
房价收入比	10.33	11.46	11.74	11.80	11.81

2. 作用关系分析

对宝鸡市 2018～2022 年影响因素数据做岭回归分析，将宝鸡市相关影响因素数据代入 SPSS 与 NCSS 软件计算，得出 K 为 0.04，岭迹图与岭回归计算结果如图 2-2-17、表 2-2-12 所示。

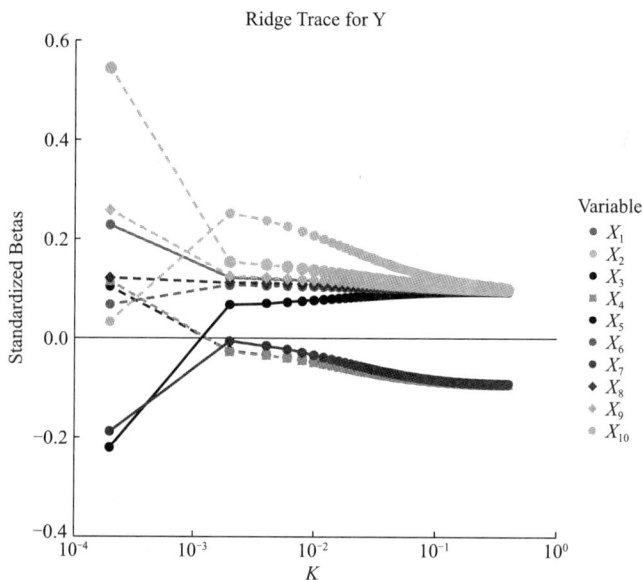

图 2-2-17　宝鸡市岭迹图

宝鸡市岭回归结果 表 2-2-12

	标准回归系数	VIF		标准回归系数	VIF
人均 GDP（X_1）	0.1072	0.0647	新开工面积（X_7）	-0.0683	0.9642
固定资产总投资（X_2）	0.1506	2.5825	商品房销售面积（X_8）	0.1038	0.0267
人均可支配收入（X_3）	-0.0749	0.6048	第二产业占比（X_9）	0.1081	0.0790
商品住房销售均价（X_4）	-0.0753	0.5882	第三产业占比（X_{10}）	0.1176	0.3240
城镇化率（X_5）	0.0888	0.1271	常数项	12.04614	
商品住房开发投资（X_6）	0.1020	0.0156			

由计算结果可知，各自变量方差膨胀因子 VIF 值均小于 5，已不存在共线性，符合经济学意义。模型方程为：

$$y = 0.107x_1 + 0.151x_2 - 0.075x_3 - 0.075x_4 + 0.089x_5 + 0.102x_6$$
$$- 0.068x_7 + 0.104x_8 + 0.108x_9 + 0.118x_{10} + 12.05$$

该模型计算结果表明，宝鸡市 2018～2022 年房价收入比正向影响因素按影响程度从大到小排序前三依次为：固定资产总投资（15.1％）、第三产业占比（11.8％）和第二产业占比（10.8％）；负向影响程度前三分别为：商品住房销售均价（7.5％）、人均可支配收入（7.5％）和新开工面积（6.8％）。

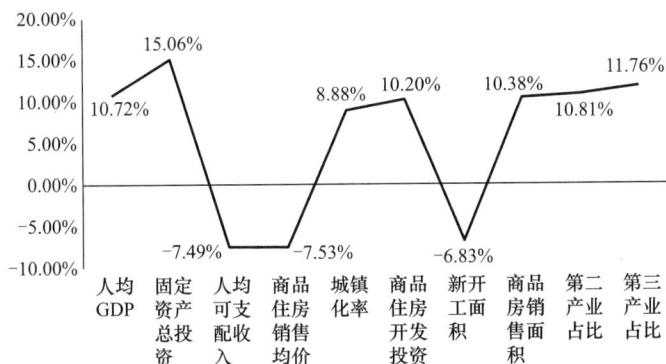

图 2-2-18 宝鸡市影响因素作用关系

结合宝鸡市影响因素预测与回归分析结果表明：人均可支配收入、商品住房销售均价和新开工面积与房价收入比呈负相关关系，其中商品住房销售均价与新开工面积预测数据为递减趋势，应进行适当调控增加，以抑制房价收入比的增长。而人均 GDP、固定资产总投资、城镇化率等 7 个影响指标均对房价收入比存在正向影响，导致房价收入比的增长，应进一步控制房价增长，使其不超过居民收入增长速度，使房价收入比在合理的区间范围。固定资产总投资和第三产业占比对房价收入比的影响效果最为显著，这说明当固定资产总投资和第三产业占比的增加导致购房者数量增加，从而导致房产需求量增加。从供求关系看，房地产需求量的增加会导致房地产价格上涨，进而使房价收入比上涨，因此固定资产总投资和第三产业占比应该加以重视。

（四）宝鸡市房地产调控政策仿真及建议

系统力学因果关系图及系统动力学流图（如西安市房地产市场调控政策系统动力学流图），由于各地市房地产市场现状存在差异，所以对系统动力学模型中的水平变量、辅助变量以及常数的设定做以下改变。

1. 宝鸡市住房发展政策系统动力学模型构建

1）水平变量初始值及常数值确定

（1）宝鸡市人口，根据 2012 年的《陕西统计年鉴》可知，2011 年宝鸡宝鸡市常住人口为 372.72 万人，因此将 372.72 万人设定为宝鸡市人口的初始值。

（2）宝鸡市 GDP，根据 2012 年《陕西统计年鉴》，将 2011 年的城宝鸡市 GDP 设定为初始值即 1175.75 亿元。

（3）住宅需求变量，根据 2012 年《陕西统计年鉴》，将 2011 年宝鸡市商品住宅销售面积 285.34 万 m² 设定为住宅需求量的初始值。

（4）住宅供给变量，根据 2012 年《陕西统计年鉴》，将 2011 年商品房竣工面积 29.27 万 m² 设定为住宅供应量的初始值。

2）辅助变量初始值及常数设定

（1）常住人口、人口增长系数以及家庭规模。根据《陕西统计年鉴》中宝鸡市常住人口的变化对人口增长系数进行测算。拆迁户数因《陕西统计年鉴》中无统计精确数据，根据文献分析估算，结婚人口比例＝该年平均每天结婚登记人口数×365/该年人口总数，经计算将结婚人口比例设为 2%，由于《陕西统计年鉴》统计数据不全，家庭规模数近似取为 3（表 2-2-13）。

2011～2016 年宝鸡市人口数据　　　　　　　　　　　　表 2-2-13

年份	常住人口（万人）	人口增长系数
2011	372.72	0.002124056
2012	373.67	0.00254883
2013	374.46	0.002114165
2014	375.32	0.00229664
2015	376.33	0.002691037

（2）2011～2016 年宝鸡市经济情况数据（表 2-2-14）。

2011～2016 年宝鸡市经济数据　　　　　　　　　　　　表 2-2-14

年份	GDP（亿元）	经济增长系数	人均生产总值（元）	城镇居民人均可支配收入（元）	居民收入占GDP 的比例
2011	1175.75	0.1991	31579	22337	0.7073
2012	1401.82	0.0965	37577.23	27680.36	0.7366
2013	1525.79	0.0729	40796.94	27263.54	0.6683
2014	1660.71	0.0784	44292.53	26853.01	0.6063
2015	1807.56	0.0803	48087.63	26448.65	0.5500
2016	1967.4	0.1282	52207.9	26050.39	0.4990

（3）2011～2016 年宝鸡市房地产市场统计数据（表 2-2-15）。

2011～2016 年宝鸡市房地产数据　　　　　　　　　　　　表 2-2-15

年份	房地产投资总额（万元）	住宅投资总额（万元）	住宅开发投资占 GDP 比例	销售面积（万 m²）	新开工面积（万 m²）	竣工面积（万 m²）
2011	464015	464015	0.0395	285.34	148.49	29.27
2012	824324	824324	0.0585	245.44	246.509	60.63
2013	880996	880996	0.0570	263.74	238.004	37.1049
2014	941565	941565	0.0568	283.41	229.793	185.8
2015	1006298	1006298	0.0563	304.54	221.866	157.188
2016	1075481	1075481.3	0.0557	327.24	214.211	218.95

（4）土地成本是商品房住宅建设成本中最重要的组成部分，本书利用综合地价作为土地成本进行测算住宅楼面地价。由于土地综合地价、住宅开发投资比例以及容积率对地价

均有影响，所以楼面地价由以上影响因素计算得出。税费按照房价总额的20％计算；容积率按照3.5计算。建安成本根据统计年鉴中相关数据测算。房地产开发贷款利率按照半年至1年的利率取值，商业银行贷款按照5年以上贷款利率取值，具体如表2-2-16所示。

2011～2016年商业银行基准利率　　　　表 2-2-16

年份	1～3 年利率（%）	5 年以上利率（%）
2011	6.4	6.8
2012	6.4	6.8
2013	6.15	6.55
2014	6.0	6.15
2015	5	5.15
2016	4.75	4.9

2. 构建流图方程式

1）住宅新开工面积＝0.0001161×住宅开发投资＋112.9821

说明：根据所得各系数影响因素的因果关系以及所搜集的相关历史数据，运用SPSS20.0软件进行回归分析。

2）人口增长＝宝鸡市人口×人口增长系数（单位：万人）

3）人均 GDP＝宝鸡市 GDP/城宝鸡市人口

4）人均住宅面积＝STEP(29.3,2011)＋STEP(5.62,2013)＋STEP(0.98,2014)＋STEP(1,2015)＋(1.7,2016)（单位：m^2/人）

5）人均可支配收入＝人均 GDP×可支配收入占 GDP 比例（单位：元/人）

6）住宅开发投资＝宝鸡市 GDP×住宅开发投资比例（单位：万元）

7）住宅新竣工面积＝0.14×住宅新开工面积＋85.71769

8）住宅预售面积＝9.96×住宅新开工面积＋30249.8

9）住房价格＝综合成本×供求比对住宅价格的影响程度×(1＋利润率)（单位：元/m^2）

10）住房供给＝INTEG（新增供给－供给实现，29.27）（单位：万 m^2）

11）住房需求＝INTEG（新增需求－需求实现，285.34）（单位：万 m^2）

12）房价收入比＝人均住宅面积×住房价格/人均可支配收入

13）新增供给＝住宅新竣工面积×0.1＋住宅预售面积（单位：万 m^2）

说明：当年竣工面积中，预计有10％的竣工面积转化为现房销售。

14）楼面地价＝综合地价/平均容积率×住宅开发投资比例对地价的影响（单位：元/m^2）

15）消费需求＝房价收入比影响程度×银行利率对需求的影响×(人口增长×0.5×人均住宅面积＋宝鸡市人口×0.2×0.5×人均住宅面积＋结婚比例×0.8×宝鸡市人口×人均住宅面积＋拆迁户数×家庭规模×0.5×人均住宅面积)（单位：万 m^2）

说明：由宝鸡市住房需求算法得出，估算新增人口中50％有购房需求，宝鸡市人口中20％属于高收入人群，他们中50％有改善性购房需求，拆迁人口中50％有购房需求，结婚人口中80％有购房需求。

16）综合成本＝(建安成本/0.65＋楼面地价)×(1＋0.7×2×开发贷款率)×(1＋开发

税率）（单位：元/m²）

说明：公式中的数据是根据房地产开发的经验数据估计而得。估计除土地成本外，开发成本里建安成本占65%，整个项目开发过程中有70%的直接成本需要靠银行长期贷款支持，且平均贷款期限为2年。

17）需求实现面积＝住宅销售面积（单位：万m²）

18）模型中的表函数见表2-1-17（同西安市）。

3. 宝鸡市政策仿真

1）政策模型的检验

根据计量经济学相关理论，普遍认为模型的总体仿真和预测性能较好的标准为每个变量的相对误差的绝对值不超过10%。从图2-2-19、表2-2-17可以看出仿真数据与真实数据的误差都小于10%，说明系统模型有效。

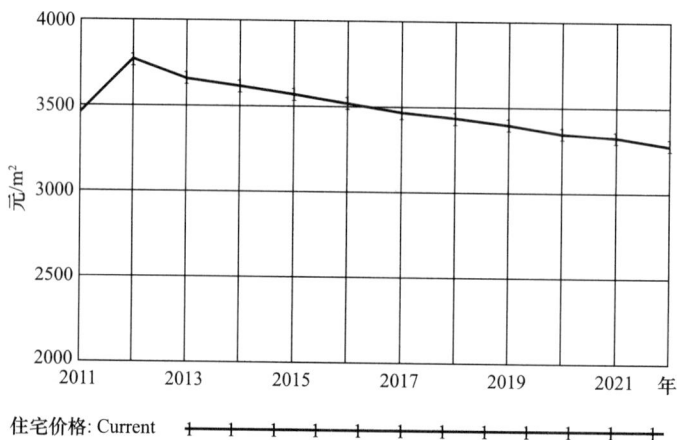

图 2-2-19　住宅价格

2011～2016年宝鸡市商品房价格仿真值与实际值误差　　表 2-2-17

年份	真实数据	仿真数据	相对误差
2011	3425	3459.2	0.9985%
2012	3755.18	3770.74	0.41%
2013	3702.52	3663.76	1.05%
2014	3650.6	3616.01	0.36%
2015	3599.41	3569.16	0.46%
2016	3548.94	3515.03	−0.96%

2）灵敏度检验及政策试验结果分析

灵敏度检验是通过改变模型参数比较模型输出结果，从而确定修改的变量对模型环境的影响。利用灵敏度分析，可以阐述系统中分析的变量或直接被定义为常量的数的变化对系统中其他变量的影响。

（1）税收政策调控实验

我国的开发税率大概占到总成本的20%左右，比例比较大，现拟将商品房开发税率下调5%，其他指标保持不变，可以得出房地产价格的变化情况如图2-2-20所示。

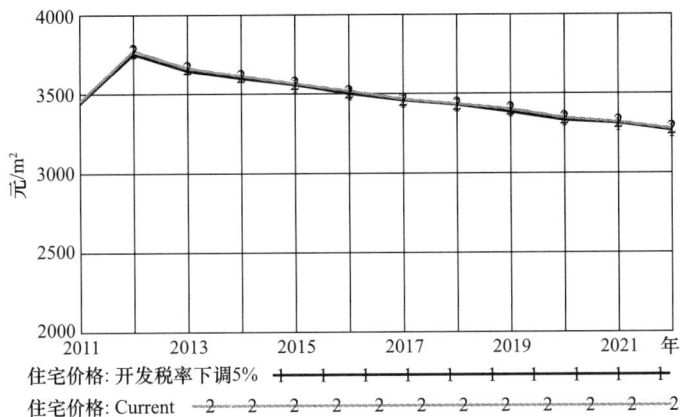

图 2-2-20　开发税率调整前后住宅价格对比

开发税率调整前后对比　　　　　　　　　　　　表 2-2-18

年份	2011	2012	2013	2014	2015	2016
原始数据	3459.2	3770.74	3663.76	3616.01	3569.16	3515.03
调控数据	3448.24	3757.35	3650.56	3602.25	3556.63	3503.48
变化情况	−0.317%	−0.355%	−0.360%	−0.381%	−0.351%	−0.329%
年份	2017	2018	2019	2020	2021	2022
原始数据	3472.61	3438.79	3400.3	3344.01	3321.47	3278.59
调控数据	3461.2	3427.49	3389.12	3333.20	3310.55	3267.81
变化情况	−0.329%	−0.329%	−0.329%	−0.329%	−0.329%	−0.329%

从调控的数据结果（表 2-2-18）可以看出，开发税率下降 5% 使得房价下降约为 0.34%，且影响趋势较为平坦，说明开发税率对房价的影响较小。开发税率更多是影响房地产开发商，在税收压力较小的情况下，开发商只需要保证既得利润，通过降低税率来控制房地产价格波动的调控作用不大。

（2）货币政策调控实验

本课题中的利率指标是指商业银行规定的 1～3 年年期贷款利率，在接下来的货币政策的调控实验中，将该利率指标数值进行调整，利率下浮 20%，其他指标保持不变，房价变动情况如图 2-2-21 所示。

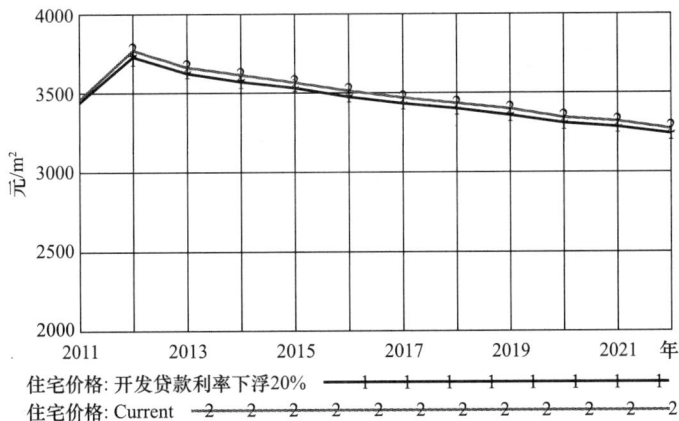

图 2-2-21　开发贷款利率调整前后住宅价格对比

住房贷款利率调整对比 表 2-2-19

年份	2011	2012	2013	2014	2015	2016
原始数据	3459.2	3770.74	3663.76	3616.01	3569.16	3515.03
调控数据	3444.81	3735.63	3627.22	3576.2	3531.72	3479.58
变化情况	−0.42%	−0.94%	−1.01%	−1.11%	−1.06%	−1.02%
年份	2017	2018	2019	2020	2021	2022
原始数据	3472.61	3438.79	3400.3	3344.01	3321.47	3278.59
调控数据	3437.59	3404.12	3366.01	3310.29	3287.96	3245.52
变化情况	−1.02%	−1.02%	−1.02%	−1.02%	−1.02%	−1.02%

根据利率指标调控结果发现，商品住宅价格随着利率的降低有所下浮，浮动的幅度的均值为0.97%，且开发商贷款利率的变化对住宅价格的影响趋势平稳，所以合理稳定的货币政策对住宅价格稳定健康发展十分重要。

（3）土地政策调控实验

在进行土地价格指标调控实验时，将土地价格下浮10%，其他指标保持不变，住宅价格变化情况如图2-2-22所示。从对照表中可以看出，当综合地价下浮10%时，商品住宅价格下降约4.14%。

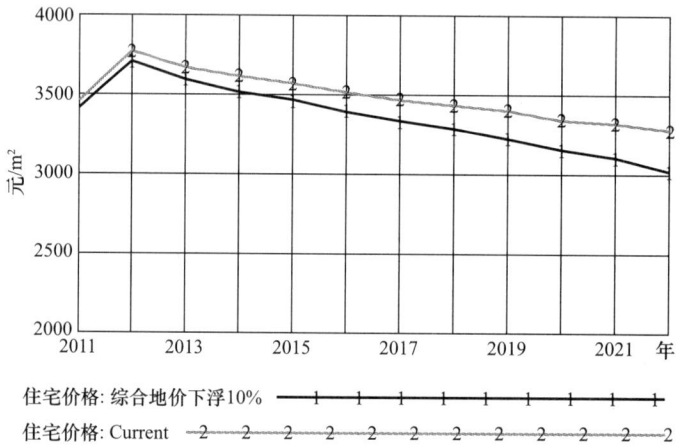

图 2-2-22 综合地价调整前后住宅价格对比

综合地价调整对比 表 2-2-20

年份	2011	2012	2013	2014	2015	2016
原始数据	3459.2	3770.74	3663.76	3616.01	3569.16	3515.03
调控数据	3409.32	3703.87	3590.34	3517.8	3471.13	3396.87
变化情况	−1.463%	−1.805%	−2.045%	−2.792%	−2.824%	−3.478%
年份	2017	2018	2019	2020	2021	2022
原始数据	3472.61	3438.79	3400.3	3344.01	3321.47	3278.59
调控数据	3336.86	3285.48	3223.86	3156.39	3107.85	3027.46
变化情况	−4.068%	−4.666%	−5.473%	−5.944%	−6.874%	−8.295%

从调控的数据结果可以看出，土地价格对商品住宅价格的作用较税收政策和货币政策较为明显，当综合地价下调5%时，住宅价格下降4.14%，相较于税收政策与货币政策，综合地价的调动对住宅价格的影响较大且随时间推移波动越来越大。因此，可以认为，在短期内土地政策调控效果较为明显。

03 咸阳市房地产市场调控政策研究

（一）咸阳市房地产市场结构分析

1. 咸阳市房地产市场供给现状总结

1）土地供应面积总体减少

2011～2016 年间，咸阳市总体土地供应量减少，土地供应面积变化波动性大，由 2011 年的 652.45 万 m² 涨至 2012 年的 1211.58 万 m²，达到顶峰，2013 年后波动降至 2016 年的 483.20 万 m²，2014 年土地供应面积最低，为 413.94 万 m²；住宅土地供应面积和商办土地供应面积变化趋势与总体供应趋势相同，其中住宅土地供应面积在 2012 年最高，为 1211.58 万 m²，2014 年最低，为 246 万 m²；其次，土地供应面积增长率、住宅土地供应面积增长率、商办土地供应面积增长率波动明显，三者 2012 年增长率均最高，分别为 182.80%、210.59%、141.47%，2014 年增长率均最低，分别为 -58.64%、-55.87%、-62.12%，具体如图 2-3-1 所示。

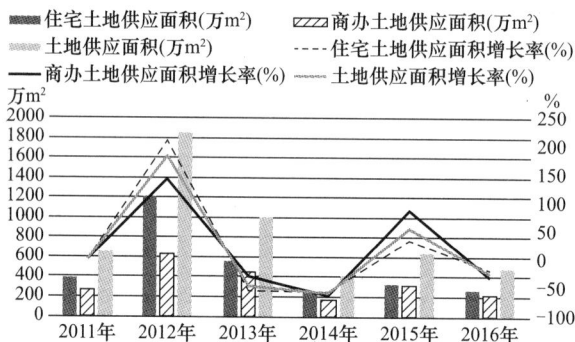

图 2-3-1　2011～2016 年咸阳市土地计划供应面积情况

2）房地产开发投资总量稳定增长

2011～2017 年间，咸阳市商品房开发投资总体稳定增长，由 2011 年的 60 亿元快速增至 2014 年的 189.52 亿元，2015 年开发投资稍有回落，平稳增至 173.28 亿元；商品住房开发投资波动变化与商品房变化趋势相同，由 2011 年的 51.33 亿元增至 2017 年的 155.83 亿元，其中 2014 年达到投资峰值，为 166.32 亿元；商品房和商品住房开发投资增长率波动明显，具体如图 2-3-2 所示。

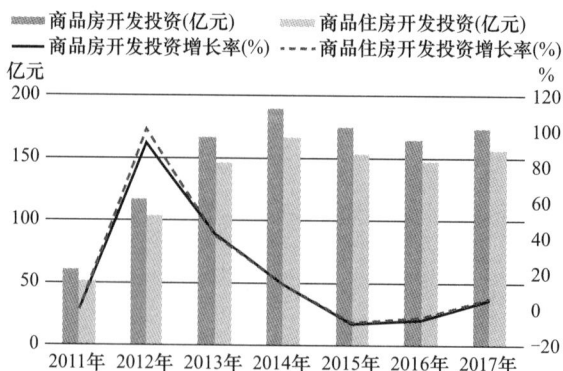

图 2-3-2　2011～2017 年咸阳市房地产开发投资情况

3）房地产施工面积持续上涨，竣工面积总体上涨，新开工面积稳定减少，增长率波动明显

2011～2017年间，咸阳市商品房施工面积持续上涨，由2011年的646.87万 m² 增长至2017年的2079.23万 m²，商品房竣工面积总体为上涨趋势，由2011年的252.0万 m² 增长至2017年的534.01万 m²，商品房新开工面积总体稳定减少，呈"M"形波动，由2011年的1.72万 m² 快速增至2015年的949.97万 m²，2016年开始回落降至220.15万 m²。其次，施竣工面积和新开工面积增长率也表现出很大的波动性，具体如图2-3-3所示。

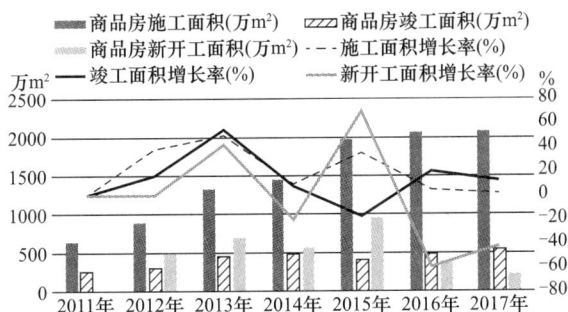

图2-3-3 2011～2017年咸阳市商品房供给指标情况

4）商品房供给类型以住宅为主，占比近九成

2011～2017年间，咸阳市新建商品房供给类型以住宅为主，占比近九成。其中住宅施工面积占总面积的比例都在90%以上，2017年最高，为93.29%，2012年最低，为89.50%，住宅竣工面积占比都在80%以上，2014年最高，为93.20%，2011年最低，为81.57%。其次，商办施工面积和竣工面积占比总体较低，商办施工面积占比波动变化，2014年最高，分别为10.72%，2017年最低为6.71%，商办竣工面积占比呈"V"形变化，2014年最低，为6.80%，2011年最高，为18.43%，总体说明住宅在商品房市场的供应中占绝对地位，如图2-3-4所示。

2. 咸阳市房地产市场需求现状总结

1）新建商品房销售面积呈"V"形变化，销售类型以住宅为主

2011～2017年间，咸阳市商品房销售面积和商品住房销售面积呈"V"形增加变化，由2011年的328.49万 m² 增至2017年的431.54万 m²，其中，2012年的182.84万 m² 达到低值；商品住房销售面积趋势与商品房销售趋势相同，由2011年的306.34万 m² 增至2017年的407.8万 m²，商品房销售面积和商品住房销售面积增长率波动明显。其次，2014～2017年间，咸阳市二手房成交量明显增加，由2014年的23.33万 m² 增至2017年的79.19万 m²，二手住宅成交量持续增长，从2014年的21.45万 m² 增长到2017年的76.45万 m²，二手房成交量和二手住房成交量增长率呈"N"形波动。具体见图2-3-5、图2-3-6。

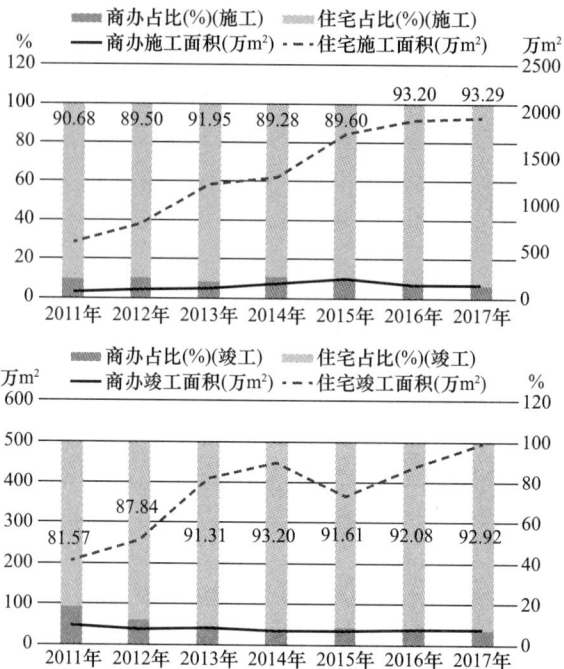

图 2-3-4　2011～2017 年咸阳市商办竣工、施工面积及其占比

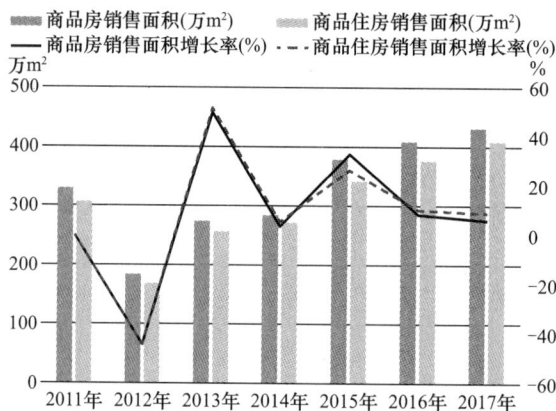

图 2-3-5　2011～2017 年咸阳市商品房和商品住房销售面积及增长率

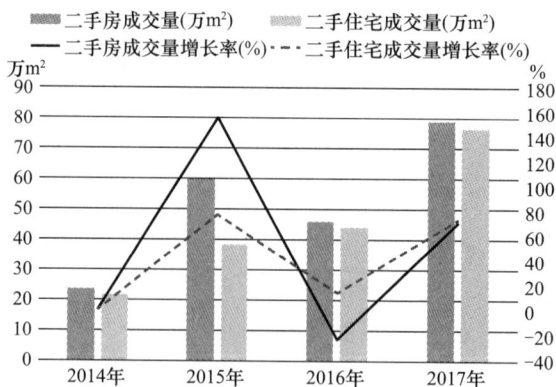

图 2-3-6　2014～2017 年咸阳市二手商品房和二手商品住房成交量及增长率

2）商品房销售类型以住宅为主，占比近九成

2011～2017年间，咸阳市商品房销售类型以住宅为主，新建商品房销售面积和二手住宅成交量基本占整个市场需求总量的九成，在商品房销售市场的需求中占据绝对地位。其中，商品住房销售面积占比大部分都在90％以上，2015年最低，为90.23％，2017年最高，为94.50％，商品住房销售市场的需求中占据绝对地位。其次，二手住宅成交量占比大部分都在90％以上，2015年最低，为63.98％，2017年最高，为96.54％，二手住宅成交量在二手商品房市场的需求中占据绝对地位。如图2-3-7、图2-3-8所示。

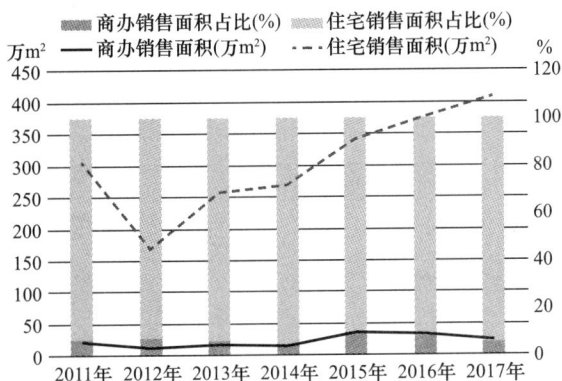

图2-3-7 2011～2017年咸阳市新建商品房需求类型结构相关指标

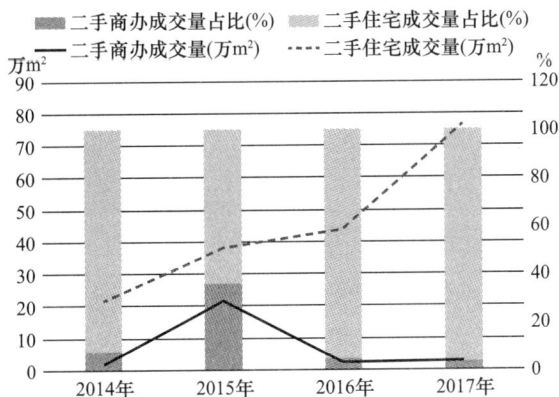

图2-3-8 2014～2017年咸阳市二手商品房需求类型结构相关指标

3）商品住房销售价格持续上涨

2011～2017年间，咸阳市商品住房销售均价呈"W"形波动，由2011年的4111元/m² 增至2017年的4266元/m²，其中，2015年的3237元/m² 为最低值，2013年的4336元/m² 为最高值。2018年1～6月，商品住房销售价格持续快速上涨，由2018年1月的4788元/m² 增长至6月的6686元/m²。从咸阳市二手房交易情况来看，2015年上半年～2018年上半年，咸阳市二手住宅交易均价持续上涨，由2015年上半年的2760元/m² 增长至2018年上半年的4409元/m²，如图2-3-9、图2-3-10、图2-3-11所示。

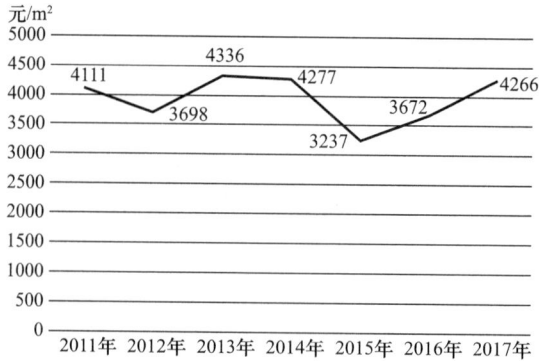

图 2-3-9　2011～2017 年咸阳市商品住房销售均价（元/m²）

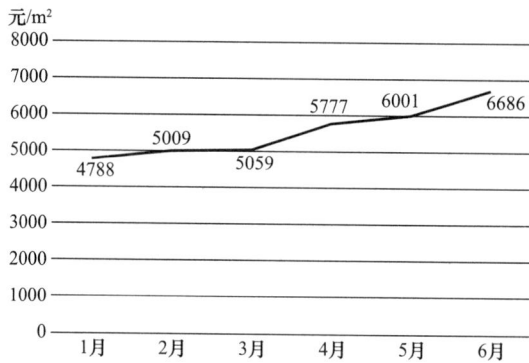

图 2-3-10　2018 年上半年咸阳市商品住房销售价格（元/m²）

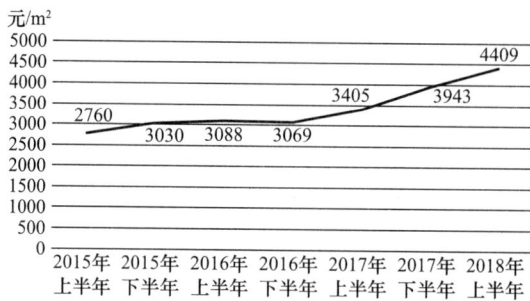

图 2-3-11　2015 年上半年～2018 年上半年咸阳市二手住宅交易均价（元/m²）

4）商品房库存压力大

咸阳市商品房库存量整体加剧。2011～2017 年间，咸阳市住宅累计待售面积持续增加，由 2011 的 140.38 万 m² 快速增至 2016 年的 521.46 万 m²，2017 年稍微回落至 390.71 万 m²；住宅去化周期总体增加，由 2011 年的 5.50 个月增至 2017 年的 14.40 个月，其中，2014 年的 21.0 个月达到最高值。2018 年上半年咸阳市商业办公楼累计待售面积整体增加，其中 2 月份最高达 410.73 万 m²，商办去化周期压力大，由 1 月的 128.05 个月增至 6 月的 149.35 个月。具体见图 2-3-12、图 2-3-13 所示。

图 2-3-12　2011~2017 年咸阳市住宅待售面积及去化周期

图 2-3-13　2018 年 1~6 月咸阳市商办待售面积及去化周期

3. 咸阳市房地产市场结构分析

1）房地产市场供需总量呈供过于求状态

2011~2017 年间，咸阳市房地产市场总体供需总量呈供过于求的状态。由图 2-3-14 可以看出，除 2011 年外，咸阳市的商品房竣工面积始终大于商品房销售面积，其比例均明显大于 1，2011 年供销比为 0.77，说明 2011 年咸阳市房地产市场处于供不应求状态，但 2012~2014 年供销比直线增加至 1.65，在此阶段，房地产市场处于明显的供过于求，2015 年供销比回落至 1.06，此时供需基本处于平衡，2016 年供需比持续回升，至 1.24，目前咸阳市仍处于供给大于需求的非平衡状态。

2）房地产市场供需结构失衡

从土地供应情况来看，2011 年咸阳市房地产市场供不应求，为满足市场需求，2012 年大力增加土地供应，该年的土地供应面积达到 2011~2017 年的高峰值，使得房地产市场供需失衡，此时供给大于需求量。从房地产开发投资结构分析来看，商品房开发投资持续增加并保持稳定增长，从商品房供给类型来看，咸阳市商品房销售类型以住宅为主；新建商品住房销售面积和二手住宅成交量占整个市场需求总量的九成；从商品住房的销售均价来看，咸阳市商品住房销售均价呈"W"形波动，与房地产市场供求趋势相同，二手房市场在供求比有所回落后，二手房成交量直线上涨；从去化压力来看，2011～2016年商品住房累计待售面积持续上涨，去化周期波动式增长，总的来说，咸阳市商品房市场仍处于较明显的供需不平衡的状态，该种状态在2014年尤为显著，2017年情况稍有好转。

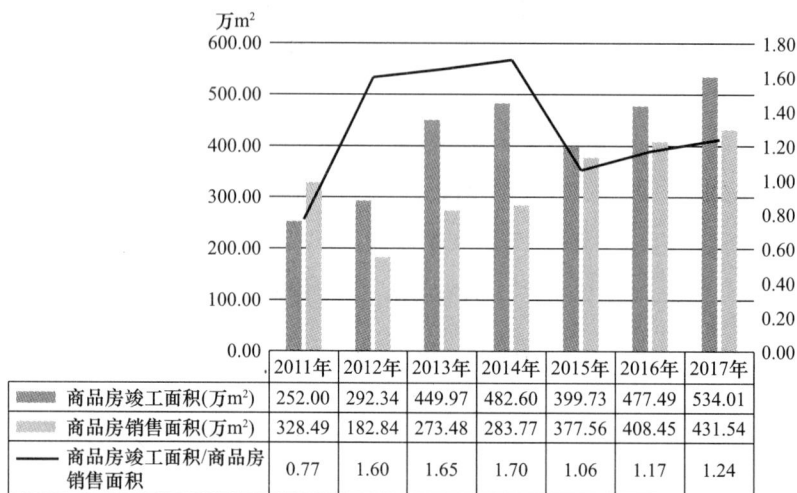

万m²	2011年	2012年	2013年	2014年	2015年	2016年	2017年
商品房竣工面积(万m²)	252.00	292.34	449.97	482.60	399.73	477.49	534.01
商品房销售面积(万m²)	328.49	182.84	273.48	283.77	377.56	408.45	431.54
商品房竣工面积/商品房销售面积	0.77	1.60	1.65	1.70	1.06	1.17	1.24

图 2-3-14　2011～2017年咸阳市房地产市场供需总量指标

（二）咸阳市房地产政策梳理及绩效评价

1. 咸阳市住房发展政策梳理

1）咸阳市住房发展政策概况

咸阳市从1998年到2018年共发布了21条住房发展政策，其中2015年发布政策最多，为6条，占发布政策总量的28.57%，2013年至2018年期间发布政策数量居多，共14条，占发布政策总数量的66.67%。而1999年、2000年、2003年、2004年和2008年至2012年均未发布政策。具体如图2-3-15所示。

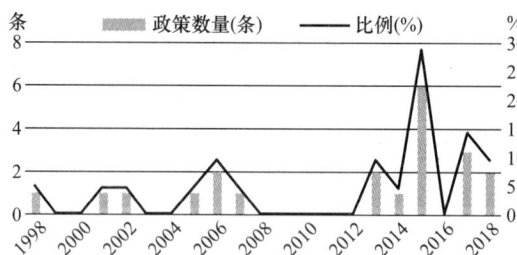

图 2-3-15　咸阳市历年发布政策数量及占比图

从政策类型来看，咸阳市发布的住房发展政策中通知、办法居多，这两种政策总和占发布政策总量的61.90%，其他类型的政策中除意见发布3条、规定发布2条外，方案、公告和细则只发布1条，除此以外，其他类型均未发布过关于房地产调控方面的政策，具体如表2-3-1所示。

咸阳市发布政策类型数量及占比 表 2-3-1

政策类型	通知	办法	规定	方案	意见	公告	细则
数量（条）	5	8	2	1	3	1	1
占比（%）	23.81	38.1	9.52	4.76	14.29	4.76	4.76

2）咸阳市重要政策回顾

1998 年 8 月，咸阳市发布《咸阳市市级机关、事业单位成本价出售公有住房实施办法》（以下简称《办法》）。为了加快我市住房制度改革，促进住房商品化、社会化进程。提出成本价出售公有住房是指售房单位按照国家规定的建房成本价，向中低收入职工家庭出售公有住房，获得全部产权的售房形式。咸阳市国家机关、事业单位自本《办法》公布之日起，不再批准标准价售房和标准价集资建房，公有住房出售实行标准价与成本价并轨。

2001 年咸阳市发布《关于加强基本建设项目管理的暂行规定》，为了加强基本建设项目管理、防止盲目重复建设、保证工程质量、提高投资效益，对基本建设的项目类型、现行基本建设程序及项目建议书的主要内容、可行性研究报告的主要内容进行明确。

2002 年，咸阳市发布《出让国有土地使用权招标拍卖实施办法》，为了加强土地市场管理，改善投资环境，规范出让国有土地使用权招标、拍卖行为。提出本市范围内的出让国有土地使用权招标、拍卖活动，适用本办法。市国土资源行政主管部门负责全市国有土地使用权招标、拍卖的指导、管理和监督工作；负责市区内国有土地使用权招标、拍卖的组织实施工作。县（市）人民政府国土资源部门依法负责本辖区内国有土地使用权招标、拍卖活动的组织实施，涉及上级人民政府土地储备的除外。

2005 年，咸阳市发布《咸阳市市区城镇廉租住房管理办法》，为建立和完善我市城镇廉租住房制度，保障城镇最低收入家庭的基本住房需要。提出对市区非农业户口的低收入住房困难的家庭，实行实物配租和租金核减的住房保障方式。同时对符合条件的居民可以申请城镇最低收入家庭廉租住房或租金减免。

2006 年，咸阳市发布《关于经济适用住房审批有关问题的通知》，为了规范经济适用住房审批工作，确保经济适用住房建设管理沿着制度化、规范化、秩序化的轨道健康发展。提出各单位在向西安市发改委上报经济适用住房计划时，必须同时抄报市房产局（房改办），以便汇总上报陕西省住房和城乡建设厅。在年度投资计划下达后，建设单位必须向市房产局（房改办）上报建设申请报告。市房产局（房改办）对申请报告审查合格后下达经济适用住房建设批复。各建设部门和单位接到批复开始建设后，每季度须向市房产局（房改办）上报工程进展情况。各建设部门和单位在房屋销售（分配）前，须在市房产局（房改办）办理销售审批手续。市产权产籍管理处凭房产局（房改办）的建设批复的销售批复等手续，按有关规定办理产权登记、发放产权证书。

2006 年 10 月，咸阳市发布《咸阳市经济适用住房建设管理规定》，对优惠政策、开发建设、价格和公示、销售管理、监督管理进行说明。

2007 年，咸阳市发布《关于经济适用住房（集资建房）申报审批程序有关问题的通知》，为了规范咸阳市经济适用住房（集资建房）申报审批程序，确保咸阳市经济适用住房（集资建房）政策顺利实施，使经济适用住房（集资建房）真正落到无房户、住房困难户等符合集资建房条件的住户中，切实保障集资户的切身利益。对咸阳市经济适用住房（集资建房）申报审批有关事项进行说明。

2013 年咸阳市发布《咸阳市城区公共租赁住房管理实施方案》，根据中华人民共和国住房和城乡建设部第 11 号令《公共租赁住房管理办法》和《陕西省保障性住房管理办法（试行）》（陕政发〔2010〕42 号）等文件精神，结合咸阳市城区实际，制定此实施方案。并对申报条件及保障对象、保障方式，申请与核准、保障管理进行了说明。

2013 年咸阳市发布《关于 2013 年公共租赁住房申请、审核、分配事宜的公告》，提出凡在市区无自有住房或有住房人均建筑面积低于 16m² 的中等偏下收入住房困难家庭、年满 18 周岁的新就业大中专（职、技校）毕业学生和外来务工等人员均可申请咸阳市的 7 个公共租赁住房项目。同时对申报时间及办理程序，注意事项，监督措施进行说明。

2014 年咸阳市发布的《关于公布咸阳市城区保障性租赁住房租金标准的通知》，提出咸阳市保障性租赁住房租金标准实行政府指导价，并按照略低于同地段、同品质类似房屋的市场租金水平制定。并对咸阳市城区保障性租赁住房租金标准和有关事项进行公示。

2015 年，咸阳市发布《关于加快推进城镇化的实施意见》，提出坚持规划引领原则、坚持市政公用基础设施先行原则、坚持产业支撑原则、坚持以人为本原则、坚持城乡统筹原则、坚持环境保护优先原则、坚持改革创新原则。按照建设西安（咸阳）国际化大都市的要求，全力加快都市核心区、组团城市、区域副中心城市、卫星城市开发建设；加快县城、重点示范镇、市级示范镇、县级示范镇和新型农村社区建设。

2015 年，咸阳市发布《关于进一步加强城乡规划和建设管理的意见》。提出充分认识加强城乡规划建设管理工作的重要意义，明确城乡规划建设管理的指导思想、基本原则和总体目标，完善城乡规划体系，加强城乡规划管理，强化城市建设管理，加大规划监督力度和保障措施。

2015 年咸阳市发布《咸阳市国有土地上房屋征收与补偿暂行办法》，为了规范国有土地上房屋征收与补偿活动，维护公共利益，保障被征收房屋所有权人的合法权益，对确需征收的范围、对被征收人给予的补偿、违反本规定所承担的法律责任进行说明，同时提出确需征收房屋的项目应当符合国民经济和社会发展规划、土地利用总体规划、城乡规划和专项规划。

2015 年咸阳市发布《咸阳市租赁型保障房分配实施办法》，提出廉租住房分配对象为当地城镇低收入住房困难家庭；公共租赁住房保障对象为城镇中等偏下收入家庭、新就业职工和外来务工人员住房困难者。保障对象的准入、分配、退出和运营管理遵循申请条件公开、审核程序透明、轮候规则公正、分配结果公平和运营管理规范有序的原则。租赁型保障房实行轮候分配制度。并对优抚对象进行说明。

2015 年咸阳市发布《咸阳市租赁型保障房共有产权实施细则》，提出坚持以"先租后售、自愿购买、房屋自住、产权明晰"的原则，实现租赁型保障房政府与保障对象产权共有。并对保障对象、出售价格、签订合同、付款方式、权属登记、交易管理，对资金的监督管理和取得保障房的规范进行说明。

2015 年咸阳市发布《咸阳市租赁型保障房投诉举报受理工作暂行办法》，为确保我市租赁型保障房申报及分配工作的公开、公平、公正和健康有序进行，规范投诉举报受理工作。对投诉举报方式、投诉举报内容、投诉举报的登记、核定和受理、投诉举报的调查处理、工作时限、处理结果反馈、投诉举报的奖励、投诉举报的工作纪律进行了说明。

2017 年 10 月，咸阳市发布《关于加强公有住房出售收入管理使用的通知》，提出公有住房出售收入必须按照国家有关规定纳入单位住房基金，用于本单位职工住房建设和住房制度改革。各单位公有住房的出售收入及利息必须全额存入市房改办在银行开设的单位住房基金专户下的单位住房基金分账户，权属不变、接受市房改办的管理和监督。各单位在使用公有住房出售收入时，需根据本单位住房建设、住房维修和住房制度改革的需要，持维修计划、建房方案等到市房改办办理批准手续，未经批准，售房单位不得动用。公有住房出售收入是国有资产，必须严格管理、专款专用，任何单位和个人不得截留、挪用或擅自动用。

2017 年咸阳市发布《咸阳市城区房地产交易市场管理办法》，为了加强对城市房地产交易市场管理，维护房地产交易市场的正常秩序，保护房地产权利人的合法权益。对房地产转让、房地产抵押、房屋租赁、房地产中介及处罚进行了说明。

2017 年，咸阳市发布《关于进一步做好公共租赁住房有关工作的实施意见》，提出为贯彻落实党中央、国务院和省委、省政府关于加快公租房建设的决策部署，加快现有公租房建设、配套和分配，有效解决城镇中等偏下收入住房困难家庭、新就业无房职工、稳定就业外来务工人员住房问题，确保公租房保障范围落实到位。对政府投资公租房、企业等单位自建公租房实行分类统计、分类监管，确实不能形成有效供应的政府投资公租房，依法依规予以分类处置和盘活。

2017 年咸阳市发布《关于规范我市房屋建筑和市政基础设施工程招标投标监管工作的通知》，对规范咸阳市房屋建筑和市政基础设施工程招标投标监管工作提出要理顺招投标管理体制、依法履行监督职责、规范和优化招投标程序、简化招投标备案，削减申报材料、推行招标文件示范文本，统一招标备案标准、加强评标过程监管，规范评标专家行为、完善评标办法，防止不规范投标行为、加快推进电子招投标，全面推行电子清标评标、加强代理机构管理，强化个人执业信誉、强化事中事后监管，实行两场联动。

2018 年咸阳市发布《咸阳市国有土地上房屋征收与补偿办法》，为了规范国有土地上房屋征收与补偿活动，维护公共利益，保障被征收房屋所有权人的合法权益。对确需征收的房屋范围，补偿方法、法律责任进行了说明。

2. 基于政策工具的咸阳市政策结构分析

1）文本选取

由于涉及房地产行业的政策文本数量众多，为了保证政策选取的准确性和代表性，笔者按照与房地产市场调控密切相关的原则对政策文本进行了整理和遴选，政策类型主要选取 2011 年后颁布的法律法规、规划、意见、办法、通知、公告等体现政府政策的文件，最终梳理了有效政策样本 12 份。具体如表 2-3-2 所示。

咸阳市住房发展政策文本　　　　　　　　　　　　　　　表 2-3-2

序号	政策名称
1	咸阳市城区公共租赁住房管理实施方案
2	咸阳市住建局关于 2013 年公共租赁住房申请、审核、分配事宜的公告
3	市住建局关于公布咸阳市城区保障性租赁住房租金标准的通知
4	咸阳市国有土地上房屋征收与补偿暂行办法
5	咸阳市租赁型保障房分配实施办法（试行）
6	咸阳市租赁型保障房共有产权实施细则
7	咸阳市租赁型保障房投诉举报受理工作暂行办法
8	关于加强公有住房出售收入管理使用的通知
9	咸阳市城区房地产交易市场管理办法
10	关于进一步做好公共租赁住房有关工作实施意见的通知
11	关于规范我市房屋建筑和市政基础设施工程招标投标监管工作的通知
12	关于印发《咸阳市国有土地上房屋征收与补偿办法》的通知

　　2）单元编码

　　样本的分析类目包括"组织人事""财政税收""鼓励引导""行政强制""资质评价""培训考核""税收措施""金融措施""其他经济""标准规范""强制要求""市场监管""开发""规划""设计""施工""采购""销售""运营管理"和"拆除转移"。而分析单元则为住房发展政策文本的有关条款。

　　本书首先对已遴选出的 12 份政策文本内容按照"政策编号—具体条款/章节"进行编码；然后，根据已建立的住房发展政策二维分析框架，将其分别归类，最终形成了基于政策工具的住房发展政策文本的内容分析单元编码表（表 2-3-3）。

政策文本内容分析单元编码　　　　　　　　　　　　　　　表 2-3-3

序号	政策名称	政策文本的内容分析单元	编码
1	咸阳市城区公共租赁住房管理实施方案	申报条件及保障对象	1-1
		保障方式	1-2
		申请与核准	1-3
		保障管理	1-4
2	咸阳市住建局关于 2013 年公共租赁住房申请、审核、分配事宜的公告	公共租赁住房分配对象及条件	2-2
		申报时间及办理程序	2-3
3	市住建局关于公布咸阳市城区保障性租赁住房租金标准的通知	咸阳市城区保障性租赁住房租金标准	3
4	咸阳市国有土地上房屋征收与补偿暂行办法	补助和奖励	4-3
		征收决定	4-2
5	咸阳市租赁型保障房分配实施办法（试行）	分配原则，分配方式，分配实施	5
6	咸阳市租赁型保障房共有产权实施细则	总则，产权管理	6-1，6-2
		监督管理	6-3
7	咸阳市租赁型保障房投诉举报受理工作暂行办法	投诉举报	7
8	关于加强公有住房出售收入管理使用的通知	出售收入管理	8

续表

序号	政策名称	政策文本的内容分析单元	编码
9	咸阳市城区房地产交易市场管理办法	房地产转让,抵押,租赁	9
10	关于进一步做好公共租赁住房有关工作实施意见的通知	切实做好全市公租房建设、分配有关工作	10
11	关于规范我市房屋建筑和市政基础设施工程招标投标监管工作的通知	规范和优化招投标程序	11-2
		简化招投标备案,削减申报材料	11-3
		加强评标过程监管,规范评标专家行为	11-5
12	关于印发《咸阳市国有土地上房屋征收与补偿办法》的通知	补偿	12-3

3)频数统计分析

在对政策工具内容分析单元编码的基础上,按照对房地产业价值链作用阶段归属的判断,将其归类,形成了住房发展政策二维分析分布图,如表2-3-4所示。总体上看,12份住房发展政策兼顾了组织人事、财政税收、鼓励引导和行政强制政策工具的运用,内容涉及房地产行业开发、规划、设计、施工、采购、销售、运营管理和拆除转移八个环节,对房地产的开发利用、运营调控等提供了多方面的激励和规制。

咸阳市住房发展政策工具二维分布　　　　　表 2-3-4

组织人事	资质评价								
	培训考核								
财政税收	税收措施								
	金融措施								
	其他经济								
鼓励引导		4-3、12-3							
行政强制	标准规范	4-2、11-2						8、9	1-1、1-2、1-4、2-2、3、5、6-1、6-2、10	
	强制要求	11-3							1-3、2-3	
	市场监管	11-5							6-3、7	
		开发	规划	设计	施工	采购	销售	运营管理	拆除转移

（1）基本政策工具维度分析

基本政策工具分配比例　　　　　表 2-3-5

政策工具	工具名称	条文编号	小计	百分比
组织人事	资质评价	0	0	0%
	培训考核	0	0	
财政税收	税收措施	0	0	0%
	金融措施	0	0	
	其他经济	0	0	
鼓励引导		4-3、12-3	2	9.5%
行政强制	标准规范	4-2、11-2、8、9、1-1、1-2、1-4、2-2、3、5、6-1、6-2、10	13	90.5%
	强制要求	11-3、1-3、2-3	3	
	市场监管	11-5、6-3、7	3	
合计			21	100%

95

咸阳市房地产行业政策的基本政策工具维度统计分析结果如表 2-3-5 所示。按照条款项目数计，大部分是行政强制政策工具（90.50%），其次是鼓励引导政策工具（9.50%）。进一步分析可以发现，在行政强制政策工具中，标准规范占了绝大部分，达到 68.42%，包括用地审批、招投标流程、房屋基础配套设施建设标准等；市场监管占 15.79%，包括对企业土地市场准入资格和资金来源的审查、房屋限购、商品房市场监管和预期管理等；强制要求占 15.79%，主要是因为房地产行业发展已经较为成熟，主要的标准规范早已成型，强制要求和市场监管较少。

（2）价值链维度分析

在基本政策工具维度分析的基础上，引入价值链维度的影响因素，得到如表 2-3-6 所示的政策工具在价值链上的分布统计结果。

政策工具各环节频数分布统计　　　　表 2-3-6

	资质评价	培训考核	税收措施	金融措施	其他经济	鼓励引导	标准规范	强制要求	市场监管	小计	百分比
开发	0	0	0	0	0	2	2	1	1	6	19.05%
规划	0	0	0	0	0	0	0	0	0	0	0%
设计	0	0	0	0	0	0	0	0	0	0	0%
施工	0	0	0	0	0	0	0	0	0	0	0%
采购	0	0	0	0	0	0	0	0	0	0	0%
销售	0	0	0	0	0	0	2	0	0	2	19.05%
运营管理	0	0	0	0	0	0	9	2	2	13	61.90%
拆除转移	0	0	0	0	0	0	0	0	0	0	0%

据表 2-3-6 所示，25 份咸阳市对房地产行业的发展提供了包括开发（19.05%）、规划（0%）、设计（0%）、施工（0%）、采购（0%）、销售（19.05%）、运营管理（61.90%）和拆除转移（0%）阶段的全面干预。根据条款的具体分布，发现绝大多数政策工具都是应用在房地产行业价值链的运营环节，其次是开发环节和销售环节，其他环节几乎没有。这说明现阶段咸阳市房地产的政策调控是围绕着房地产的后期的运营，前期的开发以及销售环节。

3. 咸阳市住房发展政策绩效评价

咸阳受西安大都市圈以及西咸一体化影响，享受经济红利，经济水平水平居陕西省第四，居民生活水平仅次于西安市，但城区人口密度最低，人口和设施发展不足。

由表 2-3-7、表 2-3-8、图 2-3-16 可知，咸阳市房地产调控综合效率波动明显，且总体水平较低，表明房地产调控投入与产出较为不均，"十一五"规划前，其经济发展较缓，

咸阳市房地产市场调控评价产出因素　　　　表 2-3-7

年份	GDP 增速（%）	人均 GDP（元）	人均可支配收入（元）	城镇化率（%）	固定资产投资增速（%）	限购政策
2011	14.2	27705	22224	42.56	31.3	0
2012	14.5	32847	25758	45.2	28	0
2013	13.1	37695	28488	46.55	27.1	0
2014	10.9	41971	31530	47.73	21.3	0
2015	8.7	43365	18430	49.1	22.9	0
2016	7.7	48119	20006	50.84	19.1	0
2017	8.1	53546	21838	50.26	11.3	1

咸阳市房地产市场调控评价产出因素 表 2-3-8

年份	CPI增速（%）	商品房销售面积（万 m²）	商品住房均价（元/m²）	土地成交价格（元/万 m²）	土地成交面积（万 m²）	新开工面积（万 m²）	住宅待售面积（万 m²）	土地存量面积（万 m²）
2011	5.4	328.49	4111	343971.6	311.58	1.72	140.38	101.05
2012	2.6	182.84	3698	434763.6	434.31	497.74	272.05	106.94
2013	3.1	273.48	4335.75	868329.1	585.40	703.78	436.35	81.77
2014	2.2	283.77	4276.83	577802.8	644.09	560.8	472.13	53.96
2015	0.8	377.56	3799.37	599912	476.32	949.97	513.1	53.80
2016	1.5	408.45	3546.08	706634.5	269.59	384.6	521.46	62.82
2017	2	431.54	4266.33	622867.1	152.58	220.15	390.71	73.35

城镇化率及人均 GDP 较低，住房需求较小，商品房均价上涨缓慢。2012 年，随着"西咸一体化"不断推进，人口持续流入，城市化建设促进刚性需求增长，《关中—天水经济区发展规划》的正式签署，"西咸一体化"背景下的居民住房、商业用房政策出现放松，宏观调控力度降低。咸阳市政府对于城区的城市化规划，周边乡镇

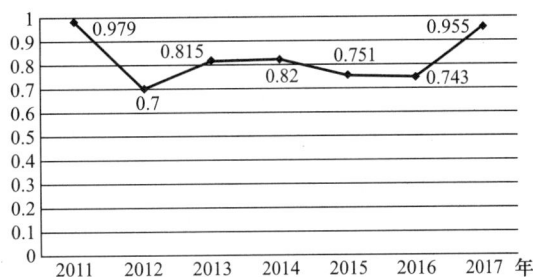

图 2-3-16　咸阳市房地产调控综合效率

的商业集体用地布局整理，都为咸阳市房地产的发展创造了良好背景，房地产调控综合效率开始回升。2016 年后，房地产调控综合效率增加迅速，主要是因为"十三五"城镇化的持续推进，加之巨大人流和资本资源的流入，刚性需求和商业需求的增加，将为咸阳的房地产迎来前所未有的春天。

（三）咸阳市房地产市场发展预期探索

1. 影响因素预测

根据咸阳市 2011～2017 年 10 个指标数据，采用灰色预测方法，对咸阳市 2018～2022 年的 10 个指标数据进行预测（表 2-3-9、表 2-3-10）。

咸阳市各影响指标（2011～2017 年数据） 表 2-3-9

年份	2011	2012	2013	2014	2015	2016	2017
人均 GDP（元）	27705	32847	37695	41971	43365	48119	53546
固定资产投资（亿元）	1125.20	1486.33	1958.05	2398.57	2963.14	3584.67	2341.83
人均可支配收入（元）	22224	25758	28488	31530	29425	31662	34246
商品住房销售均价（元/m²）	4111.00	3698.00	4335.75	4276.83	3799.37	3546.08	4266.33
城镇化率（%）	42.56	45.20	46.55	47.73	49.10	50.84	50.26
商品住房开发投资（亿元）	56.19	100.27	151.10	171.31	159.26	146.72	155.83
新开工面积（万 m²）	1.72	497.74	703.78	560.80	949.97	384.60	220.15
商品房销售面积（万 m²）	328.49	182.84	273.48	283.77	377.56	408.45	431.54
第二产业占比（亿元）	740.40	876.78	1073.73	1227.70	1230.41	1385.00	1369.64
第三产业占比（亿元）	368.46	413.80	487.10	535.73	593.73	660.65	658.84
房价收入比	6.75	5.17	5.48	5.63	8.81	7.80	8.85

咸阳市各影响指标（2018～2022年数据预测） 表 2-3-10

年份	2018	2019	2020	2021	2022
人均GDP（元）	58210.15	63734.95	69784.11	76407.40	83659.32
固定资产投资（亿元）	3442.21	3801.59	4198.50	4636.84	5120.95
人均可支配收入（元）	35452.57	37155.68	38940.61	40811.28	42771.83
商品住房销售均价（元/m²）	3986.58	3986.45	3986.31	3986.17	3986.04
城镇化率（%）	52.33	53.56	54.82	56.11	57.43
商品住房开发投资（亿元）	172.06	179.95	188.21	196.85	205.89
新开工面积（万m²）	416.16	384.34	354.95	327.81	302.75
商品房销售面积（万m²）	529.25	612.62	709.12	820.82	950.12
第二产业占比（亿元）	1557.53	1684.64	1822.12	1970.81	2131.64
第三产业占比（亿元）	756.11	827.31	905.22	990.46	1083.73

对于房价收入比指标的预测，以2011～2017年的10个指标数据为基础利用BP神经网络进行预测。得到咸阳市2018～2022年的预测房价收入比，如表2-3-11所示。

咸阳市房价收入比（2018～2022年数据） 表 2-3-11

年份	2018	2019	2020	2021	2022
房价收入比	9.86	10.40	10.76	10.99	11.12

2. 作用关系分析

对咸阳市2018～2022年影响因素数据做岭回归分析，将咸阳市相关影响因素数据代入SPSS与NCSS软件计算，得出K为0.04，岭迹图与岭回归计算结果如图2-3-17、表2-3-12所示。

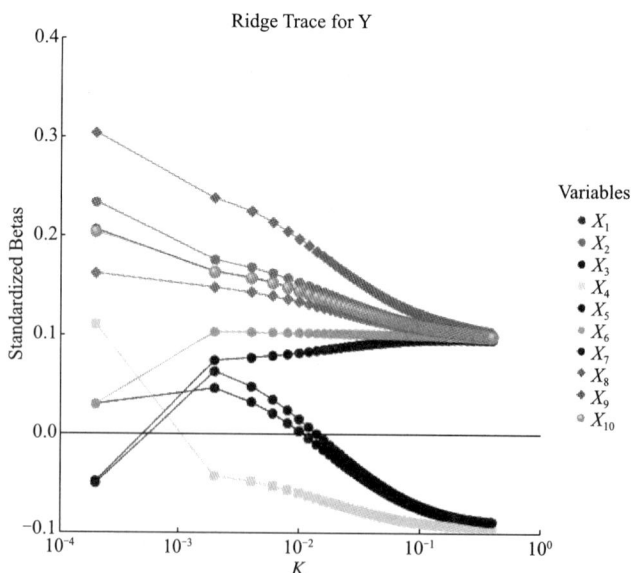

图 2-3-17 咸阳市岭迹图

咸阳市岭回归结果　　　　　　　　　　　　　表 2-3-12

	标准回归系数	VIF		标准回归系数	VIF
人均 GDP（X_1）	0.1210	0.2575	新开工面积（X_7）	−0.0452	1.6106
固定资产总投资（X_2）	0.1248	0.3539	商品房销售面积（X_8）	0.1453	1.1516
人均可支配收入（X_3）	−0.0509	1.2926	第二产业占比（X_9）	0.1156	0.1480
商品住房销售均价（X_4）	−0.0807	0.2061	第三产业占比（X_{10}）	0.1207	0.2506
城镇化率（X_5）	0.0911	0.0508	常数项		3536.332
商品住房开发投资（X_6）	0.1007	0.0111			

由计算结果可知，各自变量方差膨胀因子 VIF 值均小于 5，已不存在共线性，符合经济学意义。模型方程为：

$$y = 0.121x_1 + 0.125x_2 - 0.051x_3 - 0.081x_4 + 0.091x_5$$
$$+ 0.101x_6 - 0.045x_7 + 0.145x_8 + 0.116x_9 + 0.121x_{10} + 3536.33$$

该模型计算结果表明，咸阳市 2018～2022 年房价收入比正向影响因素按影响程度从大到小排序前三依次为：商品房销售面积（14.5%）、固定资产投资（12.5%）和人均 GDP（12.1%）；负向影响程度前三分别为：商品住房销售均价（8.1%）、人均可支配收入（5.1%）和新开工面积（4.5%）。

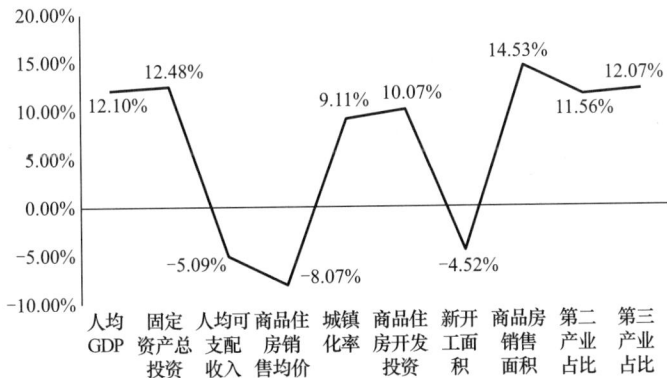

图 2-3-18　咸阳市影响因素作用关系

结合咸阳市影响因素预测与回归分析结果表明：人均可支配收入、商品住房销售均价和新开工面积与房价收入比呈负相关关系，其中新开工面积预测数据为递减趋势，应进行适当调控增加，以抑制房价收入比的增长。而人均 GDP、固定资产总投资、城镇化率等 7 个影响指标均对房价收入比存在正向影响，导致房价收入比的增长。固定资产总投资对房价收入比的影响效果最为显著，这说明当固定资产总投资增加导致购房者数量增加，导致房产需求量增加。因此固定资产总投资等因素应该加以控制。

（四）咸阳市房地产调控政策仿真及建议

系统力学因果关系图及系统动力学流图如西安市房地产市场调控政策系统动力学流

图，由于各地市房地产市场现状存在差异，所以对系统动力学模型中的水平变量、辅助变量以及常数的设定做以下改变。

1. 咸阳市住房发展政策系统动力学模型构建

1）水平变量初始值及常数值确定

（1）城市人口，根据 2012 年的《陕西统计年鉴》可知，2011 年咸阳市常住人口为372.72 万人，因此将 372.72 万人设定为咸阳市人口的初始值。

（2）城市 GDP，根据 2012 年《陕西统计年鉴》，将 2011 年的咸阳市 GDP 设定为初始值即 1359.1 亿元。

（3）住宅需求变量，根据 2012 年《陕西统计年鉴》，将 2011 年咸阳市商品住宅销售面积 328.49 万 m² 设定为住宅需求量的初始值。

（4）住宅供给变量，根据 2012 年《陕西统计年鉴》，将 2011 年商品房竣工面积 252 万 m²设定为住宅供应量的初始值。

2）辅助变量初始值及常数设定

（1）常住人口、人口增长系数以及家庭规模。根据《陕西统计年鉴》中咸阳市常住人口的变化对人口增长系数进行测算。拆迁户数因《陕西统计年鉴》中无统计精确数据，根据文献分析估计，结婚人口比例＝该年平均每天结婚登记人口数×365/该年人口总数。由于《陕西统计年鉴》统计数据不全，家庭规模数近似取为 3（表 2-3-13）。

2011～2016 年咸阳市人口数据 表 2-3-13

年份	常住人口（万人）	人口增长系数
2011	372.72	0.002829632
2012	373.67	0.003307227
2013	374.46	0.002751811
2014	375.32	0.002945449
2015	376.33	0.003137318
2016	377.5	0.002847632

（2）2011～2016 年咸阳市经济情况数据（表 2-3-14）。

2011～2016 年咸阳市经济数据 表 2-3-14

年份	GDP（亿元）	经济增长系数	人均生产总值（元）	城镇居民人均可支配收入（元）	居民收入占 GDP 的比例
2011	1359.1	0.212	27705	22224	0.8022
2012	1724.33	0.1591	33785.1	28571.36	0.8457
2013	1850.98	0.1313	36991.69	26728.16	0.7225
2014	1986.92	0.1044	40502.62	25003.87	0.6173
2015	2132.86	0.0364	44346.77	23390.83	0.5275
2016	2289.51	0.0983	48555.78	21881.84	0.4507

（3）2011～2016 年咸阳市住宅房地产市场统计数据（表 2-3-15）。

2011~2016 年咸阳市住宅房地产数据　　　表 2-3-15

年份	房地产投资总额（万元）	住宅投资总额（万元）	住宅开发投资占GDP比例（%）	销售面积（万 m²）	新开工面积（万 m²）	竣工面积（万 m²）
2011	602917	561863	0.0395	328.49	1.72	252
2012	1164167.2	1314386.95	0.0585	220.03	497.74	292.34
2013	1660812.6	1374720.65	0.0570	254.69	703.78	449.97
2014	1895215	1437823.81	0.0568	294.81	560.8	482.6
2015	1744143	1503823.57	0.0563	341.25	949.966	399.73
2016	1641687	1572852.89	0.0557	394.99	220.15	477.49

（4）土地成本是商品房住宅建设成本中最重要的组成部分，本书利用综合地价作为土地成本进行测算住宅楼面地价。由于土地综合地价、住宅开发投资比例以及容积率对地价均有影响，所以以楼面地价由以上影响因素计算得出。税费按照房价总额的 20% 计算；容积率按照 3.5 计算。建安成本根据统计年鉴中相关数据测算。房地产开发贷款利率按照半年至 1 年的利率取值，商业银行贷款按照 5 年以上贷款利率取值，具体如表 2-3-16 所示。

2011~2016 年商业银行基准利率　　　表 2-3-16

年份	1~3 年利率（%）	5 年以上利率（%）
2011	6.4	6.8
2012	6.4	6.8
2013	6.15	6.55
2014	6.0	6.15
2015	5	5.15
2016	4.75	4.9

2. 构建流图方程式

1）住宅新开工面积＝0.0005385×住宅开发投资－161.5233

说明：根据所得各系数影响因素的因果关系以及所搜集的相关历史数据，运用 SPSS20.0 软件进行回归分析。

2）人口增长＝城市人口×人口增长系数（单位：万人）

3）人均 GDP＝城市 GDP/城市人口

4）人均住宅面积＝STEP（29.3，2011）＋STEP（5.62，2013）＋STEP（0.98，2014）＋STEP（1，2015）＋（1.7，2016）（单位：m²/人）

5）人均可支配收入＝人均 GDP×可支配收入占 GDP 比例（单位：元/人）

6）住宅开发投资＝城市 GDP×住宅开发投资比例（单位：万元）

7）住宅新竣工面积＝0.16×住宅新开工面积＋310.0745

8）住宅预售面积＝9.96×住宅新开工面积＋30249.8

9）住房价格＝综合成本×供求比对住宅价格的影响程度×（1＋利润率）（单位：元/m²）

10）住房供给＝INTEG（新增供给－供给实现，252）（单位：万 m²）

11）住房需求＝INTEG（新增需求－需求实现，328.49）（单位：万 m²）

12）房价收入比＝人均住宅面积×住房价格/人均可支配收入

13）新增供给＝住宅新竣工面积×0.1＋住宅预售面积（单位：万 m²）

说明：当年竣工面积中，预计有 10%的竣工面积转化为现房销售。

14）楼面地价＝综合地价/平均容积率×住宅开发投资比例对地价的影响（单位：元/m²）

15）消费需求＝房价收入比影响程度×银行利率对需求的影响×（人口增长×0.5×人均住宅面积＋城市人口×0.2×0.5×人均住宅面积＋结婚比例×0.8×城市人口×人均住宅面积＋拆迁户数×家庭规模×0.5×人均住宅面积）（单位：万 m²）

说明：由城市住房需求算法得出，估算新增人口中的 50%有购房需求，城市人口中有 20%属于高收入人群，他们中有 50%有改善性购房需求，拆迁人口中有 50%有购房需求，结婚人口中有 80%的有购房需求。

16）综合成本＝（建安成本/0.65＋楼面地价）×（1＋0.7×2×开发贷款率）×（1＋开发税率）（单位：元/m²）

说明：公式中的数据是根据房地产开发的经验数据估计而得。估计除土地成本外，开发成本里建安成本占 65%，整个项目开发过程中有 70%的直接成本需要靠银行长期贷款支持，且平均贷款期限为 2 年。

17）需求实现面积＝住宅销售面积（单位：万 m²）

18）模型中的表函数见表 2-1-17（同西安市）。

3. 咸阳市政策仿真

1）政策模型的检验

根据计量经济学相关理论，普遍认为模型的总体仿真和预测性能较好的标准为每个变量的相对误差的绝对值不超过 10%。从表 2-3-17 可以看出仿真数据与真实数据的误差都小于 10%，说明系统模型有效。

2）灵敏度检验及政策实验调控结果分析

灵敏度检验是通过改变模型参数比较模型输出结果，从而确定修改的变量对模型环境的影响。利用灵敏度分析，可以阐述系统中分析的变量或直接被定义为常量的数的变化对系统中其他变量的影响。

（1）税收政策调控实验

我国的开发税率大概占到总成本的 20%左右，比例比较大，现拟将商品房开发税率下调 5%，其他指标保持不变，可以得出房地产价格的变化情况如图 2-3-20 所示。

从调控的数据结果（表 2-3-18）可以看出，开发税率下降 5%使得房价下降约为0.34%，说明开发税率对咸阳市房价的影响较小，且影响的变化趋势稳定。所以咸阳市对于税收政策的调节应保持稳定。

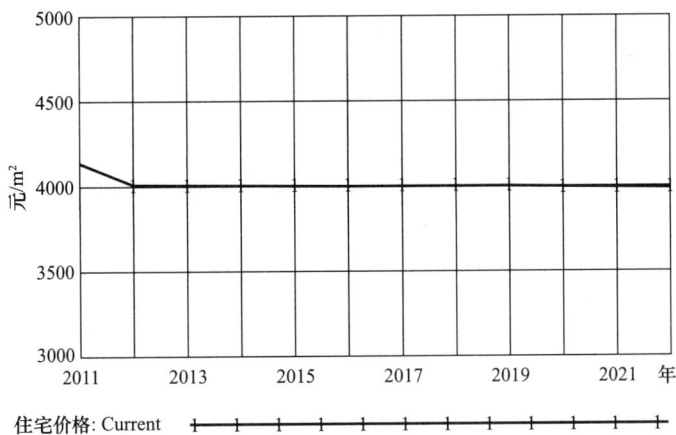

图 2-3-19　住宅价格

2011~2016 年咸阳市商品房价格仿真值与实际值误差　　表 2-3-17

年份	真实数据	仿真数据	相对误差
2011	4111	4132.33	0.52%
2012	3987.40	4012.33	0.62%
2013	3987.27	4012.21	0.62%
2014	3987.13	4010.15	0.57%
2015	3987	4001.45	0.36%
2016	3986.86	3995.82	0.22%

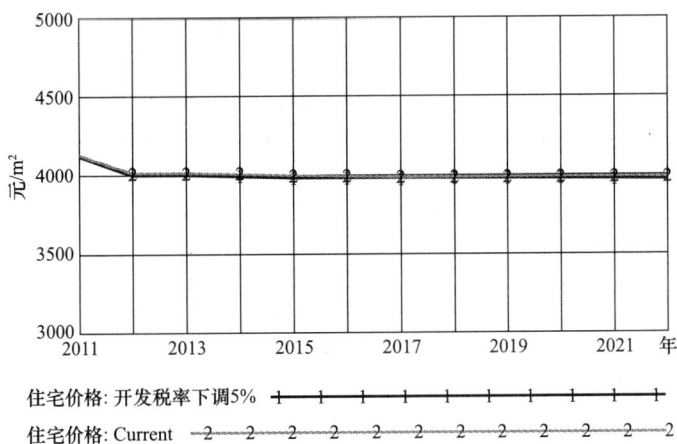

图 2-3-20　开发税率调整前后住宅价格对比

开发税率调整前后对比　　表 2-3-18

年份	2011	2012	2013	2014	2015	2016
原始数据	4132.33	4012.33	4012.21	4010.15	4001.45	3995.82
调控数据	4119.24	3998.05	3997.74	3994.88	3987.38	3982.68
变化情况	−0.32%	−0.36%	−0.36%	−0.38%	−0.35%	−0.33%

续表

年份	2017	2018	2019	2020	2021	2022
原始数据	3994.16	3993.14	3993.53	3990.7	3989.62	3989.78
调控数据	3981.02	3980.01	3980.4	3977.57	3976.49	3976.66
变化情况	−0.33％	−0.33％	−0.33％	−0.33％	−0.33％	−0.33％

（2）货币政策调控实验

本书的利率指标是指商业银行规定的一年至三年年期贷款利率，在接下来的货币政策的调控实验中，将该利率指标数值进行调整，利率下浮20％，其他指标保持不变，房价变动情况如图2-3-21所示。

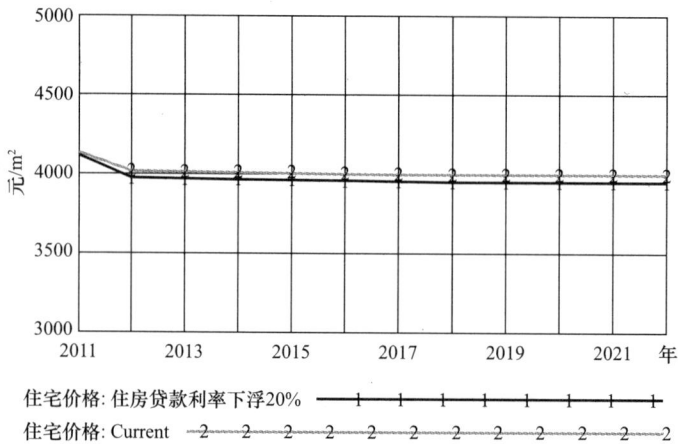

图2-3-21　住房贷款利率调整前后住宅价格对比

住房贷款利率调整对比　　　　　　　　　　　　　　　　表 2-3-19

年份	2011	2012	2013	2014	2015	2016
原始数据	4132.33	4012.33	4012.21	4010.15	4001.45	3995.82
调控数据	4115.15	3974.93	3972.19	3865.96	3959.41	3955.49
变化情况	−0.42％	−0.94％	−1.01％	−3.73％	−1.06％	−1.02％
年份	2017	2018	2019	2020	2021	2022
原始数据	3994.16	3993.14	3993.53	3990.7	3989.62	3989.78
调控数据	3953.85	3952.85	3953.24	3950.43	3949.36	3949.52
变化情况	−1.02％	−1.02％	−1.02％	−1.02％	−1.02％	−1.02％

从咸阳市货币政策的实验结果可以看出，住房贷款利率下降20％，咸阳市住宅价格下浮1.19％，且度住宅价格的影响趋势较为平稳，所以咸阳市未来应注重保持货币政策的稳定，才有力于房地产市场的平稳健康发展（表2-3-19）。

（3）土地政策调控实验

在进行土地价格指标调控实验时，将土地价格下浮10％，其他指标保持不变，住宅价格变化情况如图2-3-22所示。从对照表2-3-20中可以看出，当综合地价下浮10％时，商品住宅价格下降约 2.05%。

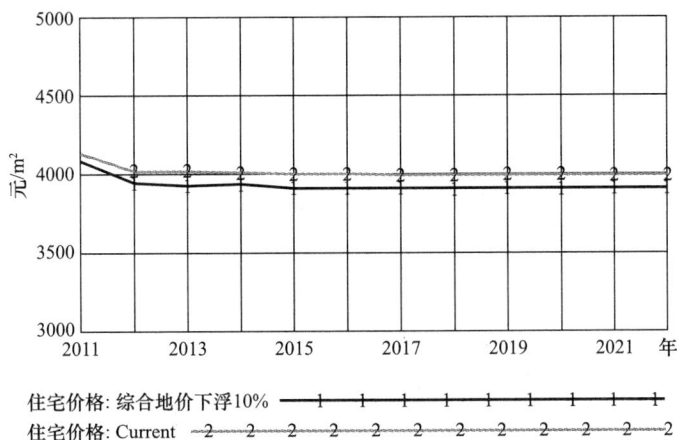

住宅价格：综合地价下浮10%　
住宅价格：Current

图 2-3-22　综合地价调整前后住宅价格对比

综合地价调整对比　　　　　　表 2-3-20

年份	2011	2012	2013	2014	2015	2016
原始数据	4132.33	4012.33	4012.21	4010.15	4001.45	3995.82
调控数据	4084.21	3940.4	3925.66	3936.27	3909.12	3907.46
变化情况	−1.18%	−1.83%	−2.20%	−1.88%	−2.36%	−2.26%
年份	2017	2018	2019	2020	2021	2022
原始数据	3994.16	3993.14	3993.53	3990.7	3989.62	3989.78
调控数据	3906.54	3906.62	3908.17	3907.52	3908.98	3908.71
变化情况	−2.24%	−2.21%	−2.18%	−2.13%	−2.06%	−2.07%

从调控的数据结果可以看出，土地价格对商品住宅价格的作用较明显，当综合地价下浮 5% 时，咸阳市的住宅价格下降 2.05%，对房价影响较大且随时间推移，影响程度有变小的趋势。因此，可以认为，在短期内土地政策调控效果较为明显。

04 铜川市房地产市场调控政策研究

（一）铜川市房地产市场结构剖析

1. 铜川市房地产市场供给现状总结

1）土地供应面积呈下降趋势

2011～2017 年间，铜川市土地供应面积呈持续下降趋势，由 2011 年的 147.86 万 m² 降至 2017 年的 18.94 万 m²，其中，住宅土地供应面积与总体供应趋势相同，由 2011 年的 114.38 万 m² 降至 2017 年的 4.25 万 m²，商办土地供应面积呈"N"形波动，2012 年供应面积最高，为 94.66 万 m²，2016 年最低，为 7.61 万 m²；其次，土地供应面积增长率、住宅土地供应面积增长率、商办土地供应面积增长率波动明显，其中土地供应面积增长率 2016 年最高，为 40.71%，2013 年最低，为 -52.22%，住宅土地供应面积增长率 2016 年最高，为 175.79%，2017 年最低，为 -82.27%，商办土地供应面积增长率 2012 年最高，为 182.74%，2016 年最低为 93.02%。如图 2-4-1 所示。

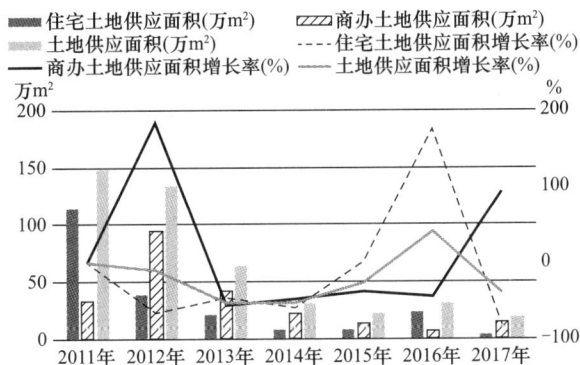

图 2-4-1　2011～2017 年铜川市土地计划供应面积情况

2）房地产开发投资总量趋于稳定

2011～2017 年间，铜川市商品房开发投资总量趋于稳定，由 2011 年的 24.69 亿元上涨至 2017 年的 31.78 亿元，其中，2012 年开发投资最高为 43.38 亿元，商品房开发投资增长率 2012 年波动最高，为 75.68%；其次，商品住房开发投资总体波动性较大，由 2011 年的 23.43 亿元持续上涨至 2013 年的 38.28 亿元，2014 年后波动降至 2017 年的 27.98 亿元，商品住房开发投资增长率波动明显，具体如图 2-4-2 所示。

3）房地产施工面积总体上涨、竣工面积和新开工面积总体减少，增长率波动明显

2011～2017 年间，铜川市商品房施工面积总体呈增加趋势，由 2011 年的 428.84 万 m² 增至 2017 年的 598.79 万 m²，其中 2012 年商品房施工面积最高为 716.06 万 m²；商品房竣工面积和新开工面积总体波动减少，分别由 2011 年的 94.30 万 m²、151.51 万 m² 降至 2017 年的 76.32 万 m²、90.06 万 m²，其中 2012 年变化最大，商品房竣工面积和新开工面积均增长至最高值，分别为 144.48 万 m²、304.61 万 m²。其次，施竣工面积和新开工面积增长率也表现出很大的波动性。具体如图 2-4-3 所示。

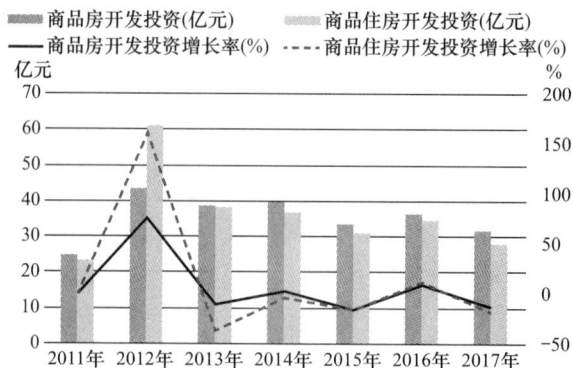

图 2-4-2　2011～2017 年铜川市房地产开发投资情况

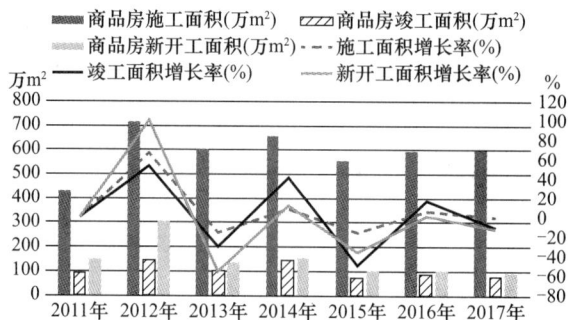

图 2-4-3　2011～2017 年铜川市商品房供给指标情况

4）商品房供给类型以住宅为主，但商办占比量有所增加

2011～2017 年间，铜川市新建商品房供给类型以住宅为主，占比有所减小。其中住宅施工面积占总面积的比例大部分都在 80％以上，2012 年最高，为 97.97％，2017 年最低，为 78.02％，住宅竣工面积占比大部分在 80％以上，2013 年最高，为 100％，2017 年最低，为 68.71％。其次，商办施工面积和竣工面积总体占比较低，但占比量持续上升。商办施工面积占比由 2012 年的 2.03％增至 2017 年的 21.98％，商办竣工面积占比 2012 年的 5.43％增至 2017 年的 31.29％，总体说明住宅在商品房市场的供应中占绝对地位，但商业办公楼占比量呈明显增加趋势。如图 2-4-4 所示。

2. 铜川市房地产市场需求现状总结

1）商品房销售面积呈"W"形变化

2011～2017 年间，铜川市商品房销售面积和商品住房销售面积呈"W"形变化。其中，商品房销售面积 2017 年最高，为 63.55 万 m²，2016 年最低，为 51.03 万 m²；商品住房销售面积 2011 年最高，为 60.42 万 m²，2016 年最低，为 45.66 万 m²；商品房销售面积和商品住房销售面积增长率波动明显。其次，2014～2017 年间，铜川市二手房成交量与商品房销售面积趋势相同，2015 年最高，为 11.69 万 m²，2016 年最低，为 7.76 万 m²；二手住宅成交量呈"N"形波动，2015 年最高，为 11.21 万 m²，2014 年最低，为 6.49 万 m²；二手商办成交量呈"V"形波动，2014 年最高，为 3 万 m²，2016 年最低，为 0.19 万 m²。如图 2-4-5、图 2-4-6 所示。

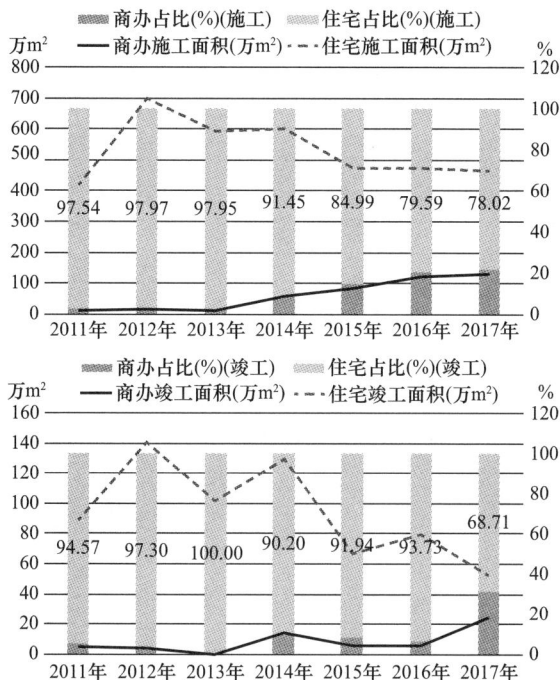

图 2-4-4 2011～2017 年铜川市商办竣工、施工面积及其占比

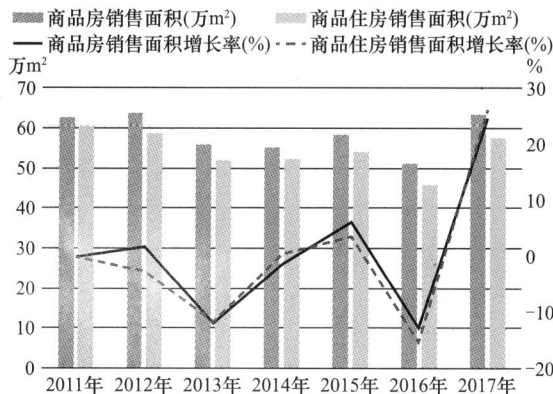

图 2-4-5 2011～2017 年铜川市商品房和商品住房销售面积及增长率

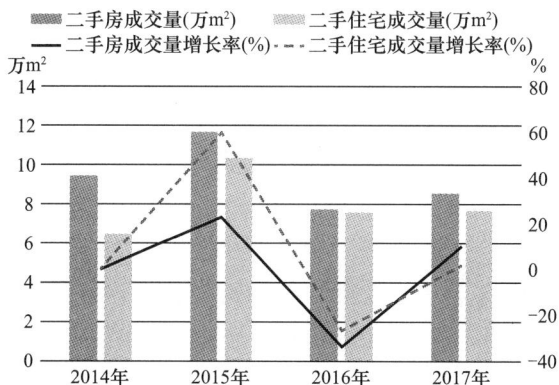

图 2-4-6 2014～2017 年铜川市二手商品房和二手商品住房成交量及增长率

2）商品房销售类型以住宅为主，占比近九成

2011～2017 年间，铜川市商品房销售类型以住宅为主，商品住房销售面积占比基本在 90% 以上，2016 年最低，为 89.48%，2011 年最高，为 96.53%，商品住房销售市场的需求中占据绝对地位。二手住宅成交量占比基本在 80% 以上，2014 年最低，为 68.39%，2016 年最高，为 97.55%，二手商办占比虽有所增加，但总体二手住宅成交量在二手商品房市场的需求中占据绝对地位。如图 2-4-7、图 2-4-8 所示。

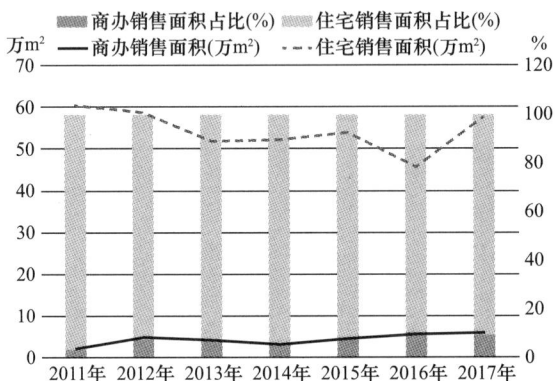

图 2-4-7　2011～2017 年铜川市新建商品房需求类型结构相关指标

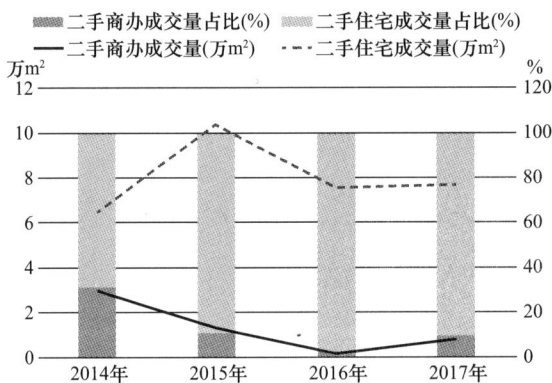

图 2-4-8　2014～2017 年铜川市二手商品房需求类型结构相关指标

3）新建商品房销售价格维持稳定，呈"V"形波动

2011～2017 年间，铜川市商品住房销售均价基本维持稳定，呈"V"形变化，由 2011 年的 3242 元/m² 先升后降至 2015 年最低为 2952 元/m²，2016 年后又上涨至 3276 元/m²；2018 年上半年，住房销售价格波动上涨，2018 年 2 月最低，为 3327 元/m²，6 月份最高，为 3650 元/m²。由铜川市二手房交易价格来看，2015 年上半年～2018 年上半年，铜川市二手住宅交易均价快速波动上涨，由 2015 年上半年的 2400 元/m² 增长至 2018 年上半年的 2827 元/m²，其中 2016 年上半年最低，为 2373 元/m²，如图 2-4-9、图 2-4-10、图 2-4-11 所示。

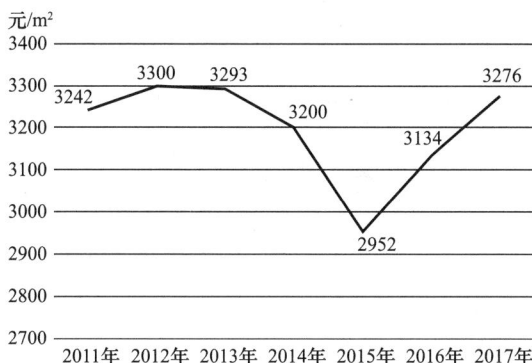

图 2-4-9 2011～2017 年铜川市商品住房销售均价（元/m²）

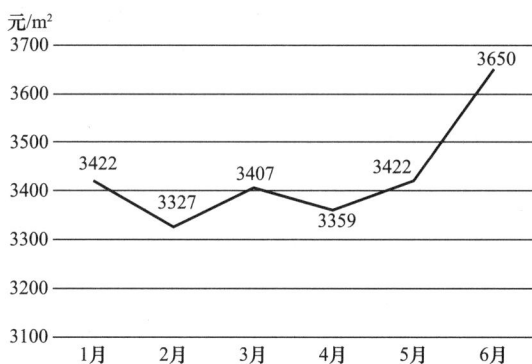

图 2-4-10 2018 年上半年铜川市商品住房销售价格（元/m²）

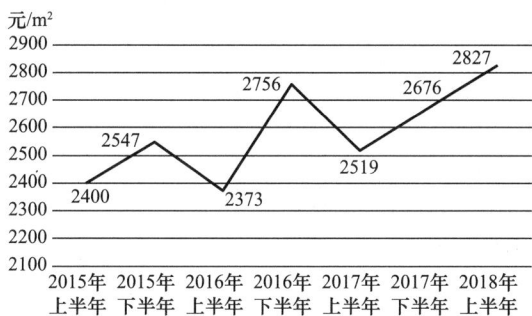

图 2-4-11 2015 年上半年～2018 年上半年铜川市二手住宅交易均价（元/m²）

4）商品住房库存压力减少，商办库存压力大

铜川市商品房库存量整体减小。2011～2017 年间，铜川市住宅累计待售面积呈现为先增后降趋势，2011～2013 年住宅累计待售面积由 85.04 万 m² 快速增至 115.86 万 m²，后持续降至 2017 年底的 66.82 万 m²；住宅去化周期波动减少，由 2011 年的 12.74 个月增至 2013 年的 26.80 个月，后降至 2017 年的 15.20 个月，见图 2-4-12。2018 年上半年铜川市商业办公楼累计待售面积持续降低，由 1 月的 124.76 万 m² 降至 6 月的 48.85 万 m²，商办去化周期虽有所减少，但总体库存量大，商办去化周期存在较大压力，具体如

图 2-4-13 所示。

图 2-4-12　2011～2017 年铜川市住宅待售面积及去化周期

图 2-4-13　2018 年 1～6 月铜川市商办待售面积及去化周期

3. 铜川市房地产市场结构分析

1）房地产市场供需总量呈供过于求状态

2011～2017 年间，铜川市房地产市场总体供需总量呈供过于求的状态。由图 2-4-14 可以看出，铜川市的商品房施工面积始终大于商品房销售面积，其比例均大于 1，由 2011 的 1.51 增至 2014 年的 2.61 趋势，说明在这个阶段，铜川市房地产市场供给严重大于需求，2015 年后住宅供销比虽有所回落，降至 1.20，但总体仍处于供大于需状态。

2）房地产市场供需结构失衡

从土地供应情况来看，2011～2013 年间，铜川市大力增加土地供应，在此阶段房地产开发投资力度也加大，致使房地产市场处于严重的供给大于需求状态，从供销比来看，供给大于需求量在 2014 年达到高峰值，从而影响了 2015 年的房价，期间房价处于 2011～2017 年的最低值。从房地产供给类型来看，商品住房虽然在商品房市场中占据主要领导地位，但商业办公楼供给量持续增大，导致商办库存压力居高不下。总体上，铜川市房地产处于供需不平衡状态。

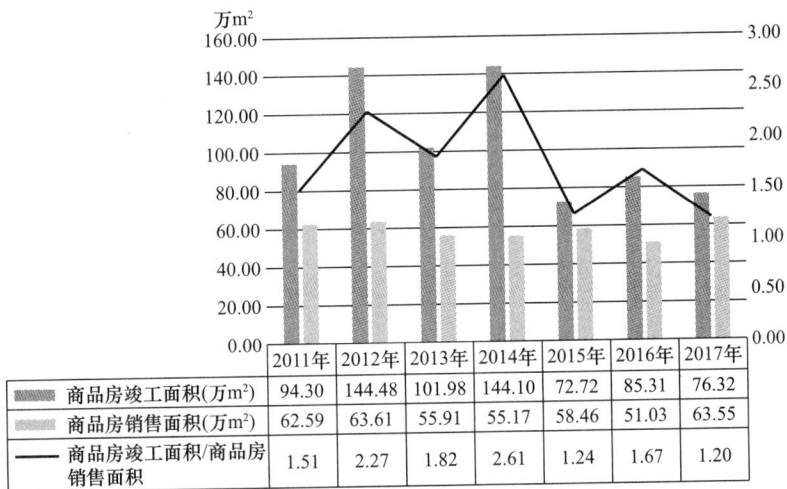

图 2-4-14　2011～2017 年铜川市房地产市场供需总量指标

	2011年	2012年	2013年	2014年	2015年	2016年	2017年
商品房竣工面积(万m²)	94.30	144.48	101.98	144.10	72.72	85.31	76.32
商品房销售面积(万m²)	62.59	63.61	55.91	55.17	58.46	51.03	63.55
商品房竣工面积/商品房销售面积	1.51	2.27	1.82	2.61	1.24	1.67	1.20

(二) 铜川市房地产政策梳理及绩效评价

1. 铜川市住房发展政策梳理

1) 铜川市住房发展政策概况

从 2008 年到 2018 年,铜川市总共发布了 19 条住房发展政策,从总体看,各年份发布的政策数量差别不大,其中 2017 年发布政策数为 5 条,占总比例的 26% 左右,其余年份发布的相关政策相对较少。铜川市历年发布的政策数量及占比如图 2-4-15 所示。

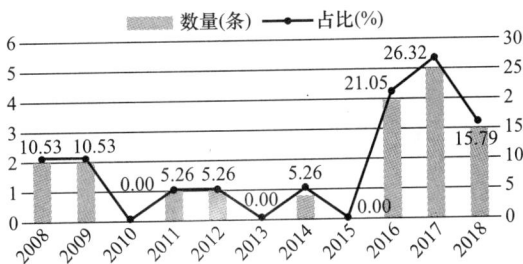

图 2-4-15　铜川市历年发布政策数量及占比图

从表中可以看出,2008～2014 年,铜川市发布的住房发展政策数量相对平缓,2014 年之后,发布的政策数量有所增加。

铜川市历年发布的住房发展政策中,主要包括了通知、意见、方案、办法、细则、公告。其中通知类政策最多,占总比例 37%,公告和细则类政策最少,占总比例的 5%,各类政策的分布与所占比例如表 2-4-1 所示。

铜川市历年发布政策类别数量及占比　　　　表 2-4-1

政策类别	通知	意见	方案	办法	细则	公告
政策数量 (条)	7	5	3	2	1	1
所占比例 (%)	37	26	16	11	5	5

2）铜川市重要政策回顾

2008 年铜川市政府先后发布了《关于加快发展住房二级市场的通知》和《关于加强土地管理推进节约集约用地的通知》政策。铜川市将继续推进公有住房出售工作，加快进行房屋权属登记，进一步搞活住房二级市场，积极推进经济适用住房上市交易和推行住房物业管理社会化，加强信贷服务，广泛宣传住房二级市场的重要意义，以此来调整住房供应结构、稳定房价、促进房地产市场健康发展。在土地管理方面，政府将严格执行土地利用总体规划，加大处置闲置土地力度，强化农村建设用地管理，推进农村节约集约用地，加强监督检查。

在 2008 年发布的土地管理政策基础上，2009 年铜川市政府又先后发布了《对土地储备和闲置土地清理的通知》。进一步增强了土地市场的宏观调控作用，优化土地资源配置。

2012 年 10 月铜川市发布了《铜川市国有土地上房屋征收与补偿暂行办法》，适用征收本市国有土地上单位、个人房屋，对房屋所有人的补偿。市政府负责全市房屋征收与补偿工作；市住建局是市政府房屋征收部门，负责组织实施全市房屋征收与补偿工作；区县政府负责本行政区域的房屋征收与补偿工作。实施房屋征收应当先补偿、后搬迁，禁止采取暴力、威胁或者违反规定中断供水、供热、供气、供电和道路通行等非法方式迫使被征收人搬迁。

2014 年 10 月铜川市发布了《关于加快棚户区（城中村）改造工作的实施意见》，要求 2014～2017 年完成棚户区改造 5 万户（含 3 万户城中村）以上，使群众住房条件明显改善，基础设施和公共服务设施建设水平显著提高，关于棚户区改造要科学规划，有序推进，政府主导，市场运作，统筹兼顾，同步配套，充分尊重群众意愿，广泛征询群众意见，依法征收。

在供给侧结构性改革大力推动下，2016 年 1 月铜川市发布了《关于房地产去库存优结构的意见》，严控房地产用地供应，优化住房项目建设服务，规范房地产交易收费，打通保障房和商品房的融通渠道，支持农民群众进城购房，积极解决遗留问题，加大房地产去库存力度，保持房地产市场平稳运行。

2017 年 7 月铜川市政府发布了《铜川市加快建筑装配产业化大力推进装配式建筑发展实施方案》，以打造关中新型建材生产基地、创建省级装配式建筑试点示范城市为目标，大力推进装配式建筑发展，助推传统产业转型升级。到 2020 年，建筑装配产业产值达到 50 亿元，装配式建筑占新建建筑比例达到 25％，培育 1～2 个装配式建筑产业基地。新区、耀州区及市级各园区作为装配式建筑重点推进地区，王益区、印台区作为积极推进地区分别为其制定区域目标，促进装配式建筑发展。

2018 年 7 月铜川市发布了《铜川市城市房屋使用安全管理办法》，适用于铜川市城市规划区域内国有土地上合法建造经竣工验收合格后投入使用的房屋安全管理，房屋所有权人为房屋使用安全责任人，物业服务企业或者其他管理人发现安全隐患，应当及时排除，并向全体业主通报。随后又颁布了《关于进一步加强物业管理工作的意见》，要求建立健全"重心下移、属地管理、市级指导、区县监管、街道（乡镇）具体负责、社区负责落实"的物业管理工作体系，着力解决群众反映的热点、难点问题，有序推进物业服务规范化管理，进一步提升物业管理水平。

2. 基于政策工具的铜川市政策结构分析

1）文本选取

由于涉及房地产行业的政策文本数量不多，为了保证政策选取的准确性和代表性，笔者按照与房地产市场调控密切相关的原则对政策文本进行了整理和遴选，政策类型主要选取 2011 年后颁布的办法、通知、方案、意见、公告等体现政府政策的文件，最终梳理了有效政策样本 15 份。具体如表 2-4-2 所示。

铜川市住房发展政策文本　　　　　　　　　　　　　　表 2-4-2

序号	政策名称
1	关于印发《铜川市整顿和规范房地产市场秩序实施方案》的通知
2	关于印发《铜川市整顿和规范房地产市场秩序实施方案》的通知
3	铜川市人民政府办公室关于印发《铜川市城市房屋使用安全管理办法》的通知
4	铜川市人民政府关于房地产去库存优结构的意见
5	铜川市人民政府关于落实保障性安居工程费用减免政策的通知
6	铜川市人民政府关于印发国有土地上房屋征收与补偿暂行办法的通知
7	关于印发《铜川市严厉打击围标串标搞利益输送行为加强工程建设安全管理行动方案》的通知
8	铜川市人民政府办公室关于印发铜川市加快建筑装配产业化大力推进装配式建筑
9	铜川市人民政府办公室关于印发铜川市利用存量商品住房作为棚户区改造安置房奖励实施细则的通知
10	铜川市人民政府办公室关于印发铜川市政府购买棚户区改造服务办法的通知
11	铜川市人民政府关于 2011 年新建住房价格控制目标的公告
12	铜川市人民政府关于加快棚户区（城中村）改造工作的实施意见
13	铜川市人民政府关于进一步加快棚户区改造工作的实施意见
14	铜川市人民政府关于加强重大项目建设的意见
15	铜川市住房和城乡建设局关于扎实做好年度脱贫对象农村危房改造自查工作的通知

2）单元编码

样本的分析类目包括"组织人事""财政税收""鼓励引导""行政强制""资质评价""培训考核""税收措施""金融措施""其他经济""标准规范""强制要求""市场监管""开发""规划""设计""施工""采购""销售""运营管理"和"拆除转移"。而分析单元则为住房发展政策文本的有关条款。

本书首先对已遴选出的 15 份政策文本内容按照"政策编号—具体条款/章节"进行编码；然后，根据已建立的住房发展政策二维分析框架，将其分别归类，最终形成了基于政策工具的住房发展政策文本的内容分析单元编码表（表 2-4-3）。

政策文本内容分析单元编码　　　　　　　　　　　　表 2-4-3

序号	政策名称	政策文本的内容分析单元	编码
1	关于印发《铜川市整顿和规范房地产市场秩序实施方案》的通知	整顿规范房地产开发销售中介行为	1
2	铜川市人民政府办公室关于进一步加强物业管理工作的意见	对物业管理工作提出意见	2-1
		采用市级奖补，区县补助等措施	2-2

续表

序号	政策名称	政策文本的内容分析单元	编码
3	铜川市人民政府办公室关于印发《铜川市城市房屋使用安全管理办法》的通知	有关保障房屋安全使用所进行的管理活动	3
4	铜川市人民政府关于房地产去库存优结构的意见	严控房地产供应和住房服务问题	4-1
		支持农民群众进城购房	4-2
		发挥住房公积金作用，完善公共服务配套设施建设	4-3
		落实税收优惠政策	4-4
		加强房地产市场监管，解决遗留问题	4-5
5	铜川市人民政府关于落实保障性安居工程费用减免政策的通知	对保障性安居工程计划的房屋进行减免	5
6	铜川市人民政府关于印发国有土地上房屋征收与补偿暂行办法的通知	房屋征收与补偿暂行办法	6
7	关于印发《铜川市严厉打击围标串标搞利益输送行为加强工程建设安全管理行动方案》的通知	有关工程建设安全方面的严格要求	7
8	铜川市人民政府办公室关于印发铜川市加快建筑装配产业化大力推进装配式建筑	鼓励推进装配式建筑	8
9	铜川市人民政府办公室关于印发铜川市利用存量商品住房作为棚户区改造安置房奖励实施细则的通知	有关棚户区改造安置房奖励的标准要求	9
10	铜川市人民政府办公室关于印发铜川市政府购买棚户区改造服务办法的通知	有关棚户区改造的标准要求	10
11	铜川市人民政府关于2011年新建住房价格控制目标的公告	新建住房价格控制目标的公告	11
12	铜川市人民政府关于加快棚户区（城中村）改造工作的实施意见	有关棚户区（城中村）改造的标准要求	12-1
		有关棚户区（城中村）改造的税收政策	12-2
		有关棚户区（城中村）改造的资金政策	12-3
		有关棚户区（城中村）改造中其他经济	12-4
13	铜川市人民政府关于进一步加快棚户区改造工作的实施意见	有关棚户区改造工作的标准要求	13-1
		有关棚户区改造工作的税收政策	13-2
		有关棚户区改造工作的资金政策	13-3
		有关棚户区改造中的其他经济	13-4
		有关棚户区改造的强制要求	13-5
14	铜川市人民政府关于加强重大项目建设的意见	对重大项目建设提出的标准要求	14
15	铜川市住房和城乡建设局关于扎实做好年度脱贫对象农村危房改造自查工作的通知	有关农村危房改造的审查	15

3）频数统计分析

在对政策工具内容分析单元编码的基础上，按照对房地产业价值链作用阶段归属的判断，将其归类，形成了住房发展政策二维分析分布图，如表2-4-4所示。总体上看，15份住房发展政策兼顾了组织人事、财政税收、鼓励引导和行政强制政策工具的运用，内容涉及房地产行业开发、规划、设计、施工、采购、销售、运营管理和拆除转移八个环节，对房地产的开发利用、运营调控等提供了多方面的激励和规制。

铜川市住房发展政策工具二维分布　　　　　　　　　表2-4-4

		开发	规划	设计	施工	采购	销售	运营管理	拆除转移
组织人事	资质评价								15
	培训考核								
财政税收	税收措施						4-4		12-2、13-2
	金融措施						4-3	2-2、5	12-3、13-3
	其他经济						11		12-4、13-3
鼓励引导		8					4-2		
行政强制	标准规范	14					1、4-1	2-1、3、6	9、10、12-1、13-1
	强制要求				7				
	市场监管						4-5		

（1）基本政策工具维度分析

基本政策工具分配比例　　　　　　　　　表2-4-5

政策工具	工具名称	条文编号	小计	百分比
组织人事	资质评价	1	1	3.85%
	培训考核	0	0	
财政税收	税收措施	4-4、12-2、13-2	3	42.31%
	金融措施	4-3、2-2、5、12-3、13-3	5	
	其他经济	11、12-4、13-3	3	
鼓励引导		8、4-2	2	7.69%
行政强制	标准规范	14、1、4-1、2-1、3、6、9、10、12-1、13-1	10	46.15%
	强制要求	7	1	
	市场监管	4-5	1	
合计			26	100%

铜川市房地产行业政策的基本政策工具维度统计分析结果如表2-4-5所示。按照条款项目数计，大部分是行政强制政策工具（46.15%），其次是政策税收政策工具（42.31%），较少的是鼓励引导政策工具（7.69%），组织人事政策工具为（3.85%）。进一步分析可以发现，在行政强制政策工具中，标准规范占了绝大部分，达到83.33%，包括地产市场秩序整顿方案、房屋管理、征收补偿标准等；行政强制占30.56%，包括工程建设安全方面的严格要求等。

对企业土地市场准入资格和资金来源的审查、房屋限购、商品房市场监管和房屋预期管理等；而市场监管仅占到10.71%。2011年后新颁布的较少。在财政税收政策工具中，金融措施较多，达到45.45%，主要表现为强化差别化住房信贷政策，提租发补贴，实行公积金，租房购债券，分级设基金；税收措施达到27.27%，主要表现为调整完善相关税收政策，加强税收征管（个人转让房地产所得税、土地增值税等），其他经济占到27.27%，主要表现为多渠道创新融资体制机制，做好征收补偿工作，推行货币化安置等。在组织人事政策工具中，主要以资质考评为主，主要表现为加快信用体系建设，加强失信联合惩戒，落实住房保障和稳定房价工作的约谈问责机制。

（2）价值链维度分析

在基本政策工具维度分析的基础上，引入价值链维度的影响因素，得到如表 2-4-6 所示的政策工具在价值链上的分布统计结果。

政策工具各环节频数分布统计　　　　表 2-4-6

	资质评价	培训考核	税收措施	金融措施	其他经济	鼓励引导	标准规范	强制要求	市场监管	小计	百分比
开发	0	0	0	0	0	1	1	0	0	2	7.69%
规划	0	0	0	0	0	0	0	0	0	0	0%
设计	0	0	0	0	0	0	0	0	0	0	0%
施工	0	0	0	0	0	0	0	1	0	1	3.85%
采购	0	0	0	0	0	0	0	0	0	0	0%
销售	0	0	1	1	1	1	2	0	1	7	26.92%
运营管理	0	0	0	2	0	0	3	0	0	5	19.23%
拆除转移	1	0	2	2	2	0	4	0	0	11	42.31%

据表 2-4-6 所示，15 份铜川市政策文本对房地产行业的发展提供了包括开发（7.69%）、规划（0%）、设计（0%）、施工（3.85%）、采购（0%）、销售（26.92%）、运营管理（19.23%）和拆除转移（43.31%）阶段的全面干预。根据条款的具体分布，发现绝大多数政策工具都是应用在房地产行业价值链的销售环节和拆除转移环节，其次是运营管理环节和开发环节，施工政策工具的运用最少，规划环节、设计环节和采购环节几乎没有。这说明现阶段汉中市房地产的政策调控是围绕着棚改区的拆除转移、房地产的销售和后期的运营，其主要目的是加强棚改区房屋建设，以及对商品房的新建、销售和运营进行监管。

3. 铜川市住房发展政策绩效评价

铜川市是陕西重要的以能源、现代建材的工业基地，开放性的产业城市，生态现代化区域中心城市。西安、铜川"半小时"经济圈已形成，区位优势和市场供求两旺推动房地产市场蓬勃发展。

由表 2-4-7、表 2-4-8、图 2-4-16 可知，2012 年前，铜川市在市场需求回升的同时供求矛盾加剧、房价快速攀升且上涨预期增强，铜川市房地产市场进入高速增长的快车道。自

铜川市房地产市场调控评价投入因素　　　　表 2-4-7

年份	GDP 增速（%）	人均 GDP（元）	人均可支配收入（元）	城镇化率（%）	固定资产投资增速（%）	限购政策
2011	16	28034	18775	59.1	32.6	0
2012	15.8	33701	21929	60.44	38.3	0
2013	13.8	38248	24495	61.25	28	0
2014	11	40337	27237	62.22	26	0
2015	8.8	38353	29560	63.22	17.2	0
2016	7	36803	20630	64.23	10.2	0
2017	7.6	41484	22562	64.63	12.5	0

铜川市房地产市场调控评价产出因素　　　　　　　　　　表 2-4-8

年份	CPI 增速（%）	商品房销售面积（万 m²）	商品住房均价（元/m²）	土地成交价格（元/万 m²）	土地成交面积（万 m²）	新开工面积（万 m²）	住宅待售面积（万 m²）	土地存量面积（万 m²）
2011	4.9	62.59	3242.14	59756.69	72.96	151.51	85.01	10.31
2012	2.8	63.61	3300	33338.56	89.82	304.61	107.34	16.03
2013	3.1	55.91	3292.5	60156.74	58.15	137.53	115.86	7.31
2014	1.8	55.17	3199.83	56978.69	47.51	155.53	111.08	22.54
2015	4.2	58.46	3096.43	54616	61.79	100.58	78.11	12.29
2016	1.3	51.03	3013.08	21441.3	23.97	101.62	67.2	29.21
2017	1.1	63.55	3276.08	52351.29	65.65	90.06	66.82	13.91

2012 年起，为了遏制房价过快增长，国家出台了一系列调控政策，铜川市房地产市场随即进入调整换挡期，过快增长的势头得到遏制，房地产调控综合效率下降。随着政府调控手段的深入，房地产市场逐步稳定，供需趋于平衡，因此，2015 年房地产调控综合效率达到最高，较小的投入换到了较高的产出。2015 年后，房地产调控

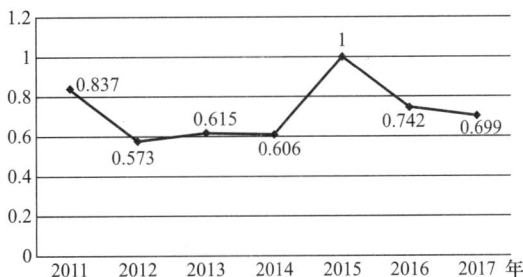

图 2-4-16　铜川市房地产调控综合效率

综合效率开始下降，主要原因在于房地产项目开发用地逐渐减少，加之受新区发展重心转移因素的影响，房地产发展后续动力明显不足。

（三）铜川市房地产市场发展预期探索

1. 影响因素预测

根据铜川市 2011～2017 年 10 个指标数据，采用灰色预测方法，对铜川市 2018～2022 年的 10 个指标数据进行预测（表 2-4-9、表 2-4-10）。

铜川市各影响指标（2011～2017 年数据）　　　　　　表 2-4-9

年份	2011	2012	2013	2014	2015	2016	2017
人均 GDP（元）	28034	33701	38248	40337	36299	36803	41484
固定资产投资（亿元）	145.96	182.95	256.56	298.57	347.55	409.86	471.15
人均可支配收入（元）	18775	27594	29560	27237	24495	27594	29928
商品住房销售均价（元/m²）	3242.14	3300.00	3292.50	3199.83	3096.43	3013.08	3276.08
城镇化率（%）	59.10	60.44	61.25	62.22	63.22	64.23	64.63
商品住房开发投资（亿元）	23.43	25.33	38.28	36.74	31.01	34.47	27.98
新开工面积（万 m²）	151.51	304.61	137.53	155.53	100.58	101.62	90.06
商品房销售面积（万 m²）	62.59	63.61	55.91	55.17	58.46	51.03	63.55
第二产业占比（亿元）	147.41	176.82	210.85	204.88	170.31	159.76	179.76
第三产业占比（亿元）	67.81	77.02	91.46	97.87	114.09	127.94	144.30
房价收入比	4.92	4.59	4.39	4.11	3.84	5.63	5.87

铜川市各影响指标（2018～2022年数据预测）   表 2-4-10

年份	2018	2019	2020	2021	2022
人均 GDP（元）	40940.75	41890.95	42863.20	43858.02	44875.93
固定资产投资（亿元）	566.44	670.02	792.53	937.45	1108.86
人均可支配收入（元）	28048.88	28139.45	28230.31	28321.46	28412.90
商品住房销售均价（元/m²）	3089.78	3060.13	3030.76	3001.67	2972.87
城镇化率（%）	65.81	66.74	67.68	68.64	69.62
商品住房开发投资（亿元）	31.94	31.84	31.74	31.64	31.54
新开工面积（万 m²）	48.89	36.93	27.89	21.07	15.91
商品房销售面积（万 m²）	56.74	56.40	56.06	55.72	55.39
第二产业占比（亿元）	167.35	162.99	158.75	154.61	150.59
第三产业占比（亿元）	162.94	184.10	208.01	235.03	265.55

对于房价收入比指标的预测，以 2011～2017 年的 10 个指标数据为基础利用 BP 神经网络进行预测。得到铜川市 2018～2022 年的预测房价收入比，如表 2-4-11 所示。

铜川市房价收入比（2018～2022年数据）   表 2-4-11

年份	2018	2019	2020	2021	2022
房价收入比	5.85	6.25	6.46	6.57	6.65

2. 作用关系分析

对铜川市 2018～2022 年影响因素数据做岭回归分析，将铜川市相关影响因素数据代入 SPSS 与 NCSS 软件计算，得出 K 为 0.03，岭迹图与岭回归计算结果如图 2-4-17、表 2-4-12 所示。

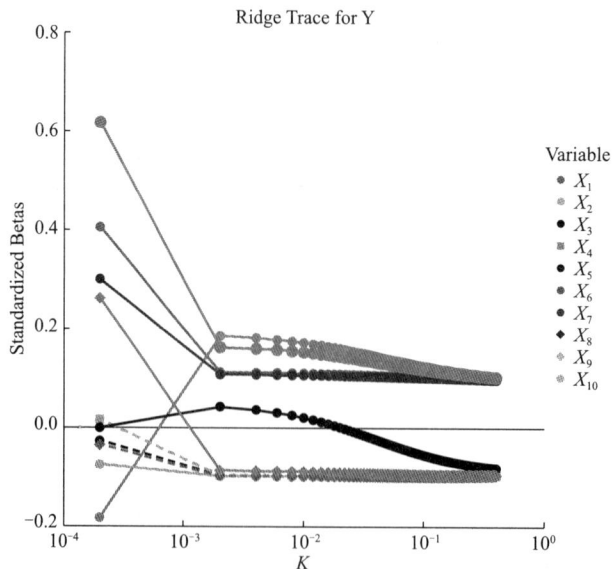

图 2-4-17　铜川市岭迹图

铜川市岭回归结果　　　　　　　　　　　　　　表 2-4-12

	标准回归系数	VIF		标准回归系数	VIF
人均GDP（X_1）	0.1072	0.0490	新开工面积（X_7）	−0.0125	5.1797
固定资产总投资（X_2）	0.1518	1.9443	商品房销售面积（X_8）	−0.0981	0.0196
人均可支配收入（X_3）	−0.0979	0.0202	第二产业占比（X_9）	−0.0917	0.0672
商品住房销售均价（X_4）	−0.0970	0.0240	第三产业占比（X_{10}）	0.1379	1.0267
城镇化率（X_5）	0.1044	0.0278	常数项	33.61588	
商品住房开发投资（X_6）	−0.0990	0.0174			

由计算结果可知，各自变量方差膨胀因子 VIF 值均小于 5，已不存在共线性，符合经济学意义。模型方程为：

$$y = 0.107x_1 + 0.152x_2 - 0.098x_3 - 0.097x_4 + 0.104x_5$$
$$- 0.099x_6 - 0.013x_7 - 0.098x_8 - 0.092x_9 + 0.138x_{10} + 33.62$$

该模型计算结果表明，铜川市 2018～2022 年房价收入比正向影响因素按影响程度从大到小排序前三依次为：固定资产总投资（15.2%）、第三产业占比（13.8%）、人均GDP（10.7%）；负向影响程度位列前三的分别为：商品住房开发投资（9.9%）、商品房销售面积（9.8%）和人均可支配收入（9.8%），如图 2-4-18 所示。

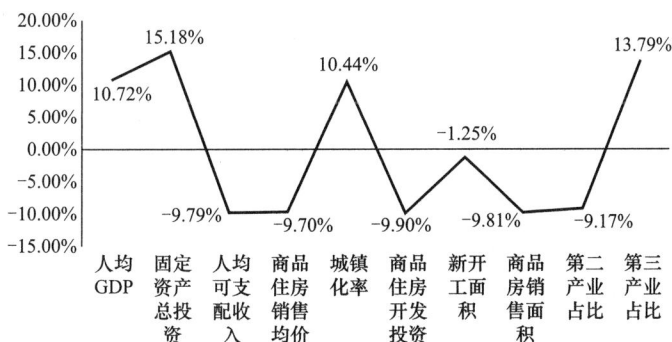

图 2-4-18　铜川市影响因素作用关系

结合铜川市影响因素预测与回归分析结果表明，商品住房均价、商品住房开发投资、商品房新开工面积、商品房销售面积、第二产业占比和房价收入比为正相关，但除第二产业占比外其余正相关因素预测数据均为递减趋势，为刺激房地产市场发展，加大市场供给，铜川市未来主要调控方向应加大房地产开发投资，增加新开工面积，促进商品住房销售。

（四）铜川市房地产调控政策仿真及建议

系统力学因果关系图及系统动力学流图如西安市房地产市场调控政策系统动力学流图，由于各地市房地产市场现状存在差异，所以对系统动力学模型中的水平变量、辅助变量以及常数的设定做以下改变。

1. 铜川市住房发展政策系统动力学模型构建

1）水平变量初始值及常数值确定

（1）城市人口，根据 2012 年的《陕西统计年鉴》可知，2011 年铜川市常住人口为 83.82 万人，因此将 83.82 万人设定为铜川市人口的初始值。

（2）城市 GDP，根据 2012 年《陕西统计年鉴》，将 2011 年的铜川市 GDP 设定为初始值即 234.53 亿元。

（3）住宅需求变量，根据 2012 年《陕西统计年鉴》，将 2011 年铜川市商品住宅销售面积 60.42 万 m^2 设定为住宅需求量的初始值。

（4）住宅供给变量，根据 2012 年《陕西统计年鉴》，将 2011 年商品房竣工面积 94.3 万 m^2 设定为住宅供应量的初始值。

2）辅助变量初始值及常数设定

（1）常住人口、人口增长系数及家庭规模。根据《陕西统计年鉴》中铜川市常住人口的变化对人口增长系数进行测算。拆迁户数因《陕西统计年鉴》中无统计精确数据，根据文献分析估计，结婚人口比例＝该年平均每天结婚登记人口数×365/该年人口总数。由于《陕西统计年鉴》统计数据不全，家庭规模数近似取为 3（表 2-4-13）。

2011～2016 年铜川市人口数据　　　　　　　　　　　　表 2-4-13

年份	常住人口（万人）	人口增长系数
2011	83.82	0.0038
2012	84.08	0.0031
2013	84.28	0.0024
2014	84.51	0.0027
2015	84.62	0.0013
2016	84.72	0.0012

（2）2011～2016 年铜川市经济情况数据（表 2-4-14）。

2011～2016 年铜川市经济数据　　　　　　　　　　　　表 2-4-14

年份	GDP（亿元）	经济增长系数	人均生产总值（元）	城镇居民人均可支配收入（元）	居民收入占 GDP 的比例
2011	234.53	0.1995	28034	18775.00	0.6697
2012	282.92	0.1710	33701	24807.71	0.7361
2013	321.98	0.1213	38248	24644.13	0.644
2014	340.42	0.0542	40337	24481.62	0.6069
2015	324.54	−0.0489	38218	24320.18	0.6364
2016	311.61	−0.0415	36803	24159.81	0.6565

（3）2011～2016 年西安住宅房地产市场统计数据（表 2-4-15）。

2011～2016年铜川市住宅房地产数据 表 2-4-15

年份	住宅投资总额（万元）	住宅开发投资占 GDP 比例	销售面积（万 m²）	新开工面积（万 m²）	竣工面积（万 m²）
2011	246928	0.1053	60.42	151.51	94.3
2012	433809.847	0.1533	58.84	304.61	144.48
2013	386995	0.1202	51.88	137.53	101.976
2014	397441	0.1168	52.06	155.526	144.1
2015	335856	0.1035	53.94	100.58	72.722
2016	366138	0.1175	45.66	101.622	85.31

（4）土地成本是商品房住宅建设成本中最重要的组成部分，本研究中利用综合地价作为土地成本进行测算住宅楼面地价。由于土地综合地价、住宅开发投资比例以及容积率对地价均有影响，所以楼面地价由以上影响因素计算得出。税费按照房价总额的20%计算；容积率按照3.5计算。建安成本根据统计年鉴中相关数据测算。房地产开发贷款利率按照半年至1年的利率取值，商业银行贷款按照5年以上贷款利率取值，具体如表2-4-16所示。

2011～2016年商业银行基准利率 表 2-4-16

年份	1～3 年利率（%）	5 年以上利率（%）
2011	6.4	6.8
2012	6.4	6.8
2013	6.15	6.55
2014	6.0	6.15
2015	5	5.15
2016	4.75	4.9

2. 构建流图方程式

1）住宅新开工面积＝－0.0006158×住宅开发投资＋352.8039

说明：根据所得各系数影响因素的因果关系以及所搜集的相关历史数据，运用SPSS20.0软件进行回归分析。

2）人口增长＝城市人口×人口增长系数（单位：万人）

3）人均GDP＝城市GDP/城市人口

4）人均住宅面积＝STEP（29.3，2011）＋STEP（5.62，2013）＋STEP（0.98，2014）＋STEP（1，2015）＋（1.7，2016）（单位：m²/人）

5）人均可支配收入＝人均GDP×可支配收入占GDP比例（单位：元/人）

6）住宅开发投资＝城市GDP×住宅开发投资比例（单位：万元）

7）住宅新竣工面积＝0.3087311×住宅新开工面积＋58.195

8）住宅预售面积＝9.96×住宅新开工面积＋30249.8

9）住房价格＝综合成本×供求比对住宅价格的影响程度×（1＋利润率）（单位：元/m²）

10）住房供给＝INTEG(新增供给－供给实现，90.3)(单位：万 m²)

11）住房需求＝INTEG(新增需求－需求实现，60.42)(单位：万 m²)

12）房价收入比＝人均住宅面积×住房价格/人均可支配收入

13）新增供给＝住宅新竣工面积×0.1＋住宅预售面积（单位：万 m²）

说明：当年竣工面积中，预计有10%的竣工面积转化为现房销售。

14）楼面地价＝综合地价/平均容积率×住宅开发投资比例对地价的影响（单位：元/m²）

15）消费需求＝房价收入比影响程度×银行利率对需求的影响×(人口增长×0.5×人均住宅面积＋城市人口×0.2×0.5×人均住宅面积＋结婚比例×0.8×城市人口×人均住宅面积＋拆迁户数×家庭规模×0.5×人均住宅面积)（单位：万 m²）

说明：由城市住房需求算法得出，估算新增人口中的50%有购房需求，城市人口中有20%属于高收入人群，他们中有50%有改善性购房需求，拆迁人口中有50%有购房需求，结婚人口中有80%的有购房需求。

16）综合成本＝(建安成本/0.65＋楼面地价)×(1＋0.7×2×开发贷款率)×(1＋开发税率)(单位：元/m²)

说明：公式中的数据是根据房地产开发的经验数据估计而得。估计除土地成本外，开发成本里建安成本占65%，整个项目开发过程中有70%的直接成本需要靠银行长期贷款支持，且平均贷款期限为2年。

17）需求实现面积＝住宅销售面积（单位：万 m²）

18）模型中的表函数见表 2-1-17（同西安市）。

3. 铜川市政策仿真

1）政策模型的检验

根据计量经济学相关理论，普遍认为模型的总体仿真和预测性能较好的标准为每个变量的相对误差的绝对值不超过10%。从图 2-4-19、表 2-4-17 可以看出仿真数据与真实数据的误差都小于10%，说明系统模型有效。

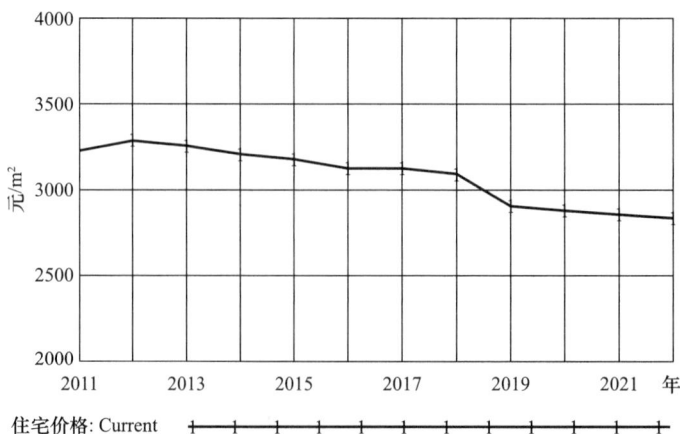

图 2-4-19　住宅价格

2011～2016 年铜川市商品房价格仿真值与实际值误差　　　表 2-4-17

年份	真实数据	仿真数据	相对误差
2011	3242.141	3231.19	−0.34%
2012	3273.835	3287.05	0.40%
2013	3242.415	3258.98	0.51%
2014	3211.297	3207.53	−0.12%
2015	3180.478	3178.75	−0.05%
2016	3149.954	3995.82	−0.65%

2）灵敏度检验及政策实验调控结果分析

灵敏度检验是通过改变模型参数比较模型输出结果，从而确定修改的变量对模型环境的影响。利用灵敏度分析，可以阐述系统中分析的变量或直接被定义为常量的数的变化对系统中其他变量的影响。

（1）税收政策调控实验

我国的开发税率大概占到总成本的 20%左右，比例比较大，现拟将商品房开发税率下调 5%，其他指标保持不变，可以得出房地产价格的变化情况如图 2-4-20、表 2-4-18 所示。

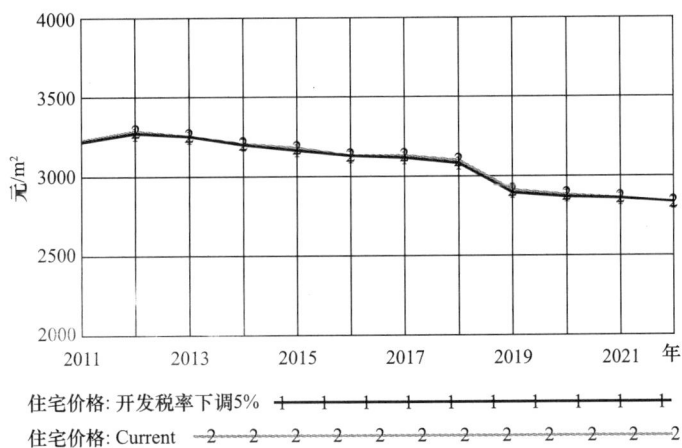

图 2-4-20　开发税率调整前后住宅价格对比

开发税率调整前后对比　　　表 2-4-18

年份	2011	2012	2013	2014	2015	2016
原始数据	3231.19	3287.05	3258.98	3207.53	3178.75	3129.57
调控数据	3220.95	3275.35	3247.24	3195.32	3167.58	3119.48
变化情况	−0.32%	−0.36%	−0.36%	−0.38%	−0.35%	−0.32%
年份	2017	2018	2019	2020	2021	2022
原始数据	3128.78	3096.46	2905.97	2880.94	2861.04	2833.32
调控数据	3118.49	3086.28	2896.41	2871.47	2851.63	2824
变化情况	−0.33%	−0.33%	−0.33%	−0.33%	−0.33%	−0.33%

从开发利率的调控的数据结果可以看出，开发税率下降 5％ 使得房价下降约为 0.34％，开发税率对房价的影响较小，且开发利率对住宅价格的影响较为稳定。所以，铜川市房地产市场税收政策在未来应该保持稳定。

（2）货币政策调控实验

本书的利率指标是指商业银行规定的 1～3 年年期贷款利率，在接下来的货币政策的调控实验中，将该利率指标数值进行调整，利率下浮 20％，其他指标保持不变，房价变动情况如图 2-4-21、表 2-4-19 所示。

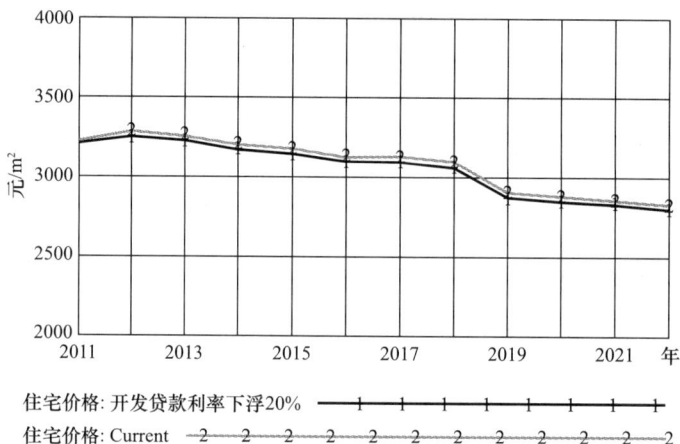

住宅价格: 开发贷款利率下浮20%
住宅价格: Current

图 2-4-21　开发贷款税率调整前后住宅价格对比

住房贷款利率调整对比　　　　　　　　　　　　表 2-4-19

年份	2011	2012	2013	2014	2015	2016
原始数据	3231.19	3287.05	3258.98	3207.53	3178.75	3129.57
调控数据	3217.75	3256.41	3226.48	3172.19	3145.37	3097.99
变化情况	−0.42％	−0.93％	−1.00％	−1.10％	−1.05％	−1.01％
年份	2017	2018	2019	2020	2021	2022
原始数据	3128.78	3096.46	2905.97	2880.94	2861.04	2833.32
调控数据	3097.21	3065.22	2876.65	2851.88	2832.18	2804.73
变化情况	−1.01％	−1.01％	−1.01％	−1.01％	−1.01％	−1.01％

根据住房开发贷款利率的调控结果发现，住房贷款利率下浮 20％，住宅价格下降约为 0.96％，且对住宅价格的影响趋势稳定，但相对于税收政策而言，住宅价格对货币政策较为敏感，所以，铜川市未来应保持货币政策的稳定，才可以促进铜川市房地产市场的平稳健康发展。

（3）土地政策调控实验

在进行土地价格指标调控实验时，将土地价格下浮 10％，其他指标保持不变，住宅价格变化情况如图 2-4-22、表 2-4-20 所示。从对照表中可以看出，当综合地价下浮 10％时，商品住宅价格下降约 2.01％。

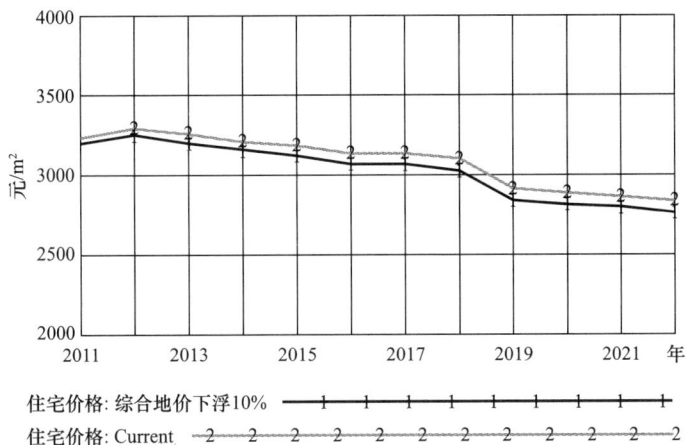

住宅价格：综合地价下浮10% ━┼━┼━┼━┼━┼━┼━┼━┼━┼━┼━┼

住宅价格：Current ─2─2─2─2─2─2─2─2─2─2─2─2

图 2-4-22　综合地价调整前后住宅价格对比

综合地价调整对比　　　　　　　　　　　　　　　　　表 2-4-20

年份	2011	2012	2013	2014	2015	2016
原始数据	3231.19	3287.05	3258.98	3207.53	3178.75	3129.57
调控数据	3194.07	3246.08	3197.61	3156.25	3116.4	3064.31
变化情况	−1.15%	−1.25%	−1.88%	−1.60%	−1.96%	−2.09%
年份	2017	2018	2019	2020	2021	2022
原始数据	3128.78	3096.46	2905.97	2880.94	2861.04	2833.32
调控数据	3063.26	3028.48	2837.07	2810.82	2790.09	2757.98
变化情况	−2.09%	−2.20%	−2.37%	−2.43%	−2.48%	−2.66%

　　从土地政策的调控结果可以看出，相对于税收政策与货币政策，土地政策对商品住宅价格的作用较明显，综合地价下浮5%，住宅价格下降2.01%，且影响趋势逐步变大，所以未来铜川市应注重土地政策的调节，以促进房地产市场的平稳发展。

05 渭南市房地产市场调控政策研究

（一）渭南市房地产市场结构剖析

1. 渭南市房地产市场供给现状总结

1）土地供应面积波动性大

2011～2016 年间，渭南市土地供应面积波动性大，由 2011 年 592.57 万 m² 减少至 2013 年的 315.27 万 m²，2014 年之后稍有回升。其中，住宅土地供应面积、商办土地供应面积分别由 2011 年的 303.13 万 m²、289.44 万 m² 变化至 2016 年的 243.49 万 m²、166.97 万 m²。其次，渭南市土地供应面积增长率、商办土地供应面积增长率均表现很大波动性，住宅土地供应面积增长率呈"W"形。如图 2-5-1 所示。

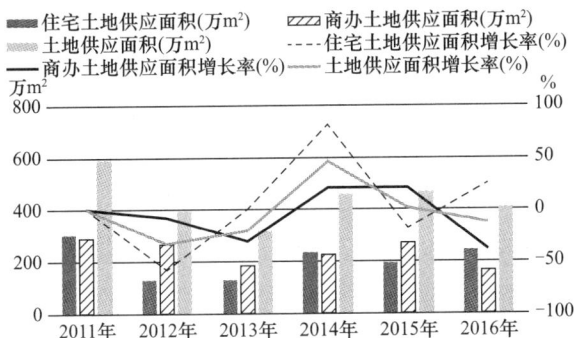

图 2-5-1 2011～2016 年渭南市土地计划供应面积情况

2）房地产开发投资总量波动增长

2011～2017 年间，渭南市商品房开发投资呈波动式增长，由 2011 年 589.56 亿元增长到 2013 年 1158.46 亿元，2014 年有所减少，2015～2017 年间有所回升，其中 2012 年商品房开发投资增长率最高为 101.04%，2014 增长率最低为 −22.74%。其中，渭南市商品住房开发投资呈波动型增长，2011 年最低为 498.89 亿元，2014 年最高为 1138.44 亿元，2011～2017 年期间，渭南市商品住房开发投资增长率波动明显，2014 年增长率最高为 131.03%，2015 年最低为 −31.09%。如图 2-5-2 所示。

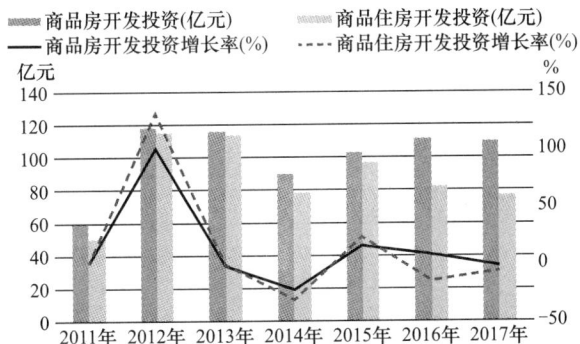

图 2-5-2 2011～2017 年渭南市房地产开发投资情况

3）房地产施工面积总体上涨，竣工、新开工面积及增长率波动明显

2011～2017 年间，渭南市商品房施工面积稳步增长，由 2011 年的 542.70 万 m² 增长至 2017 年 1378.73 万 m²；竣工面积呈波动式变化，2016 年最高为 318.34 万 m²，2015 年最

低为 138.72 万 m²；新开工面积由 2011 年 213.26 万 m² 迅速增长至 2012 年 417.13 万 m²，2013 年之后波动不大，2015 年之后迅速减少。其次，施竣工面积和新开工面积增长率也表现出很大的波动性，如图 2-5-3 所示。

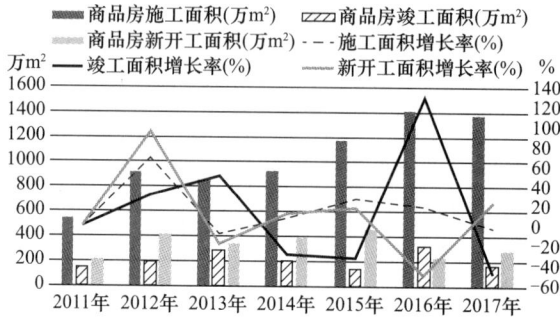

图 2-5-3 2011～2017 年渭南市商品房供给指标情况

4）商品房供给类型以住宅为主，占比量近九成

2011～2017 年间，渭南市新建商品房供给类型以住宅为主，占比量近九成。其中，住宅施工面积占总面积的比例大部分均在 90% 以上，2011 年最低为 50.72%，2013 年最高为96.79%，住宅竣工面积的比例在 88.65%～96.31% 变动；而商办施工面积和竣工面积占比总体较低，商办施工面积占比大幅度下降，由 2011 年 49.28% 降至 2017 年的 8.52%，商办竣工面积占比呈波动型变化，2011 年最高为 11.35%，2012 最低，为 3.69%，总体说明住宅在商品房市场的供应中占绝对地位且占比不断上升。如图 2-5-4 所示。

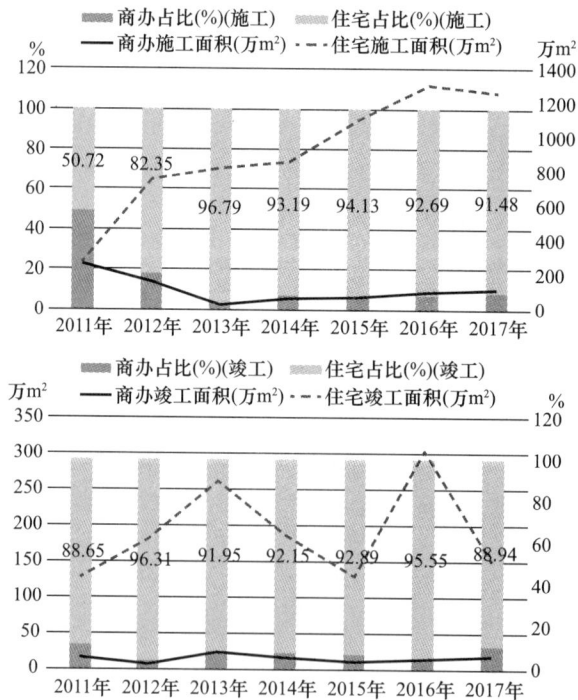

图 2-5-4 2011～2017 年渭南市商办竣工、施工面积及其占比

2. 渭南市房地产市场需求现状总结

1）商品房销售面积总体上涨

2011～2017 年间，渭南市商品房销售面积与商品住房销售面积总体均呈上涨趋势，分别由 2011 年 151.93 万 m²、135.38 万 m² 增长至 2017 年的 266.90 万 m²、251.96 万 m²；商品房销售面积和商品住房销售面积增长率呈现波动型变化。2014～2017 年间，渭南市二手房成交量和二手住宅成交量呈倒"V"形变化，其中 2015 年二者出现峰值，分别为 32.28 万 m²、26.74 万 m²，二手房成交量和二手住房成交量增长率呈"N"形波动；二手商办成交量呈倒"V"形波动，2015 年最高，为 5.54 万 m²，2017 年最低，为 1.48 万 m²。具体如图 2-5-5、图 2-5-6 所示。

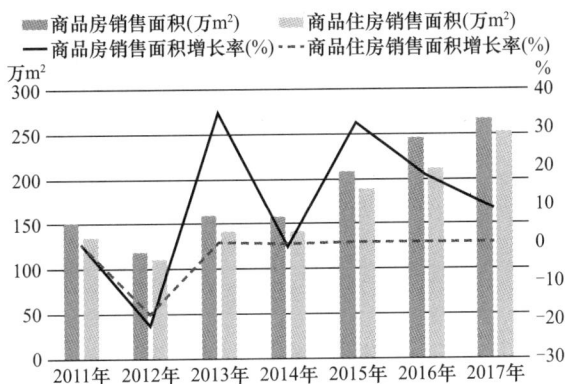

图 2-5-5　2011～2017 年渭南市商品房和商品住房销售面积及增长率

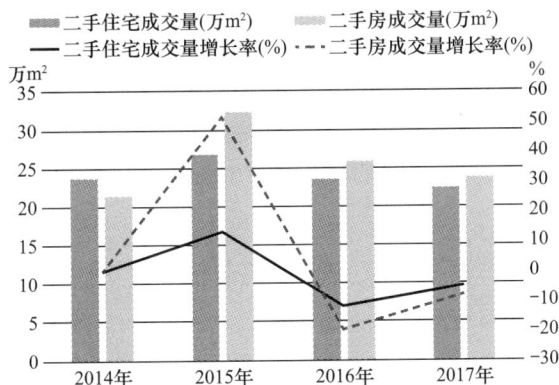

图 2-5-6　2014～2017 年渭南市二手商品房和二手商品住房成交量及增长率

2）销售类型以住宅为主

2011～2017 年间，渭南市商品房销售类型以住宅为主，商品住房销售面积占比均在 86％以上，其中 2017 年最高为 94.40％，2016 年最低为 86.08％，在商品房销售市场的需求中占据绝对地位。其次，二手住宅成交量占比都在 80％以上，二手商办占比 4 年来呈下降趋势，二手住宅成交量在二手商品房市场的需求中占据绝对地位并保持增长趋势，如图 2-5-7、图 2-5-8 所示。

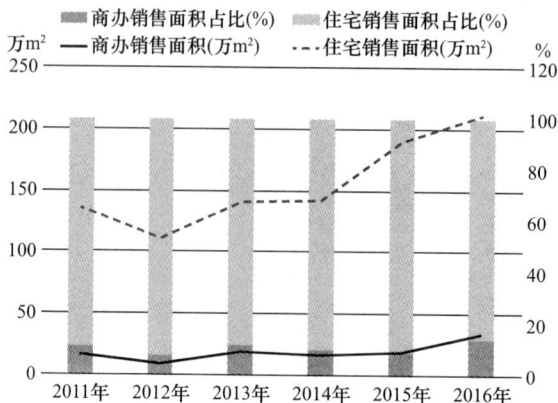

图 2-5-7 2011～2017 年渭南市新建商品房需求类型结构相关指标

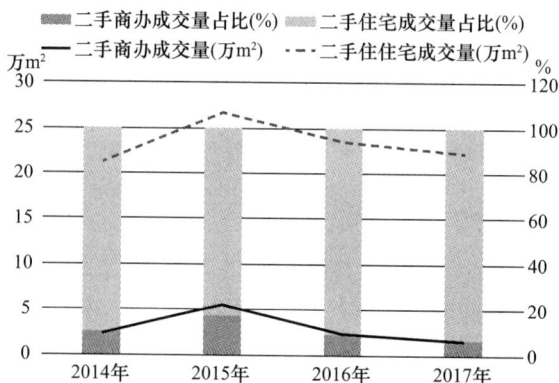

图 2-5-8 2014～2017 年渭南市二手商品房需求类型结构相关指标

3）新建商品房销售价格有所下降，二手房交易价格上涨

2011～2017 年间，渭南市商品住房销售均价呈"Z"形下降变化，由 2011 年 3820 元/m² 下降至 2015 年 2824 元/m²，2016 年稍有回升，至 3177 元/m²；2018 年 1～6 月，渭南市商品住房销售价格稳步增长，由 2018 年 1 月的 3724 元/m² 增长至 6 月的 4639 元/m²。由渭南市二手房交易情况来看，2015 年上半年～2018 年上半年，渭南市二手住宅交易均价持续上涨，由 2015 年上半年的 2039 元/m² 增长至 2018 年上半年的 2696 元/m²。如图 2-5-9、图 2-5-10、图 2-5-11 所示。

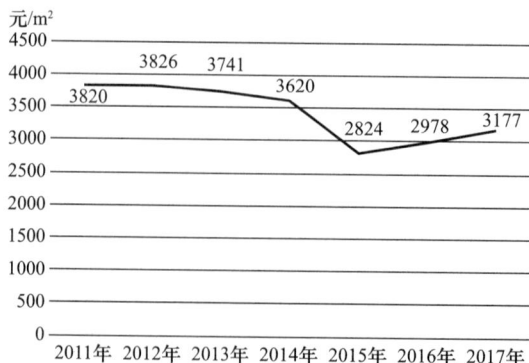

图 2-5-9 2011～2017 年渭南市商品住房销售均价（元/m²）

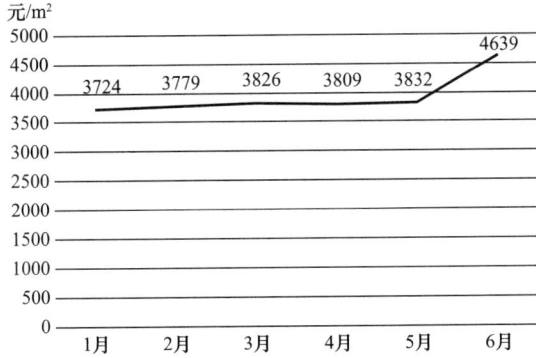

图 2-5-10　2018 年上半年渭南市商品住房销售均价（元/m²）

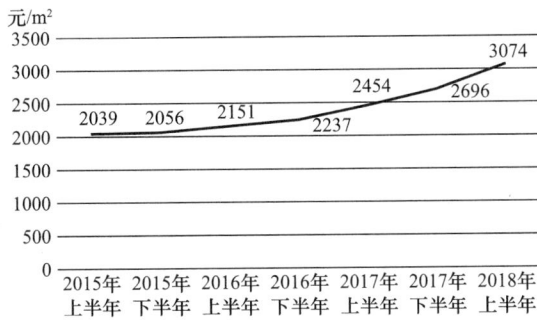

图 2-5-11　2015 年上半年～2018 年上半年渭南市二手住宅交易均价（元/m²）

4）商品房累计待售面积持续增加

2011～2016 年间，渭南市商品住房累计待售面积由 72.33 万 m² 快速增长至 295.52 万 m²，2017 年商品住房待售面积有所下降，至 275.12 万 m²，去化周期呈波动式增长，由 2011 年的 6.41 个月增至 2017 年的 13.62 个月。2018 年上半年渭南市商业办公楼累计待售面积波动增长，其中 2 月份最高达 260.67 万 m²，商办去化周期有所减缓，由 1 月的 136.26 个月降至 6 月的 98.08 个月。具体如图 2-5-12、图 2-5-13 所示。

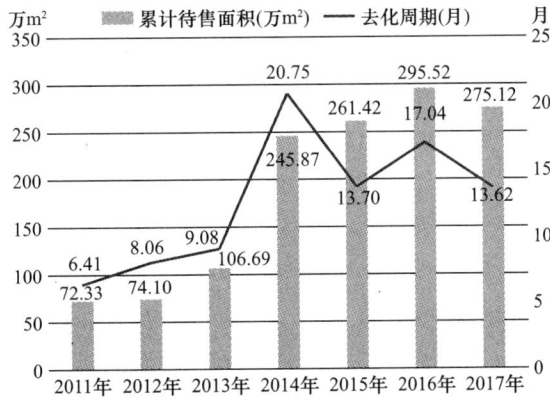

图 2-5-12　2011～2017 年渭南市住宅待售面积及去化周期

133

图 2-5-13　2018 年 1～6 月渭南市商办待售面积及去化周期

3. 渭南市房地产市场结构分析

1）房地产市场供需总量呈供需非平衡状态

2011～2017 年间，渭南市房地产市场总体供需总量呈供需不平衡的状态。由图 2-5-14 可以看出，2011 年渭南市的商品房竣工面积基本与商品房销售面积相同，供销比接近 1，说明在 2011 年房地产市场供需总量基本处于平衡状态；2015 年和 2017 年，商品房竣工面积小于商品房销售面积，其比例小于 1，说明在这两年房地产市场处于供不应求的状态；2012～2014 年和 2016 年，商品房竣工面积大于商品房销售面积，其比例远大于 1，说明在该时间段房地产市场供需总量处于供大于求状态，总的来说，2011～2017 年，房地产市场处于供需不稳定的非平衡状态。

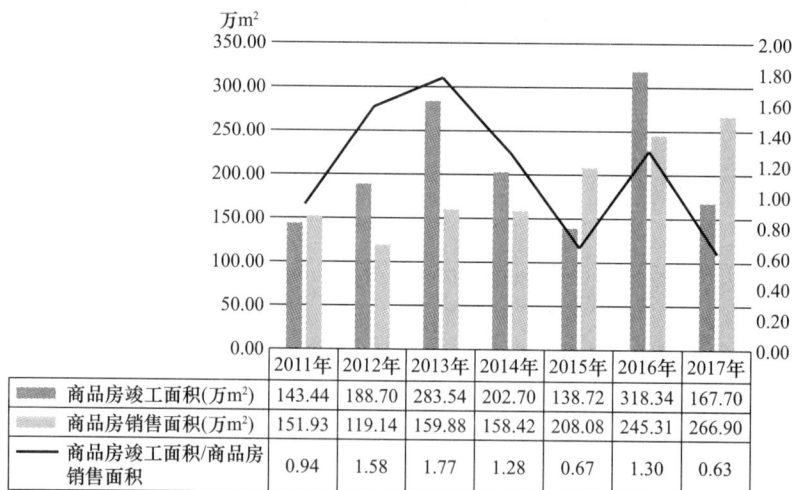

	2011年	2012年	2013年	2014年	2015年	2016年	2017年
商品房竣工面积(万m²)	143.44	188.70	283.54	202.70	138.72	318.34	167.70
商品房销售面积(万m²)	151.93	119.14	159.88	158.42	208.08	245.31	266.90
商品房竣工面积/商品房销售面积	0.94	1.58	1.77	1.28	0.67	1.30	0.63

图 2-5-14　2011～2017 年咸阳市房地产市场供需总量指标

2）房地产市场供需结构失衡

2011～2017 年间，渭南市土地供应面积波动性大，其中，2011 年持续降至 2013 年，结合供销比分析该阶段处于持续供给大于需求，应减小土地供应面积，与实际情况相符；

商品房开发投资呈波动性上涨；房地产施工面积总体上涨，竣工、新开工面积及增长率波动明显；商品房销售价格因为房地产市场结构不平衡而呈现出波动变化，2012～2014年商品房供大于求，新建商品住房销售均价持续下降，2015年出现拐点，销售价格开始回升，符合2015年市场供不应求情况；从商品房待售面积和去化周期来看，2011～2017年间，渭南市商品房累计待售面积总体呈快速增长的趋势，去化周期呈波动式增长趋势，总体说明，2011～2017年渭南市房地产市场处于供需结构不平衡状态。

（二）渭南市房地产政策梳理及绩效评价

1. 渭南市住房发展政策梳理

1）渭南市住房发展政策概况

从2011年到2018年渭南市主要发布了9条住房发展政策。其中2017年发布了3条，占到33.4%的比例，是发布政策数量最多的年份。其次是2013年，发布了2条，占到22.2%的比例。2011年、2014年、2015年、2018年这4年各发布了1条，占到11.1%的比例。

渭南市发布的住房发展政策中主要包括了通知、办法、意见、细则这四类，其中办法类政策发布数量最多，各发布了4条，占到高达44.4%的比例。每类政策的具体数量及占比如表2-5-1所示。

渭南市历年发布政策类别数量及占比　　　　　　　表2-5-1

政策类别	办法	通知	意见	细则
数量（条）	4	3	1	1
占比（%）	44.4	33.3	11.1	11.1

2）渭南市重要政策回顾

2011年10月，渭南市发布《潼关县保障性住房保障条件及分配办法》明确指出保障条件与廉租房、公租房分配原则，全面推进保障性住房建设，希望解决城镇中低收入家庭的住房困难问题。

2013年5月，渭南市住房和城乡建设局发布《关于建筑业企业资质办理有关问题的通知》决定将施工总承包序列三级资质和专业承包序列三级资质（部分专业）及劳务分包序列资质的初审职能交由各县（市、区）住建局具体负责，严格规范资质办理中资质审批受理、申请材料、资质证书的延续及申报材料、受理时间及审批时限等问题；同年9月，发布《渭南高新区拆迁安置补偿试行办法》以保障渭南高新区建设的顺利推进，切实保护被征地拆迁群众的合法权益。

2014年8月，发布《渭南高新区保障性住房管理中心关于开展辖区内经济适用房、限价房申报活动的通知》为全面、真实、准确了解住房保障对象需求的情况，实现住房保障对象的实名管理和动态管理，科学编制住房保障规划，进一步推进和完善住房保障制度建设。

2015年11月，渭南市人民政府发布《关于促进房地产市场平稳健康发展的意见》主要提出要完善建设用地和商品房供应机制、加大税费政策支持力度、强化房地产市场服务体系、营造良好的发展环境、加强房地产市场运行分析等以促进渭南市房地市场平稳健康发展。

2017年6月，渭南市人民政府办公室发布关于印发《渭南市市级行政事业单位房地产处置管理办法》的通知为了进一步规范和加强市级行政事业单位房地产管理，规范房地产处置行为；同时还发布了关于印发《渭南市市级行政事业单位房地产出租出借管理办法》的通知希望进一步加强市级行政事业单位房地产管理，规范房地产出租、出借行为；同年11月，渭南市人民政府发布《关于启用渭南市中心城区基准地价更新与调整成果的通告》希望通过调整中心城区基准地价进一步规范土地市场，加强土地资源管理，建立健全城市地价管理体系。

2018年发布《渭南市物业管理条例实施细则全文》希望通过对业主、业主大会、业主委员会的相关规定来规范住宅区物业管理，明确业主、物业使用人、开发建设单位及物业服务企业之间的权利和义务，保障住宅区物业的合理使用，创建整洁、安全、文明、和谐的居住环境。

2. 基于政策工具的渭南市政策结构分析

1）文本选取

由于涉及房地产行业的政策文本数量众多，为了保证政策选取的准确性和代表性，笔者按照与房地产市场调控密切相关的原则对政策文本进行了整理和遴选，政策类型主要选取2011年后颁布的法律法规、规划、意见、办法、通知、公告等体现政府政策的文件，最终梳理了有效政策样本9份。具体如表2-5-2所示。

渭南市住房发展政策文本   表2-5-2

序号	政策名称
1	市住建局关于建筑业企业资质办理有关问题的通知
2	渭南高新区保障性住房管理中心关于开展辖区内经济适用房、限价房申报活动的通知
3	渭南高新区拆迁安置补偿试行办法
4	渭南市人民政府办公室关于印发《渭南市市级行政事业单位房地产出租出借管理办法》的通知
5	渭南市人民政府关于促进房地产市场平稳健康发展的意见
6	渭南市物业管理条例实施细则全文
7	潼关县保障性住房保障条件及分配办法
8	渭南市人民政府办公室关于印发《渭南市市级行政事业单位房地产处置管理办法》的通知
9	渭南市人民政府关于启用渭南市中心城区基准地价更新与调整成果的通告

2）单元编码

样本的分析类目包括"组织人事""财政税收""鼓励引导""行政强制""资质评价""培训考核""税收措施""金融措施""其他经济""标准规范""强制要求""市场监管""开发""规划""设计""施工""采购""销售""运营管理"和"拆除转移"。而分析单元则为住房发展政策文本的有关条款。

本书首先对已遴选出的9份政策文本内容按照"政策编号—具体条款/章节"进行编码；然后，根据已建立的住房发展政策二维分析框架，将其分别归类，最终形成了基于政策工具的住房发展政策文本的内容分析单元编码表（表2-5-3）。

政策文本内容分析单元编码　　　　　　　　　　　表 2-5-3

序号	政策名称	政策文本的内容分析单元	编码
1	市住建局关于建筑业企业资质办理有关问题的通知	资质审批受理及资质证书申报相关程序	1-1
		申报材料及其他相关规定	1-2
2	渭南高新区保障性住房管理中心关于开展辖区内经济适用房、限价房申报活动的通知	经济适用房、限价房申报流程	2
3	渭南高新区拆迁安置补偿试行办法	拆迁补偿相关规定	3-1
		拆迁补偿标准	3-2
		对抢建、加建违法行为的监督	3-3
4	渭南市人民政府办公室关于印发《渭南市市级行政事业单位房地产出租出借管理办法》的通知	市级行政事业单位房地产出租出借的相关规定	4-1
		市级行政单位出租房地产的程序	4-2
		出租收入的上缴	4-3
5	渭南市人民政府关于促进房地产市场平稳健康发展的意见	合理安排建设用地	5-1
		购房税费政策	5-2
		购房财政优惠政策	5-3
		住房服务	5-4
		强化房地产市场监管	5-5
		住房公积金贷款相关规定	5-6
6	渭南市物业管理条例实施细则全文	物业管理活动的监督管理	6-1
		物业管理活动的原则及新技术新方法	6-2
		业主大会的筹备流程	6-3
		专项维修资金的交存	6-4
		物业服务企业的选用及其义务	6-5
		其他相关规定	6-6
7	潼关县保障性住房保障条件及分配办法	分配原则	7-1
		摇号	7-2
8	渭南市人民政府办公室关于印发《渭南市市级行政事业单位房地产处置管理办法》的通知	处理程序	8-1
		有关房地产管理工作的监督检查	8-2
		收入上缴、财政批复相关规定	8-3
9	渭南市人民政府关于启用渭南市中心城区基准地价更新与调整成果的通告	地价更新调整	9

3）频数统计分析

在对政策工具内容分析单元编码的基础上，按照对房地产业价值链作用阶段归属的判断，将其归类，形成了住房发展政策二维分析分布图，如表2-5-4所示。总体上看，9份住房发展政策兼顾了组织人事、财政税收、鼓励引导和行政强制政策工具的运用，内容涉及房地产行业开发、规划、设计、施工、采购、销售、运营管理和拆除转移八个环节，对房地产的开发利用、运营调控等提供了多方面的激励和规制。

渭南市住房发展政策工具二维分布　　　　　表 2-5-4

		开发	规划	设计	施工	采购	销售	运营管理	拆除转移
组织人事	资质评价							6-5	
	培训考核								
财政税收	税收措施						5-2		
	金融措施	9					4-3，5-3	6-4	3-2
	其他经济	3-3				9-3	12-1		8-3
鼓励引导		5-1						5-4，6-2	
行政强制	标准规范					1-2	4-1，5-6，7-1，8-3	6-6	3-1
	强制要求					1-1	2，4-2，8-1	6-3	
	市场监管						5-5，7-2，8-2	6-1	3-3

（1）基本政策工具维度分析

基本政策工具分配比例　　　　　表 2-5-5

政策工具	工具名称	条文编号	小计	百分比
组织人事	资质评价	6-5	1	3.23%
	培训考核		0	
财政税收	税收措施	5-2	1	32.26%
	金融措施	9，4-3，5-3，6-4，3-2	5	
	其他经济	3-3，9-3，12-1，8-3	4	
鼓励引导		5-1，5-4，6-2	3	9.68%
行政强制	标准规范	1-2，4-1，5-6，7-1，8-3，6-6，3-1	7	54.84%
	强制要求	1-1，2，4-2，8-1，6-3	5	
	市场监管	5-5，7-2，8-2，6-1，3-3	5	
合计			31	100%

渭南市房地产行业政策的基本政策工具维度统计分析结果如表 2-5-5 所示。按照条款项目数计，大部分是行政强制政策工具（54.84%），其次是财政税收政策工具（32.26%），接下来是鼓励引导政策工具（9.68%），最少的是组织人事政策工具（3.23%）。进一步分析可以发现，在行政强制政策工具中，标准规范占了绝大部分，达到 41.18%，包括用地审批、招投标流程、房屋基础配套设施建设标准等；强制要求和市场监管各占 29.41%，主要是因为渭南房地产行业发展还不太成熟，虽有标准规范，但强制力度与监管力度不够，导致强制要求与市场监管占比较少。在财政税收政策工具中，金融措施较多，达到 50%，主要表现为强化差别化住房信贷政策，提租发补贴，实行公积金，租房购债券，分级设基金；其他经济达到 40%，主要表现为多渠道创新融资体制机制，做好征收补偿工作，推行货币化安置等；税收措施达到 10%，主要表现为调整完善相关税收政策，加强税收征管（个人转让房地产所得税、土地增值税等）。在组织人事政策工具中，主要以资质评价为主。

（2）价值链维度分析

在基本政策工具维度分析的基础上，引入价值链维度的影响因素，得到如表 2-5-6 所示的政策工具在价值链上的分布统计结果。

政策工具各环节频数分布统计　　　　　　　　表 2-5-6

	资质评价	培训考核	税收措施	金融措施	其他经济	鼓励引导	标准规范	强制要求	市场监管	小计	百分比
开发	0	0	0	1	0	1	0	0	0	3	9.68%
规划	0	0	0	0	0	0	0	0	0	0	0%
设计	0	0	0	0	0	0	0	0	0	0	0%
施工	0	0	0	0	1	0	1	1	0	3	9.68%
采购	0	0	0	0	0	0	0	0	0	0	0%
销售	0	0	1	2	1	0	4	3	3	14	45.16%
运营管理	1	0	0	1	0	2	1	1	1	7	22.58%
拆除转移	0	0	0	1	0	1	0	1	1	4	12.90%

据表 2-5-6 所示，9 份渭南市政策文本对房地产行业的发展提供了包括开发（9.68%）、规划（0%）、设计（0%）、施工（9.68%）、采购（0%）、销售（45.16%）、运营管理（22.58%）和拆除转移（12.90%）阶段的全面干预。根据条款的具体分布，发现绝大多数政策工具都是应用在房地产行业价值链的销售环节，其次是运营管理环节，规划、设计和采购环节政策工具的运用最少。这说明现阶段渭南市房地产的政策调控主要是集中于销售环节。

3. 渭南市住房发展政策绩效评价

渭南是国家授时中心所在地，中国重要的商品粮农业基地，也是西北粮食产量第一大市，工业以冶金、能源化工为支柱，第二、三产业发展较为缓慢，整体城镇化水平偏低。

由表 2-5-7、表 2-5-8、图 2-5-15 可知，铜川市房地产调控综合效率呈现下降趋势，主要是因为近年来城市现代化步伐加快，城市的发展方向明确，人居环境质量明显得到改

渭南市房地产市场调控评价投入因素　　　　　　表 2-5-7

年份	GDP 增速（%）	人均 GDP（元）	人均可支配收入（元）	城镇化率（%）	固定资产投资增速（%）	限购政策
2011	15	19424	18768	33.08	30.5	0
2012	14.5	22820	21808	36.45	32.6	0
2013	12	25327	24164	38.13	25.2	0
2014	9.9	26647	24809	39.64	20.3	0
2015	8.7	27452	25472	39.52	18.1	0
2016	7.5	27743	27485	39.41	10.6	0
2017	8.3	30808	29808	46.32	19.3	0

渭南市房地产市场调控评价产出因素　　　　　　表 2-5-8

年份	CPI 增速（%）	商品房销售面积（万 m²）	商品住房均价（元/m²）	土地成交价格（元/万 m²）	土地成交面积（万 m²）	新开工面积（万 m²）	住宅待售面积（万 m²）	土地存量面积（万 m²）
2011	5.4	151.934	3820	255708.7	281.50	213.16	72.33	45.52
2012	3.1	119.14	3826.17	226281.2	284.43	417.13	74.1	63.77
2013	2.8	159.88	3740.75	317164	404.09	341.15	106.7	63.68
2014	1.7	158.42	3619.83	264823.3	320.64	384.45	245.9	61.77
2015	1	208.08	3308.79	291350.7	414.90	456.14	216.4	15.17
2016	1.1	245.31	2940.92	343138.9	243.49	230.24	295.5	67.45
2017	1.3	266.9	3176.67	404132.4	536.88	287.24	275.12	59.91

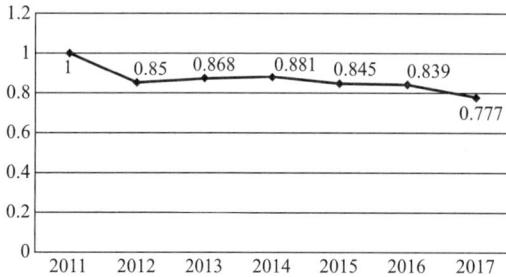

图 2-5-15　渭南市房地产调控综合效率

善，各项发展指标均有增长，但渭南市作为区域中心城市，首位度较低，主导产业不突出，城镇化总体水平偏低，作为四线城市，渭南市同样面临商业高库存、产品同质化、理念保守、专业性弱、去化速度慢等问题，导致铜川市房地产调控综合效率一直处于较低水平，调控手段并未发挥实际作用，需求不足，市场发展缓慢，政策效果不显著。

（三）渭南市房地产市场发展预期探索

1. 影响因素预测

根据渭南市 2011～2017 年 10 个指标数据，采用灰色预测方法，对渭南市 2018～2022 年的 10 个指标数据进行预测（表 2-5-9、表 2-5-10）。

渭南市各影响指标（2011～2017 年数据）　　　　　　　　　　　　表 2-5-9

年份	2011	2012	2013	2014	2015	2016	2017
人均 GDP（元）	19424	22820	25327	26647	27452	27743	30808
固定资产投资（亿元）	803.16	1065.02	1357.95	1765.63	1978.22	2233.56	2681.84
人均可支配收入（元）	18768	21808	24164	26725	25472	27485	29808
商品住房销售均价（元/m²）	3820.00	3826.17	3740.75	3619.83	3308.79	2940.92	3176.67
城镇化率（%）	33.08	36.45	38.13	39.64	39.52	39.41	46.32
商品住房开发投资（亿元）	56.90	117.36	130.69	91.52	109.09	90.54	85.43
新开工面积（万 m²）	213.26	417.13	341.15	384.45	456.14	230.24	287.24
商品房销售面积（万 m²）	151.93	119.14	159.88	158.42	208.08	245.31	266.90
第二产业占比（亿元）	545.19	610.67	710.74	751.34	697.70	685.20	778.41
第三产业占比（亿元）	323.31	375.11	417.98	465.25	518.79	578.61	647.71
房价收入比	7.12	6.38	5.71	5.44	5.13	4.44	4.65

渭南市各影响指标（2018～2022 年数据预测）　　　　　　　　　表 2-5-10

年份	2018	2019	2020	2021	2022
人均 GDP（元）	31910.68	33580.96	35338.66	37188.36	39134.88
固定资产投资（亿元）	3184.14	3763.58	4448.48	5258.01	6214.85
人均可支配收入（元）	31105.85	32814.28	34616.55	36517.80	38523.48
商品住房销售均价（元/m²）	2875.10	2735.45	2602.59	2476.17	2355.90
城镇化率（%）	45.59	47.39	49.26	51.20	53.22
商品住房开发投资（亿元）	80.42	74.87	69.69	64.88	60.40
新开工面积（万 m²）	273.90	255.30	237.98	221.82	206.77
商品房销售面积（万 m²）	319.57	372.94	435.21	507.88	592.69
第二产业占比（亿元）	778.21	800.55	823.53	847.17	871.49
第三产业占比（亿元）	719.93	802.98	895.61	998.93	1114.17

对于房价收入比指标的预测，以 2011～2017 年的 10 个指标数据为基础利用 BP 神经网络进行预测。得到渭南市 2018～2022 年的预测房价收入比如表 2-5-11 所示。

渭南市房价收入比（2018～2022 年数据）　　　　　表 2-5-11

年份	2018	2019	2020	2021	2022
房价收入比	3.91	3.81	3.86	3.94	4.02

2. 作用关系分析

对渭南市 2018～2022 年影响因素数据做岭回归分析，将渭南市相关影响因素数据代入 SPSS 与 NCSS 软件计算，得出 K 为 0.1，岭迹图与岭回归计算结果如图 2-5-16、表 2-5-12 所示。

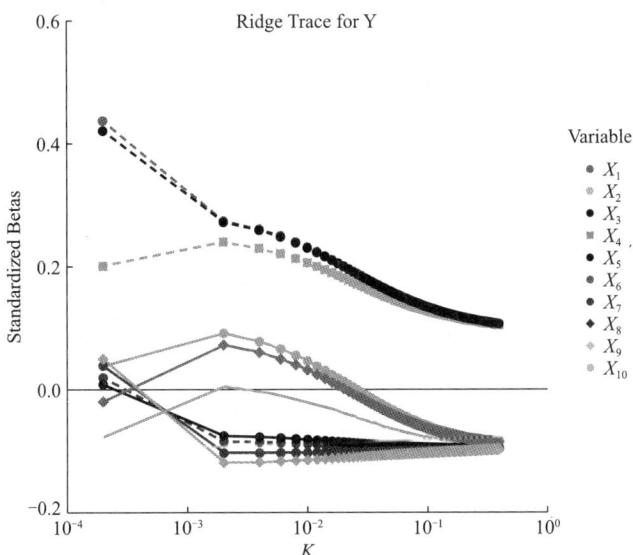

图 2-5-16　渭南市岭迹图

渭南市岭回归结果　　　　　表 2-5-12

	标准回归系数	VIF		标准回归系数	VIF
人均 GDP（X_1）	−0.0959	0.0122	新开工面积（X_7）	0.1339	0.2948
固定资产总投资（X_2）	−0.0594	0.3680	商品房销售面积（X_8）	−0.0634	0.2998
人均可支配收入（X_3）	−0.0941	0.0157	第二产业占比（X_9）	−0.1031	0.0138
商品住房销售均价（X_4）	0.1276	0.1999	第三产业占比（X_{10}）	−0.0776	0.1153
城镇化率（X_5）	−0.0998	0.0102	常数项	4.81709	
商品住房开发投资（X_6）	0.1343	0.3013			

由计算结果可知，各自变量方差膨胀因子 VIF 值均小于 5，已不存在共线性，符合经济学意义。模型方程为：

$$y = -0.096x_1 - 0.059x_2 - 0.094x_3 + 0.128x_4 - 0.1x_5$$
$$+ 0.134x_6 + 0.134x_7 - 0.063x_8 - 0.103x_9 - 0.078x_{10} + 4.82$$

该模型计算结果表明，渭南市 2018～2022 年房价收入比正向影响因素按影响程度从大到小排序前三依次为：商品住房开发投资（13.4%）、新开工面积（13.4%）和商品住房销售均价（12.8%）；负向影响程度位列前三的分别为：第二产业占比（10.3%）、城镇化率（10%）和人均 GDP（9.6%），如图 2-5-17 所示。

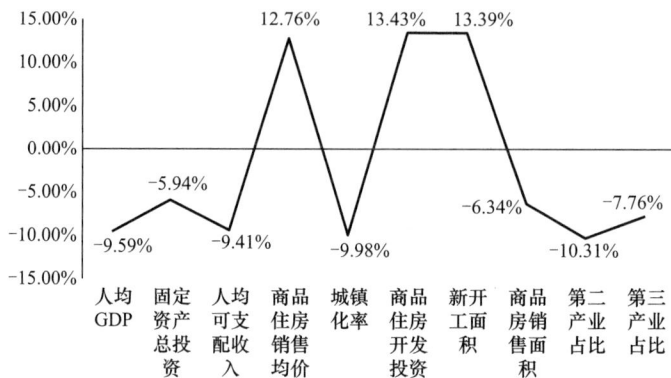

图 2-5-17　渭南市影响因素作用关系

结合渭南市影响因素预测与回归分析结果，发现商品住房均价、商品住房开发投资、商品房新开工面积和房价收入比为正相关，且预测数据为递减趋势，为抑制房价收入比的上升，渭南市未来主要调控方向应加大房地产开发投资，增加新开工面积，继续推进第二产业发展。

（四）渭南市房地产调控政策仿真及建议

系统力学因果关系图及系统动力学流图如西安市房地产市场调控政策系统动力学流图，由于各地市房地产市场现状存在差异，所以对系统动力学模型中的水平变量、辅助变量以及常数的设定做以下改变。

1. 渭南市住房发展政策系统动力学模型构建

1）水平变量初值及常数值确定

（1）城市人口，根据 2012 年的《陕西统计年鉴》可知，2011 年渭南市常住人口为528.99 万人，因此将 528.99 万人设定为渭南市人口的初始值。

（2）城市 GDP，根据 2012 年《陕西统计年鉴》，将 2011 年的渭南市 GDP 的初始值设定为 801.42 亿元。

（3）住宅需求变量，根据 2012 年《陕西统计年鉴》，将 2011 年渭南市商品住宅销售面积 151.934 万 m^2 设定为住宅需求量的初始值。

（4）住宅供给变量，根据 2012 年《陕西统计年鉴》，将 2011 年商品房竣工面积143.4409 万 m^2 设定为住宅供应量的初始值。

2）辅助变量初值及常数设定

（1）常住人口、人口增长系数及家庭规模。根据《陕西统计年鉴》中渭南市常住人口的变化对人口增长系数进行测算。拆迁户数因《陕西统计年鉴》中无统计精确数据，根据文献分析估计，结婚人口比例＝该年平均每天结婚登记人口数×365/该年人口总数。由于《陕西统计年鉴》统计数据不全，家庭规模数近似取为 3（表 2-5-13）。

2011～2016 年渭南市人口数据　　　表 2-5-13

年份	常住人口（万人）	人口增长系数
2011	530.49	0.0028
2012	532.1	0.0030
2013	533.17	0.0020
2014	534.58	0.0026
2015	535.99	0.0026
2016	537.16	0.0022

（2）2011～2016 年渭南市经济情况数据（表 2-5-14）。

2011～2016 年渭南市经济数据　　　表 2-5-14

年份	GDP（亿元）	经济增长系数	人均生产总值（元）	城镇居民人均可支配收入（元）	居民收入占 GDP 的比例
2011	801.42	0.2211	19424	18768	0.9662
2012	1028.97	0.1513	22820	22085.56	0.9678
2013	1212.45	0.1012	25327	23378.48	0.9231
2014	1349.01	0.0426	263810	24747.08	0.0938
2015	1409.045	0.0409	27452	26195.8	0.9542
2016	1469.08	0.0131	27743	27729.32	0.9995

（3）2011～2016 年渭南市住宅房地产市场统计数据（表 2-5-15）。

2011～2016 年渭南市住宅房地产数据　　　表 2-5-15

年份	住宅投资总额（万元）	住宅开发投资占 GDP 比例（%）	销售面积（万 m²）	新开工面积（万 m²）	竣工面积（万 m²）
2011	589558.4	0.057295976	151.934	213.26	143.4409
2012	1185233.70	0.097755264	119.14	417.126	188.7
2013	1158462	0.085874975	159.88	341.15	283.54
2014	895036	0.063520753	158.42	384.445	202.7
2015	1031819	0.070235726	208.08	456.137	138.715
2016	1112582.38	0.07473918	245.31	230.235	318.34

（4）土地成本是商品房住宅建设成本中最重要的组成部分，本书利用综合地价作为土地成本进行测算住宅楼面地价。由于土地综合地价、住宅开发投资比例以及容积率对地价均有影响，所以楼面地价由以上影响因素计算得出。税费按照房价总额的 20% 计算；容积率按照 3.5 计算。建安成本根据统计年鉴中相关数据测算。房地产开发贷款利率按照半年至 1 年的利率取值，商业银行贷款按照 5 年以上贷款利率取值，具体如表 2-5-16 所示。

2011～2016 年商业银行基准利率 表 2-5-16

年份	1～3 年利率（%）	5 年以上利率（%）
2011	6.4	6.8
2012	6.4	6.8
2013	6.15	6.55
2014	6.0	6.15
2015	5	5.15
2016	4.75	4.9

2. 构建流图方程式

1）住宅新开工面积＝0.000284×住宅开发投资＋93.1428

说明：根据所得各系数影响因素的因果关系以及所搜集的相关历史数据，运用 SPSS20.0 软件进行回归分析。

2）人口增长＝城市人口×人口增长系数（单位：万人）

3）人均 GDP＝城市 GDP/城市人口

4）人均住宅面积＝STEP（29.3,2011）＋STEP（5.62,2013）＋STEP（0.98,2014）＋STEP（1,2015）＋（1.7,2016）（单位：m²/人）

5）人均可支配收入＝人均 GDP×可支配收入占 GDP 比例（单位：元/人）

6）住宅开发投资＝城市 GDP×住宅开发投资比例（单位：万元）

7）住宅新竣工面积＝－0.275×住宅新开工面积＋306.2093

8）住宅预售面积＝9.96×住宅新开工面积＋30249.8

9）住房价格＝综合成本×供求比对住宅价格的影响程度×（1＋利润率）（单位：元/m²）

10）住房供给＝INTEG（新增供给－供给实现,151.934）（单位：万 m²）

11）住房需求＝INTEG（新增需求－需求实现,143.4409）（单位：万 m²）

12）房价收入比＝人均住宅面积×住房价格/人均可支配收入

13）新增供给＝住宅新竣工面积×0.1＋住宅预售面积（单位：万 m²）

说明：当年竣工面积中，预计有 10% 的竣工面积转化为现房销售。

14）楼面地价＝综合地价/平均容积率×住宅开发投资比例对地价的影响（单位：元/m²）

15）消费需求＝房价收入比影响程度×银行利率对需求的影响×（人口增长×0.5×人均住宅面积＋城市人口×0.2×0.5×人均住宅面积＋结婚比例×0.8×城市人口×人均住宅面积＋拆迁户数×家庭规模×0.5×人均住宅面积）（单位：万 m²）

说明：由城市住房需求算法得出，估算新增人口中的 50% 有购房需求，城市人口中有 20% 属于高收入人群，他们中有 50% 有改善性购房需求，拆迁人口中有 50% 有购房需求，结婚人口中有 80% 的有购房需求。

16）综合成本＝（建安成本/0.65＋楼面地价）×（1＋0.7×2×开发贷款率）×（1＋开发税率）（单位：元/m²）

说明：公式中的数据是根据房地产开发的经验数据估计而得。估计除土地成本外，开发成本里建安成本占 65％，整个项目开发过程中有 70％的直接成本需要靠银行长期贷款支持，且平均贷款期限为 2 年。

17）需求实现面积＝住宅销售面积（单位：万 m²）

18）模型中的表函数见表 2-1-17（同西安市）。

3. 渭南市政策仿真

1）政策模型的检验

根据计量经济学相关理论，普遍认为模型的总体仿真和预测性能较好的标准为每个变量的相对误差的绝对值不超过 10％。从图 2-5-18、表 2-5-17 可以看出仿真数据与真实数据的误差都小于 10％，说明系统模型有效。

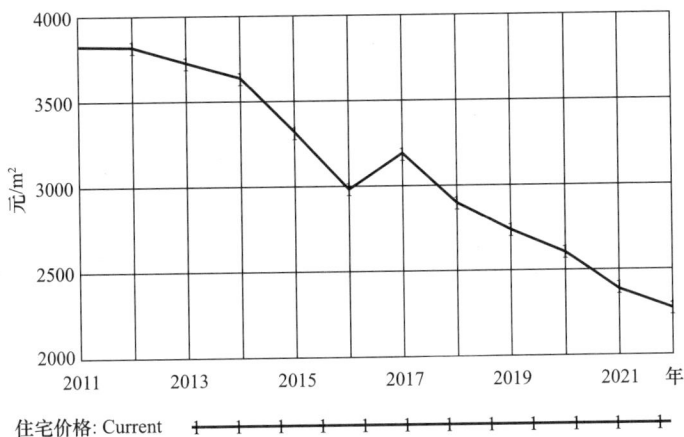

图 2 5 18　住宅价格

2011～2016 年渭南市商品房价格仿真值与实际值误差　　　表 2-5-17

年份	真实数据	仿真数据	相对误差
2011	3820	3826.46	0.17％
2012	3826.1667	3821.87	−0.11％
2013	3740.75	3732.55	−0.22％
2014	3619.83	3636.87	0.47％
2015	3308.786	3316.87	0.24％
2016	2940.9167	2981.74	1.39％

2）灵敏度检验及政策实验调控结果分析

灵敏度检验是通过改变模型参数比较模型输出结果，从而确定修改的变量对模型环境的影响。利用灵敏度分析，可以阐述系统中分析的变量或直接被定义为常量的数的变化对系统中其他变量的影响。

（1）税收政策调控实验

我国的开发税率大概占到总成本的 20％左右，比例比较大，现拟将商品房开发税率下调 5％，其他指标保持不变，可以得出房地产价格的变化情况如图 2-5-19 所示。

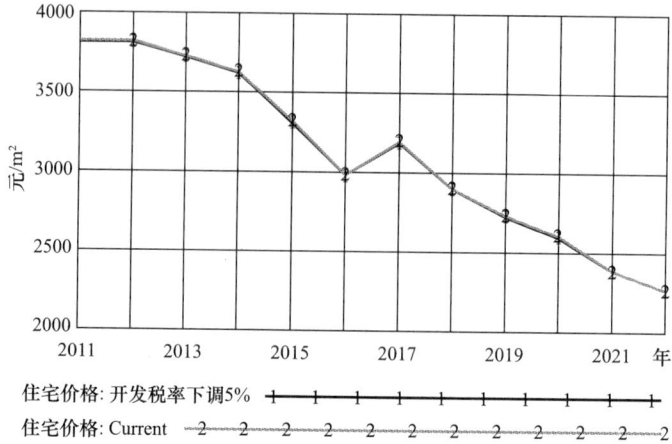

图 2-5-19 开发税率调整前后住宅价格对比

开发税率调整前后对比 表 2-5-18

年份	2011	2012	2013	2014	2015	2016
原始数据	3826.46	3821.87	3732.55	3636.87	3316.87	2981.74
调控数据	3814.34	3810.67	3722.39	3626.42	3308.49	2975.04
变化情况	−0.32%	−0.29%	−0.27%	−0.29%	−0.25%	−0.22%
年份	2017	2018	2019	2020	2021	2022
原始数据	3194.77	2902.31	2736.17	2605.15	2384.39	2268
调控数据	3187.58	2895.78	2730.01	2599.29	2379.03	2262.9
变化情况	−0.23%	−0.22%	−0.22%	−0.22%	−0.22%	−0.22%

从税收政策的调控结果（表 2-5-18）可以看出，开发税率下降 5%使得房价下降约为 0.25%，开发税率对房价的影响较小，且影响趋势稳定，所以渭南市长期的税收政策应保持稳定，以维持渭南市房地产市场的稳定。

（2）货币政策调控实验

本书利率指标是指商业银行规定的 1～3 年年期贷款利率，在接下来的货币政策的调控实验中，将该利率指标数值进行调整，利率下浮 20%，其他指标保持不变，房价变动情况如图 2-5-20、表 2-5-19 所示。

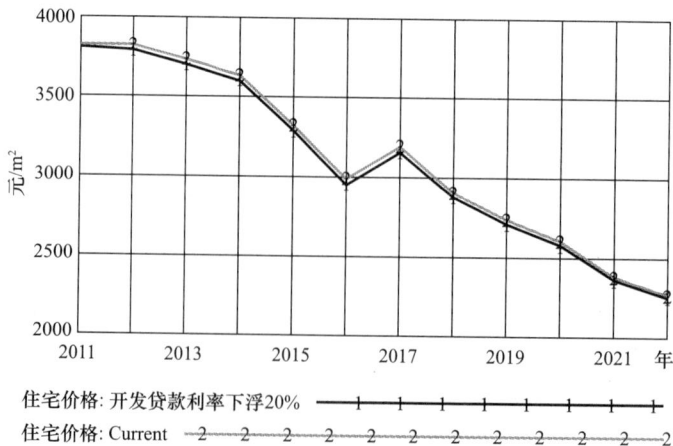

图 2-5-20 开发税率调整前后住宅价格对比

住房贷款利率调整对比　　　　　　　　　　　　　　表 2-5-19

年份	2011	2012	2013	2014	2015	2016
原始数据	3826.46	3821.87	3732.55	3636.87	3316.87	2981.74
调控数据	3810.55	3788.44	3698.33	3599.87	3284.97	2954.41
变化情况	−0.42%	−0.87%	−0.92%	−1.02%	−0.96%	−0.92%
年份	2017	2018	2019	2020	2021	2022
原始数据	3194.77	2902.31	2736.17	2605.15	2384.39	2268
调控数据	3165.48	2875.7	2711.09	2581.27	2362.54	2247.21
变化情况	−0.92%	−0.92%	−0.92%	−0.92%	−0.92%	−0.92%

从住房贷款利率的调控结果可以看出，住房贷款利率下浮 20%，住宅价格下降约 0.88%，较税收政策，货币政策对住宅价格的影响相对明显，但还是较小，且影响趋势稳定，所以，从长期来看，渭南市的货币政策应保持稳定。

（3）土地政策调控实验

在进行土地价格指标调控实验时，将土地价格下浮 10%，其他指标保持不变，住宅价格变化情况如图 2-5-21 所示。从对照表 2-5-20 中可以看出，当综合地价下浮 10% 时，商品住宅价格下降约 10.22%。

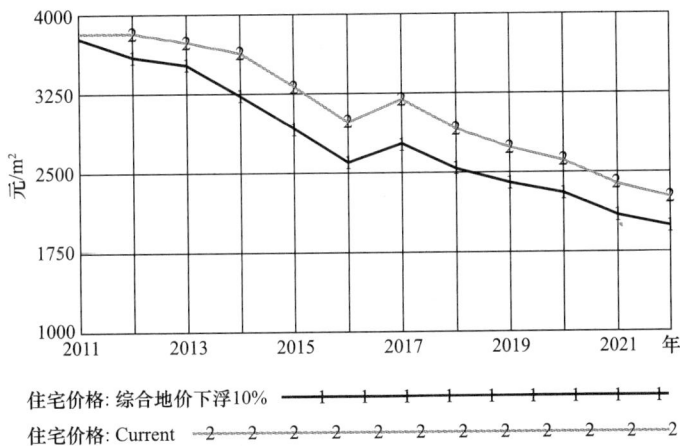

住宅价格：综合地价下浮10%　┼──┼──┼──┼──┼──┼──┼──┼──
住宅价格：Current　2──2──2──2──2──2──2──2──2──2

图 2-5-21　综合地价调整前后住宅价格对比

综合地价调整对比　　　　　　　　　　　　　　　　表 2-5-20

年份	2011	2012	2013	2014	2015	2016
原始数据	3826.46	3821.87	3732.55	3636.87	3316.87	2981.74
调控数据	3776.12	3593.71	3524.73	3227	2917.74	2600.32
变化情况	−1.32%	−5.97%	−5.57%	−11.27%	−12.03%	−12.79%
年份	2017	2018	2019	2020	2021	2022
原始数据	3194.77	2902.31	2736.17	2605.15	2384.39	2268
调控数据	2771.67	2537.38	2405.56	2297.62	2098.59	1995.28
变化情况	−13.24%	−12.57%	−12.08%	−11.80%	−11.99%	−12.02%

从土地政策调控结果可以看出，综合地价对商品住宅价格的作用较明显，当综合地价下浮 5% 时，渭南市住宅价格下降 10.22%，较税收政策与货币政策，土地政策对住宅价格的影响十分明显，且影响趋势逐步变大，所以渭南市房地产市场的调控应主要从土地政策把握。

06 延安市房地产市场调控政策研究

（一）延安市房地产市场结构剖析

1. 延安市房地产市场供给现状总结

1）土地供应面积波动性大

2011～2016 年间，延安市土地供应面积波动性大，由 2011 年的 704.26 波动降至 2014 年的 207.81 万 m²，2015 年土地供应面积急剧增加，至 700.03 万 m²，2016 年降至最低值，为 151.88 万 m²，其中，住宅土地供应面积呈倒"M"形变化，由 2011 年最高的 146.45 万 m² 降至 2016 年的 76.99 万 m²，商办土地供应面积与总土地供应面积趋势相同，2011 年最高，为 557.81 万 m²，2016 年最低，为 74.89 万 m²；其次、土地供应面积增长率、住宅土地供应面积增长率、商办土地供应面积增长率波动明显，2015 年土地供应面积增长率最高，为 236.86%，2014 年住宅土地供应面积最高，为 183.66%，2015 年商办土地供应面积最高，为 611.13%。如图 2-6-1 所示。

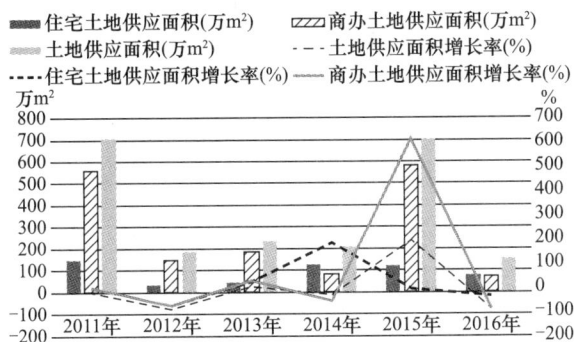

图 2-6-1　2011～2016 年延安市土地计划供应面积情况

2）房地产开发投资总量呈"M"形波动增长

2011～2017 年间，延安市商品房开发投资呈"M"形波动增长，由 2011 年的 59.96 亿元增长 2017 年的 83.03 亿元，其中 2016 年投资最高，为 97.25 亿元；商品住房开发投资波动变化，由 2011 年的 53.25 亿元增长 2017 年的 75.14 亿元，其中 2015 年商品住宅投资最高，为 78.05 亿元；商品房开发投资增长率和商品住房开发投资增长率均波动明显，具体如图 2-6-2 所示。

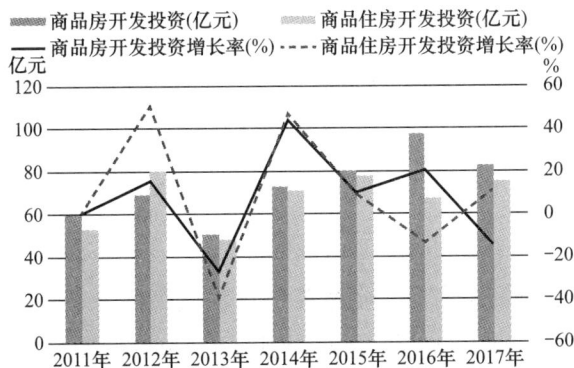

图 2-6-2　2011～2017 年延安市房地产开发投资情况

3）房地产施工面积呈倒"V"形，竣工面积、新开工面积及增长率波动明显

2011～2017 年间，延安市商品房施工面积呈倒"V"形，2014 年最高，为 782.22 万 m²，2011 年最低，为 179.19 万 m²，商品房竣工面积波动明显，2014 年最高，为 269.65 万 m²，商品房新开工面积波动明显，2012 年最高，为 398.36 万 m²，2017 年延安市没有新开工面积。其次，施竣工面积和新开工面积增长率也表现出很大的波动性，2012 年施工面积增长率最高，为 138.1%，2014 年竣工面积增长率最高，为 81.25%，2012 年新开工面积增长率最高，为 511.87%。如图 2-6-3 所示。

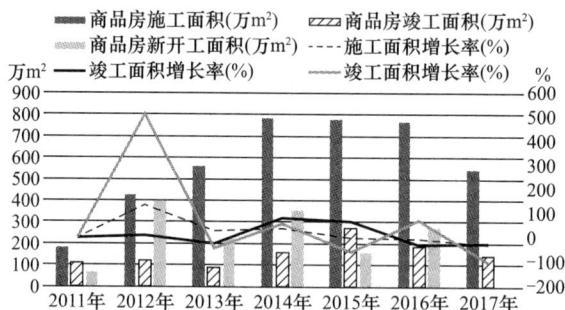

图 2-6-3　2011～2017 年延安市商品房供给指标情况

4）商品房供给类型以住宅为主，占比量有所减少

2011～2017 年间，延安市新建商品房供给类型以住宅为主，但占比量稍有减少。其中住宅施工面积占总面积的比例大部分都在 90% 以上，2015 年最高，为 99.02%，2017 年最低，为 74.98%，住宅竣工面积占比大部分都在 90% 以上，2016 年最高，为 98.73%，2011 年最低，为 89.32%。其次，商办施工面积和竣工面积占比总体较低，商办施工面积占比呈"V"形变化，2017 年最高，分别为 25.02%，2015 年最低为 0.98%，商办竣工面积占比呈"N"形变化，2014 年最低，为 1.27%，2016 年最高，10.68%，总体说明住宅在商品房市场的供应中占绝对地位。如图 2-6-4 所示。

2. 延安市房地产市场需求现状总结

1）新建商品房销售面积呈"M"形变化，二手房市场成交量减少

2011～2017 年间，延安市商品房销售面积和商品住房销售面积呈"M"形变化。商品房销售面积与商品住房销售面积在 2016 年最高，分别为 143.98 万 m²、134.90 万 m²，2013 年二者最低，分别为 57.28 万 m²、57.18 万 m²。其次，2014～2017 年间，延安市二手房成交量有所减少，2015 年最高，为 30.33 万 m²，2016 年最低，为 13.82 万 m²；二手住宅成交量呈"N"形波动，2015 年最高，为 27.79 万 m²，2016 年最低，为 11.76 万 m²；二手商办成交量呈倒"V"形波动，2015 年最高，为 2.54 万 m²，2017 年最低，为 1.23 万 m²。如图 2-6-5、图 2-6-6 所示。

2）商品房销售类型以住宅为主，占比近九成

2011～2017 年间，延安市商品房销售类型以住宅为主，新建商品房销售面积和二手住宅成交量基本占整个市场需求总量的 90% 以上，在商品房销售市场的需求中占据绝对地位。其中，商品住房销售面积占比在 2011 年最低，为 93.58%，2012 年最高，为 99.52%。

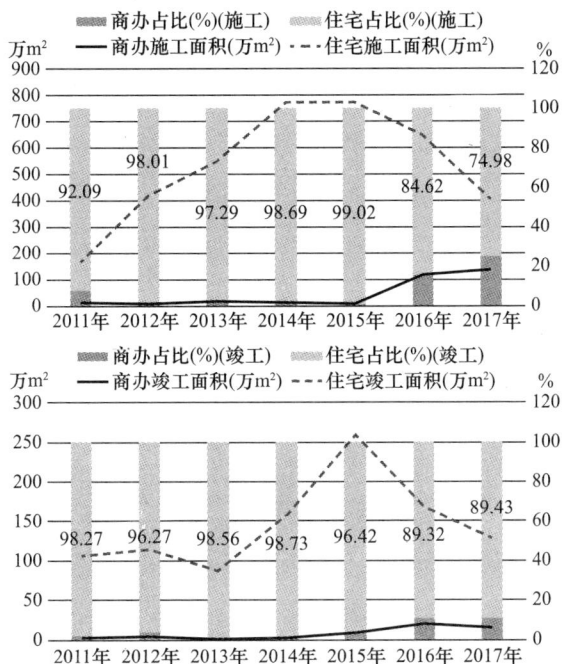

图 2-6-4 2011～2017 年延安市商办竣工、施工面积及其占比

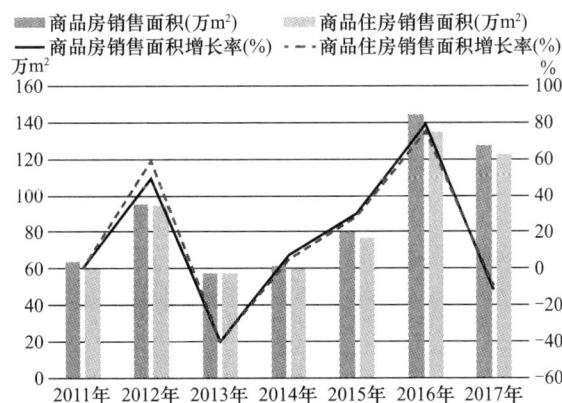

图 2-6-5 2011～2017 年延安市商品房和商品住房销售面积及增长率

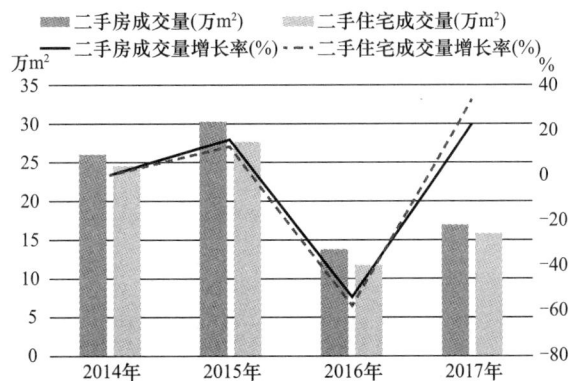

图 2-6-6 2014～2017 年延安市二手商品房和二手商品住房成交量及增长率

二手住宅成交量占比在 2016 年最低，为 85.09％，2017 年最高，为 94.48％，二手商办占比呈倒 "V" 形波动，总体来说，住宅成交量商品房市场的需求中占据绝对地位。如图 2-6-7、图 2-6-8 所示。

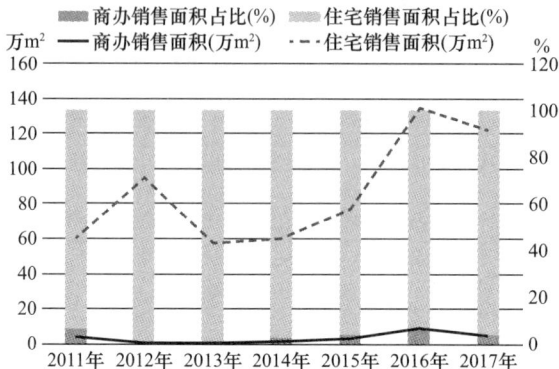

图 2-6-7 2011～2017 年咸阳市新建商品房需求类型结构相关指标

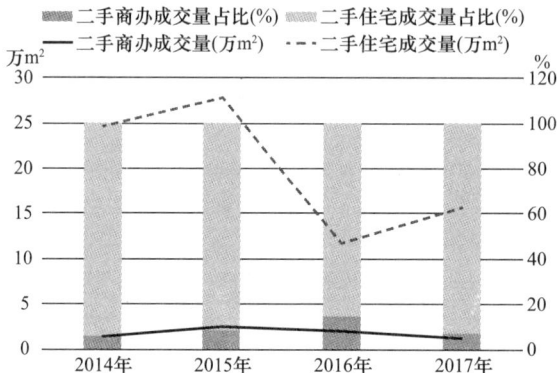

图 2-6-8 2014～2017 年延安市二手商品房需求类型结构相关指标

3）新建商品住房销售价格降低

2011～2017 年间，延安市商品住房销售均价整体呈波动性降低，由 2011 年的 4310 元/m² 降至 2017 年的 3828 元/m²，其中，2016 年降至最低，为 3661 元/m²。2018 年 1～6 月，商品住房销售价格波动明显上升，由 1 月的 3969 元/m² 增至 6 月的 4569 元/m²。2015 年上半年～2018 年上半年，延安市二手住宅交易均价持续上涨，由 2015 年上半年的 2454 元/m² 增长至 2018 年上半年的 3504 元/m²，如图 2-6-9、图 2-6-10、图 2-6-11 所示。

4）商品房库存压力大

延安市商品房库存量整体加剧。2011～2017 年间，延安市住宅累计待售面积持续增加，由 2011 年的 17.45 万 m² 快速增至 2016 年的 133.0 万 m²，2017 年稍微回落至 100.74 万 m²；住宅去化周期总体增加，由 2011 年的 3.51 个月增至 2017 年的 10.73 个月，其中，2015 年的 14.90 个月达到最高值。2018 年上半年延安市商业办公楼累计待售面积整体增加，其中 2 月份最高达 155.12 万 m²，商办去化周期压力继续增大，由 1 月的 214.86 个月增至 6 月的 221.35 个月。具体如图 2-6-12、图 2-6-13 所示。

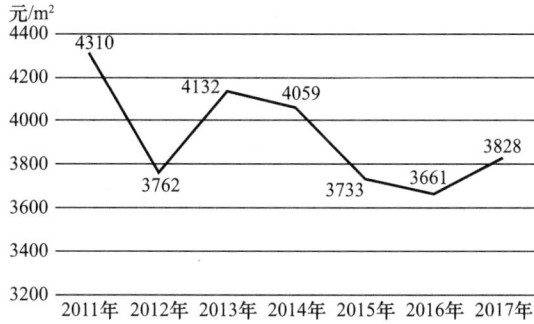

图 2-6-9 2011～2017 年延安市商品住房销售均价（元/m²）

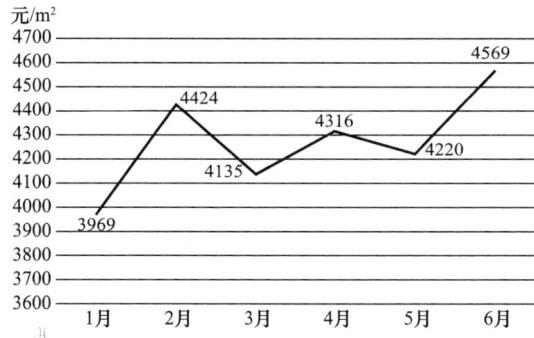

图 2-6-10 2018 年上半年延安市商品住房销售价格（元/m²）

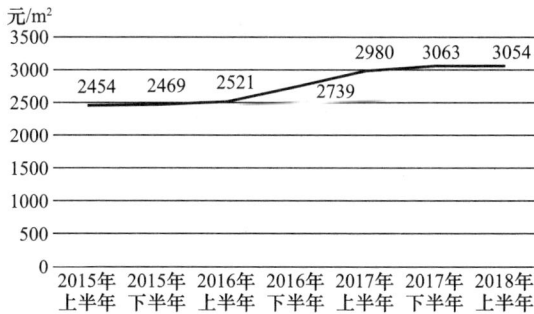

图 2-6-11 2015 年上半年～2018 年上半年延安市二手住宅交易均价（元/m²）

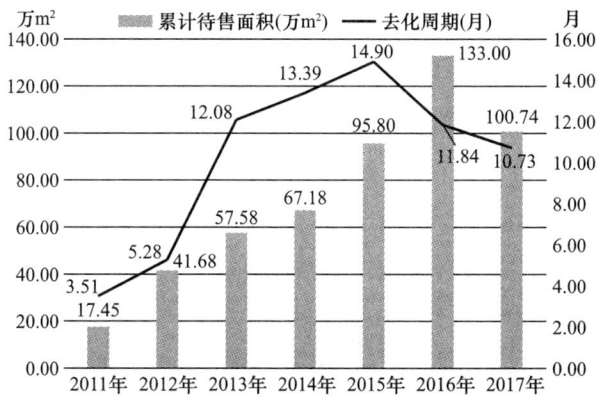

图 2-6-12 2011～2017 年延安市住宅待售面积及去化周期

图 2-6-13　2018 年 1～6 月延安市商办待售面积及去化周期

3. 延安市房地产市场结构分析

1）房地产市场供需总量呈明显供过于求状态

2011～2017 年间，延安市房地产市场总体供需总量呈明显供大于求的状态。由图 2-6-14 可以看出，2011～2017 年，延安市的商品房施工面积始终大于商品房销售面积，其比例均大于 1，且在 2015 年达到最高值 3.36，说明延安市房地产市场供需总量呈现出明显的供过于求状态，尤以 2015 年最为突出，2016 年后，延安市的住宅供销比有些回落，降至 1.13，但总体还是处于供过于求状态。

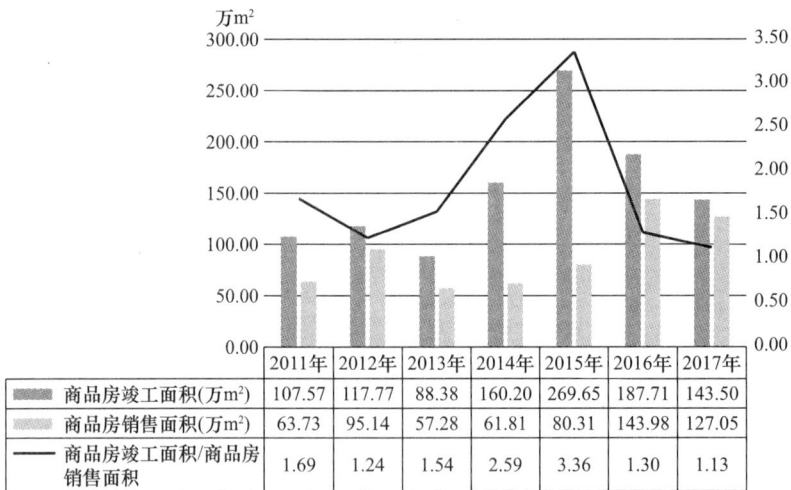

	2011年	2012年	2013年	2014年	2015年	2016年	2017年
商品房竣工面积(万m²)	107.57	117.77	88.38	160.20	269.65	187.71	143.50
商品房销售面积(万m²)	63.73	95.14	57.28	61.81	80.31	143.98	127.05
商品房竣工面积/商品房销售面积	1.69	1.24	1.54	2.59	3.36	1.30	1.13

图 2-6-14　2011～2017 年延安市房地产市场供需总量指标

2）房地产市场供需结构失衡

从供销比来看，2011～2017 年间，延安市房地产呈现出明显的过于求状态，从土地市场供应情况来看，2011 年延安市投入了过多的土地供应面积，致使供需结构失衡，2012 年后减少土地供应，供销比有所下降，2015 年再次大力加大土地供应，致使 2015 年延安市房地产市场呈现出严重的供大于求的不平衡状态。从房地产的开发投资情况来看，房地产开发投资波动性增长加剧了供需结构失衡，2017 年，延安市没有商品房新开工面积，降低了供给与需求的比例。从商品房的销售均价来看，供给大于需求，导致了延安市的新建商品房销售价格和二手房成交量的降低。从去化周期来看，延安市商品房累计待售面积持续增加，去化周期波动式增长，商办去化周期持续加大，总体表明了延安市房地产市场处于明显的供需结构失衡。

（二）延安市房地产政策梳理及绩效评价

1. 延安市住房发展政策概况

1）延安市住房发展政策概况

从 2011 年到 2018 年，延安市共发布了 8 条住房发展政策。从总体看，各年份发布的政策数量差别不大，其中，2010 年、2011 年、2013 年和 2014 年每年都只颁布了 1 条政策，2015 年和 2018 年各颁布了 2 条政策。

延安市历年发布的住房发展政策中，主要包括了办法、意见、通知和规定。其中办法类政策最多，占总比例 56%，其余类政策数量相等，各占总比例的 11%，各类政策的分布与所占比例如表 2-6-1 所示。

延安市历年发布政策类别数量及占比　　　　　　　　表 2-6-1

政策类别	办法	意见	通知	规定
政策数量（条）	5	1	1	1
所占比例（%）	62.5	12.5	12.5	12.5

2）重要政策回顾

为加快重点镇建设，推进县域城镇化进程，2010 年延安市发布了《关于加快重点镇建设的实施意见》，按照省的规划，在延安市选择 12 个镇作为重点支持对象，力争通过 3 年时间打造一批能成为各县区经济社会发展的亮点镇，作为典型，从而带动全市所有的建制镇的建设和发展。初步形成以县城为中心，以重点镇为支撑的城市框架结构。到 2012 年，形成完整的绿化体系，教育、文化、卫生、体育等公共服务设施基本完善，力争成为县域经济、社会和文化副中心。

2013 年延安市发布了《延安市政府投资工程建设项目招标投标管理办法》，适用于延安市行政区域内政府投资的工程建设项目招标投标活动及其监督管理。要求政府投资的必须招标的工程建设项目应当在依法设立的招标投标交易场所进行，不得在场外进行交易，并且建立与省评标专家库联网的综合评标专家库，录入招标投标交易场所电子计算机管理系统，统一使用管理。

2014 年延安市在建设工程发包承包交易中心的基础上设立工程建设项目招标投标统一平台，为全市工程建设招标投标活动提供交易场所、信息网络、技术咨询等服务的机构。

2015 年延安市先后发布了《延安市城市建设档案管理办法》和《延安市城市地下管线工程档案管理办法》，分别适用延安市行政区域内，城市建设档案的管理和城市规划区域内地下管线工程档案的管理。加强城市建设档案管理和城市地下管线工程档案管理，保护和利用城市建设档案，保障地下管线安全，充分发挥城市建设档案和地下管线工程档案在城市规划、建设、管理中的作用。

2018 年 6 月延安市发布了《延安市建设工程施工现场围挡及出入口管理规定》，适用于延安市行政区域内建筑、市政工程施工现场。进一步促进和完善建筑施工现场规范化管理，提高安全生产、文明施工标准化管理水平，创建整洁文明的施工现场。7 月局党委对 2017 年农村危房改造整改情况和 2018 年农村危房改造完成情况入户核查，确保能顺利通过国务院扶贫办对延安市 2017 年中省反馈问题整改情况核查。

2. 基于政策工具的延安市政策结构分析

1）文本选取

由于涉及房地产行业的政策文本数量较少，为了保证政策选取的准确性和代表性，笔者按照与房地产市场调控密切相关的原则对政策文本进行了整理和遴选，政策类型主要选取 2011 年后颁布的办法、通知、规定等体现政府政策的文件，最终梳理了有效政策样本 8 份。具体如表 2-6-2 所示。

<table>
<tr><td colspan="2">延安市住房发展政策文本</td><td>表 2-6-2</td></tr>
<tr><td>序号</td><td colspan="2">政策名称</td></tr>
<tr><td>1</td><td colspan="2">关于印发《陕西省建筑施工安全生产标准化考评实施细则》的通知</td></tr>
<tr><td>2</td><td colspan="2">延安市建设工程施工现场围挡及出入口管理规定</td></tr>
<tr><td>3</td><td colspan="2">延安市人民政府关于印发《延安市工程建设项目招标投标统一平台进场交易实施办法（试行）》的通知</td></tr>
<tr><td>4</td><td colspan="2">延安市人民政府关于印发《延安市政府投资工程建设项目招标投标管理办法》的通知</td></tr>
<tr><td>5</td><td colspan="2">延安市人民政府关于印发《延安市城市地下管线工程档案管理办法》的通知</td></tr>
<tr><td>6</td><td colspan="2">延安市城市建设档案管理办法</td></tr>
<tr><td>7</td><td colspan="2">延安市城市地下管线工程档案管理办法</td></tr>
<tr><td>8</td><td colspan="2">延安市住房和城乡建设局关于对 2017 年农村危房改造整改情况和 2018 年农村危房改造完成情况入户核查的通知</td></tr>
</table>

2）单元编码

样本的分析类目包括"组织人事""财政税收""鼓励引导""行政强制""资质评价""培训考核""税收措施""金融措施""其他经济""标准规范""强制要求""市场监管""开发""规划""设计""施工""采购""销售""运营管理"和"拆除转移"。而分析单元则为住房发展政策文本的有关条款。

本书首先对已遴选出的 8 份政策文本内容按照"政策编号—具体条款/章节"进行编码；然后，根据已建立的住房发展政策二维分析框架，将其分别归类，最终形成了基于政策工具的住房发展政策文本的内容分析单元编码表（表 2-6-3）。

<table>
<tr><td colspan="4">政策文本内容分析单元编码   表 2-6-3</td></tr>
<tr><td>序号</td><td>政策名称</td><td>政策文本的内容分析单元</td><td>编码</td></tr>
<tr><td>1</td><td>关于印发《陕西省建筑施工安全生产标准化考评实施细则》的通知</td><td>建筑施工安全生产标准化考评的实施细则</td><td>1</td></tr>
<tr><td>2</td><td>延安市建设工程施工现场围挡及出入口管理规定</td><td>建筑施工现场规范化管理规定资产核定</td><td>2</td></tr>
</table>

续表

序号	政策名称	政策文本的内容分析单元	编码
3	延安市人民政府关于印发《延安市工程建设项目招标投标统一平台进场交易实施办法（试行）》的通知	规范工程建设项目招标投标的交易行为	3
4	延安市人民政府关于印发《延安市政府投资工程建设项目招标投标管理办法》的通知	招标投标活动的相关事项	4-1
		监督管理	4-2
5	延安市人民政府关于印发《延安市城市地下管线工程档案管理办法》的通知	关于城市地下管线工程管理的标准要求	5-1
		关于城市地下管线工程管理的处罚要求	5-2
6	延安市城市建设档案管理办法	有关档案管理的事项	6-1
		有关档案管理的强制要求	6-2
7	延安市城市地下管线工程档案管理办法	地下管线工程档案管理相关事项	7-1
		地下管线工程档案管理的强制要求	7-2
8	延安市住房和城乡建设局关于对2017年农村危房改造整改情况和2018年农村危房改造完成情况入户核查的通知	有关危房改造整改的安排事项	8

3) 频数统计分析

在对政策工具内容分析单元编码的基础上，按照对房地产业价值链作用阶段归属的判断，将其归类，形成了住房发展政策二维分析分布图，如表 2-6-4 所示。总体上看，8 份住房发展政策兼顾了组织人事、财政税收、鼓励引导和行政强制政策工具的运用，内容涉及房地产行业开发、规划、设计、施工、采购、销售、运营管理和拆除转移八个环节，对房地产的开发利用、运营调控等提供了多方面的激励和规制。

延安市住房发展政策工具二维分布　　　　　　表 2-6-4

		开发	规划	设计	施工	采购	销售	运营管理	拆除转移
组织人事	资质评价	5-1、6-1、7-1							8
	培训考核								
财政税收	税收措施								
	金融措施								
	其他经济								
鼓励引导									
行政强制	标准规范				1、2、3、4-1				
	强制要求	5-2、6-2、7-2							
	市场监管				4-2				

（1）本政策工具维度分析（表 2-6-5）

基本政策工具分配比例　　　　　　表 2-6-5

政策工具	工具名称	条文编号	小计	百分比
组织人事	资质评价	4	4	33.33%
	培训考核	0	0	

续表

政策工具	工具名称	条文编号	小计	百分比
财政税收	税收措施	0	0	0
	金融措施	0	0	
	其他经济	0	0	
鼓励引导		0	0	0
行政强制	标准规范	1、2、3、4-1	4	66.67%
	强制要求	5-2、6-2、7-2	3	
	市场监管	4-2	1	
合计			40	100%

延安市房地产行业政策的基本政策工具维度统计分析结果如表 2-6-5 所示。按照条款项目数计，大部分是行政强制政策工具（66.67%），其次是组织人事政策工具（33.33%），财政税收政策工具和鼓励引导政策工具为 0。进一步分析可以发现，在行政强制政策工具中，标准规范占了大部分，达到 50%，包括施工安全生产标准、管理规定、招标投标活动的相关事项等；行政强制占 37.50%，包括用地审批、招投标流程、房屋基础配套设施建设标准等。

对企业土地市场准入资格和资金来源的审查、房屋限购、商品房市场监管和预期管理等；而市场监管仅占到 12.50%。2011 年后新颁布的较少。在组织人事政策工具中，主要以资质评价，主要表现为加快信用体系建设，加强失信联合惩戒，落实住房保障和稳定房价工作的约谈问责机制。

（2）值链维度分析

在基本政策工具维度分析的基础上，引入价值链维度的影响因素，得到如表 2-6-6 所示的政策工具在价值链上的分布统计结果。

政策工具各环节频数分布统计   表 2-6-6

	资质评价	培训考核	税收措施	金融措施	其他经济	鼓励引导	标准规范	强制要求	市场监管	小计	百分比
开发	3	0	0	0	0	0	0	3	0	6	50%
规划	0	0	0	0	0	0	0	0	0	0	0%
设计	0	0	0	0	0	0	0	0	0	0	0%
施工	0	0	0	0	0	0	4	1	0	5	41.67%
采购	0	0	0	0	0	0	0	0	0	0	0%
销售	0	0	0	0	0	0	0	0	0	0	0%
运营管理	0	0	0	0	0	0	0	0	0	0	0%
拆除转移	1	0	0	0	0	0	0	0	0	1	8.33%

据表 2-6-6 所示，19 份汉中市政策文本对房地产行业的发展提供了包括开发（50%）、规划（0%）、设计（0%）、施工（41.67%）、采购（0%）、销售（0%）、运营管理（0%）和拆除转移（8.33%）阶段的全面干预。根据条款的具体分布，发现绝大多数政策工具都

是应用在房地产行业价值链的开发环节和施工环节,其次是拆除转移环节、规划环节、设计环节、采购环节、销售环节、运营管理环节政策工具几乎没有。这说明现阶段汉中市房地产的政策调控是围绕着房地产的前期开发和施工阶段,其主要目的是加强工程建设项目招标投标管理以及对商品房的新建等。

3. 延安市住房发展政策绩效评价

延安市位于陕北黄土高原丘陵沟壑区,在西部大开发的浪潮下,延安市的经济取得了巨大发展,作为国民经济支柱产业的房地产业也得到了迅速的发展,已成为延安经济的重要增长点。随着旧城改造步伐的加快和城镇化进程的推进,延安市的住宅和房地产市场需求量仍然很大,房地产建设的任务仍然任重道远。

由表 2-6-7、表 2-6-8、图 2-6-15 可知,从分时段的相对效率来讲,房地产市场调控 DEA 分析结果可以将延安市房地产市场三个阶段的特点展现得更为明显:2012 年前,房地产业高速发展,为稳定房地产业,促进市场和谐发展,国家采取相应调控措施,投入因素增大,由此导致综合效率下降;2012 年后,随着宏观调控下市场逐步平稳,房地产业良性发展,房地产调控综合效率逐步上升,产出不断增加,延安市房地产调控综合效率稳步上升,政策发挥了良好的作用效果;2015 年后,房地产调控综合效率趋于平稳,产出明显大于投入因素。但总的来看,其市场化程度还不高,房地产企业规模小,短视现象严重,现代化的房地产业体系还有待完善。

延安市房地产市场调控评价投入因素　　　　　　表 2-6-7

年份	GDP 增速(%)	人均 GDP(元)	人均可支配收入(元)	城镇化率(%)	固定资产投资增速(%)	限购政策
2011	11	50807	21188	50.6	29.2	0
2012	10.5	57876	24748	52.29	26.6	0
2013	6.5	61493	27634	54.03	28	0
2014	6.2	62714	30588	55.82	16.7	0
2015	1.7	53925	33127	57.32	6.2	0
2016	1.3	48300	21122	59.09	—15.4	0
2017	7.6	56086	23045	60.79	—5.6	0

延安市房地产市场调控评价产出因素　　　　　　表 2-6-8

年份	CPI 增速(%)	商品房销售面积(万 m²)	商品住房均价(元/m²)	土地成交价格(元/m²)	土地成交面积(万 m²)	新开工面积(万 m²)	住宅待售面积(万 m²)	土地存量面积(万 m²)
2011	5.1	63.73	4310	167902	328.72	65.11	17.45	39.16
2012	2.6	95.14	3761.58	103407.8	98.74	398.39	41.68	18.72
2013	2.8	57.28	4131.83	211101.2	139.86	211.87	57.58	54.93
2014	1.6	61.81	4058.92	330746.7	317.13	355.69	67.18	72.63
2015	1.3	80.31	3810.63	209135.5	118.90	157.31	95.8	31.85
2016	1.3	143.98	3567	183125.7	76.9909	273.41	133	42.66
2017	0.6	127.05	3828.42	238839.6	305.94	210.16	100.74	57.13

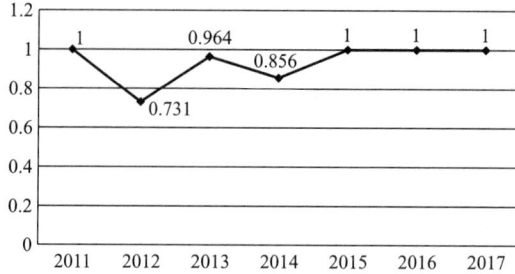

图 2-6-15　延安市房地产调控综合效率

（三）延安市房地产市场发展预期探索

1. 影响因素预测

根据延安市 2011～2017 年 10 个指标数据，采用灰色预测方法，对延安市 2018～2022 年的 10 个指标数据进行预测（表 2-6-9、表 2-6-10）。

延安市各影响指标（2011～2017 年数据）　　　　　　　　　表 2-6-9

年份	2011	2012	2013	2014	2015	2016	2017
人均 GDP（元）	50807	57876	61493	62714	53925	48300	56086
固定资产投资（亿元）	815.21	1032.06	1321.04	1541.07	1637.17	1359.33	1181.00
人均可支配收入（元）	21188	24748	27643	30588	33127	30693	33168
商品住房销售均价（元/m²）	4310.00	3761.58	4131.83	4058.92	3810.63	3567.00	3828.42
城镇化率（%）	50.60	52.29	54.03	55.82	57.32	59.09	60.79
商品住房开发投资（亿元）	53.25	54.00	48.58	71.36	78.05	67.62	75.14
新开工面积（万 m²）	65.11	398.36	221.87	355.69	157.31	273.41	0.00
商品房销售面积（万 m²）	63.73	95.14	57.28	61.81	80.31	143.98	127.05
第二产业占比（亿元）	815.45	934.85	974.39	968.89	724.79	574.20	712.23
第三产业占比（亿元）	211.21	239.11	274.75	303.50	362.60	391.09	434.28
房价收入比	5.49	4.27	4.53	4.32	4.01	6.31	6.66

延安市各影响指标（2018～2022 年数据预测）　　　　　　　　表 2-6-10

年份	2018	2019	2020	2021	2022
人均 GDP（元）	51247.24	49797.58	48388.94	47020.14	45690.06
固定资产投资（亿元）	1432.17	1458.17	1484.64	1511.58	1539.02
人均可支配收入（元）	35562.54	37373.43	39276.53	41276.54	43378.40
商品住房销售均价（元/m²）	3703.32	3660.03	3617.24	3574.95	3533.16
城镇化率（%）	62.70	64.61	66.57	68.58	70.66
商品住房开发投资（亿元）	83.62	89.72	96.28	103.31	110.85
新开工面积（万 m²）	100.66	80.49	64.36	51.47	41.16
商品房销售面积（万 m²）	151.84	176.28	204.64	237.57	275.81
第二产业占比（亿元）	590.84	540.78	494.95	453.01	414.62
第三产业占比（亿元）	494.35	556.21	625.80	704.09	792.19

对于房价收入比指标的预测,以 2011~2017 年的 10 个指标数据为基础利用 BP 神经网络进行预测。得到延安市 2018~2022 年的预测房价收入比,如表 2-6-11 所示。

延安市房价收入比 (2018~2022 年数据) 表 2-6-11

年份	2018	2019	2020	2021	2022
房价收入比	6.48	6.74	6.93	7.08	7.23

2. 作用关系分析

对延安市 2018~2022 年影响因素数据做岭回归分析,将延安市相关影响因素数据代入 SPSS 与 NCSS 软件计算,得出 K 为 0.084,岭迹图与岭回归计算结果如图 2-6-16、表 2-6-12 所示。

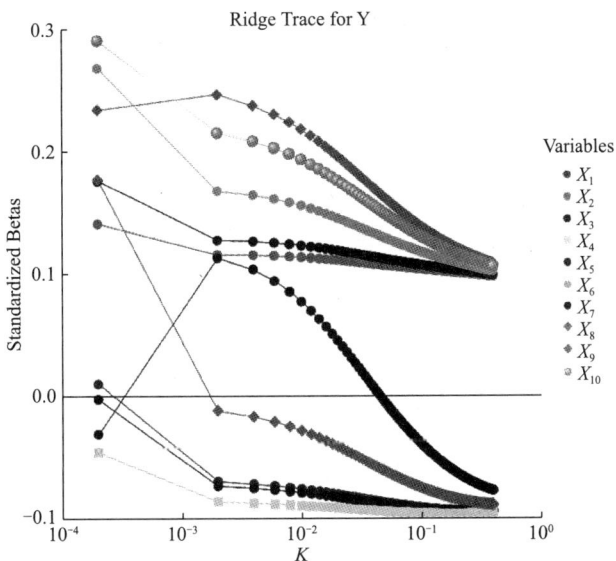

图 2-6-16 延安市岭迹图

延安市岭回归结果 表 2-6-12

	标准回归系数	VIF		标准回归系数	VIF
人均 GDP (X_1)	−0.0903	0.0326	新开工面积 (X_7)	−0.0318	1.2233
固定资产总投资 (X_2)	0.1044	0.0174	商品房销售面积 (X_8)	0.1434	0.5463
人均可支配收入 (X_3)	−0.0914	0.0273	第二产业占比 (X_9)	−0.0721	0.2084
商品住房销售均价 (X_4)	−0.0954	0.0146	第三产业占比 (X_{10})	0.1342	0.3448
城镇化率 (X_5)	0.1080	0.0307	常数项	11.25516	
商品住房开发投资 (X_6)	0.1202	0.1287			

由计算结果可知,各自变量方差膨胀因子 VIF 值均小于 5,已不存在共线性,符合经济学意义。模型方程为:

$$y = -0.090x_1 + 0.104x_2 - 0.091x_3 - 0.095x_4 + 0.108x_5$$
$$+ 0.120x_6 - 0.032x_7 + 0.143x_8 - 0.072x_9 + 0.134x_{10} + 11.26$$

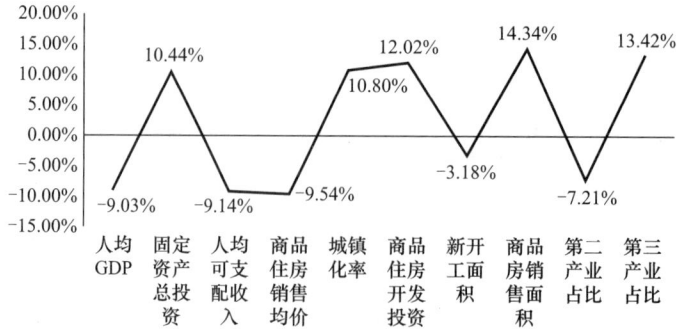

图 2-6-17　延安市影响因素作用关系

该模型计算结果表明，延安市 2018～2022 年房价收入比正向影响因素按影响程度从大到小排序前三依次为：商品房销售面积（14.3％）、第三产业占比（13.4％）和商品住房开发投资（12.0％）；负向影响程度位列前三的分别为：商品住房销售均价（9.5％）、人均可支配收入（9.1％）和人均 GDP（9.0％），如图 2-6-17 所示。结合延安市影响因素预测与回归分析结果表明，从供给侧看，房价收入比与新开工面积呈负相关，与商品住房开发投资呈正相关。根据预测趋势看，未来应控制商品房开发投资、减少新开工面积，保证房价收入比在合理范围。城镇化的过程，随着住房需求的上升，也会推动房价收入比的上涨，但城镇化是发展的趋势，在推动城镇化建设的时候一定要避免房价的过快上涨，使工资的上涨速度和房价的上升相一致，要保证老百姓买得起、住得起房。

（四）延安市房地产调控政策仿真及建议

系统力学因果关系图及系统动力学流图如西安市房地产市场调控政策系统动力学流图，由于各地市房地产市场现状存在差异，所以对系统动力学模型中的水平变量、辅助变量以及常数的设定做以下改变。

1. 延安市住房发展政策系统动力学模型构建

1）水平变量初始值及常数值确定

（1）城市人口，根据 2012 年的《陕西统计年鉴》可知，2011 年延安市常住人口为 219.4 万人，因此将 219.4 万人设定为延安市人口的初始值。

（2）城市 GDP，根据 2012 年《陕西统计年鉴》，将 2011 年的城市 GDP 设定为初始值即 1113.5 亿元。

（3）住宅需求变量，根据 2012 年《陕西统计年鉴》，将 2011 年延安市商品住宅销售面积 63.7 万 m² 设定为住宅需求量的初始值。

（4）住宅供给变量，根据 2012 年《陕西统计年鉴》，将 2011 年延安市商品房竣工面积 107.57 万 m² 设定为住宅供应量的初始值。

2）辅助变量初始值及常数设定

（1）常住人口、人口增长系数及家庭规模。根据《陕西统计年鉴》中宝鸡市常住人口的变化对人口增长系数进行测算。拆迁户数因《陕西统计年鉴》中无统计精确数据，根据文献分析估计，结婚人口比例＝该年平均每天结婚登记人口数×365/该年人口总数。由于《陕西统计年鉴》统计数据不全，家庭规模数近似取为3（表2-6-13）。

2011～2016年延安市人口数据　　　　表 2-6-13

年份	常住人口（万人）	人口增长系数
2011	219.4	0.0024
2012	219.81	0.0019
2013	220.61	0.0036
2014	221.43	0.0037
2015	223.13	0.0076
2016	225.28	0.0095

（2）2011～2016年延安市经济情况数据（表2-6-14）。

2011～2016年延安市经济数据　　　　表 2-6-14

年份	GDP（亿元）	经济增长系数	人均生产总值（元）	城镇居民人均可支配收入（元）	居民收入占GDP的比例
2011	1113.35	0.2047	50807	21188	41.70%
2012	1271.02	0.1240	57876	28405.67	49.08%
2013	1354.14	0.0614	61493	27707.01	45.06%
2014	1386.09	0.0231	62714	27025.53	43.09%
2015	1198.63	−0.1564	53925	26360.82	48.88%
2016	1082.91	−0.1069	48300	25712.45	53.23%

（3）2011～2016年延安市住宅房地产市场统计数据（表2-6-15）。

2011～2016年延安市住宅房地产数据　　　　表 2-6-15

年份	住宅投资总额（万元）	住宅开发投资占GDP比例	销售面积（万 m²）	新开工面积（万 m²）	竣工面积（万 m²）
2011	694422.98	5.39%	63.73	65.11	107.57
2012	507378.22	5.46%	95.14	398.36	117.77
2013	729113.78	3.75%	57.28	221.87	88.38
2014	804995.43	5.26%	61.81	355.69	160.20
2015	972473.00	6.72%	80.31	157.31	269.65
2016	830348.00	8.98%	143.98	273.41	187.71

（4）土地成本是商品房住宅建设成本中最重要的组成部分，本书利用综合地价作为土地成本进行测算住宅楼面地价。由于土地综合地价、住宅开发投资比例以及容积率对地价有影响，所以楼面地价有以上影响因素计算得出。税费按照房价总额的20%计算；容积率按照3.5计算。建安成本根据统计年鉴中相关数据测算。房地产开发贷款利率按照半年至1年的利率取值，商业银行贷款按照5年以上贷款利率取值，具体如表2-6-16所示。

2011～2016 年商业银行基准利率

表 2-6-16

年份	1～3 年利率（%）	5 年以上利率（%）
2011	6.4	6.8
2012	6.4	6.8
2013	6.15	6.55
2014	6.0	6.15
2015	5	5.15
2016	4.75	4.9

2. 构建流图方程式

1）住宅新开工面积＝0.0000639×住宅开发投资＋205.6009

说明：根据所得各系数影响因素的因果关系以及所搜集的相关历史数据，运用 SPSS20.0 软件进行回归分析。

2）人口增长＝城市人口×人口增长系数（单位：万人）

3）人均 GDP＝城市 GDP/城市人口

4）人均住宅面积＝STEP（29.3，2011）＋STEP（5.62，2013）＋STEP（0.98，2014）＋STEP（1，2015）＋（1.7，2016）（单位：m^2/人）

5）人均可支配收入＝人均 GDP×可支配收入占 GDP 比例（单位：元/人）

6）住宅开发投资＝城市 GDP×住宅开发投资比例（单位：万元）

7）住宅新竣工面积＝－0.054239×住宅新开工面积＋168.5193

8）住宅预售面积＝9.96×住宅新开工面积＋30249.8

9）住房价格＝综合成本×供求比对住宅价格的影响程度×（1＋利润率）（单位：元/m^2）

10）住房供给＝INTEG（新增供给－供给实现，107.57）（单位：万 m^2）

11）住房需求＝INTEG（新增需求－需求实现，151.934）（单位：万 m^2）

12）房价收入比＝人均住宅面积×住房价格/人均可支配收入

13）新增供给＝住宅新竣工面积×0.1＋住宅预售面积（单位：万 m^2）

说明：当年竣工面积中，预计有 10% 的竣工面积转化为现房销售。

14）楼面地价＝综合地价/平均容积率×住宅开发投资比例对地价的影响（单位：元/m^2）

15）消费需求＝房价收入比影响程度×银行利率对需求的影响×（人口增长×0.5×人均住宅面积＋城市人口×0.2×0.5×人均住宅面积＋结婚比例×0.8×城市人口×人均住宅面积＋拆迁户数×家庭规模×0.5×人均住宅面积）（单位：万 m^2）

说明：由城市住房需求算法得出，估算新增人口中的 50% 有购房需求，城市人口中有 20% 属于高收入人群，他们中有 50% 有改善性购房需求，拆迁人口中有 50% 有购房需求，结婚人口中有 80% 的有购房需求。

16）综合成本＝（建安成本/0.65＋楼面地价）×（1＋0.7×2×开发贷款率）×（1＋开发税率）（单位：元/m^2）

说明：公式中的数据是根据房地产开发的经验数据估计而得。估计除土地成本外，开发成本里建安成本占65％，整个项目开发过程中有70％的直接成本需要靠银行长期贷款支持，且平均贷款期限为2年。

17）需求实现面积＝住宅销售面积（单位：万 m²）

18）模型中的表函数见表2-1-17（同西安市）。

3. 政策模型的检验

1）政策模型的检验

本书主要对模型进行有效性检验，将系统仿真的结果同实际的房地产价格按照上述方法进行对比，对比结果如表2-6-17所示。

根据计量经济学相关理论，普遍认为模型的总体仿真和预测性能较好的标准为每个变量的相对误差的绝对值不超过10％。从表2-6-17可以看出仿真数据与真实数据的误差都小于10％，说明系统模型有效。

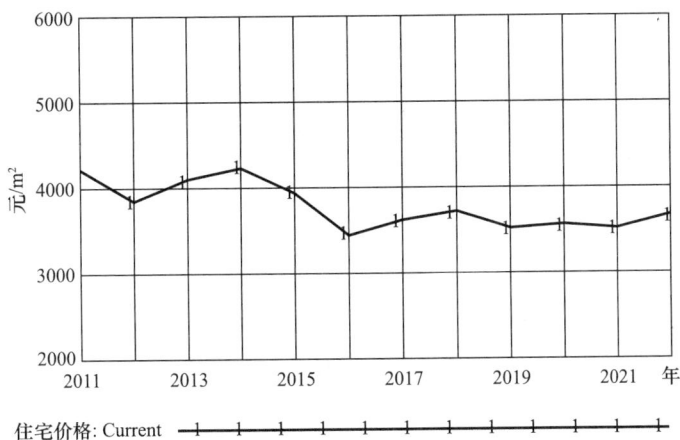

图 2-6-18 住宅价格

2011～2016年延安市商品房价格仿真值与实际值误差   表 2-6-17

年份	真实数据	仿真数据	相对误差
2011	4310.00	4200.08	−2.5503％
2012	3761.58	3840.66	2.1022％
2013	4131.83	4104.24	−0.6678％
2014	4058.92	4221.08	3.9952％
2015	3810.63	3928.96	3.1052％
2016	3567.00	3435.67	−3.6818％

2）灵敏度检验及政策实验调控结果分析

灵敏度检验是通过改变模型参数比较模型输出结果，从而确定修改的变量对模型环境的影响。利用灵敏度分析，可以阐述系统中分析的变量或直接被定义为常量的数的变化对系统中其他变量的影响。

（1）税收政策调控实验

我国的开发税率大概占到总成本的20％左右，比例比较大，现拟将商品房开发税率下调5%，其他指标保持不变，可以得出房地产价格的变化情况如图 2-6-19、表 2-6-18 所示。

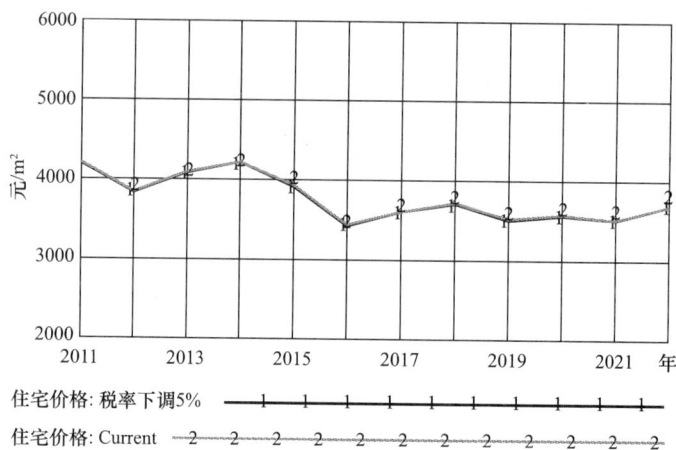

图 2-6-19　开发税率调整前后住宅价格对比

开发税率调整前后对比　　　　　　　　　　　　　　　表 2-16-18

年份	2011	2012	2013	2014	2015	2016
原始数据	4200.08	3840.66	4104.24	4221.08	3928.96	3435.67
调控数据	4187.41	3827.54	4089.97	4205.6	3915.65	3424.79
变化情况	−0.30%	−0.34%	−0.35%	−0.37%	−0.34%	−0.32%
年份	2017	2018	2019	2020	2021	2022
原始数据	3608.95	3714.61	3517.67	3566.82	3518.72	3680.57
调控数据	3597.51	3702.84	3506.52	3555.51	3507.56	3668.9
变化情况	−0.32%	−0.32%	−0.32%	−0.32%	−0.32%	−0.32%

　　从税收政策调控的数据结果可以看出，开发税率下降 5% 使得房价下降约为 0.33%，开发税率对房价的影响较小，且变化趋势稳定，未来，延安市应保持税收政策的稳定，将有利于延安市房地产市场的稳定发展。

　　（2）货币政策调控实验

　　本书的利率指标是指商业银行规定的 1～3 年年期贷款利率，在接下来的货币政策的调控实验中，将该利率指标数值进行调整，利率下浮 20%，其他指标保持不变，房价变动情况如图 2-6-20、表 2-6-19 所示。

　　根据货币政策的调控结果发现，住房贷款利率下浮 20%，住房价格将下降 0.67%，相对于税收政策，货币政策对住宅价格的影响较为明显，且变化趋势稳定，所以，延安市的货币政策也应该维持稳定。

　　（3）土地政策调控实验

　　在进行土地价格指标调控实验时，将土地价格下浮 10%，其他指标保持不变，住宅价格变化情况如图 2-6-21 所示。从对照表 2-6-20 可以看出，当综合地价下浮 10% 时，商品住宅价格下降约 1.54%。

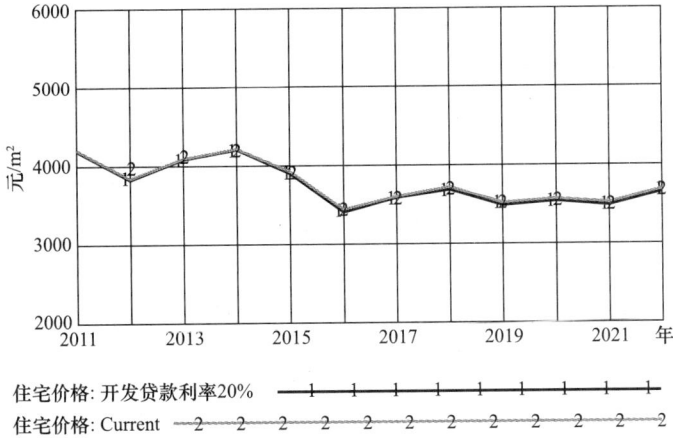

图 2-6-20 开发贷款利率调整前后住宅价格对比

住房贷款利率调整对比 表 2-6-19

年份	2011	2012	2013	2014	2015	2016
原始数据	4200.08	3840.66	4104.24	4221.08	3928.96	3435.67
调控数据	4183.45	3819.95	4078.59	4190.34	3900.66	3411.2
变化情况	−0.40%	−0.54%	−0.62%	−0.73%	−0.72%	−0.71%
年份	2017	2018	2019	2020	2021	2022
原始数据	3608.95	3714.61	3517.67	3566.82	3518.72	3680.57
调控数据	3583.24	3688.14	3492.61	3541.4	3493.64	3654.34
变化情况	−0.71%	−0.71%	−0.71%	−0.71%	−0.71%	−0.71%

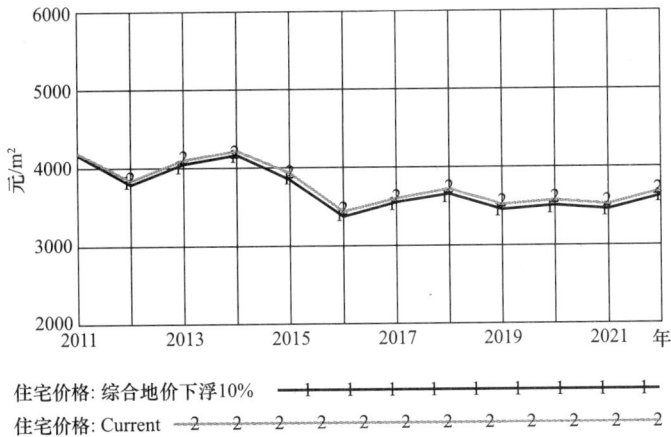

图 2-6-21 综合地价调整前后住宅价格对比

综合地价调整对比 表 2-6-20

年份	2011	2012	2013	2014	2015	2016
原始数据	4200.08	3840.66	4104.24	4221.08	3928.96	3435.67
调控数据	4173.45	3783.79	4046.2	4158.37	3854.62	3372.24
变化情况	−0.63%	−1.48%	−1.41%	−1.49%	−1.89%	−1.85%

年份	2017	2018	2019	2020	2021	2022
原始数据	3608.95	3714.61	3517.67	3566.82	3518.72	3680.57
调控数据	3548.22	3653.26	3459.04	3509.27	3464.06	3623.46
变化情况	−1.68%	−1.65%	−1.67%	−1.61%	−1.55%	−1.55%

从土地政策的调控的数据结果可以看出，综合地价下浮 10%，住宅价格下浮 1.54%，较税收政策与货币政策对住宅价格的影响，土地政策对住宅价格影响较为明显，且影响趋势出现波动现象，所以延安市应关注土地政策对于房地产市场的作用，注意维持其总体稳定的趋势。

07 榆林市房地产市场调控政策研究

（一）榆林市房地产市场结构分析

1. 榆林市房地产市场供给现状总结

1）土地供应面积波动下降

2011～2016 年间，榆林市土地计划供应面积总体呈下降趋势，由 2011 年的 1363.58 万 m² 降至 2016 年的 212.05 万 m²。其中，住宅土地供应面积、商办土地供应面积分别由 2011 年的 730.34 万 m²、633.24 万 m² 下降至 2016 年的 167.29 万 m²、44.76 万 m²，其次，榆林市土地供应面积增长率、住宅土地供应面积增长率、商办土地供应面积增长率均表现出很大的波动性，总体均呈下降趋势，分别下降至 2016 年的 −71.60%、−58.08%、−87.12%，具体见图 2-7-1 所示。

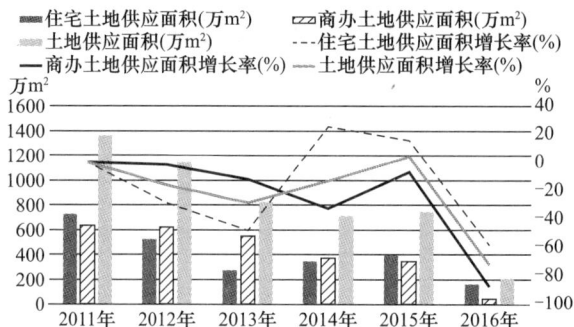

图 2-7-1 2011～2016 年榆林市土地计划供应面积情况

2）房地产开发投资总量波动上涨

2011～2017 年间，榆林市商品房开发投资总体呈上涨趋势，由 2011 年的 21.67 亿元增至 2017 年的 63.21 亿元；2011～2015 年间，商品房开发投增长率呈 "V" 形变化，2012 年达到峰值 148.70%，2015 年最低为 −31.21%，2015～2017 年小幅上涨，2017 年上涨至 19.51%，2012 年增长率最高为 39.46%，2015 年最低为 0.83%。其中，榆林市商品住房开发投资在 2011～2017 年期间呈 "N" 形波动，总体呈上涨趋势，由 18.21 亿元增至 53.39 亿元，具体见图 2-7-2。

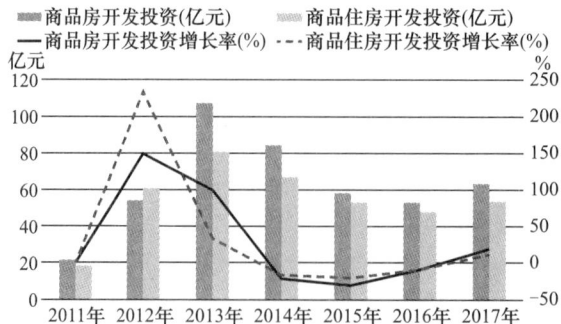

图 2-7-2 2011～2017 年榆林市房地产开发投资情况

3）房地产施竣工面积、新开工面积总体上涨，增长率波动明显

2011～2017 年间，榆林市商品房施工面积总体呈上涨趋势，由 2011 年的 91.98 万 m² 快速上涨至 2012 年的 383.94 万 m²，2012～2017 年有小幅波动，2017 年商品房施工面积为 399.19 万 m²；2011～2015 年竣工面积呈倒"V"形波动，2014 年达到峰值 218.00 万 m²，2015 年迅速下降至最低值 57.07 万 m²，2016 年有所上涨，2017 年小幅下降，降至 91.84 万 m²；新开工面积由 2011 年的 68.40 万 m² 小幅涨至 2017 年的 90.85 万 m²，其中 2012 年新开工面积达到最高值为 368.17 万 m²。其次，施竣工面积和新开工面积增长率也表现出很大的波动性，施工面积增长率和新开工面积增长率均在 2012 年达到最高，分别为 317.41%、438.26%，竣工面积增长率在 2016 年达到峰值 111.61%，具体见图 2-7-3。

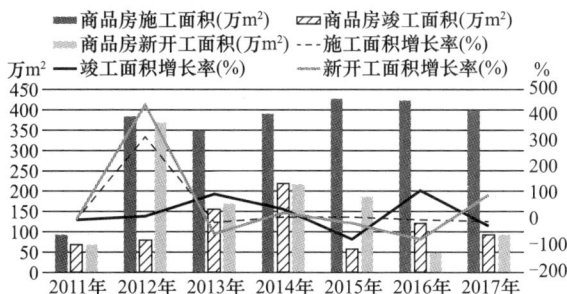

图 2-7-3　2011～2017 年榆林市商品房供给指标情况

4）商品房供给类型以住宅为主，占比量小幅下降

2011～2017 年间，榆林市新建商品房供给类型以住宅为主，占比总体量小幅下降。其中住宅施工面积占总面积的比例在 86.04%～97.34% 变动，住宅竣工面积占比总体呈下降趋势，从 2011 年的 91.59% 降至 2017 年的 77.66%；商办施工面积和竣工面积占比总体较低，商办竣工占比波动明显，由 2011 年的 8.41% 降至 2012 年的最低值 3.56%，2013 年大幅上涨，2014～2015 年持续下降，2015～2017 年持续上涨至 22.34%，总体上，住宅在商品房市场的供应中占绝对地位，具体见图 2-7-4。

2. 榆林市房地产市场需求现状总结

1）商品房销售面积总体上涨，二手房成交量涨幅明显

2011～2017 年间，榆林市商品房销售面积与品住房销售面积总体均呈上涨趋势，由 2011 年 42.48 万 m²、41.65 万 m² 上涨至 2013 年的 69.42 万 m²、67.70 万 m²，2013～2015 年持续下降至 60.68 万 m²、55.85 万 m²，2016 年迅速上涨至 192.47 万 m²、181.15 万 m²，2017 年小幅降至 150.86 万 m²、138.34 万 m²；商品房销售面积和商品住房销售面积增长率波动明显，其次，2014～2017 年期间，榆林市二手房成交量和二手住宅成交量总体呈"V"形增长，分别从 2014 年 31.86 万 m²、29.27 万 m² 持续下降至 2016 年 27.21 万 m²、25.30 万 m²，2017 年又上涨至 42.14 万 m²、40.75 万 m²；二手商办销售面积持续下降，从 2014 年 2.60 万 m² 下降至 2017 年 1.39 万 m²。具体见图 2-7-5、图 2-7-6。

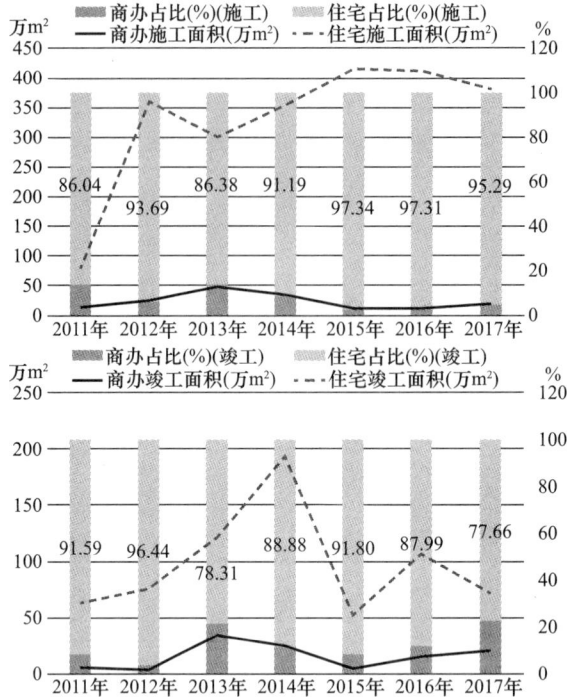

图 2-7-4 2011～2017 年榆林市住宅和商办竣工、施工面积及其占比

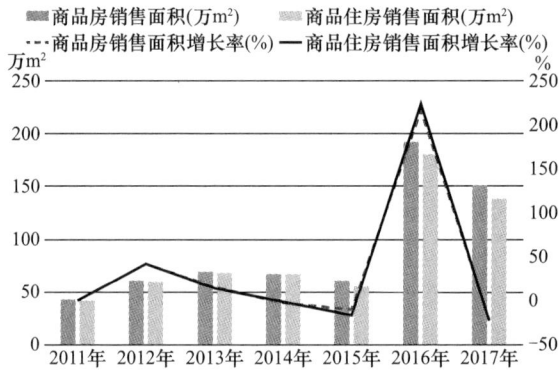

图 2-7-5 2011～2017 年榆林市商品房和商品住房销售面积及增长率

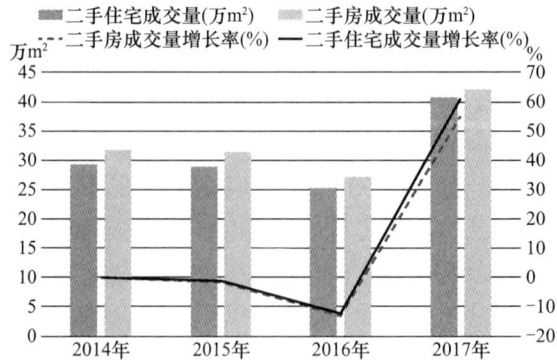

图 2-7-6 2014～2017 年榆林市二手商品房和二手商品住房成交量及增长率

2）销售类型以住宅为主，占比近九成

2011～2017 年间，榆林市商品房销售类型以住宅为主，新建商品房销售面积和二手住宅成交量基本占整个市场需求总量的 90％以上，在商品房销售市场的需求中占据绝对地位。商品住房销售面积占比大部分在 90％以上，其中 2014 年占比最高为 98.73％，2017 年占比最低，为 91.70％，二手住宅成交量占比都在 90％以上，二手住宅成交量在二手商品房市场的需求中占据绝对地位并保持增长趋势，二手商办占比 4 年来呈下降趋势。如图 2-7-7、图 2-7-8 所示。

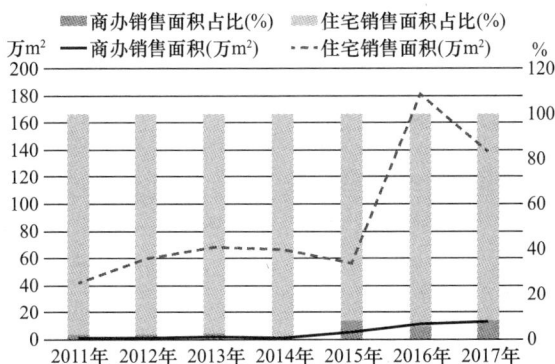

图 2-7-7　2011～2017 年榆林市新建商品房需求类型结构相关指标

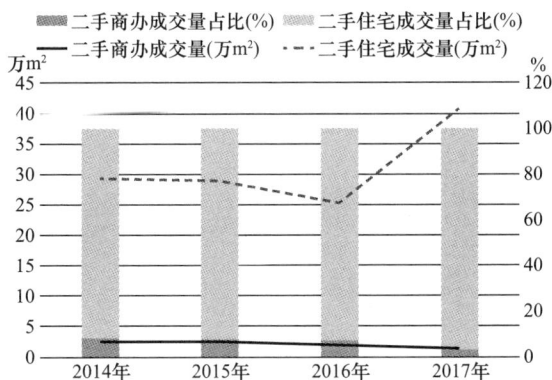

图 2-7-8　2014～2017 年榆林市二手商品房需求类型结构相关指标

3）商品房销售价格波动下降

2011～2017 年间，榆林市商品住房销售价格呈"N"形波动，其中 2011～2013 年持续上涨至 6425 元/m²，2013～2016 年持续下降至 4511 元/m²，2017 年涨至 4724 元/m²。2018 年 1～6 月，商品住房销售价格呈下降趋势，由 2018 年 1 月的 5546 元/m² 下降到 2018 年 6 月的 4670 元/m²。2015 年上半年～2018 年上半年，榆林市二手住宅交易价格呈"M"形波动，由 2015 年上半年的 5277 元/m² 增长至 2015 年下半年的 4346 元/m²，2016 年上半年降低至 4325 元/m²，2016 年下半年上涨至 4630 元/m²，2016 年下半年～2018 年上半年持续下降至 4055 元/m²。如图 2-7-9、图 2-7-10、图 2-7-11 所示。

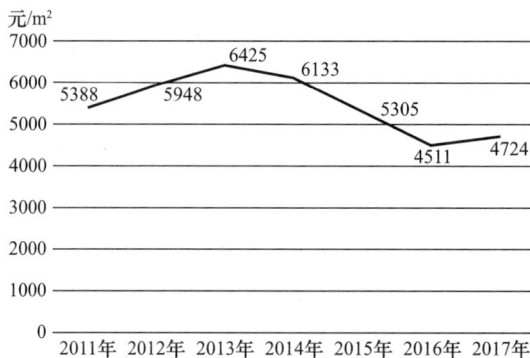

图 2-7-9 2011～2017 年榆林市商品住房销售均价（元/m²）

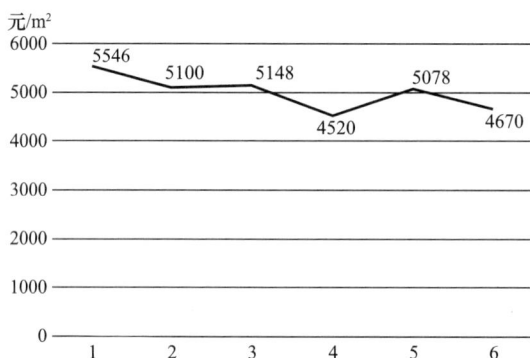

图 2-7-10 2018 年上半年榆林市商品住房销售均价（元/m²）

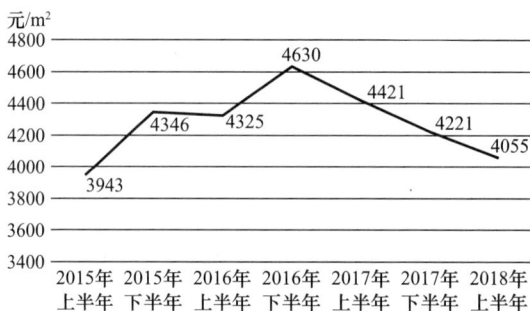

图 2-7-11 2015 年上半年～2018 年上半年榆林市二手住宅交易均价（元/m²）

4）商品房库存压力减小

榆林市商品房整体库存压力减小。2011～2017 年间，榆林市住宅累计待售面积整体上呈现为倒"V"形波动，2011～2015 年持续上涨，由 50.36 万 m² 增长为 421.00 万 m²，后缓降至 2017 年底 276.62 万 m²；住宅去化周期整体呈"V"形波动，2011 年至 2012 年基本平稳，由 14.51 个月降低至 11.56 个月，然后持续上升至 2015 年的 90.46 个月，之后快速下降至 2017 年的 21.59 个月，见图 2-7-12。2018 年上半年榆林市商业办公楼累计待售面积整体呈下降趋势，其中 6 月份达到谷底 228.39 万 m²，商办去化周期呈倒"V"形波动，具体见图 2-7-13 所示。

图 2-7-12　2011~2017 年榆林市住宅待售面积及去化周期

图 2-7-13　2018 年 1~6 月榆林市商办待售面积及去化周期

3. 榆林市房地产市场结构分析

1）房地产市场供需总量呈非均衡状态

2011~2017 年间，榆林市房地产市场总体供需总量呈不稳定的非均衡状态。由图 2-7-14 可以看出，2011~2014 年，榆林市的商品房施工面积始终大于商品房销售面积，其比例整体呈逐渐增大趋势且均大于 1，该阶段房地产试产处于明显的供过于求状态，尤以 2014 年最为显著。2015 年出现明显拐点，两者比值基本接近持平，说明在 2015 年商品房供给和需求处于平衡状态，2016 年后，榆林市的住宅供销比降低至 1 以下，最终至 2017 年 0.61，且此时住房竣工面积小于销售面积，说明在 2016~2017 年间房地产供给量处于供不应求状态。

2）房地产市场供需结构失衡

2011~2017 年间，从房地产开发投资结构分析来看，商品房开发投资波动上涨，商品住房投资占房地产开发投资比重基本维持在 70% 左右，其他性质的房地产开发投资均偏少；从房地产类型结构分析来看，榆林市商品房销售类型以住宅为主，新建商品住房销售面积和二手住宅成交量基本占整个市场需求总量的 80% 以上，在商品房销售市场的需求中占据绝对地位；从销售住宅均价来看，榆林市新建商品住房销售价格呈下降趋势，二手住宅交易价格呈上升趋势，商品房总体供过于求，榆林市房地产处于供需结构不平衡状态（表2-7-14）。

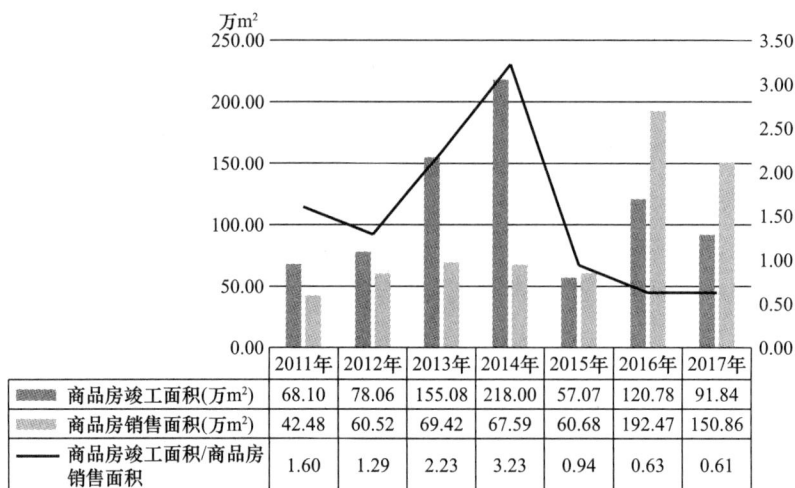

	2011年	2012年	2013年	2014年	2015年	2016年	2017年
商品房竣工面积(万m²)	68.10	78.06	155.08	218.00	57.07	120.78	91.84
商品房销售面积(万m²)	42.48	60.52	69.42	67.59	60.68	192.47	150.86
商品房竣工面积/商品房销售面积	1.60	1.29	2.23	3.23	0.94	0.63	0.61

图 2-7-14　2011～2017 年咸阳市房地产市场供需总量指标

（二）榆林市房地产政策梳理及绩效评价

1. 榆林市住房发展政策概况

1）榆林市住房发展政策概况

榆林市从 2007 年到 2018 年共发布了 26 条住房发展政策，其中 2014 年和 2015 年发

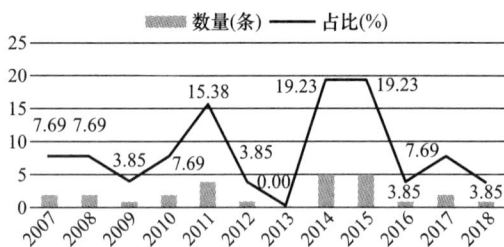

图 2-7-15　榆林市历年发布政策数量及占比图

布政策最多，均为 5 条，占发布政策总量的 19.23%，而 2013 年没有发布政策，且 2009 年、2012 年、2016 年、2018 年发布政策最少，均为 1 条，占发布政策总量的 3.85%，具体如图 2-7-15 所示。

从政策类型来看，榆林市发布的住房发展政策中，通知、办法、意见最多，这三种政策总和占发布政策总量的 84.62%，而其他类型的政策中除发布 2 条方案外，其他均为 1 条，均占发布政策总量的 3.85%，具体如表 2-7-1 所示。

榆林市发布政策类型数量及占比 　　　　　　表 2-7-1

政策类型	通知	办法	规定	方案	意见	计划	通告
数量（条）	9	7	1	1	6	1	1
占比（%）	34.62	26.92	3.85	3.85	23.08	3.85	3.85

2）榆林市重要政策回顾

2007 年 2 月榆林市颁布《榆林市人民政府关于进一步加强土地管理和调控有关工作的通知》，旨在落实土地管理制度，增强土地调控的预见性、针对性和有效性。明确从强化新增建设用地审批管理、确保基础设施和重点建设项目用地需求、提高土地集约节约利用水平、落实房地产调控土地政策、深入推进土地市场规范化建设等方面强化土地管理。

2007年3月榆林市颁布《榆林市城镇廉租住房管理办法》，从廉租住房的保障标准、资金来源及优惠政策、申请、审核及退出管理等方面入手，以建立和完善城镇廉租住房制度，保障城镇低收入家庭的基本住房需要。

2008年1月榆林市颁布《榆林市人民政府关于进一步加强土地管理的紧急通知》，旨在加强各级政府对土地管理的职责，促进土地节约集约利用，提高土地的经济效益和社会效益，明确要加强城市土地总体规划管理、严格落实耕地保护制度、加强建设用地审批管理、强化土地市场管理、加强各类开发园区用地管理以及要加大土地执法监察力度。

2009年9月榆林市颁布《榆林市人民政府办公室关于做好全市保障性安居工程建设工作的通知》，从保障性安居工程建设的重要性、工作目标、工作重点以及落实责任加强推进保障性安居工程的建设等方面出发，以切实解决城市低收入家庭的住房困难。

2010年5月榆林市颁布《榆林市人民政府关于坚决遏制房价过快上涨促进房地产市场平稳健康发展的通知》，首次发布了坚决遏制房价过快上涨促进房地产市场平稳健康发展的通知，明确从供给端和需求端同时发力，并提出要大力发展县域房地产市场，以及进一步加强房地产市场监管。

2011年3月榆林市颁布《榆林市人民政府办公室关于进一步做好房地产市场调控工作的通知》，旨在进一步做好房地产市场的调控工作，在2010年5月发布的19号文件的基础上，进一步提出了加强税收监管、强化差别化住房信贷政策等税收金融政策。

2011年4月榆林市颁布《榆林市人民政府关于印发榆林市限价商品房管理办法（试行）的通知》，从项目建设、供应对象、价格管理和政策支持以及监督管理等方面出发，来规范限价商品房的建设和管理工作。

2011年7月榆林市颁布《榆林市房地产市场监管办法》，从土地供应、项目审批、商品房销售的角度出发，旨在加强房地产市场监管，规范房地产市场秩序。

2011年9月榆林市颁布《榆林市人民政府关于印发榆林市国有土地上房屋征收与补偿实施办法（暂行）等六个规范性文件的通知》，包括：《榆林市国有土地上房屋征收与补偿实施办法（暂行）》《榆林市国有土地上房屋征收与补偿工作规程（暂行）》《榆林市国有土地上房屋征收评估办法（暂行）》《榆林市房屋征收社会稳定风险评估办法（暂行）》《榆林市国有土地上房屋征收补偿费用管理和使用办法（暂行）》《榆林市实施房屋征收与补偿听证办法（暂行）》。

2011年9月榆林市《榆林市人民政府关于印发榆林市棚户区改造管理办法等三个规范性文件的通知》，分别有：《榆林市棚户区改造管理办法（暂行）》《榆林市城中村改造管理办法（暂行）》《榆林市旧城区改造优惠政策（暂行）》。

2014年2月榆林市颁布《榆林市人民政府办公室关于印发榆林市2014年度保障性安居工程目标任务及考核办法的通知》，从考核对象、目标任务、考核方式以及考核奖惩出发，来加快推进保障性安居工程的建设，并明确建设任务，落实工作责任。

2014年8月榆林市颁布《榆林市人民政府办公室关于进一步严格征地拆迁管理工作切实维护群众合法权益的紧急通知》，旨在规范拆迁行为，保障群众合法权益，明确提出政府应该充分认识做好征地拆迁管理工作的重要意义，要求遵守征地程序、控制拆迁规模，并且要求全面检查，坚决纠正违法违规征地拆迁行为。

2014年8月榆林市颁布《榆林市人民政府办公室关于印发榆林市廉租住房和公共租赁住房并轨运行管理实施意见（试行）的通知》，从规划、制度、管理等方面入手，改善群众住房条件，加快推进廉租住房和公共租赁住房统筹建设、并轨运行，以实现住有所居。

2014年9月榆林市颁布《榆林市人民政府办公室关于进一步加强保障性安居工程建设管理工作的意见》，旨在进一步加强全市保障性安居工程建设管理工作，并提高建设管理工作的效率，提出加快进度、加强管理和落实政策的方式及其具体措施。

2014年11月榆林市颁布《榆林市人民政府办公室关于印发榆林市棚户区改造实施办法的通知》，从资金筹措、用地规划审批、征收补偿和优惠政策等方面入手，来推进和规范棚户区改造工作，并以此改善困难群众的住房条件。

2015年3月榆林市颁布《榆林市人民政府办公室关于印发榆林市市本级2015年度国有建设用地供应计划的通知》，为科学调控土地市场，合理配置土地资源，促进土地供应的规范化、制度化、科学化，给出了各类供地区域分布表及一些保障措施。

2015年5月榆林市颁布《榆林市人民政府关于进一步加强住房公积金管理工作的意见》，为了更好发展住房公积金制度的保障作用，明确提出要规范住房公积金的缴存，并提出要降低门槛、提升服务。

2015年9月榆林市颁布《榆林市人民政府关于进一步促进全市房地产市场平稳、健康发展的意见》，为全面贯彻落实国家近期连续出台的稳定住房消费政策，促进全市房地产市场平稳健康发展，提出了以下措施：积极引导住房合理消费；加大金融贷款、住房公积金贷款以及税费政策的支持力度；优化住房及用地供应结构；利用市场存量房，大力培育和发展房屋租赁市场。

2016年7月榆林市颁布《榆林市人民政府办公室关于印发榆林市房地产去库存优结构实施意见的通知》，旨在有效化解库存，优化供给，促进全市房地产市场平稳健康发展，明确要求加大棚户区改造货币化安置力度、落实企业贷款和信贷支持政策、落实税收优惠政策、培育发展住房租赁市场、优化房地产发展环境。

2017年1月榆林市颁布《榆林市人民政府关于印发榆林市物业市场监管办法的通知》，规定了部门职责、物业监管两个方面的内容，以期进一步加强和规范物业管理，全面提升物业服务水平，促进物业市场健康发展。

2018年9月榆林市颁布《榆林市人民政府关于印发榆林市房屋租赁管理办法（试行）的通知》，旨在加强城市房屋租赁管理，保障房屋租赁当事人的合法权益，促进房屋租赁市场健康有序发展，明确规定了租赁管理、当事人的权利和义务以及转租等方面的内容。

2. 基于政策工具的榆林市政策结构分析

1）文本选取

由于涉及房地产行业的政策文本数量众多，为了保证政策选取的准确性和代表性，笔者按照与房地产市场调控密切相关的原则对政策文本进行了整理和遴选，政策类型主要选取2011年后颁布的法律法规、规划、意见、办法、通知、公告等体现政府政策的文件，最终梳理了有效政策样本19份。具体如表2-7-2所示。

榆林市住房发展政策文本　　　　　　　　表 2-7-2

序号	政策名称
1	榆林市人民政府办公室关于进一步做好房地产市场调控工作的通知
2	榆林市人民政府关于印发榆林市限价商品房管理办法（试行）的通知
3	榆林市房地产市场监管办法
4	榆林市人民政府办公室关于进一步严格征地拆迁管理工作切实维护群众合法权益的紧急通知
5	榆林市人民政府办公室关于印发榆林市廉租住房和公共租赁住房并轨运行管理实施意见（试行）的通知
6	榆林市人民政府办公室关于进一步加强保障性安居工程建设管理工作的意见
7	榆林市人民政府办公室关于印发榆林市国有土地上房屋征收与补偿实施办法（试行）的通知
8	榆林市人民政府办公室关于印发榆林市市本级2015年度国有建设用地供应计划的通知
9	榆林市人民政府关于进一步加强住房公积金管理工作的意见
10	榆林市人民政府关于进一步促进全市房地产市场平稳健康发展的意见
11	榆林市人民政府办公室关于印发榆林市房地产去库存优结构实施意见的通知
12	榆林市人民政府关于印发榆林市物业市场监管办法的通知
13	榆林市人民政府关于进一步加强中心城区规划建设管控工作的通告
14	榆林市人民政府关于印发榆林市房屋租赁管理办法（试行）的通知
15	榆林市人民政府关于印发榆林市棚户区改造管理办法等三个规范性文件的通知
16	榆林市人民政府办公室关于进一步加强农村危房改造工作的通知
17	榆林市人民政府办公室关于印发全市国有土地使用权出让收支管理问题清理整改工作方案的通知
18	榆林市人民政府办公室关于印发榆林市棚户区改造实施办法的通知
19	榆林市人民政府办公室关于印发榆林市棚户区综合整治改造实施意见的通知

2）单元编码

样本的分析类目包括"组织人事""财政税收""鼓励引导""行政强制""资质评价""培训考核""税收措施""金融措施""其他经济""标准规范""强制要求""市场监管""开发""规划""设计""施工""采购""销售""运营管理"和"拆除转移"。而分析单元则为住房发展政策文本的有关条款。

本书首先对已遴选出的19份政策文本内容按照"政策编号—具体条款/章节"进行编码；然后，根据已建立的住房发展政策二维分析框架，将其分别归类，最终形成了基于政策工具的住房发展政策文本的内容分析单元编码表（表2-7-3）。

政策文本内容分析单元编码　　　　　　表 2-7-3

序号	政策名称	政策文本的内容分析单元	编码
1	榆林市人民政府办公室关于进一步做好房地产市场调控工作的通知	加大保障性住房建设力度	1-1
		加强税收征管	1-2
		强化差别化住房信贷政策	1-3
		严格住房用地供应管理	1-4
		强化房地产市场监管（预售许可管理、预售价格监管、交易行为监管）	1-5
2	榆林市人民政府关于印发榆林市限价商品房管理办法（试行）的通知	项目建设（限价商品房的建设面积、建设用地）	2-1
		限价商品房供应对象	2-2
		限价商品房监督管理（承建企业）	2-3-1
		限价商品房监督管理（骗购限价房）	2-3-2

续表

序号	政策名称	政策文本的内容分析单元	编码
3	榆林市房地产市场监管办法	房地产开发项目建审程序	3-1
		土地供应	3-2
		商品房销售	3-3
4	榆林市人民政府办公室关于进一步严格征地拆迁管理工作切实维护群众合法权益的紧急通知	严格执行征地程序，做好征地补偿工作	4-1
		控制房屋拆迁规模，依法依规拆迁	4-2
		开展全面检查，坚决纠正违法违规征地拆迁行为	4-3
5	榆林市人民政府办公室关于印发榆林市廉租住房和公共租赁住房并轨运行管理实施意见（试行）的通知	统筹规划（工作任务、项目选址、建设标准、房源筹集与存量房源管理）	5-1
		健全制度（保障标准、分配管理及退出机制）	5-2
		规范管理（租赁、资金及物业管理）	5-3
		落实工作责任、定期评估检查	5-4
6	榆林市人民政府办公室关于进一步加强保障性安居工程建设管理工作的意见	从土地投入、政府供应等方面加大保障性安居工程建设进度	6-1
		加强管理（保障性住房、保障范围）	6-2-1
		加强管理（质量监管）	6-2-2
		税费减免政策	6-3-1
		落实配建政策及土地供应政策	6-3-2
		加强组织领导、坚持考核制度并实行奖励和问责	6-4
7	榆林市人民政府办公室关于印发榆林市国有土地上房屋征收与补偿实施办法（试行）的通知	房屋征收与补偿的相关办法	7
8	榆林市人民政府办公室关于印发榆林市市本级 2015 年度国有建设用地供应计划的通知	确保土地供应计划实施、提高土地使用效率	8
9	榆林市人民政府关于进一步加强住房公积金管理工作的意见	规范住房公积金缴存，做好归集扩面工作	9-1
		降低门槛，提升服务	9-2
		加强组织领导（工作考核、部门协同）	9-3
10	榆林市人民政府关于进一步促进全市房地产市场平稳健康发展的意见	积极引导住房合理消费	10-1
		加大金融贷款支持力度	10-2
		加大住房公积金贷款支持力度	10-3
		加大税费政策支持力度	10-4
		优化住房及用地供应结构	10-5
		规范市场秩序，优化发展环境	10-6
		利用市场存量房，大力培育和发展房屋租赁市场	10-7
11	榆林市人民政府办公室关于印发榆林市房地产去库存优结构实施意见的通知	落实企业贷款和信贷支持政策	11-1
		发挥住房公积金作用	11-2
		落实税收优惠政策	11-3
		培育发展住房租赁市场	11-4
		优化房地产规划布局	11-5
		优化房地产发展环境	11-6
12	榆林市人民政府关于印发榆林市物业市场监管办法的通知	明确各部门职责	12-1
		物业市场监管	12-2
13	榆林市人民政府关于进一步加强中心城区规划建设管控工作的通告	明确严控范围，严控中心城区的所有建设项目	13

续表

序号	政策名称	政策文本的内容分析单元	编码
14	榆林市人民政府关于印发榆林市房屋租赁管理办法（试行）的通知	租赁管理（登记备案制度）	14-1
		当事人的权利和义务	14-2
15	榆林市人民政府关于印发榆林市棚户区改造管理办法等三个规范性文件的通知	棚户区改造管理办法、城中村改造管理办法、旧城区改造优惠政策	15
16	榆林市人民政府办公室关于进一步加强农村危房改造工作的通知	严格农村危房改造政策和标准要求	16-1
		加强农村危房改造资金筹措和管理	16-2
		强化农村危房改造质量安全管理	16-3
		切实加强农村危房改造工作的领导	16-4
17	榆林市人民政府办公室关于印发全市国有土地使用权出让收支管理问题清理整改工作方案的通知	整改工作方法步骤	17-1
		整改工作的实施要求	17-2
18	榆林市人民政府办公室关于印发榆林市棚户区改造实施办法的通知	资金筹措	18-1
		用地、规划审批	18-2
		征收补偿	18-3
		优惠政策	18-4
		监督管理	18-5
19	榆林市人民政府办公室关于印发榆林市棚户区综合整治改造实施意见的通知	棚户区综合整治改造的标准	19-1
		棚户区综合整治改造的实施要求	19-2

3）频数统计分析

在对政策工具内容分析单元编码的基础上，按照对房地产业价值链作用阶段归属的判断，将其归类，形成了住房发展政策二维分析分布图，如表 2-7-4 所示。总体上看，19 份住房发展政策兼顾了组织人事、财政税收、鼓励引导和行政强制政策工具的运用，内容涉及房地产行业开发、规划、设计、施工、采购、销售、运营管理和拆除转移八个环节，对房地产的开发利用、运营调控等提供了多方面的激励和规制。

榆林市住房发展政策工具二维分布　　　　表 2-7-4

组织人事	资质评价						
	培训考核			16-4		5-4、6-4、9-3、12-1	17-2、19-2
财政税收	税收措施	6-3-1			1-2、10-4、11-3		
	金融措施				1-3、10-2、11-1		
	其他经济				9-2、10-3、11-2		7、16-3、18-1、18-4
鼓励引导		1-1、6-1、6-3-2、10-7、11-4			10-1	14-2	

续表

		开发	规划	设计	施工	采购	销售	运营管理	拆除转移
行政强制	标准规范			2-1				2-2,	16-1，19-1
	强制要求	1-4，3-1，3-2，8，10-5	5-1，11-5，13		6-2-2			5-2，5-3，6-2-1，9-1，14-1	4-1，4-2，15，17-1，18-2，18-3
	市场监管				2-3-1，16-3	1-5，3-3		2-3-2，10-6，11-6，12-2	4-3，18-5

（1）本政策工具维度分析

基本政策工具分配比例　　　　　　　　表 2-7-5

政策工具	工具名称	条文编号	小计	百分比
组织人事	资质评价	—	0	11.29%
	培训考核	16-4，5-4，6-4，9-3，12-1，17-2，19-2	7	
财政税收	税收措施	6-3-1，1-2，10-4，11-3	4	22.58%
	金融措施	1-3，10-2，11-1	3	
	其他经济	9-2，10-3，11-2，7，16-3，18-1，18-4	7	
鼓励引导		1-1，6-1，6-3-2，10-7，11-4，10-1，14-2	7	11.29%
行政强制	标准规范	2-1，2-2，16-1，19-1	4	54.84%
	强制要求	1-4，3-1，3-2，8，10-5，5-1，11-5，13，6-2-2，5-2，5-3，6-2-1，9-1，14-1，4-1，4-2，15，17-1，18-2，18-3	20	
	市场监管	2-3-1，16-3，1-5，3-3，2-3-2，10-6，11-6，12-2，4-3，18-5	10	
合计			62	100%

榆林市房地产行业政策的基本政策工具维度统计分析结果如表 2-7-5 所示。按照条款项目数计，大部分是行政强制政策工具（54.84%），其次是财政税收政策工具（22.58%），最少的是组织人事政策工具（11.29%）和鼓励引导政策工具（11.29%）。进一步分析可以发现，在行政强制政策工具中，强制要求占了绝大部分，达到 58.82%，包括用地供应管理、开发项目建审程序、质量监管、棚户区改造管理办法等；市场监管占 29.41%，包括房屋限购、商品房市场监管和交易行为监管、物业市场监管、房屋拆除监管等；而标准规范仅占到 11.76%，主要是因为房地产行业发展已经较为成熟，主要的标准规范早已成型，2011 年后新颁布的较少。在财政税收政策工具中，其他经济较多，达到 50%，主要表现为加大住房公积金贷款支持力度、房屋征收与补偿、棚户区改造资金筹措及优惠政策等；税收政策达到 28.57%，主要表现为税收减免政策、加强税收监管等；金融措施较少，为 21.43%，主要表现为强化差别化住房信贷政策、加大金融贷款支持力度等。在组织人事政策工具中，主要以培训考核为主占 100.00%，主要表现为加强组织领导、落实工作责任、实行奖励和问责等。

（2）值链维度分析

在基本政策工具维度分析的基础上，引入价值链维度的影响因素，得到如表 2-7-6 所示的政策工具在价值链上的分布统计结果。

政策工具各环节频数分布统计　　　　　　　　　　　　　　表 2-7-6

	资质评价	培训考核	税收措施	金融措施	其他经济	鼓励引导	标准规范	强制要求	市场监管	小计	百分比
开发	0	0	1	0	0	5	0	5	0	11	17.74%
规划	0	0	0	0	0	0	0	3	0	3	4.84%
设计	0	0	0	0	0	0	1	0	0	1	1.61%
施工	0	1	0	0	0	0	0	1	2	4	6.45%
采购	0	0	0	0	0	0	0	0	0	0	0%
销售	0	1	3	3	3	1	0	0	2	13	20.97%
运营管理	0	3	0	0	0	1	1	5	4	14	22.58%
拆除转移	0	2	0	0	4	0	2	6	2	16	25.81%

据表 2-7-6 所示，19 份榆林市政策文本对房地产行业的发展提供了包括开发（17.74%）、规划（4.84%）、设计（1.61%）、施工（6.45%）、采购（0%）、销售（20.97%）、运营管理（22.58%）和拆除转移（25.81%）阶段的全面干预。根据条款的具体分布，发现绝大多数政策工具都是应用在房地产行业价值链的运营环节和拆除转移环节，其次是销售环节和开发环节，规划环节和施工环节政策工具的运用最少，采购环节和设计环节几乎没有。这说明现阶段陕西省房地产的政策调控是围绕着房地产的前期开发和中期的建设、销售和后期的运营，其主要目的是规范房地产的运营管理，以及对商品房的开发、新建和销售进行监管。

3. 榆林市住房发展政策绩效评价

由于资源丰富，发展迅速，榆林市已经成为全国新一时期的富裕的代名词。榆林市依托丰富的煤炭资源，第二产业发达，近年来经济发展较快，房地产行业投资的力度增大。

由表 2-7-7、表 2-7-8、图 2-7-16 可知，榆林市房地产行业发展迅速，2014 年前，榆林市房地产调控综合效率较高，且较为平稳，显示出投入明显小于产出，也就是房地产价格快速上涨得益于经济增速，国民生产总值连创新高，房地产各项指标都在逐年增长。房地产调控投入指标增幅明显，2014 年商品住房均价达到陕西省第二，大幅高于陕西省均价，但由于起点较低，所以发展规模都有所限制，导致后期房地产市场饱和，需求不足，因此，2015 年后，房地产调控综合效率呈现下降趋势。

榆林市房地产市场调控评价投入因素　　　　　　　　　　　表 2-7-7

年份	GDP 增速（%）	人均 GDP（元）	人均可支配收入（元）	城镇化率（%）	固定资产投资增速（%）	限购政策
2011	20.01	68358	20721	48.56	32.1	1
2012	20.01	82549	24140	51.3	28.5	1
2013	20.01	84634	26820	52.8	3.2	1
2014	20.01	89005	29665	53.86	−12.4	1
2015	20.01	77267	27765	55	−15.9	1
2016	20.01	81764	20463	56.3	6	1
2017	20.01	97811	22318	57.7	22.8	1

榆林市房地产市场调控评价产出因素　　　　　　　　表 2-7-8

年份	CPI 增速（%）	商品房销售面积（万 m²）	商品住房均价（元/m²）	土地成交价格（元/万 m²）	土地成交面积（万 m²）	新开工面积（万 m²）	住宅待售面积（万 m²）	土地存量面积（万 m²）
2011	6.6	42.48	5388	461254.9	387.42	68.4	50.36	40.96
2012	3.3	60.52	5948.42	1102648	618.74	368.17	57.05	135.93
2013	3.3	69.42	6425	1308199	740.02	167.57	191.51	264.66
2014	2.1	67.59	6133.33	284414.3	199.23	215.46	392.96	38.64
2015	1.1	60.68	5578.13	216155.7	224.32	184.38	421	95.27
2016	1.3	192.47	4645.58	162000.4	167.29	47.08	351.51	55.59
2017	1.1	150.86	4723.75	164278.9	252.58	90.85	276.62	32.44

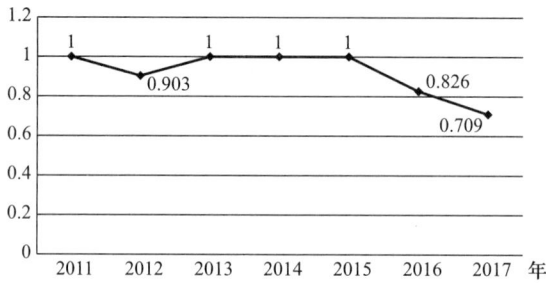

图 2-7-16　榆林市房地产调控综合效率

（三）榆林市房地产市场发展预期探索

1. 影响因素预测

根据榆林市 2011～2017 年 10 个指标数据，采用灰色预测方法，对榆林市 2018～2022 年的 10 个指标数据进行预测（表 2-7-9、表 2-7-10）。

榆林市各影响指标（2011～2017 年数据）　　　　　　　　表 2-7-9

年份	2011	2012	2013	2014	2015	2016	2017
人均 GDP（元）	68358	82549	84634	89005	77267	81764	97811
固定资产投资（亿元）	1378.73	1771.23	1827.91	1647.04	1133.63	1257.98	1400.83
人均可支配收入（元）	20721	24140	26820	29655	27765	29781	32153
商品住房销售均价（元/m²）	5388.00	5948.42	6425.00	6133.33	5578.13	4645.58	4723.75
城镇化率（%）	48.56	51.30	52.80	53.86	55.00	56.30	57.70
商品住房开发投资（亿元）	18.21	32.57	80.55	66.76	52.86	48.22	53.39
新开工面积（万 m²）	68.40	368.17	167.57	215.46	184.38	47.08	90.85
商品房销售面积（万 m²）	42.48	60.52	69.42	67.59	60.68	192.47	150.86
第二产业占比（亿元）	1629.66	1928.53	1915.09	1966.78	1523.69	1684.69	2086.08
第三产业占比（亿元）	550.68	615.47	729.49	808.76	824.51	925.92	1064.63
房价收入比	7.81	7.71	7.61	7.51	6.90	7.22	6.84

榆林市各影响指标（2018～2022年数据预测）　　　　表 2-7-10

年份	2018	2019	2020	2021	2022
人均GDP（元）	91423.24	93204.47	95020.41	96871.73	98759.11
固定资产投资（亿元）	1126.74	1040.05	960.03	886.17	817.99
人均可支配收入（元）	33351.33	34957.11	36640.20	38404.33	40253.40
商品住房销售均价（元/m²）	4504.41	4244.19	3999.00	3767.97	3550.29
城镇化率（%）	58.99	60.35	61.75	63.18	64.64
商品住房开发投资（亿元）	55.13	54.96	54.79	54.62	54.45
新开工面积（万m²）	54.07	39.93	29.48	21.77	16.08
商品房销售面积（万m²）	213.17	272.74	348.95	446.47	571.23
第二产业占比（亿元）	1814.59	1804.40	1794.26	1784.19	1774.17
第三产业占比（亿元）	1152.89	1272.75	1405.07	1551.14	1712.40

对于房价收入比指标的预测，以2011～2017年的10个指标数据为基础利用BP神经网络进行预测。得到榆林市2018～2022年的预测房价收入比，如表2-7-11所示。

榆林市房价收入比（2018～2022年数据）　　　　表 2-7-11

年份	2018	2019	2020	2021	2022
房价收入比	7.10	7.19	7.26	7.32	7.39

2. 作用关系分析

对榆林市2018～2022年影响因素数据做岭回归分析，将榆林市相关影响因素数据代入SPSS与NCSS软件计算，得出 K 为0.006，岭迹图与岭回归计算结果如图2-7-17、表2-7-12所示。

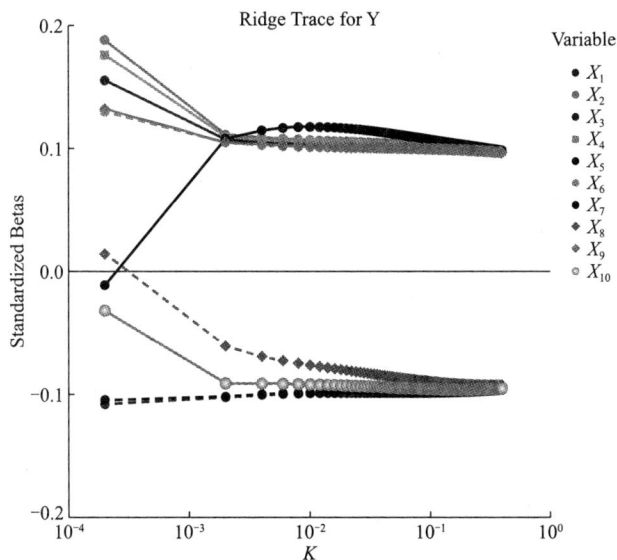

图 2-7-17　榆林市岭迹图

榆林市岭回归结果　　　　　　　　　　　　　　　　表 2-7-12

	标准回归系数	VIF		标准回归系数	VIF
人均GDP（X_1）	−0.0998	0.2956	新开工面积（X_7）	0.1165	9.9602
固定资产总投资（X_2）	0.1078	0.6563	商品房销售面积（X_8）	−0.0727	8.6811
人均可支配收入（X_3）	0.1042	0.3479	第二产业占比（X_9）	0.1020	0.2845
商品住房销售均价（X_4）	0.1064	0.4930	第三产业占比（X_{10}）	−0.0915	1.0093
城镇化率（X_5）	−0.0994	0.3037	常数项	−0.8669584	
商品住房开发投资（X_6）	0.1018	0.2823			

由计算结果可知，各自变量方差膨胀因子 VIF 值均小于 5，已不存在共线性，符合经济学意义。模型方程为：

$$y = -0.1x_1 + 0.108x_2 + 0.104x_3 + 0.106x_4 - 0.099x_5$$
$$+ 0.102x_6 + 0.117x_7 - 0.073x_8 + 0.102x_9 - 0.092x_{10} - 0.87$$

该模型计算结果表明，榆林市 2018～2022 年房价收入比正向影响因素按影响程度从大到小排序前三依次为：新开工面积（11.7%）、固定资产总投资（10.8%）和商品住房销售均价（10.6%）；负向影响程度位列前三的分别为：人均 GDP（10%）、城镇化率（9.9%）和第三产业占比（9.2%），如图 2-7-18 所示。

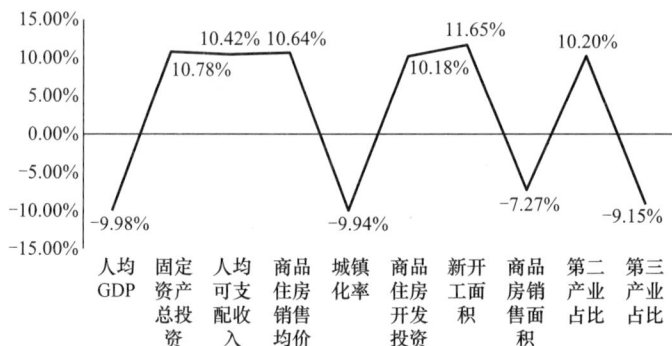

图 2-7-18　榆林市影响因素作用关系

结合榆林市影响因素预测与回归分析结果表明，固定资产投资、人均可支配收入、商品房销售均价等因素和房价收入比虽为正相关，但除人均可支配收入外其余正相关因素预测数据均为递减趋势，为促进房地产市场发展，榆林市未来应加大房地产开发投资，增加新开工面积，推进产业升级。

（四）榆林市房地产调控政策仿真及建议

系统力学因果关系图及系统动力学流图如西安市房地产市场调控政策系统动力学流图，由于各地市房地产市场现状存在差异，所以对系统动力学模型中的水平变量、辅助变量以及常数的设定做以下改变。

1. 榆林市住房发展政策系统动力学模型构建

1）水平变量初始值及常数值确定

（1）城市人口，根据 2012 年的《陕西统计年鉴》可知，2011 年榆林市常住人口为

335.24 万人，因此将 335.24 万人设定为榆林市人口的初始值。

（2）城市 GDP，根据 2012 年《陕西统计年鉴》，将 2011 年的城市 GDP 设定为初始值即 1756.67 亿元。

（3）住宅需求变量，根据 2012 年《陕西统计年鉴》，将 2011 年榆林市商品住宅销售面积 42.479 万 m^2 设定为住宅需求量的初始值。

（4）住宅供给变量，根据 2012 年《陕西统计年鉴》，将 2011 年商品房竣工面积 68.1 万 m^2 设定为住宅供应量的初始值。

2）辅助变量初始值及常数设定

（1）常住人口、人口增长系数及家庭规模。根据《陕西统计年鉴》中榆林市常住人口的变化对人口增长系数进行测算。拆迁户数因《陕西统计年鉴》中无统计精确数据，根据文献分析估计，结婚人口比例＝该年平均每天结婚登记人口数×365/该年人口总数。由于《陕西统计年鉴》统计数据不全，家庭规模数近似取为 3（表 2-7-13）。

2011～2016 年榆林市人口数据　　　　　　　　表 2-7-13

年份	常住人口（万人）	人口增长系数
2011	335.24	−0.0005
2012	335.69	0.0013
2013	337.03	0.0040
2014	338.39	0.0040
2015	340.11	0.0051
2016	338.2	−0.0056

（2）2011～2016 年榆林市经济情况数据（表 2-7-14）。

2011～2016 年榆林市经济数据　　　　　　　　表 2-7-14

年份	GDP（亿元）	经济增长系数	人均生产总值（元）	城镇居民人均可支配收入（元）	居民收入占GDP 的比例
2011	2292.26	0.2337	68358	20721.0000	0.3031
2012	2769.22	0.1722	82549	27245.8435	0.3301
2013	2846.75	0.0272	84634	26391.8882	0.3118
2014	3005.74	0.0529	89005	25564.6982	0.2872
2015	2621.29	−0.1467	77267	24763.4344	0.3205
2016	2773.05	0.0547	81764	23987.2842	0.2934

（3）2011～2016 年榆林住宅房地产市场统计数据（表 2-7-15）。

2011～2016 年榆林市住宅房地产数据　　　　　　　　表 2-7-15

年份	住宅投资总额（万元）	住宅开发投资占 GDP 比例	销售面积（万 m^2）	新开工面积（万 m^2）	竣工面积（万 m^2）
2011	216675	0.0095	42.4790	68.4	68.1
2012	538863.36	0.0195	60.5193	368.1707	78.0556
2013	1073174	0.0377	69.4232	167.5658	155.08
2014	843461	0.0281	67.5927	215.46	218

续表

年份	住宅投资总额（万元）	住宅开发投资占 GDP 比例	销售面积（万 m²）	新开工面积（万 m²）	竣工面积（万 m²）
2015	580241	0.0221	60.6800	184.384	57.074
2016	528850	0.0191	192.4700	47.08	120.78

（4）土地成本是商品房住宅建设成本中最重要的组成部分，本书利用综合地价作为土地成本进行测算住宅楼面地价。由于土地综合地价、住宅开发投资比例以及容积率对地价有影响，所以楼面地价有以上影响因素计算得出。税费按照房价总额的20%计算；容积率3.5计算。建安成本根据统计年鉴中相关数据测算。房地产开发贷款利率按照半年至1年的利率取值，商业银行贷款按照5年以上贷款利率取值，具体如表2-7-16所示。

2011～2016 年商业银行基准利率　　　　　　　　表 2-7-16

年份	1～3 年利率（%）	5 年以上利率（%）
2011	6.4	6.8
2012	6.4	6.8
2013	6.15	6.55
2014	6.0	6.15
2015	5	5.15
2016	4.75	4.9

2. 构建流图方程式

1）住宅新开工面积＝0.0000287×住宅开发投资＋160.89

说明：根据所得各系数影响因素的因果关系以及所搜集的相关历史数据，运用 SPSS20.0 软件进行回归分析。

2）人口增长＝城市人口×人口增长系数（单位：万人）

3）人均 GDP＝城市 GDP/城市人口

4）人均住宅面积＝STEP（29.3，2011）＋STEP（5.62，2013）＋STEP（0.98，2014）＋STEP（1，2015）＋（1.7，2016）（单位：m²/人）

5）人均可支配收入＝人均 GDP×可支配收入占 GDP 比例（单位：元/人）

6）住宅开发投资＝城市 GDP×住宅开发投资比例（单位：万元）

7）住宅新竣工面积＝0.0067×住宅新开工面积＋115.0043

8）住宅预售面积＝9.96×住宅新开工面积＋30249.8

9）住房价格＝综合成本×供求比对住宅价格的影响程度×（1＋利润率）（单位：元/m²）

10）住房供给＝INTEG（新增供给－供给实现，68.1）（单位：万 m²）

11）住房需求＝INTEG（新增需求－需求实现，42.479）（单位：万 m²）

12）房价收入比＝人均住宅面积×住房价格/人均可支配收入

13）新增供给＝住宅新竣工面积×0.1＋住宅预售面积（单位：万 m²）

说明：当年竣工面积中，预计有 10% 的竣工面积转化为现房销售。

14）楼面地价＝综合地价/平均容积率×住宅开发投资比例对地价的影响（单位：元/m²）

15）消费需求＝房价收入比影响程度×银行利率对需求的影响×（人口增长×0.5×人

均住宅面积＋城市人口×0.2×0.5×人均住宅面积＋结婚比例×0.8×城市人口×人均住宅面积＋拆迁户数×家庭规模×0.5×人均住宅面积）（单位：万 m²）

说明：由城市住房需求算法得出，估算新增人口中的50%有购房需求，城市人口中有20%属于高收入人群，他们中有50%有改善性购房需求，拆迁人口中有50%有购房需求，结婚人口中有80%的有购房需求。

16）综合成本＝（建安成本/0.65＋楼面地价）×(1＋0.7×2×开发贷款率)×(1＋开发税率)（单位：元/m²）

说明：公式中的数据是根据房地产开发的经验数据估计而得。估计除土地成本外，开发成本里建安成本占65%，整个项目开发过程中有70%的直接成本需要靠银行长期贷款支持，且平均贷款期限为2年。

17）需求实现面积＝住宅销售面积（单位：万 m²）

18）模型中的表函数见表 2-1-17（同西安市）。

3. 榆林市政策仿真

1）政策模型的检验

本书主要对模型进行有效性检验，将系统仿真的结果同实际的房地产价格按照上述方法进行对比，对比结果如图 2-7-19、表 2-7-17 所示。根据计量经济学相关理论，普遍认为模型的总体仿真和预测性能较好的标准为每个变量的相对误差的绝对值不超过10%。从表2-7-17 可以看出仿真数据与真实数据的误差都小于10%，说明系统模型有效。

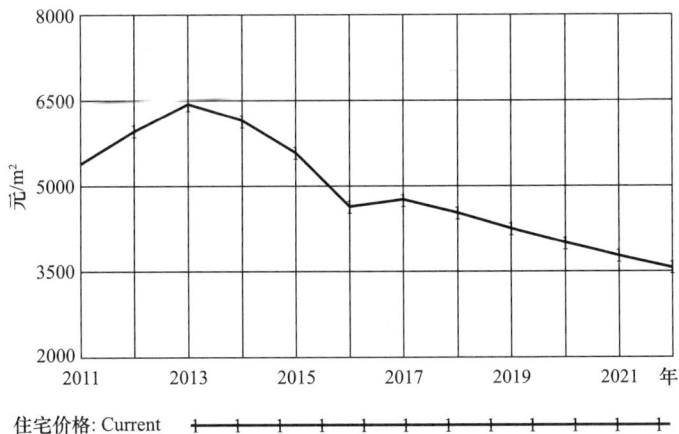

图 2-7-19　住宅价格

2011～2016 年榆林市商品房价格仿真值与实际值误差　　表 2-7-17

年份	真实数据	仿真数据	相对误差
2011	5388	5405.27	0.321%
2012	5948.42	5985.71	0.627%
2013	6425.00	6460.86	0.558%
2014	6133.33	6169.68	0.593%
2015	5578.13	5597.44	0.346%
2016	4645.58	4656.26	0.230%

2）灵敏度检验及政策实验调控结果分析

灵敏度检验是通过改变模型参数比较模型输出结果，从而确定修改的变量对模型环境的影响。利用灵敏度分析，可以阐述系统中分析的变量或直接被定义为常量的数的变化对系统中其他变量的影响。

（1）税收政策调控实验

我国的开发税率大概占到总成本的20%左右，比例比较大，现拟将商品房开发税率下调5%，其他指标保持不变，可以得出房地产价格的变化情况如图2-7-20、表2-7-18所示。

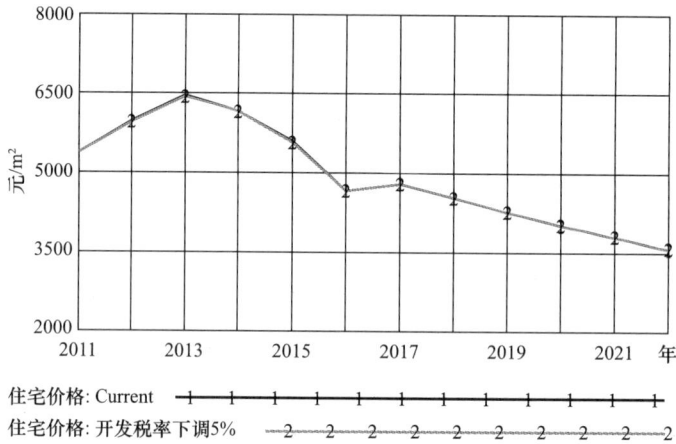

图 2-7-20　开发税率调整前后住宅价格对比

开发税率调整前后对比　　　　　　　　　表 2-7-18

年份	2011	2012	2013	2014	2015	2016
原始数据	5405.27	5985.71	6460.86	6169.68	5597.44	4656.26
调控数据	5388.41	5966.13	6439.63	6148.4	5579.72	4642.53
变化情况	−0.31%	−0.33%	−0.33%	−0.34%	−0.32%	−0.29%
年份	2017	2018	2019	2020	2021	2022
原始数据	4780.06	4534.19	4270.52	4022.29	3790.32	3571.55
调控数据	4765.97	4520.82	4257.93	4010.43	3779.14	3561.02
变化情况	−0.29%	−0.29%	−0.29%	−0.29%	−0.29%	−0.29%

从税收政策调控的数据结果可以看出，开发税率下降5%使得房价下降约为0.31%，且影响趋势稳定，开发税率对房价的影响较小，所以榆林市未来应保持税收政策的稳定，才有利于榆林市房地产市场的稳定发展。

（2）货币政策调控实验

本课题中的利率指标是指商业银行规定的1～3年年期贷款利率，在接下来的货币政策的调控实验中，将该利率指标数值进行调整，利率下浮20%，其他指标保持不变，房价变动情况如图2-7-21、表2-7-19所示。

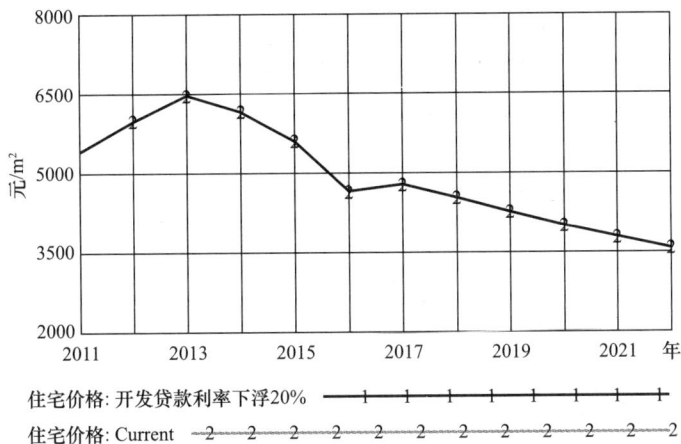

图 2-7-21　开发贷款利率调整前后住宅价格对比

住房贷款利率调整对比　　　　　　　　　　　　　　　　　　表 2-7-19

年份	2011	2012	2013	2014	2015	2016
原始数据	5405.27	5985.71	6460.86	6169.68	5597.44	4656.26
调控数据	5400.76	5979.98	6449.92	6155.07	5582.68	4643.07
变化情况	−0.08%	−0.10%	−0.17%	−0.24%	−0.26%	−0.28%
年份	2017	2018	2019	2020	2021	2022
原始数据	4780.06	4534.19	4270.52	4022.29	3790.32	3571.55
调控数据	4766.53	4521.35	4258.43	4010.91	3779.59	3561.45
变化情况	−0.28%	−0.28%	−0.28%	−0.28%	−0.28%	−0.28%

根据货币政策的调控结果可以看出，开发贷款利率下调 20%，住宅价格下降 0.23%，相对于税收政策，货币政策的影响较小，但影响趋势逐渐变大后保持稳定，所以未来榆林市货币政策应保持稳定，以促进房地产市场的平稳发展。

（3）土地政策调控实验

在进行土地价格指标调控实验时，将土地价格下浮 10%，其他指标保持不变，住宅价格变化情况如图 2-7-22、表 2-7-20 所示。从对照表中可以看出，当综合地价下浮 10% 时，商品住宅价格下降约 0.96%。

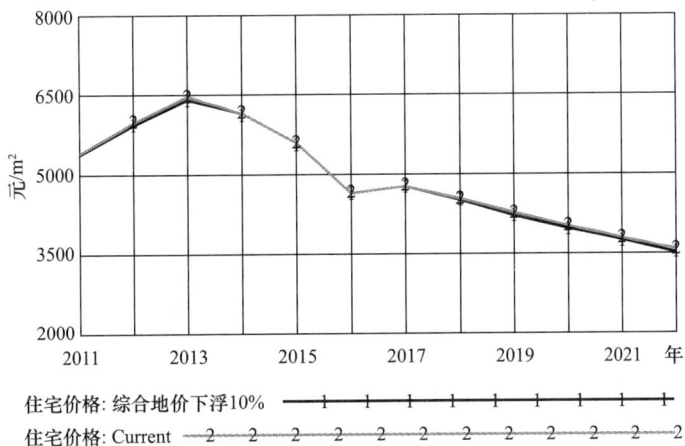

图 2-7-22　综合地价调整前后住宅价格对比

从土地政策的调控的数据结果可以看出，综合地价下浮 10%，住宅价格下降约 0.96%，相较于税收政策与货币政策，土地政策影响较为明显，且影响趋势随时间推移逐步变大，所以未来榆林市应注重对土地政策的把控。

综合地价调整对比

表 2-7-20

年份	2011	2012	2013	2014	2015	2016
原始数据	5405.27	5985.71	6460.86	6169.68	5597.44	4656.26
调控数据	5374.83	5930.99	6395.7	6127.61	5565.86	4629.85
变化情况	−0.56%	−0.91%	−1.01%	−0.68%	−0.56%	−0.57%
年份	2017	2018	2019	2020	2021	2022
原始数据	4780.06	4534.19	4270.52	4022.29	3790.32	3571.55
调控数据	4755.94	4512.74	4209.22	3958.16	3728.55	3512.95
变化情况	−0.50%	−0.47%	−1.44%	−1.59%	−1.63%	−1.64%

08 汉中市房地产市场调控政策研究

（一）汉中市房地产市场结构剖析

1. 汉中市房地产市场供给现状总结

1）土地供应面积呈下降趋势

2011～2016 年间，汉中市土地供应面积呈下降趋势，由 2011 年的 937.24 万 m² 降至 2016 年的 207.34 万 m²，住宅土地供应面积和商办土地供应面积也呈下降趋势，分别从 2011 年的 626.08 万 m²、311.16 万 m² 降至 2016 年的 123.13 万 m²、84.20 万 m²；其次，土地供应面积增长率、住宅土地供应面积增长率、商办土地供应面积增长率波动明显，其中土地供应面积增长率 2015 年最高，为 38.55%，2016 年最低，为 −50.79%，住宅土地供应面积增长率 2015 年最高，为 137.90%，2012 年最低，为 −58.13%，商办土地供应面积增长率 2013 年最高。为 9.61%，2016 年最低为 −59.28%。如图 2-8-1 所示。

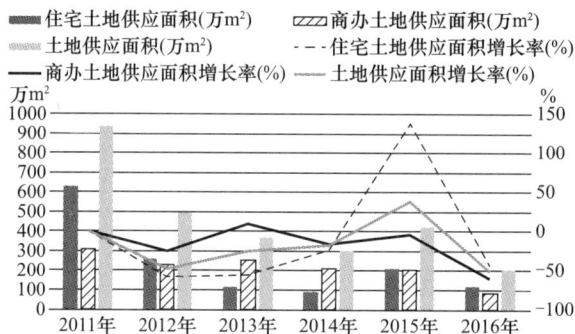

图 2-8-1　2011～2016 年汉中市土地计划供应面积情况

2）房地产开发投资总量波动明显

2011～2017 年间，汉中市商品房开发投资波动变化，2017 年最高为 1227.51 亿元，2011 年最低为 418.31 亿元，商品房开发投资增长率波动变化，2012 年最高，为 108.54%，2014 年最低，为 4.91%；其次，商品住房开发投资基本稳步增长，由 2011 年的 383.93 亿元增长到 2017 年 982.04 亿元，商品住房开发投资增长率波动变化，2012 年最高为 105.19%，2014 年最低，为 3.73%。如图 2-8-2 所示。

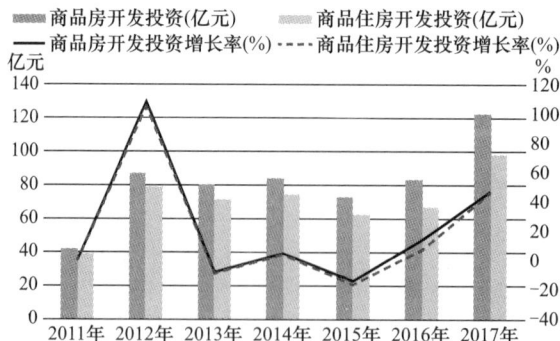

图 2-8-2　2011～2017 年汉中市房地产开发投资情况

3）房地产施工面积总体上涨，竣工面积呈"N"形、新开工面积呈倒"V"形波动，增长率波动明显

2011～2017 年间，汉中市商品房施工面积稳步增长，由 2011 年 454.52 万 m² 增长至 2017 年的 1080.12 万 m²，商品房竣工面积呈"N"形波动，2014 年最高，分别为 329 万 m²、2011 年最低，为 145.99 万 m²，商品房新开工面积呈倒"V"形变化，2012 年最高，分别为 682.10 万 m²、2011 年最低，为 257.14 万 m²。其次，施竣工面积和新开工面积增长率也表现出很大的波动性，2012 年均达到最高，分别为 102.20%、42.15%、165.26%。如图 2-8-3 所示。

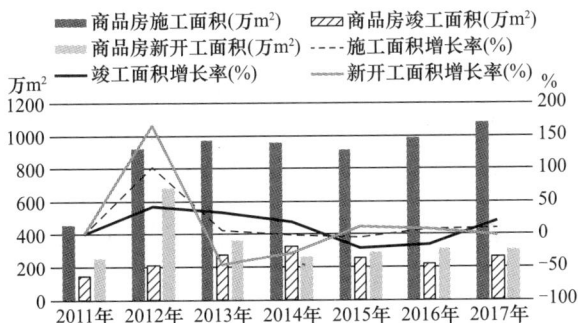

图 2-8-3 2011～2017 年汉中市商品房供给指标情况

4）商品房供给类型以住宅为主，占比量有所减少

2011～2017 年间，汉中市新建商品房供给类型以住宅为主，但总体占比量有所减少。其中住宅施工面积占总面积的比例大部分都在 80% 以上，2012 年最高，为 94.82%，2017 年最低，为 77.93%；住宅竣工面积占比都在 80% 以上，2013 年最高，为 94.66%，2017 年最低，为 64.50%。其次，商办施工面积和竣工面积占比总体较低，商办施竣工占比呈"V"形变化，2012 年最低，分别为 5.18%、2.20%、2017 年最高为 35.5%，总体说明住宅在商品房市场的供应中占绝对地位。如图 2-8-4 所示。

2. 汉中市房地产市场需求现状总结

1）新建商品房销售面积呈"W"形变化

2011～2017 年间，汉中市商品房销售面积和商品住房销售面积呈"W"形变化增长，两者在 2017 年均最高，分别为 321.18 万 m²、286.88 万 m²、2012 年均为最低，分别为 158.74 万 m²、155.09 万 m²；商品房销售面积和商品住房销售面积增长率波动明显，其次，2014～2017 年间，汉中市二手房成交量呈"V"形波动，2017 年最高，为 46.71 万 m²，2015 年最低，为 36.51 万 m²，二手住宅成交量持续增长，由 2014 年的 31.40 万 m² 增长至 2017 年的 39.69 万 m²，二手商办成交量呈"V"形波动，2017 年最高，为 7.02 万 m²，2015 年最低，为 4.76 万 m²，如图 2-8-5、图 2-8-6 所示。

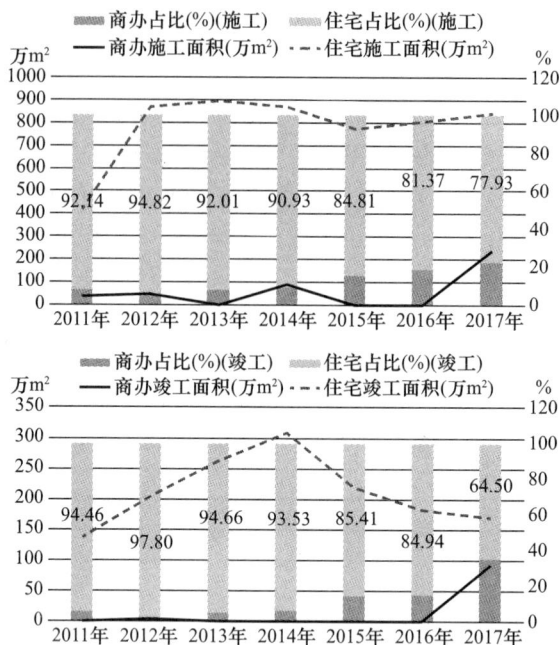

图 2-8-4　2011～2017 年汉中市商办竣工、施工面积及其占比

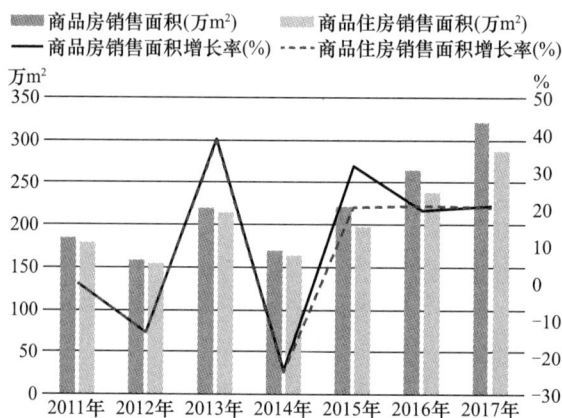

图 2-8-5　2011～2017 年汉中市商品房和商品住房销售面积及增长率

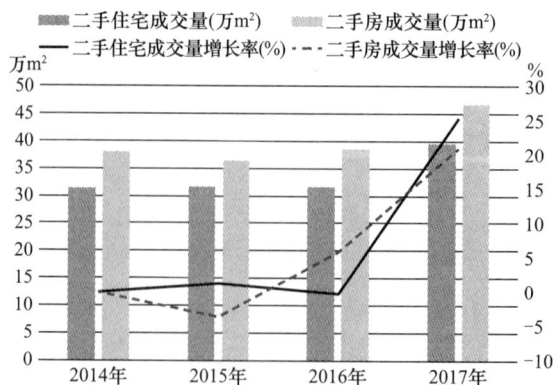

图 2-8-6　2014～2017 年汉中市二手商品房和二手商品住房成交量及增长率

2）销售类型以住宅为主，占比八成以上

2011～2017年间，汉中市商品房销售类型以住宅为主，新建商品房销售面积和二手住宅成交量基本占整个市场需求总量的80％以上，在商品房销售市场的需求中占据绝对地位。商品住房销售面积占比都在88％以上，2015年最低，为88.69％，2012年最高，为97.70％；二手住宅成交量占比都在80％以上，二手商办占比呈倒"N"形波动，2015年最低，为4.76％，2017年最高，为7.02％，整体在商品房销售市场的需求中占据绝对地位。如图2-8-7、图2-8-8所示。

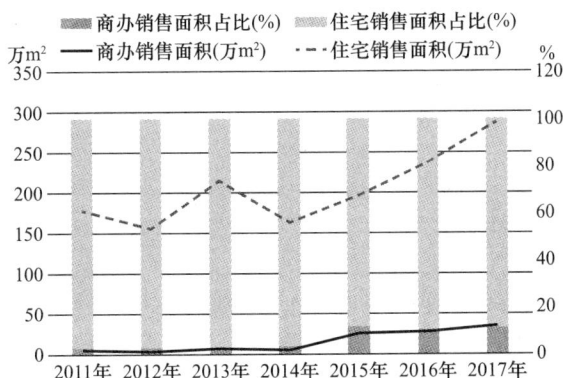

图 2-8-7　2011～2017年汉中市新建商品房需求类型结构相关指标

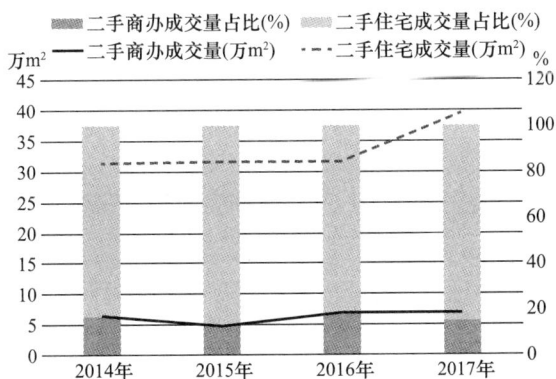

图 2-8-8　2014～2017年汉中市二手商品房需求类型结构相关指标

3）新建商品房销售价格呈"Z"形下降

2011～2017年间，汉中市商品住房销售均价呈"Z"形下降，由2011年的3920元/m²降至2017年的3481元/m²，2015年最低，为3006元/m²，2018年1～6月，住房销售价格呈"W"形波动，2018年2月最低，为3517元/m²，6月份最高，为4426元/m²。2015年上半年～2018年上半年，汉中市二手住宅交易均价波动明显，2016年下半年最低，为1928元/m²，2018年上半年最高为2196元/m²，如图2-8-9、图2-8-10、图2-8-11所示。

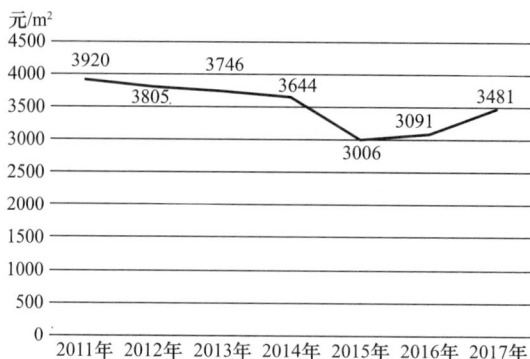

图 2-8-9　2011～2017 年汉中市商品住房销售均价（元/m²）

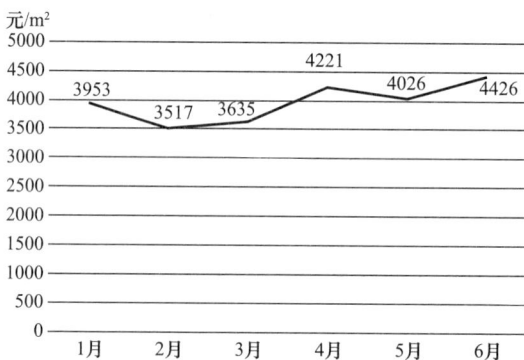

图 2-8-10　2018 年上半年汉中市商品住房销售价格（元/m²）

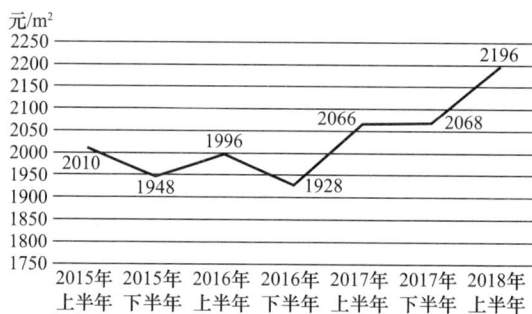

图 2-8-11　2015 年上半年～2018 年上半年汉中市二手住宅交易均价（元/m²）

4）商品房库存压力有所放缓

2011～2017 年间，汉中市住宅累计待售面积呈现为先增后降趋势，2011～2014 年住宅累计待售面积由 163.85 万 m² 快速增至 339.47 万 m²，后持续降至 2017 年底的 223.45 万 m²；住宅去化周期波动变化，其中，2014 年去化周期最大为 24.81 个月，见图 2-8-12。2018 年上半年汉中市商业办公楼累计待售面积变化波动不大，其中 2018 年 2 月变化最大至 288.94 万 m²，商办去化周期曲折波动，具体如图 2-8-13 所示。

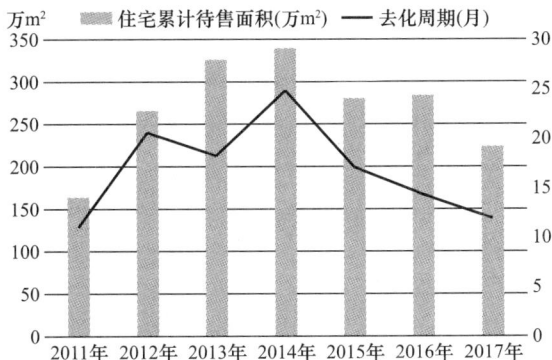

图 2-8-12　2011～2017 年汉中市住宅待售面积及去化周期

图 2-8-13　2018 年 1～6 月安康市商办待售面积及去化周期

3. 汉中市房地产市场结构分析

目前房地产市场供需总量基本处于平衡状态

2011～2017 年间，汉中市房地产市场总体供需总量呈供需不平衡的状态。由图 2-8-14 可以看出，2011 年汉中市的商品房竣工面积小于与商品房销售面积，供销比接近为 0.8，说明在 2011 年房地产市场处于供不应求状态；2012～2015 年商品房竣工面积大于商品房销售面积，供销比大于 1，说明在这阶段房地产市场处于供过于求的状态；2016 年供销比有所回落，至 0.82，接近 1，说明 2016～2017 年汉中市房地产市场供给量基本满足需求量，总的来说，2011～2015 年房地产市场处于供需不稳定的非平衡状态，2016～2017 年房地产处于稳定的供需平衡。

（二）汉中市房地产政策梳理及绩效评价

1. 汉中市住房发展政策概况

1）汉中市住房发展政策概况

从 2011 年到 2018 年，汉中市总共发布了 19 条住房发展政策，其中 2017 发布政策数为 10 条，占总比例的 53% 左右，是发布政策最多的年份，其余年份发布的相关政策相对较少。汉中市历年发布的政策数量及占比。如图 2-8-15 所示。

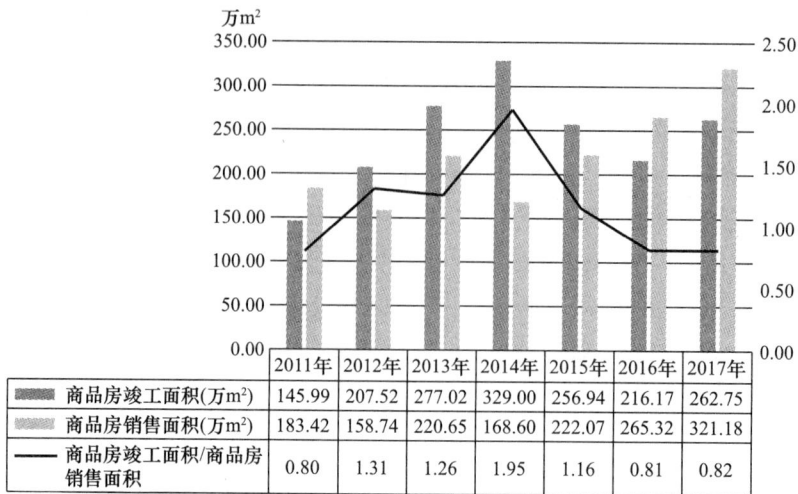

图 2-8-14　2011~2017 年汉中市房地产市场供需总量指标

	2011年	2012年	2013年	2014年	2015年	2016年	2017年
商品房竣工面积(万m²)	145.99	207.52	277.02	329.00	256.94	216.17	262.75
商品房销售面积(万m²)	183.42	158.74	220.65	168.60	222.07	265.32	321.18
商品房竣工面积/商品房销售面积	0.80	1.31	1.26	1.95	1.16	0.81	0.82

图 2-8-15　汉中市历年发布政策数量及占比图

从图 2-8-15 可以看出，从 2011 年到 2017 年，汉中市发布的住房发展政策历年数量呈上升趋势，2017 年之后，发布的政策数量有所减少。汉中市历年发布的住房发展政策中，主要包括了办法、通知、方案、细则、意见、批复。其中办法类政策最多，占总比例 37%，批复类政策最少，占总比例的 5%，各类政策的分布与所占比例如表 2-8-1 所示。

汉中市历年发布政策类别数量及占比　　　　　　　　　　　表 2-8-1

政策类别	办法	通知	方案	细则	意见	批复
政策数量（条）	7	4	3	2	2	1
所占比例（%）	37	21	16	10.5	10.5	5

2）重要政策回顾

2011 年 6 月汉中市发布了《汉中市住房公积金提取管理细则》，本细则适用于汉中市行政区域内住房公积金的提取管理。明确提出住房公积金的提取条件、提取额度、提取凭证等相关内容。其中住房公积金管理中心及各县区管理部负责全市住房公积金提取的管理，住房公积金提取的金融业务由市中心及各县区管理部委托指定的商业银行办理。

2015 年 4 月 16 号汉中市制定《公共租赁住房资产管理实施细则》，适用公共租赁住房的建设、运营使用和资产管理。公共租赁住房可通过新建、改建、收购、长期租赁等多种方式筹集，可以由政府直接投资建设，也可以由政府提供政策支持、社会力量投资建设，充分发挥住房资产使用效益，确保住房资产保值增值。

2016 年 7 月 23 日为确保奖励资金的正确、规范使用，提高财政资金使用效率，制定《汉中市利用存量商品房作为棚户区改造安置房奖励办法》消化存量商品房，对列入省级城镇棚户区改造计划的项目中，征收拆迁对象选择货币化安置，并购买存量商品房作为安置房的予以奖励。

2017 年 6 月 7 日汉中市发布《关于加强脱贫攻坚非易地搬迁建档立卡贫困户农村危房改造工作实施意见的通知》，提出加强脱贫攻坚非易地搬迁建档立卡贫困户农村危房改造工作的实施意见，通过精准对象认定、具体工作要求、强化保障措施、以实现"住房安全有保障"为目标，以解决建档立卡贫困户住房安全为重点，科学安排各年度农村危房改造工作，确保汉中市约 2.2 万户建档立卡贫困户农村危房改造任务与县区脱贫工作同步全面完成。

为加快土地一级开发拆迁安置补偿工作进程，积极推进政府购买土地一级开发拆迁安置补偿服务工作，2017 年 6 月 15 日汉中市人民政府发布《汉中市政府购买土地一级开发拆迁安置补偿服务管理办法（暂行）的通知》，该政策适用于由汉中市政府及市政府授权机构购买土地一级开发拆迁安置补偿服务的土地一级开发项目，购买土地一级开发拆迁安置补偿服务应当按照"政府主导、统筹协调、科学规划、规范操作、公开透明、严格监管"的原则进行。

2018 年 7 月 16 日汉中市发布《汉中市人民政府关于加快县域经济发展和城镇化的实施意见》，提出关于加快县域经济发展和城镇化的实施意见，优化县域经济布局、培育壮大县域主导产业、加快现代城镇体系建设，汉台、南郑、城固争先进位，3 个县区 GDP 过 300 亿元，其他 8 个县要形成三个梯队，分别制定各梯度县域 GDP 标准，重点培育城固、勉县建设副中心城市，鼓励洋县、西乡、略阳、宁强、镇巴、留坝、佛坪强化县域主中心地位，积极稳妥推进勉县、城固、西乡撤县改区设市。

2018 年 8 月 9 日汉中市发《汉中市人民政府办公室关于建立土地收储规划开发联动的大收储制度的实施意见》，提出关于建立规划、收储、开发联动的土地大收储制度的实施意见，要求建立市县两级联动收储机制，提高收储土地质量，确保国有资产收益最大化，积极探索土地储备筹资新渠道，强化土地储备监督管理。

2. 基于政策工具的汉中市政策结构分析

1）文本选取

由于涉及房地产行业的政策文本数量不多，为了保证政策选取的准确性和代表性，笔者按照与房地产市场调控密切相关的原则对政策文本进行了整理和遴选，政策类型主要选取 2011 年后颁布的办法、通知、方案、细则、意见、批复等体现政府政策的文件，最终梳理了有效政策样本 19 份。具体如表 2-8-2 所示。

汉中市住房发展政策文本 表 2-8-2

序号	政策名称
1	汉中市住房公积金提取管理细则
2	汉中市公共租赁住房资产管理实施细则（试行）
3	关于进一步完善差别化住房信贷政策有关问题的通知

序号	政策名称
4	关于印发《汉中市商品房预售资金和二手房交易资金监管办法》的通知
5	汉中市移民（脱贫）搬迁与库存商品房结合办法
6	汉中市人民政府办公室关于印发汉中市政府购买土地一级开发拆迁安置补偿服务管理办法（暂行）的通知
7	汉中市人民政府关于印发汉中市国有土地上房屋征收与补偿办法的通知
8	汉中市人民政府办公室关于印发汉中市公共租赁住房出售管理办法（试行）的通知
9	市中心城区今年首批公租房完成实物配租
10	汉中市人民政府办公室关于建立土地收储规划开发联动的大收储制度的实施意见
11	汉中市人民政府办公室关于印发汉中市利用存量商品房作为棚户区改造安置房奖励办法的通知
12	汉中市人民政府关于实施汉中市龙岗二期棚户区改造项目有关事项的通知
13	关于印发汉台区青年路以东区域棚户区改造项目房屋征收补偿安置方案的通知
14	汉中市人民政府关于印发汉中市滨江新区开发建设一期土地征收与房屋拆迁补偿安置办法的通知
15	汉台区莲花池区域棚户区改造项目国有土地上房屋征收补偿安置方案
16	汉中市汉台区莲花池区域棚户区改造项目征地拆迁补偿安置方案
17	汉中市人民政府关于汉台区等11县区乡级土地利用总体规划（2006-2020年）调整完善成果的批复
18	汉中市人民政府办公室转发市建规局等部门关于加强脱贫攻坚非易地搬迁建档立卡贫困户农村危房改造工作实施意见的通知
19	汉中市人民政府关于加快县域经济发展和城镇化的实施意见

2）单元编码

样本的分析类目包括"组织人事""财政税收""鼓励引导""行政强制""资质评价""培训考核""税收措施""金融措施""其他经济""标准规范""强制要求""市场监管""开发""规划""设计""施工""采购""销售""运营管理"和"拆除转移"。而分析单元则为住房发展政策文本的有关条款。

本文首先对已遴选出的19份政策文本内容按照"政策编号-具体条款/章节"进行编码；然后，根据已建立的住房发展政策二维分析框架，将其分别归类，最终形成了基于政策工具的住房发展政策文本的内容分析单元编码表2-8-3。

政策文本内容分析单元编码

表 2-8-3

序号	政策名称	政策文本的内容分析单元	编码
1	汉中市住房公积金提取管理细则	适用于汉中市行政区域内住房公积金的提取管理	1
2	汉中市公共租赁住房资产管理实施细则（试行）	包括对资产的核定、资产管理以管理职责相关事项	2-1
		政府出资鼓励获取住房共有产权	2-2
		有关办理公租房程序的标准	2-3-1
		公租房购买时的强制要求	2-3-2
3	关于进一步完善差别化住房信贷政策有关问题的通知	个人住房贷款政策有关事项通知	3
4	关于印发《汉中市商品房预售资金和二手房交易资金监管办法》的通知	商品房预售资金监管、二手房交易资金监管	4-1
		有关房屋交易的法律责任	4-2
5	汉中市移民（脱贫）搬迁与库存商品房结合办法	设定购房补助	5-1
		库存商品房的办理程序	5-2
		享受基本医疗、教育、低保等社会保障权利	5-3

续表

序号	政策名称	政策文本的内容分析单元	编码
6	汉中市人民政府办公室关于印发汉中市政府购买土地一级开发拆迁安置补偿服务管理办法（暂行）的通知	购买土地的标准要求	6-1
		土地购买程序中的强制要求	6-2
		资金及项目管理和绩效评价管理	6-3
7	汉中市人民政府关于印发汉中市国有土地上房屋征收与补偿办法的通知	有关征收决定的事项	7-1
		作出房屋征收决定的给予补偿	7-2
		房屋征收的法律责任	
8	汉中市人民政府办公室关于印发汉中市公共租赁住房出售管理办法（试行）的通知	公共租赁住房出售的相关要求	8-1
		出售程序	8-2
9	市中心城区今年首批公租房完成实物配租	办理实物配租房源	9
10	汉中市人民政府办公室关于建立土地收储规划开发联动的大收储制度的实施意见	关于土地收储制度的事项	10
11	汉中市人民政府办公室关于印发汉中市利用存量商品房作为棚户区改造安置房奖励办法的通知	关于奖励办法的标准要求	11
12	汉中市人民政府关于实施汉中市龙岗二期棚户区改造项目有关事项的通知	改造龙岗二期棚户区有关事项的标准要求	12
13	关于印发汉台区青年路以东区域棚户区改造项目房屋征收补偿安置方案的通知	关于征收的要求和法律责任	13-1
		关于征收补偿的相关事项	13-2
14	汉中市人民政府关于印发汉中市滨江新区开发建设一期土地征收与房屋拆迁补偿安置办法的通知	土地征收与房屋拆迁补偿安置办法的标准要求	14-1
		土地征收与房屋拆迁补偿安置办法的法律要求	14-2
15	汉台区莲花池区域棚户区改造项目国有土地上房屋征收补偿安置方案	棚户区房屋征收补偿标准要求	15-1
		房屋征收补助和搬迁奖励	15-2
16	汉中市汉台区莲花池区域棚户区改造项目征地拆迁补偿安置方案	有关征地拆迁补偿安置的标准要求	16-1
		有关征地拆迁补偿安置的补偿措施	16-2
		有关征地拆迁补偿安置的法律要求	16-3
17	汉中市人民政府关于汉台区等11县区乡级土地利用总体规划（2006-2020年）调整完善成果的批复	有关土地规划的标准要求	17
18	汉中市人民政府办公室转发市建规局等部门关于加强脱贫攻坚非易地搬迁建档立卡贫困户农村危房改造工作实施意见的通知	对农村危房改造的标准要求	18-1
		农村危房改造的财政补贴	18-2
19	汉中市人民政府关于加快县域经济发展和城镇化的实施意见	关于加快县域经济发展和城镇化的鼓励	19-1
		对经济发展和城镇化的财税政策	19-2
		对经济发展和城镇化的金融政策	19-3
		有关土地规划管理的要求	19-4

3）频数统计分析

在对政策工具内容分析单元编码的基础上，按照对房地产业价值链作用阶段归属的判断，将其归类，形成了住房发展政策二维分析分布图，如表2-8-4所示。总体上看，19份住房发展政策兼顾了组织人事、财政税收、鼓励引导和行政强制政策工具的运用，内容涉及房地产行业开发、规划、设计、施工、采购、销售、运营管理和拆除转移八个环节，对房地产的开发利用、运营调控等提供了多方面的激励和规制。

汉中市住房发展政策工具二维分布 表 2-8-4

组织人事	资质评价							
	培训考核							2-1
财政税收	税收措施	19-2						
	金融措施	7-2、19-3				5-1		13-2、15-2、16-2、18-2
	其他经济							
鼓励引导		19-1				1、3、5-3		2-2
行政强制	标准规范	10、19-4	7-3、17			6-1、		4-2、8-1、9	2-3-1、11、12、14-1、16-1、18-1
	强制要求		7-1			6-2、	5-2	8-2	2-3-2、13-1、14-2、16-3
	市场监管					6-3		4-1	
		开发	规划	设计	施工	采购	销售	运营管理	拆除转移

（1）本政策工具维度分析

汉中市房地产行业政策的基本政策工具维度统计分析结果如表 2-8-5 所示。按照条款项目数计，大部分是行政强制政策工具（63.16%），其次是政策税收政策工具（21.05%），较少的是鼓励引导政策工具（13.16%）和组织人事政策工具为（2.63%）。进一步分析可以发现，在行政强制政策工具中，标准规范占了绝大部分，达到 58.33%，包括土地收储制度的事项、土地规划管理的要求、房屋基础配套设施建设标准等；行政强制占 21.05%，包括库存商品房的搬迁程序的要求、法律责任等；而市场监管仅占到 5.26%，包括对企业土地市场准入资格和资金来源的审查、房屋限购、商品房市场监管和预期管理等。2011 年后新颁布的较少。在财政税收政策工具中，金融措施较多，达到 87.5%，主要表现为强化差别化住房信贷政策，提租发补贴，实行公积金，租房购债券，分级设基金；税收措施达到 12.5%，主要表现为调整完善相关税收政策，加强税收征管（个人转让房地产所得税、土地增值税等）。在组织人事政策工具中，主要以培训考核为主占 100%，主要表现为明确建筑市场各管理部门及其职责，完善稳定房价工作责任制等。

基本政策工具分配比例 表 2-8-5

政策工具	工具名称	条文编号	小计	百分比
组织人事	资质评价	0	0	2.63%
	培训考核	2-1	1	
财政税收	税收措施	19-2	1	21.05%
	金融措施	7-2、19-3、5-1、13-2、15-2、16-2、18-2	7	
	其他经济	0	0	
鼓励引导		19-1、1、2-2、3、5-3	5	13.16%
行政强制	标准规范	10、19-4、7-3、17、6-1、4-2、8-1、9、2-3-1、11、12、14-1、16-1、18-1	14	63.16%
	强制要求	7-1、6-2、5-2、8-2、2-3-2、13-1、14-2、16-3	8	
	市场监管	6-3、4-1	2	
合计		38		100%

（2）值链维度分析

在基本政策工具维度分析的基础上，引入价值链维度的影响因素，得到如表 2-8-6 所示的政策工具在价值链上的分布统计结果。

政策工具各环节频数分布统计　　　　　　　　　　　表 2-8-6

	资质评价	培训考核	税收措施	金融措施	其他经济	鼓励引导	标准规范	强制要求	市场监管	小计	百分比
开发	0	0	0	0	0	0	2	0	0	2	5.26%
规划	0	0	1	2	0	1	2	1	0	7	18.42%
设计	0	0	0	0	0	0	0	0	0	0	0%
施工	0	0	0	0	0	0	0	0	0	0	0%
采购	0	0	0	0	0	0	1	1	1	3	7.89%
销售	0	0	0	1	0	3	1	0	0	5	13.16%
运营管理	0	0	0	0	0	0	3	1	1	5	13.16%
拆除转移	0	1	0	4	0	1	6	4	0	16	42.11%

据表 2-8-6 所示，19 份汉中市政策文本对房地产行业的发展提供了包括开发（5.26%）、规划（18.42%）、设计（0%）、施工（0%）、采购（7.89%）、销售（13.16%）、运营管理（13.16%）和拆除转移（42.11%）阶段的全面干预。根据条款的具体分布，发现绝大多数政策工具都是应用在房地产行业价值链的规划环节和拆除转移环节，其次是销售环节和运营管理环节，采购环节和规划环节政策工具的运用最少，设计环节和施工环节几乎没有。这说明现阶段汉中市房地产的政策调控是围绕着棚改区的拆除转移和房地产的前期规划、销售和后期的运营，其主要目的是加强棚改区房屋建设，以及对商品房的新建、销售和物业管理工作。

3. 汉中市住房发展政策绩效评价

汉中市位于陕西省西南部的汉中，地理位置优越，自然资源丰富。长期平稳的经济发展，带动了各项产业的快速提升，房地产业发展也十分迅速，以城市中心商业建筑和一江两岸商品住宅为主，发展运行态势良好，但是由于汉中市整体经济发展较缓，固定资产投资较少，房地产业发展受到限制（表 2-8-7、表 2-8-8、图 2-8-16）。

汉中市房地产市场调控评价投入因素　　　　　　　表 2-8-7

年份	GDP 增速（%）	人均 GDP（元）	人均可支配收入（元）	城镇化率（%）	固定资产投资增速（%）	限购政策
2011	15.5	18952	17019	21.32	30.2	0
2012	15.2	22602	19827	22	30	0
2013	14.90581	25994	22167	28.17	27	0
2014	11.6	28908	24605	33.6	24.4	0
2015	9.6	34685	23625	40.08	23	0
2016	9	33597	25595	47.8	24.5	0
2017	9.6	38671	17166	49.31	19.3	0

汉中市房地产市场调控评价产出因素 表 2-8-8

年份	CPI 增速（%）	商品房销售面积（万 m²）	商品住房均价（元/m²）	土地成交价格（元/万 m²）	土地成交面积（万 m²）	新开工面积（万 m²）	住宅待售面积（万 m²）	土地存量面积（万 m²）
2011	5.3	183.417	3920	261416.6	268.43	257.14	163.86	53.10
2012	2.8	158.74	3804.58	240453.6	289.19	682.1	265.66	113.57
2013	2.9	220.651	3746.25	405659.4	489.35	364.88	326.15	53.24
2014	2.1	168.6	3644.25	466137.9	490.52	258.68	339.47	47.30
2015	1.6	222.07	3328.6	301976.9	254.41	286.96	280.13	49.42
2016	2	265.32	3089.33	251334.2	123.13	310.72	283.69	49.16
2017	1.6	321.18	3481.16	209184.5	280.45	307.36	223.45	48.90

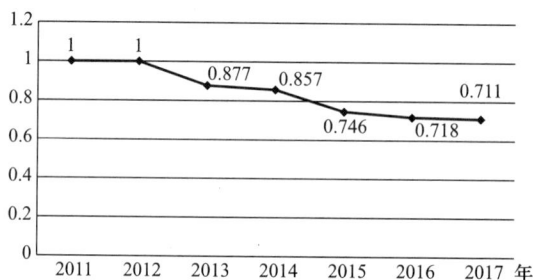

图 2-8-16　汉中市房地产调控综合效率

2012 年前，汉中房地产调控综合效率较好，主要是因为房地产消费市场前期发展势头良好，几乎家家都在投资置业。受国家宏观调控政策和市场饱和程度影响，2012年后，房地产调控综合效率一改往日格局，呈现下滑态势，主要是因为随着房地产市场持续走高，汉中政府积极响应央行宏观调控政策来抑制房地产过热的局面，这些宏观调控政策在一定程度上控制了房地产局面，市场反响低迷，各大楼盘空置率高，市场供应远大于需求，消费市场低迷，前行压力颇大，较高的库存率和空置率给企业和政府都造成了很大的压力。2015 年，房地产调控综合效率下降放缓，主要是因为汉中城区各片房地产随着发展步伐略有差异，成熟程度各异，但总体趋势都是达到了巅峰后的小低谷，整体市场也处于微饱和的状态。随着汉中城镇化的推进和城内开发的饱和，房地产开始向外延伸发展是大势所趋，城北区即经济开发区是市政府着力发展的区域地带，未来会是房地产开发的重点拓展区域，有很大的潜力有待发掘，升值空间也不可估量。

（三）汉中市房地产市场发展预期探索

1. 影响因素预测

根据汉中市 2011~2017 年 10 个指标数据，采用灰色预测方法，对汉中市 2018~2022 年的 10 个指标数据进行预测（表 2-8-9、表 2-8-10）。

汉中市各影响指标（2011～2017年数据）　　　　表2-8-9

年份	2011	2012	2013	2014	2015	2016	2017
人均GDP（元）	18952	22602	25994	28908	34685	33597	38671
固定资产投资（亿元）	411.33	534.86	679.27	705.49	878.06	1061.25	1305.67
人均可支配收入（元）	17019	19827	22167	24605	23625	25595	27812
商品住房销售均价（元/m²）	3920.00	3804.58	3746.25	3644.25	3328.60	3089.33	3481.17
城镇化率（%）	21.32	22.00	28.17	33.60	40.08	47.80	49.31
商品住房开发投资（亿元）	38.39	73.33	71.84	74.51	62.38	67.03	98.20
新开工面积（万m²）	257.14	682.10	364.88	258.68	286.96	310.72	307.36
商品房销售面积（万m²）	183.42	158.74	220.65	168.60	222.07	265.32	321.18
第二产业占比（亿元）	267.58	320.42	391.01	453.60	459.02	495.03	617.88
第三产业占比（亿元）	237.61	274.68	327.78	365.25	409.06	455.72	505.44
房价收入比	7.93	7.02	6.56	5.88	5.71	5.00	8.58

汉中市各影响指标（2018～2022年数据预测）　　　　表2-8-10

年份	2018	2019	2020	2021	2022
人均GDP（元）	42950.20	47455.90	52434.28	57934.90	64012.58
固定资产投资（亿元）	1521.11	1817.09	2170.67	2593.05	3097.61
人均可支配收入（元）	29218.95	30977.54	32841.98	34818.63	36914.25
商品住房销售均价（元/m²）	3134.96	3035.38	2938.96	2845.61	2755.22
城镇化率（%）	51.60	53.36	55.19	57.07	59.03
商品住房开发投资（亿元）	85.78	89.36	93.10	96.99	101.05
新开工面积（万m²）	175.37	144.58	119.20	98.27	81.02
商品房销售面积（万m²）	349.17	398.87	455.63	520.48	594.55
第二产业占比（亿元）	665.97	746.34	836.42	937.37	1050.50
第三产业占比（亿元）	571.87	641.81	720.31	808.41	907.28

对于房价收入比指标的预测，以2011～2017年的10个指标数据为基础利用BP神经网络进行预测。得到汉中市2018～2022年的预测房价收入比如表2-8-11所示。

汉中市房价收入比（2018～2022年数据）　　　　表2-8-11

年份	2018	2019	2020	2021	2022
房价收入比	7.45	7.80	8.20	8.54	8.70

2. 作用关系分析

对汉中市2018～2022年影响因素数据做岭回归分析，将汉中市相关影响因素数据代入SPSS与NCSS软件计算，得出K为0.038，岭迹图与岭回归计算结果如图2-8-17、表2-8-12所示。

由计算结果可知，各自变量方差膨胀因子VIF值均小于5，已不存在共线性，符合经济学意义。模型方程为：

$$y = 0.092x_1 + 0.075x_2 - 0.114x_3 - 0.119x_4 + 0.081x_5$$
$$+ 0.104x_6 - 0.151x_7 + 0.085x_8 + 0.089x_9 - 0.089x_{10} + 9.27$$

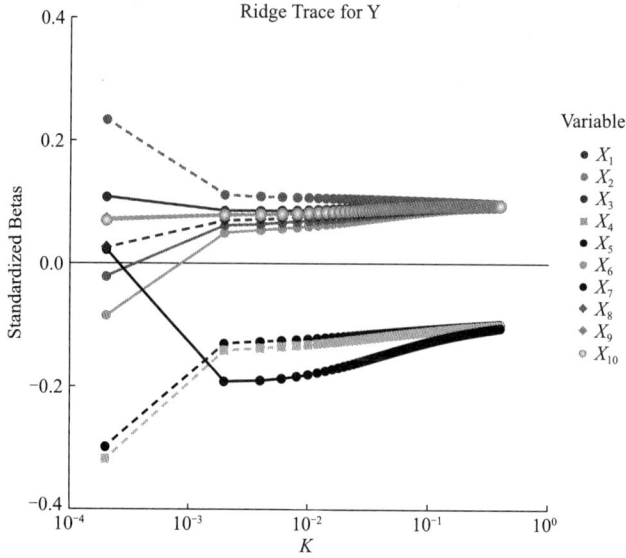

图 2-8-17　汉中市岭迹图

汉中市岭回归结果　　　　　　　　　　　　　　　　表 2-8-12

	标准回归系数	VIF		标准回归系数	VIF
人均 GDP（X_1）	0.0918	0.1020	新开工面积（X_7）	−0.1509	3.7715
固定资产总投资（X_2）	0.0753	0.8176	商品房销售面积（X_8）	0.0848	0.3200
人均可支配收入（X_3）	−0.1137	0.2694	第二产业占比（X_9）	0.0888	0.1788
商品住房销售均价（X_4）	−0.1194	0.5286	第三产业占比（X_{10}）	0.0885	0.1880
城镇化率（X_5）	0.0807	0.5045	常数项	9.270308	
商品住房开发投资（X_6）	0.1042	0.0373			

　　该模型计算结果表明，汉中市 2018～2022 年房价收入比正向影响因素按影响程度从大到小前三排序依次为：商品住房开发投资（10.4%）、人均 GDP（9.2%）和商品房销售面积（8.5%）；负向影响程度从大到小前三分别为：新开工面积（15.1%）、商品住房销售均价（11.9%）和人均可支配收入（11.4%），如图 2-8-18 所示。

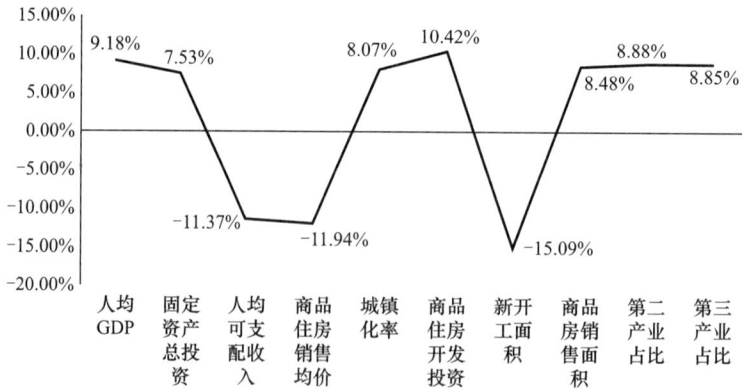

图 2-8-18　汉中市影响因素作用关系

结合汉中市影响因素预测与回归分析结果表明，新开工面积、商品住房销售均价以及人均可支配收入是影响汉中市的主要因素。这些因素均与房价收入比呈负相关，因此未来应该扩大新开工面积，扩大商品房的供给，同时控制商品房销售均价与人均可支配收入的增长幅度，保证汉中市房地产市场持续健康发展。

（四）汉中市房地产调控政策仿真及建议

系统力学因果关系图及系统动力学流图如西安市房地产市场调控政策系统动力学流图，由于各地市房地产市场现状存在差异，所以对系统动力学模型中的水平变量、辅助变量以及常数的设定做以下改变。

1. 汉中市住房发展政策系统动力学模型构建

1）水平变量初始值及常数值确定

（1）城市人口，根据 2012 年的《陕西统计年鉴》可知，2011 年汉中市常住人口为 341.51 万人，因此将 341.51 万人设定为汉中市人口的初始值。

（2）城市 GDP，根据 2012 年《陕西统计年鉴》，将 2011 年的汉中市 GDP 设定为初始值即 647.48 亿元。

（3）住宅需求变量，根据 2012 年《陕西统计年鉴》，将 2011 年汉中市商品住宅销售面积 183.417 万 m² 设定为住宅需求量的初始值。

（4）住宅供给变量，根据 2012 年《陕西统计年鉴》，将 2011 年商品房竣工面积 145.99 万 m² 设定为住宅供应量的初始值。

2）辅助变量初始值及常数设定

（1）常住人口、人口增长系数及家庭规模。根据《陕西统计年鉴》中汉中市常住人口的变化对人口增长系数进行测算。拆迁户数因《陕西统计年鉴》中无统计精确数据，根据文献分析估计，结婚人口比例＝该年平均每天结婚登记人口数×365/该年人口总数。由于《陕西统计年鉴》统计数据不全，家庭规模数近似取为 3（表 2-8-13）。

2011～2016 年汉中市人口数据　　表 2-8-13

年份	常住人口（万人）	人口增长系数
2011	341.51	−0.000732043
2012	341.84	0.000965364
2013	342.495	0.001912437
2014	343.15	0.001908786
2015	343.81	0.001919665
2016	344.63	0.002379363

（2）2011～2016 年汉中市经济情况数据（表 2-8-14）。

2011～2016 年汉中市经济数据　　表 2-8-14

年份	GDP（亿元）	经济增长系数	人均生产总值（元）	城镇居民人均可支配收入（元）	居民收入占 GDP 的比例
2011	509.7	0.212794	18952	17019	0.8980

续表

年份	GDP（亿元）	经济增长系数	人均生产总值（元）	城镇居民人均可支配收入（元）	居民收入占GDP的比例
2012	647.48	0.161578	22602	22425.19	0.9922
2013	772.26	0.124079	25755	22320.17	0.8666
2014	881.655	0.110383	28908	22215.64	0.7685
2015	991.05	0.069288	34685	22111.59	0.6375
2016	1064.83	0.079257	33597	22008.04	0.6551

（3）2011～2016年汉中市住宅房地产市场统计数据（表2-8-15）。

2011～2016年汉中市住宅房地产数据　　　　　　　　　　　　　表 2-8-15

年份	住宅投资总额（万元）	住宅开发投资占GDP比例	销售面积（万 m²）	新开工面积（万 m²）	竣工面积（万 m²）
2011	418314	0.065	183.417	257.1421	145.9888
2012	872369.47	0.113	158.74	682.1	207.52
2013	803687	0.091	220.651	364.8835	277.015
2014	843120	0.085	168.6	258.6776	329
2015	727792.83	0.068	222.07	286.9569	256.944
2016	833154.71	0.072	265.32	310.7221	216.17

（4）土地成本是商品房住宅建设成本中最重要的组成部分，本书利用综合地价作为土地成本进行测算住宅楼面地价。由于土地综合地价、住宅开发投资比例以及容积率对地价有影响，所以楼面地价有以上影响因素计算得出。税费按照房价总额的20％计算；容积率按照3.5计算。建安成本根据统计年鉴中相关数据测算。房地产开发贷款利率按照半年至1年的利率取值，商业银行贷款按照5年以上贷款利率取值，具体如表2-8-16所示。

2011～2016年商业银行基准利率　　　　　　　　　　　　　表 2-8-16

年份	1～3年利率（％）	5年以上利率（％）
2011	6.4	6.8
2012	6.4	6.8
2013	6.15	6.55
2014	6.0	6.15
2015	5	5.15
2016	4.75	4.9

2. 构建流图方程式

1）住宅新开工面积＝0.0004995×住宅开发投资＋40.07372

说明：根据所得各系数影响因素的因果关系以及所搜集的相关历史数据，运用SPSS20.0软件进行回归分析。

2）人口增长＝城市人口×人口增长系数（单位：万人）

3）人均GDP＝城市GDP/城市人口

4）人均住宅面积＝STEP(29.3，2011)＋STEP（5.62，2013）＋STEP（0.98，2014）＋STEP（1，2015）＋（1.7，2016）（单位：m²/人）

5）人均可支配收入＝人均 GDP×可支配收入占 GDP 比例（单位：元/人）

6）住宅开发投资＝城市 GDP×住宅开发投资比例（单位：万元）

7）住宅新竣工面积＝－0.0732×住宅新开工面积＋265.1351

8）住宅预售面积＝9.96×住宅新开工面积＋30249.8

9）住房价格＝综合成本×供求比对住宅价格的影响程度×（1＋利润率）（单位：元/m²）

10）住房供给＝INTEG（新增供给－供给实现，145.99）（单位：万 m²）

11）住房需求＝INTEG（新增需求－需求实现，183.417）（单位：万 m²）

12）房价收入比＝人均住宅面积×住房价格/人均可支配收入

13）新增供给＝住宅新竣工面积×0.1＋住宅预售面积（单位：万 m²）

说明：当年竣工面积中，预计有 10％的竣工面积转化为现房销售。

14）楼面地价＝综合地价/平均容积率×住宅开发投资比例对地价的影响（单位：元/m²）

15）消费需求＝房价收入比影响程度×银行利率对需求的影响×（人口增长×0.5×人均住宅面积＋城市人口×0.2×0.5×人均住宅面积＋结婚比例×0.8×城市人口×人均住宅面积＋拆迁户数×家庭规模×0.5×人均住宅面积）（单位：万 m²）

说明：由城市住房需求算法得出，估算新增人口中的 50％有购房需求，城市人口中有 20％属于高收入人群，他们中有 50％有改善性购房需求，拆迁人口中有 50％有购房需求，结婚人口中有 80％的有购房需求。

16）综合成本＝（建安成本/0.65＋楼面地价）×（1＋0.7×2×开发贷款率）×（1＋开发税率）（单位：元/m²）

说明：公式中的数据是根据房地产开发的经验数据估计而得。估计除土地成本外，开发成本里建安成本占 65％，整个项目开发过程中有 70％的直接成本需要靠银行长期贷款支持，且平均贷款期限为 2 年。

17）需求实现面积＝住宅销售面积（单位：万 m²）

18）模型中的表函数见表 2-1-17（同西安市）。

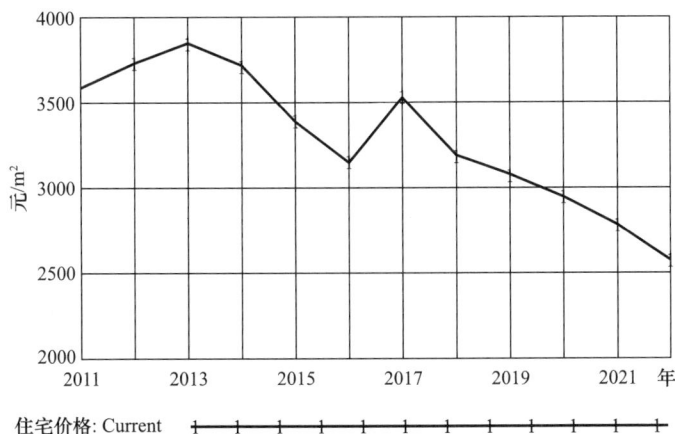

图 2-8-19 住宅价格

2011～2016 年汉中市商品房价格仿真值与实际值误差   表 2-8-17

年份	真实数据	仿真数据	相对误差
2011	3920	3594.7	−8.30%
2012	3730.87	3730.87	−1.94%
2013	3840.37	3840.37	2.51%
2014	3712.55	3712.55	1.87%
2015	3388.63	3388.63	1.80%
2016	3142.12	3142.12	1.71%

3. 汉中市政策仿真

1）政策模型的检验

本书主要对模型进行有效性检验，将系统仿真的结果同实际的房地产价格按照上述方法进行对比，对比结果如表 2-8-19 所示。

根据计量经济学相关理论，普遍认为模型的总体仿真和预测性能较好的标准为每个变量的相对误差的绝对值不超过 10%。从表 2-8-17 可以看出仿真数据与真实数据的误差都小于 10%，说明系统模型有效。

2）灵敏度检验及政策实验调控结果分析

灵敏度检验是通过改变模型参数比较模型输出结果，从而确定修改的变量对模型环境的影响。利用灵敏度分析，可以阐述系统中分析的变量或直接被定义为常量的数的变化对系统中其他变量的影响。

（1）税收政策调控实验

我国的开发税率大概占到总成本的 20% 左右，比例比较大，现拟将商品房开发税率下调 5%，其他指标保持不变，可以得出房地产价格的变化情况如图 2-8-20、表 2-8-18 所示。

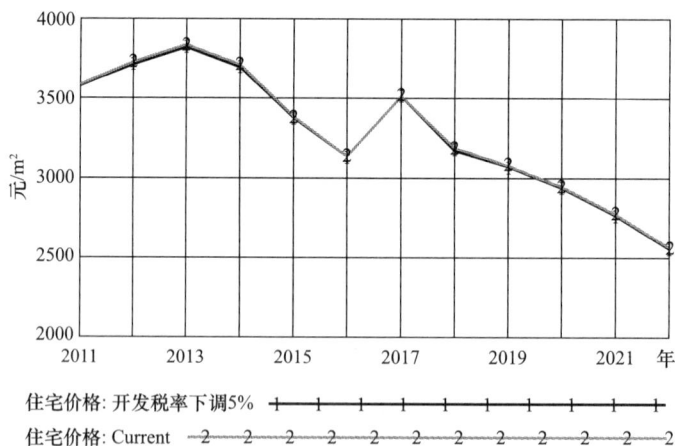

图 2-8-20　开发税率调整前后住宅价格对比

从税收政策调控的数据结果可以看出，开发税率下降 5% 使得房价下降约为 0.34%，开发税率对房价的影响较小，且变化趋势稳定，未来汉中市应保持税收政策的稳定，将有利于汉中市房地产市场的稳定发展。

开发税率调整前后对比　　　　　　　　　　　　　　　　表 2-8-18

年份	2011	2012	2013	2014	2015	2016
原始数据	3594.7	3730.87	3840.37	3712.55	3388.63	3142.12
调控数据	3583.3	3717.6	3826.54	3698.43	3376.72	3131.79
变化情况	−0.32%	−0.36%	−0.36%	−0.38%	−0.35%	−0.33%
年份	2017	2018	2019	2020	2021	2022
原始数据	3527.82	3186.99	3082.87	2953.7	2779.47	2567.62
调控数据	3516.22	3176.51	3072.73	2943.99	2770.33	2559.17
变化情况	−0.33%	−0.33%	−0.33%	−0.33%	−0.33%	−0.33%

（2）货币政策调控实验

本书的利率指标是指商业银行规定的 1～3 年年期贷款利率，在接下来的货币政策的调控实验中，将该利率指标数值进行调整，利率下浮 20%，其他指标保持不变，房价变动情况如图 2-8-21、表 2-8-19 所示。

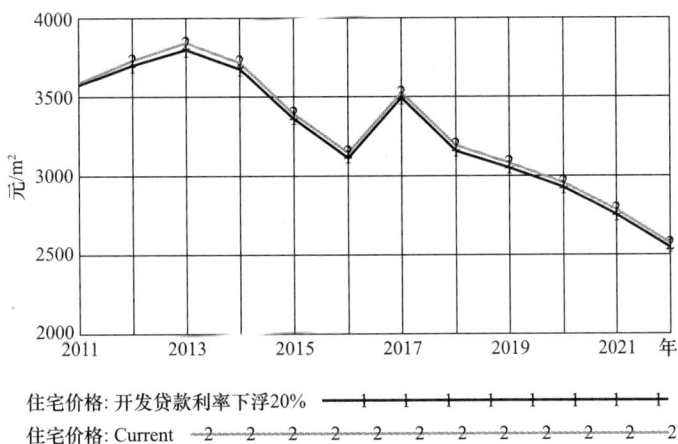

住宅价格: 开发贷款利率下浮20%　—+—

住宅价格: Current　—2—

图 2-8-21　开发贷款利率调整前后住宅价格对比

住房贷款利率调整对比　　　　　　　　　　　　　　　　表 2-8-19

年份	2011	2012	2013	2014	2015	2016
原始数据	3594.7	3730.87	3840.37	3712.55	3388.63	3142.12
调控数据	3579.75	3696.11	3802.09	3671.67	3353.05	3110.41
变化情况	−0.42%	−0.93%	−1.00%	−1.10%	−1.05%	−1.01%
年份	2017	2018	2019	2020	2021	2022
原始数据	3527.82	3186.99	3082.87	2953.7	2779.47	2567.62
调控数据	3492.21	3154.82	3051.76	2923.9	2751.42	2541.7
变化情况	−1.01%	−1.01%	−1.01%	−1.01%	−1.01%	−1.01%

根据货币政策的调控结果可以看出，开发贷款利率下调 20%，住宅价格下降 0.96%，相对于税收政策，货币政策的影响较大，但影响趋势逐渐变大后保持稳定，所以未来汉中市货币政策应保持稳定，以促进房地产市场的平稳发展。

（3）土地政策调控实验

在进行土地价格指标调控实验时，将土地价格下浮10％，其他指标保持不变，住宅价格变化情况如图 2-8-22、表 2-8-20 所示。从对照表中可以看出，当综合地价下浮10％时，商品住宅价格下降约 2.02％。

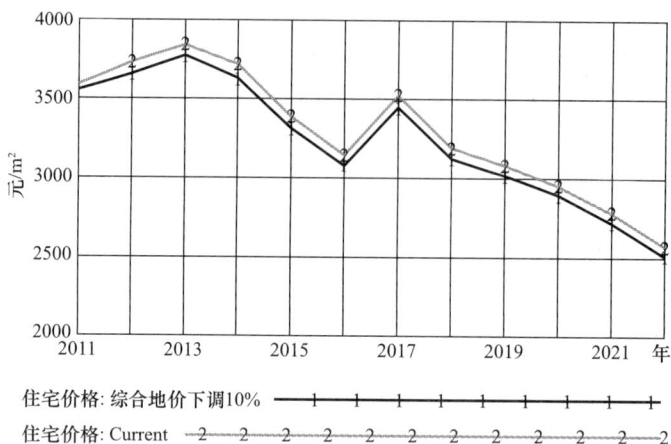

图 2-8-22　综合地价调整前后住宅价格对比

综合地价调整对比　　　　　　　　表 2-8-20

年份	2011	2012	2013	2014	2015	2016
原始数据	3594.7	3730.87	3840.37	3712.55	3388.63	3142.12
调控数据	3556	3660.8	3772.13	3636.75	3315.41	3075.09
变化情况	−1.08％	−1.88％	−1.78％	−2.04％	−2.16％	−2.13％
年份	2017	2018	2019	2020	2021	2022
原始数据	3527.82	3186.99	3082.87	2953.7	2779.47	2567.62
调控数据	3450.26	3120.32	3016.98	2889.49	2717.69	2508.6
变化情况	−2.20％	−2.09％	−2.14％	−2.17％	−2.22％	−2.30％

从土地政策的调控的数据结果可以看出，综合地价下浮10％，住宅价格下降约 2.02％，相较于税收政策与货币政策，土地政策影响较为明显，且影响趋势随时间推移逐步变大，所以未来汉中市应注重对土地政策的把控。

09 安康市房地产市场调控政策研究

（一）安康市房地产市场结构剖析

1. 安康市房地产市场供给现状总结

1）土地供应面积呈下降趋势

2011～2016 年间，安康市土地供应面积呈下降趋势，由 2011 年的 299.65 万 m² 下降至 2016 年的 167.84 万 m²；其中，住宅土地供应面积稳定增长，商办土地供应面积基本呈下降趋势。其次，土地供应面积增长率和商办土地供应面积增长率呈"N"形波动，2015 年二者最高，分别为 25.29％、29.59％，住宅土地供应面积增长率波动明显，2012 年最高，为 34.10％，2014 年最低，为 -16.40％。如图 2-9-1 所示。

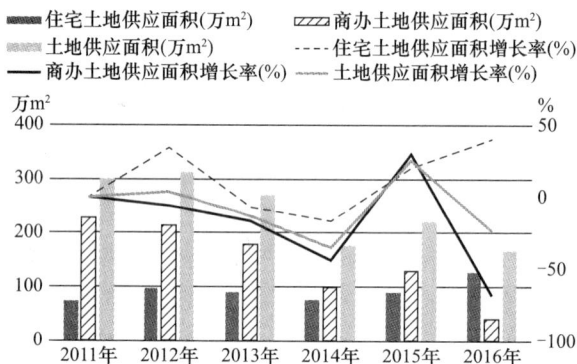

图 2-9-1　2011～2016 年安康市土地计划供应面积情况

2）房地产开发投资总量持续上涨

2011～2017 年间，安康市商品房开发投资持续上涨，由 2011 年 180.73 亿元增长到 2017 年的 927.63 亿元，商品房开发投资增长率波动变化，2012 年最高，为 157.63％，2017 年最低，为 -4.55％；其次，商品住房开发投资稳步增长，由 2011 年的 162.65 亿元增长到 2017 年 886.8 亿元，商品住房开发投资增长率波动变化，2012 年最高为 148.91％，2017 年最低，为 -6.3％。如图 2-9-2 所示。

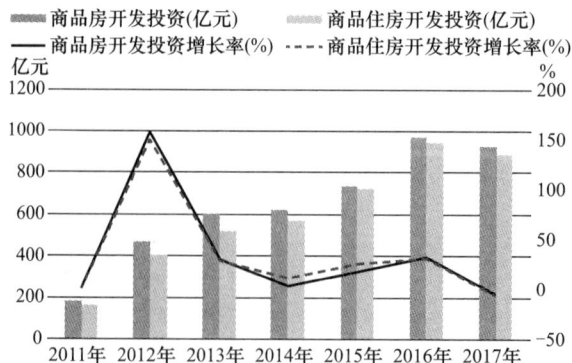

图 2-9-2　2011～2017 年安康市房地产开发投资情况

3）房地产施工面积总体上涨，竣工、新开工面积呈倒"V"形波动，增长率波动明显

2011～2017 年间，安康市商品房施工面积稳步增长，由 2011 年 291.30 万 m² 增长至 2017 年的 1072.85 万 m²，商品房竣工面积、商品房新开工面积呈倒"V"形变化，2015 年最高，分别为 123.19 万 m²、381.09 万 m²，2011 年最低，分别为 44.50 万 m²、38.10 万 m²。其次，施竣工面积和新开工面积增长率也表现出很大的波动性，2012 年均达到最高，分别为 144.23%、153.57%、387.85%。如图 2-9-3 所示。

图 2-9-3　2011～2017 年安康市商品房供给指标情况

4）商品房供给类型以住宅为主，占比量持续增加

2011～2017 年间，安康市新建商品房供给类型以住宅为主，占比量持续增加。其中住宅施工面积占总面积的比例基本都在 80% 以上，2016 年最高，为 96.72%，2013 年最低，为 79.31%；住宅竣工面积占比都在 90% 以上，2013 年最高，为 98.81%，2015 年最低，为 93.10%。其次，商办施工面积和竣工面积占比总体较低，商办施工面积占比呈倒"V"形波动，2013 年最高，为 20.69%，2015 年最低，为 0.6%；商办竣工面积占比呈"N"形变化，2015 年最高，为 6.9%，2016 年最低，为 1.22%，总体说明住宅在商品房市场的供应中占绝对地位。如图 2-9-4 所示。

图 2-9-4　2011～2017 年安康市商办竣工、施工面积及其占比（一）

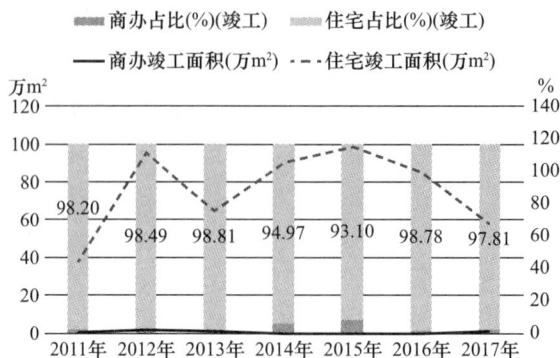

图 2-9-4　2011～2017 年安康市商办竣工、施工面积及其占比（二）

2. 安康市房地产市场需求现状总结

1）新建商品房销售面积持续增长

2011～2017 年间，安康市商品房销售面积与商品住房销售面积呈"V"形变化增长趋势，2012 年最低，分别为 58.86 万 m^2、50.743 万 m^2，2017 年最高，分别为 192.853 万 m^2、178.523 万 m^2；商品房销售面积和商品住房销售面积增长率波动明显。2014～2017 年间，安康市二手房成交量和二手住宅成交量呈倒"V"形变化，其中 2015 年二者出现峰值，分别为 36.47 万 m^2、35.37 万 m^2，二手房成交量和二手住房成交量增长率呈"N"形波动；二手商办成交量持续下降，由 2014 年 3.63 万 m^2 下降至 2017 年的 0.22 万 m^2。如图 2-9-5、图 2-9-6 所示。

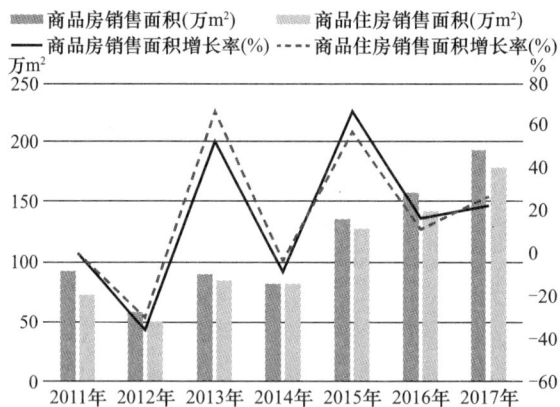

图 2-9-5　2011～2017 年安康市商品房和商品住房销售面积及增长率

2）销售类型以住宅为主，占比近 8 成

2011～2017 年间，安康市商品房销售类型以住宅为主，新建商品房销售面积和二手住宅成交量基本占整个市场需求总量的 80% 以上，在商品房销售市场的需求中占据绝对地位。其中，商品住房销售面积占比 2011 年最低，为 78.81%，2014 年最高，为 99.69%，商品住房销售市场的需求中占据绝对地位。其次，二手住宅成交量占比都在 80% 以上，二手商办占比四年来呈下降趋势。二手住宅成交量在二手商品房市场的需求中占据绝对地位并保持增长趋势，如图 2-9-6～图 2-9-8 所示。

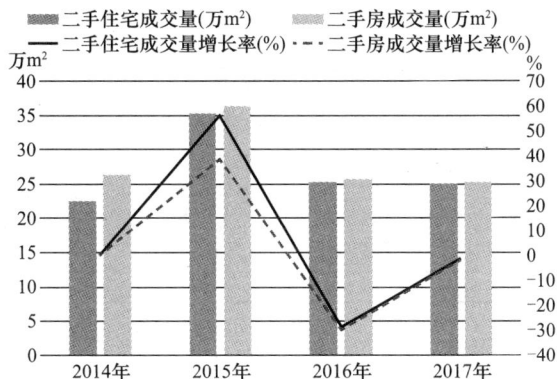

图 2-9-6　2014～2017 年安康市二手商品房和二手商品住房成交量及增长率

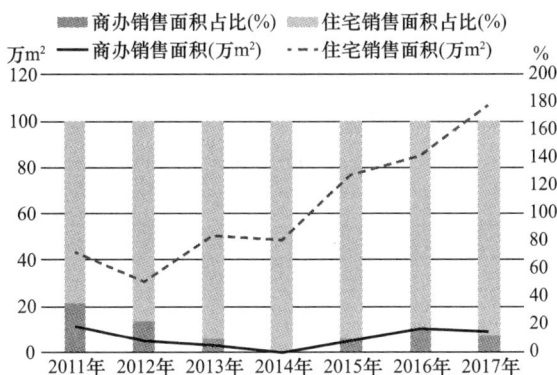

图 2-9-7　2011～2017 年安康市新建商品房需求类型结构相关指标

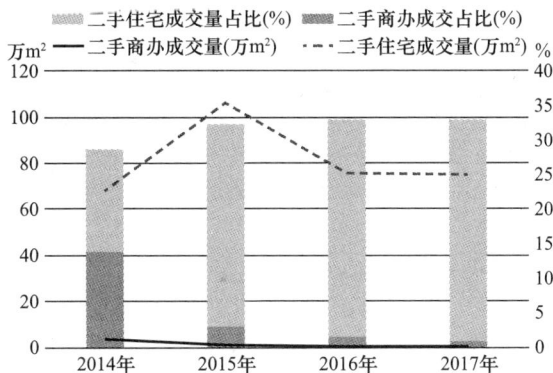

图 2-9-8　2014～2017 年安康市二手商品房需求类型结构相关指标

3）新建商品房销售价格呈下降趋势

2011～2017 年间，安康市商品住房销售均价基本呈下降趋势，从 2011 年 4416 元/m² 下降至 2015 年 3408 元/m²，2016 年平稳增至 3584 元/m²；2018 年 1～6 月，安康市商品住房销售价格呈波动性变化，其中，2018 年 5 月最高为 4327 元/m²，6 月最低为 4068 元/m²。2015 年上半年～2018 年上半年，渭南市二手住宅交易均价呈"N"形波动，2015 年上半年最低为 1800 元/m²，2018 年上半年最高为 3021 元/m²。如图 2-9-9、图 2-9-10、图 2-9-11 所示。

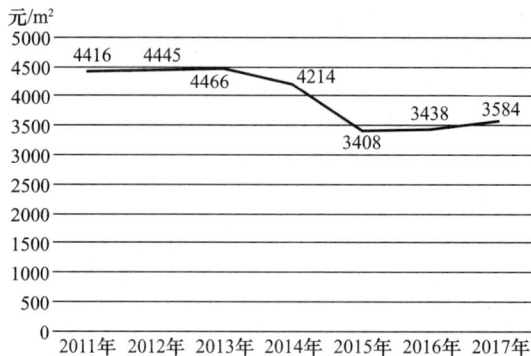

图 2-9-9　2011～2017 年安康市商品住房销售均价（元/m²）

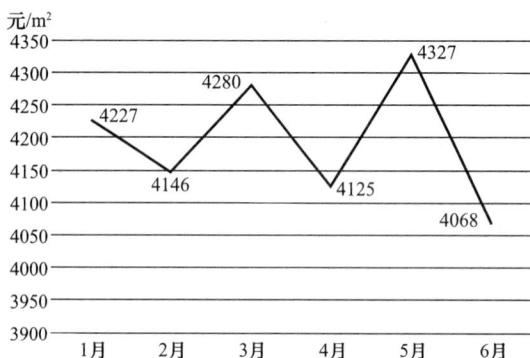

图 2-9-10　2018 年上半年安康市商品住房销售价格（元/m²）

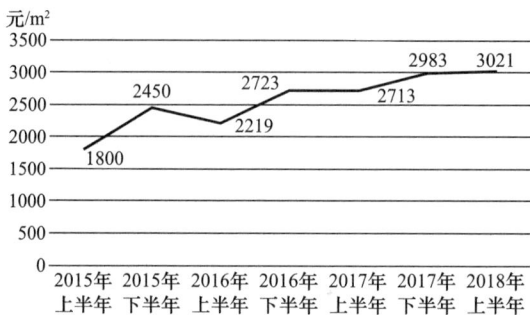

图 2-9-11　2015 上半年～2018 上半年安康市二手住宅交易均价

4）商品房库存量整体减小

2011～2017 年间，安康市住宅累计待售面积呈现为先降后增再下降的波动状态，2011～2013 年住宅累计待售面积由 75.58 万 m² 降低至 57.91 万 m²，后持续上升至 2015 年底的 213.4 万 m²，最终下降至 2017 年底 111.03 万 m²；住宅去化周期呈"M"形波动，由 2011 年的 12.48 个月上升至 2012 年的 13.14 个月，然后下降至 2013 年的 8.24 个月，之后快速上升至 2015 年的 20.04 个月，最终下降为 2017 年底的 9.52 个月，见图 2-9-12。2018 年上半年安康市商业办公楼累计待售面积成"M"形波动，其中 2 月份达到峰值 175.19 万 m²，商办去化周期曲折波动，具体如图 2-9-13 所示。

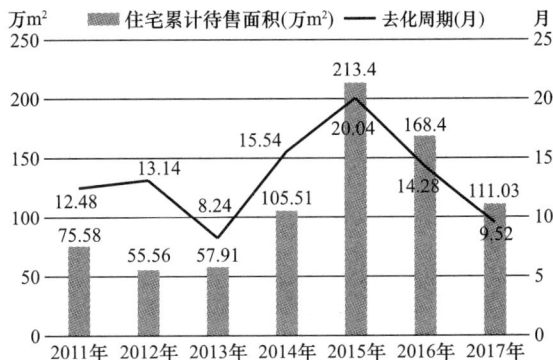

图 2-9-12 2011～2017 年安康市住宅待售面积及去化周期

图 2-9-13 2018 年 1～6 月安康市商办待售面积及去化周期

3. 安康市房地产市场结构分析

1) 房地产市场供需总量呈供不应求状态

2011～2017 年间,安康市房地产市场总体供需总量呈供不应求的状态。由图 2-9-14 可以看出,2011～2014 年,安康市的商品房施工面积与商品房销售面积只比围绕 1 上下波动,整体上供大于求,四年综合比值 1.07,2015 年出现明显拐点,此后至今比值均小于 1,说明在 2015 年商品房供给和需求基本处于平衡状态,2016 年后,安康市的住宅供销比持续降低,降至 0.36,继续出现市场供需总量供不应求的状态。

2) 房地产市场供需结构失衡

2011～2017 年间,从房地产开发投资结构分析来看,商品房开发投资持续上涨,商品住房投资占房地产开发投资比重基本维持在 70% 左右,其他性质的房地产开发投资均偏少;从房地产类型结构分析来看,安康市商品房销售类型以住宅为主,新建商品住房销售面积和二手住宅成交量基本占整个市场需求总量的 80% 以上,在商品房销售市场的需求中占据绝对地位;从销售住宅均价来看,安康市新建商品住房销售价格呈现下降趋势,二手住宅交易价格呈现增长趋势,商品房总体供不应求,总体上说明,安康市房地产处于供需结构不平衡状态。

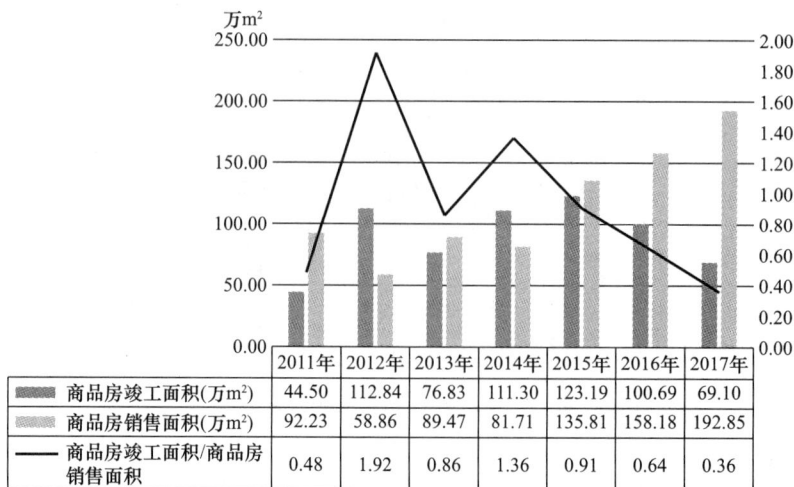

	2011年	2012年	2013年	2014年	2015年	2016年	2017年
商品房竣工面积(万m²)	44.50	112.84	76.83	111.30	123.19	100.69	69.10
商品房销售面积(万m²)	92.23	58.86	89.47	81.71	135.81	158.18	192.85
商品房竣工面积/商品房销售面积	0.48	1.92	0.86	1.36	0.91	0.64	0.36

图 2-9-14　2011～2017 年安康市房地产市场供需总量指标

（二）安康市房地产政策梳理及绩效评价

1. 安康市住房发展政策概况

1）安康市住房发展政策概况

安康市从 2007 年到 2018 年共发布了 21 条住房发展政策，其中 2011 和 2016 年发布政策最多，为 5 条，占发布政策总量的 23.80％，而 2001 年、2014 年、2018 年发布政策均为 1 条，占发布政策总量的 4.76％，2008 年、2009 年、2010 年均未发布政策。具体如图 2-9-15 所示。

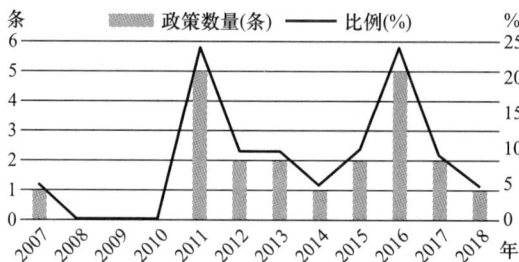

图 2-9-15　安康市历年发布政策数量及占比图

从政策类型来看，安康市发布的住房发展政策中办法、意见最多，这两种政策总和占发布政策总量的 66.66％，而其他类型的政策中除通知和方案发布 3 条方案外，公告只发布 1 条，除此以外，其他类型均未发布过关于房地产调控方面的政策，具体如表 2-9-1 所示。

安康市发布政策类型数量及占比　　　　　　　　　　表 2-9-1

政策类型	通知	办法	方案	意见	公告
数量（条）	3	7	3	7	1
占比（％）	14.29	33.33	14.29	33.33	4.76

2）重要政策回顾

2007年7月安康市发布《城镇最低收入家庭廉租住房管理实施办法》，提出为建立和完善安康市城镇廉租住房制度，保障城镇最低收入家庭的基本住房需要，对适用廉租房的人群及其保障面积，保障方式，负责保障的部门进行规定。同时对保障房的分配程序，退出机制，违反此办法的承租人和有关部门的工作人员的处罚方式做出说明。

2011年4月安康市发布《安康中心城市规划区拆迁集体土地房屋产权调换暂行办法》。提出为科学合理建设中心城市，切实维护被拆迁人的合法权益，避免在中心城市规划区内形成新的"城中村"，造成二次拆迁。对适用产权调换的居民，负责产权调换的各单位，产权调换面积，赔偿标准和奖励政策等进行说明。

2011年8月安康市发布《关于加强中心城市规划区拆迁安置规划管理的通知》，提出为规范和加强中心城市规划区拆迁安置规划管理，确保各类建设项目顺利实施。提出按照"规划引领、安置优先、城乡统筹、建设社区"的原则，中心城市规划区拆迁安置全面实行社区化安置和先安置后拆迁。坚持分区域安置建设，严格控制安置范围和安置对象。明确各单位职责分工，严格履行审批程序并强化工程建设监管。

2011年8月安康市发布《关于认真贯彻落实陕政办发〔2011〕67号文件精神切实做好移民搬迁安置工作的通知》。提出为切实做好全市移民搬迁安置工作，就关于移民搬迁安置建房面积问题、移民搬迁安置建房资金补助问题、移民搬迁安置方式问题、特困户移民搬迁安置问题、移民搬迁安置用地政策问题、移民搬迁安置小区手续报审问题和移民搬迁安置政策执行时间问题的进一步明确作出通知。

2011年11月安康市发布《关于印发安康市推广应用房地产估价技术加强存量房交易税收征管工作方案的通知》。提出为全面推进安康市应用房地产估价技术评估存量房交易计税价格工作，进一步加强全市存量房交易税收的征收管理。对工作的指导思想、工作原则、工作目标、工作重点、组织领导及工作职责、工作步骤及时间安排和工作要求做出说明。

2011年11月安康市发布《关于印发安康市住房公积金管理机构调整工作实施方案的通知》，提出为积极稳妥地做好我市住房公积金管理机构调整工作，切实维护住房公积金缴存人的合法权益。

2012年4月安康市发布《安康市保障性住房管理实施办法》，提出为加快推进城乡统筹发展，完善我市住房保障体系。适用于本市行政区域内保障性住房的规划、建设、分配、退出、运营和监督等管理。保障性住房是指廉租住房、公共租赁住房、经济适用住房、限价商品住房。廉租住房和公共租赁住房实行并轨建设和管理。

2012年12月安康市发布《关于规范协议出让国有土地使用权出让收入征收方式的通知》，为进一步规范协议出让国有土地使用权行为，切实加强国有土地使用权出让管理。提出要充分认识规范土地出让收入管理的重要性和必要性，明确国有土地使用权出让收入范围，加强国有土地使用权出让收入征收管理，严格按照《协议出让国有土地使用权规范（试行）》征收土地出让收入。

2013年5月安康市发布《国有土地上房屋征收与补偿实施办法》，为规范国有土地上房屋征收与补偿活动，维护公共利益，保障被征收房屋所有权人的合法权益。对确需征收的所有情形及对被征收人的补偿方式及违反办法所负担的法律责任做出说明。

2013年9月安康市发布《关于切实加强土地管理工作的意见》，为切实加强耕地保护，落实最严格的土地管理制度，促进我市经济社会可持续发展，提出要充分认识加强土地管理工作的重要性和紧迫性，从严落实耕地保护制度，坚决依法依规管理土地，全面落实土地管理责任。

2014年7月安康市发布《进一步加强和规范陕南地区移民搬迁工作的意见》，为不断提升避灾扶贫搬迁工作水平，对移民搬迁对象、规划、管理等作出了政策规定和工作要求，是完善、规范、提升避灾扶贫搬迁工作的重要文件。提出要全面实施精准搬迁，同时进一步完善搬迁规划，加强项目资金用地管理，切实强化县级统筹力度，积极创新破解难题。

2015年8月，安康市发布《安康中心城市棚户区改造项目货币化安置实施意见》，为加快推进安康中心城市棚户区改造，缩短征收安置期限，改善群众住房条件，提升居住品质，有效整合存量房资源，促进我市房地产市场的平稳健康发展。对棚户区改造的范围和对象、安置方式、安置房源及价格确定、对安置对象采用货币化安置结算同时对货币化安置资金来源、税费优惠、工作分工进行了说明。

2015年8月，安康市发布《关于促进房地产市场平稳健康发展的意见》，为认真贯彻落实中省关于稳定住房消费的政策措施，促进全市房地产市场平稳健康发展，结合安康实际，提出全面落实中央、省各项房地产优惠政策、进一步明确支持房地产业发展的配套政策、控制和消化现有保障性住房建设规模、切实改善房地产业发展外部环境、加强指导服务，推动房地产市场健康稳步发展。

2016年5月，安康市发布《关于更新安康市中心城区基准地价和划拨用地供地价格的公告》，提出基准地价和划拨用地供地价格为安康中心城市总体规划确定的160km² 规划区范围。基准地价和划拨用地供地价格公告方式采用安康市中心城区基准地价和划拨用地供地价格表、安康市中心城区基准地价和划拨用地供地价格级别图、安康市中心城区主要路段路线价表予以表示和公告。

2016年6月安康市发布《安康市政府购买棚户区改造服务管理办法》，为加快推行政府购买棚户区改造服务，积极引入社会力量参与棚改，推动棚改工作取得更好的实效。提出通过发挥市场机制作用，将政府应当承担的棚改相关服务工作，按照一定的方式和程序，交由具备条件的社会力量承担，并由政府根据服务数量和质量向其支付费用。

2016年8月，安康市发布《开展农村承包土地的经营权和农民住房财产权抵押贷款试点的实施意见》，为稳妥有序地推进安康市农村承包土地的经营权和农民住房财产权抵押贷款试点工作，提出自主自愿原则，风险可控。开展"两权"抵押贷款业务必须坚持土地公有制性质不改变、耕地红线不突破、农民利益不受损的底线。在维护农民合法权益的前提下，妥善处理好农民、农村集体经济组织、金融机构、政府之间的关系，既要积极创造条件加快推进"两权"抵押贷款试点工作，又要控制风险、注重实效，确保"两权"抵押贷款试点工作稳妥顺利推进。

2016年10月，安康市发布《安康市移民（脱贫）搬迁工作实施方案》，为统筹推进全市移民（脱贫）搬迁工作，进一步提升工作水平，全面打赢脱贫攻坚战。提出按照"三查三定"的要求，逐户摸清搬迁对象意愿，全面盘清搬迁对象底数。将移民搬迁规划融入全市经济和社会发展大局，与脱贫攻坚和"四化同步、城乡一体"相融合。严格按照"四避开""三靠近"和"四达到"的要求进行安置点选址。

2016 年 12 月，安康市发布《关于全市土地供应差别化管理的实施意见》，提出要按照存量盘活提质、增量管控选优、市场优化配置的目标导向，充分发挥政府和市场两方面作用，建立土地要素配置与产业项目质量和效益挂钩机制，通过实施差别化土地供应管理，实现土地要素配置效率、效益最大化，促进土地要素向优质企业和优质项目集聚，加快"三区两园一中心"建设，助推安康市经济结构调整和产业转型升级。

2017 年 6 月，安康市发布《棚户区改造管理暂行办法》，提出棚户区改造应当按照"政府主导、市场运作，科学规划、分步实施，因地制宜、注重实效，统筹兼顾、同步建设，依法征收、安置先行"的原则进行。坚持与完善城市功能相结合，合理界定改造范围，严禁大拆大建；坚持与保障性住房建设相结合，科学合理利用空间，有效满足基本居住需要。

2018 年 4 月，安康市发布《关于建设新移民搬迁社区的意见》，为深入推进移民搬迁"三精"管理，建设新环境、新服务、新产业、新民风、新生活的新移民搬迁社区，加快乡村振兴步伐。提出要以中心集镇和移民搬迁集中安置点为依托，按照聚居人口适度（原则上新居民与原居民达到 1000 户以上，最低不少于 500 户）服务半径设置合理、资源配置有效、功能相对齐全、有利于统筹城乡发展要求，依据《中华人民共和国村民委员会组织法》，由县区人民政府按程序审批设立的自治组织。

2. 基于政策工具的安康市政策结构分析

1）文本选取

由于涉及房地产行业的政策文本数量众多，为了保证政策选取的准确性和代表性，笔者按照与房地产市场调控密切相关的原则对政策文本进行了整理和遴选，政策类型主要选取 2011 年后颁布的法律法规、规划、意见、办法、通知、公告等体现政府政策的文件，最终梳理了有效政策样本 20 份。具体如表 2-9-2 所示。

安康市住房发展政策文本　　　　　　　　　　　　　　　　　　表 2-9-2

序号	政策名称
1	安康市人民政府关于印发安康中心城市规划区拆迁集体土地房屋产权调换暂行办法的通知
2	关于加强中心城市规划区拆迁安置规划管理的通知
3	关于认真贯彻落实陕政办发〔2011〕67 号文件精神切实做好移民搬迁安置工作的通知
4	关于印发安康市推广应用房地产估价技术加强存量房交易税收征管工作方案的通知
5	关于印发安康市住房公积金管理机构调整工作实施方案的通知
6	安康市人民政府办公室关于印发安康市保障性住房管理实施办法的通知
7	安康市人民政府关于规范协议出让国有土地使用权出让收入征收方式的通知
8	安康市人民政府关于印发安康市国有土地上房屋征收与补偿实施办法的通知
9	安康市人民政府关于切实加强土地管理工作的意见
10	安康市人民政府关于认真贯彻落实省政府办公厅进一步加强和规范陕南地区移民搬迁工作的意见的通知
11	安康市人民政府关于促进房地产市场平稳健康发展的意见
12	安康市人民政府关于更新安康市中心城区基准地价和划拨用地供地价格的公告

续表

序号	政策名称
13	安康市人民政府关于开展农村承包土地的经营权和农民住房财产权抵押贷款试点的实施意见
14	安康市人民政府关于印发安康市移民（脱贫）搬迁工作实施方案的通知
15	安康市人民政府办公室关于全市土地供应差别化管理的实施意见
16	安康市人民政府关于建设新移民搬迁社区的意见
17	安康市人民政府办公室关于印发安康中心城市棚户区改造项目货币化安置实施意见的通知
18	安康市人民政府办公室关于印发安康市政府购买棚户区改造服务管理办法（暂行）的通知
19	安康市棚户区改造管理暂行办法
20	安康市政府购买棚户区改造服务管理办法（暂行）

2）单元编码

样本的分析类目包括"组织人事""财政税收""鼓励引导""行政强制""资质评价""培训考核""税收措施""金融措施""其他经济""标准规范""强制要求""市场监管""开发""规划""设计""施工""采购""销售""运营管理"和"拆除转移"。而分析单元则为住房发展政策文本的有关条款。

本书首先对已遴选出的14份政策文本内容按照"政策编号—具体条款/章节"进行编码；然后，根据已建立的住房发展政策二维分析框架，将其分别归类，最终形成了基于政策工具的住房发展政策文本的内容分析单元编码表（表2-9-3）。

政策文本内容分析单元编码 表2-9-3

序号	政策名称	政策文本的内容分析单元	编码
1	安康市人民政府关于印发安康中心城市规划区拆迁集体土地房屋产权调换暂行办法的通知	安康中心城市规划区拆迁集体土地房屋产权调换暂行办法	1
2	关于加强中心城市规划区拆迁安置规划管理的通知	明确职责分工	2-4
		严格履行审批程序	2-5
		强化工程建设监管	2-6
3	关于认真贯彻落实陕政办发〔2011〕67号文件精神切实做好移民搬迁安置工作的通知	关于移民搬迁安置建房资金补助问题	3-2
		关于移民搬迁安置小区手续报审问题	3-6
4	关于印发安康市推广应用房地产估价技术加强存量房交易税收征管工作方案的通知	组织领导及工作职责	4-5
		实施阶段工作步骤及时间安排	4-6-2
5	关于印发安康市住房公积金管理机构调整工作实施方案的通知	组织领导	5-6
6	安康市人民政府办公室关于印发安康市保障性住房管理实施办法的通知	项目管理	6-2
		第三章十一条，十二条	6-3-11，6-3-12
		第三章第十三条，第十四条	6-3-13，6-3-14
		资金管理和政策支持	6-5
		资格管理	6-7
7	安康市人民政府关于规范协议出让国有土地使用权出让收入征收方式的通知	规范协议出让国有土地使用权出让收入征收方式	7

续表

序号	政策名称	政策文本的内容分析单元	编码
8	安康市人民政府关于印发安康市国有土地上房屋征收与补偿实施办法的通知	征收决定	8-2
		补偿	8-3
9	安康市人民政府关于切实加强土地管理工作的意见	坚决依法依规管理土地	9-3
		全面落实土地管理责任	9-4
10	安康市人民政府关于认真贯彻省政府办公厅进一步加强和规范陕南地区移民搬迁工作的意见的通知	全面实施精准搬迁	10-1-1
		进一步完善搬迁规划	10-2
		加强项目资金用地管理	10-3-2
		切实强化县级统筹力度	10-4
11	安康市人民政府关于促进房地产市场平稳健康发展的意见	全面落实中央、省各项房地产优惠政策	11-1
12	安康市人民政府关于更新安康市中心城区基准地价和划拨用地供地价格的公告	基准地价和划拨用地供地价格	12
13	安康市人民政府关于开展农村承包土地的经营权和农民住房财产权抵押贷款试点的实施意见		13
14	安康市人民政府关于印发安康市移民(脱贫)搬迁工作实施方案的通知	精准搬迁对象	14-2
		完善搬迁规划	14-3
		明确搬迁方式	14-4
		强化资金管理	14-5
		强化组织保障	14-8
15	安康市人民政府办公室关于全市土地供应差别化管理的实施意见	实行差别化供地政策	15-2
		保障措施	15-3
16	安康市人民政府关于建设新移民搬迁社区的意见	建设新移民搬迁社区	16
17	安康市人民政府办公室关于印发安康中心城市棚户区改造项目货币化安置实施意见的通知	棚户区改造	17
18	安康市人民政府办公室关于印发安康市政府购买棚户区改造服务管理办法(暂行)的通知	棚户区改造	18
19	安康市棚户区改造管理暂行办法	总则	19-1
		项目管理	19-2
		土地管理	19-3
		规划建设管理	19-4
		征收与补偿	19-5
		资金筹集、使用与管理	19-6
		优惠政策	19-7
20	安康市政府购买棚户区改造服务管理办法(暂行)	购买棚户区	20

3）频数统计分析

在对政策工具内容分析单元编码的基础上，按照对房地产业价值链作用阶段归属的判断，将其归类，形成了住房发展政策二维分析分布图，如表 2-9-4 所示。总体上看，20 份住房发展政策兼顾了组织人事、财政税收、鼓励引导和行政强制政策工具的运用，内容涉及房地产行业开发、规划、设计、施工、采购、销售、运营管理和拆除转移八个环节，对房地产的开发利用、运营调控等提供了多方面的激励和规制。

（1）基本政策工具维度分析

安康市住房发展政策工具二维分布　　　　　　　　表 2-9-4

		开发	规划	设计	施工	采购	销售	运营管理	拆除转移
组织人事	资质评价		10-1-1, 14-2					6-7	
	培训考核	9-4	2-4, 4-5, 14-8, 15-3		10-4			5-6	
财政税收	税收措施								
	金融措施		3-2, 8-3, 10-3-2, 14-6					6-5	19-5, 19-6, 19-7
	其他经济								
鼓励引导									11-1
行政强制	标准规范	6-4	3-1, 6-3-11, 6-3-12, 8-2, 10-2, 14-3, 14-4, 15-2, 16	6-3-13, 6-3-14	4-6-2		7, 13		
	强制要求		2-5, 3-6, 6-2						13, 14
	市场监管		2-6					2-4	

基本政策工具分配比例　　　　　　　　表 2-9-5

政策工具	工具名称	条文编号	小计	百分比
组织人事	资质评价	10-1-1, 14-2, 6-7	3	21.28%
	培训考核	9-4, 2-4, 4-5, 14-8, 15-3, 10-4, 5-6	7	
财政税收	税收措施	0	0	17.02%
	金融措施	3-2, 8-3, 10-3-2, 14-6, 6-5, 19-5, 19-6, 19-7	8	
	其他经济	0	0	
鼓励引导		11-1	1	2.13%
行政强制	标准规范	9-3, 12, 3-1, 6-3-11, 6-3-12, 8-2, 10-2, 14-3, 14-4, 15-2, 166-3-13, 6-3-14, 4-6-2, 7, 13, 1	17	59.57%
	强制要求	2-5, 3-6, 6-2, 17, 18, 19-1, 19-2, 19-3, 19-4, 20	10	
	市场监管	2-6	1	
合计			47	100%

安康市房地产行业政策的基本政策工具维度统计分析结果如表 2-9-5 所示。按照条款项目数计,大部分是行政强制政策工具(59.57%),其次是组织人事政策工具(21.28%)。进一步分析可以发现,在行政强制政策工具中,标准规范占了绝大部分,达到 36.17%,包括用地审批、招投标流程、房屋基础配套设施建设标准等;市场监管占2.13%,包括对企业土地市场准入资格和资金来源的审查、房屋限购、商品房市场监管和预期管理等;而强制要求占到 21.28%,主要是因为房地产行业发展已经较为成熟,主要的标准规范早已成型,2011 年后新颁布的较少。在财政税收政策工具中,金融措施较多,达到 17.02%,主要表现为强化差别化住房信贷政策,提租发补贴,实行公积金,租房购债券,分级设基金;在组织人事政策工具中,主要以培训考核为主占 14.89%,主要表现为明确建筑市场各管理部门及其职责,完善稳定房价工作责任制等;资质评审仅占6.38%,主要表现为加快信用体系建设,加强失信联合惩戒,落实住房保障和稳定房价工作的约谈问责机制。

(2)价值链维度分析

在基本政策工具维度分析的基础上,引入价值链维度的影响因素,得到如表 2-9-6 所示的政策工具在价值链上的分布统计结果。

政策工具各环节频数分布统计　　　　　　　　　　　　　　表 2-9-6

	资质评价	培训考核	税收措施	金融措施	其他经济	鼓励引导	标准规范	强制要求	市场监管	小计	百分比
开发	0	1	0	0	0	0	2	0	0	3	6.38%
规划	2	4	0	4	0	0	9	3	1	23	48.94%
设计	0	0	0	0	0	0	2	0	0	2	4.26%
施工	0	1	0	0	0	0	1	0	0	2	4.26%
采购	0	0	0	0	0	0	0	0	0	0	0%
销售	0	0	0	0	0	0	2	0	0	2	4.26%
运营管理	1	1	0	1	0	1	0	0	0	4	8.51%
拆除转移	0	0	0	3	0	0	1	7	0	11	23.40%

据表 2-9-6 所示,20 份安康市政策文本对房地产行业的发展提供了包括开发(6.38%)、规划(48.94%)、设计(4.26%)、施工(4.26%)、采购(0%)、销售(4.26%)、运营管理(8.51%)和拆除转移(23.40%)阶段的全面干预。根据条款的具体分布,发现绝大多数政策工具都是应用在房地产行业价值链的规划环节,其次为拆除环节和运营环节,其他环节几乎没有。这说明现阶段安康市房地产的政策调控是围绕着房地产的前期开发规划,加快房地产市场的发展。

3. 安康市住房发展政策绩效评价

安康市位于陕西省东南部,其地产业从 20 世纪 80 年代中期开始起步,历经房屋统建、旧城改造、安居工程及经济适用房建设、商品房综合开发等阶段,房地产市场快速发展。房地产价格在合理范围内平稳增长,房地产业拉动当地经济效果明显。

安康市房地产市场调控评价投入因素   表 2-9-7

年份	GDP 增速（%）	人均 GDP（元）	人均可支配收入（元）	城镇化率（%）	固定资产投资增速（%）	限购政策
2011	15.5	15477	17365	39.45	29.2	0
2012	15.2	19490	20300	40.69	24.9	0
2013	13.4	22938	22533	41.87	26.9	0
2014	11.7	26117	25011	43.08	17.1	0
2015	12.3	29193	27191	44.32	23	0
2016	11.3	32109	15226	45.6	24.2	0
2017	10.5	36662	16702	47.3	24.1	0

安康市房地产市场调控评价产出因素   表 2-9-8

年份	CPI 增速（%）	商品房销售面积（万 m²）	商品住房均价（元/m²）	土地成交价格（元/万 m²）	土地成交面积（万 m²）	新开工面积（万 m²）	住宅待售面积（万 m²）	土地存量面积（万 m²）
2011	4.8	92.233	4416	121253.6	197.52	38.1	75.58	32.22
2012	2.7	58.86	4445.33	129702.4	197.08	185.87	55.56	37.03
2013	2.7	89.46631	4466.42	476172.5	321.87	195.52	57.91	67.73
2014	1	81.71	4213.5	299089.5	226.45	183.59	105.51	48.033
2015	1.5	135.81	3816.68	107613.4	117.74	381.09	213.4	53.93
2016	1.3	158.18	3455.33	189117.8	127.34	76.09	168.4	33.32
2017	2.4	192.85	3584.33	119581.4	137.72	251.09	111.03	34.46

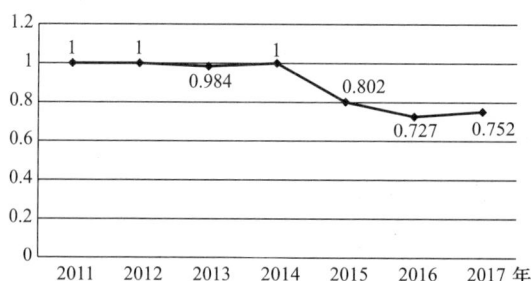

图 2-9-16　安康市房地产调控综合效率

由图 2-9-16、表 2-9-7、表 2-9-8 可知，2014 年安康市房地产调控综合效率出现下滑，主要是由于 2014 年我国房地产市场步入调整期，在宏观调控的背景下，安康市房地产增速明显下滑，导致产出较少，需求不足，投资增速、土地交易、房屋交易量、商品住房均价等明显下滑。2016 年后，房地产调控综合效率缓慢回升，但总体水平偏低，安康市房地产市场总体呈现健康平稳的发展态势，开发投资平稳增长，房屋施工面积和新开工面积进一步增加，但与此同时，房地产市场调整仍在持续，土地市场冷清，销售低迷，待售面积居高难下等问题仍然突出。

（三）安康市房地产市场发展预期探索

1. 影响因素预测

根据安康市 2011～2017 年 10 个指标数据，采用灰色预测方法，对安康市 2018～2022 年的 10 个指标数据进行预测（表 2-9-9、表 2-9-10）。

安康市各影响指标（2011～2017 年数据） 表 2-9-9

年份	2011	2012	2013	2014	2015	2016	2017
人均 GDP（元）	15477	19490	22938	26117	29193	32109	36662
固定资产投资（亿元）	234.68	324.41	426.99	541.78	667.76	867.70	1072.03
人均可支配收入（元）	17365	20300	22533	25011	27191	25962	28158
商品住房销售均价（元/m²）	4416.00	4445.33	4466.42	4213.50	3816.68	3455.33	3584.33
城镇化率（%）	39.54	40.69	41.87	43.08	44.32	45.60	47.30
商品住房开发投资（亿元）	16.27	34.72	51.70	57.28	72.25	94.64	88.68
新开工面积（万 m²）	38.10	185.87	195.52	183.59	381.09	76.09	251.09
商品房销售面积（万 m²）	92.23	58.86	89.47	81.71	135.81	158.18	192.85
第二产业占比（亿元）	183.13	243.47	315.99	371.03	403.39	450.64	529.69
第三产业占比（亿元）	152.03	172.49	199.83	225.40	255.60	292.10	340.34
房价收入比	9.02	8.56	7.81	6.73	5.83	9.67	9.21

安康市各影响指标（2018～2022 年数据预测） 表 2-9-10

年份	2018	2019	2020	2021	2022
人均 GDP（元）	41284.07	46536.48	52457.13	59131.04	66654.05
固定资产投资（亿元）	1350.74	1705.15	2152.54	2717.33	3430.30
人均可支配收入（元）	30308.56	32119.62	34038.90	36072.86	38228.35
商品住房销售均价（元/m²）	3279.34	3103.18	2936.48	2778.74	2629.47
城镇化率（%）	48.55	50.01	51.52	53.07	54.67
商品住房开发投资（亿元）	116.17	137.64	163.08	193.22	228.93
新开工面积（万 m²）	228.13	232.93	237.84	242.85	247.96
商品房销售面积（万 m²）	243.89	305.82	383.48	480.85	602.95
第二产业占比（亿元）	606.12	695.21	797.40	914.61	1049.05
第三产业占比（亿元）	384.77	439.99	503.13	575.33	657.90

对于房价收入比指标的预测，以 2011～2017 年的 10 个指标数据为基础利用 BP 神经网络进行预测。得到安康市 2018～2022 年的预测房价收入比，如表 2-9-11 所示。

安康市房价收入比（2018～2022 年数据） 表 2-9-11

年份	2018	2019	2020	2021	2022
房价收入比	8.86	8.80	8.83	8.92	9.01

2. 作用关系分析

对安康市 2018～2022 年影响因素数据做岭回归分析，将安康市相关影响因素数据代入 SPSS 与 NCSS 软件计算，得出 K 为 0.1，岭迹图与岭回归计算结果如图 2-9-17、表 2-9-12 所示。

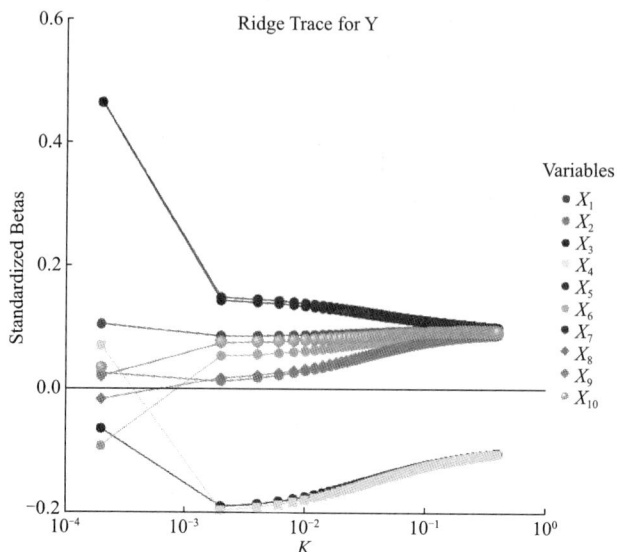

图 2-9-17　安康市岭迹图

安康市岭回归结果　　　　　　　　　　　　　　　　表 2-9-12

	标准回归系数	VIF		标准回归系数	VIF
人均 GDP（X_1）	0.0953	0.0207	新开工面积（X_7）	0.1120	0.1214
固定资产总投资（X_2）	0.0762	0.3606	商品房销售面积（X_8）	0.0774	0.3275
人均可支配收入（X_3）	−0.1229	0.4027	第二产业占比（X_9）	0.0924	0.0421
商品住房销售均价（X_4）	−0.1245	0.4579	第三产业占比（X_{10}）	0.0929	0.0375
城镇化率（X_5）	0.1105	0.0967	常数项		7.233407
商品住房开发投资（X_6）	0.0869	0.1123			

由计算结果可知，各自变量方差膨胀因子 VIF 值均小于 5，已不存在共线性，符合经济学意义。模型方程为：

$$y = 0.095x_1 + 0.076x_2 - 0.123x_3 - 0.125x_4 + 0.111x_5$$
$$+ 0.087x_6 + 0.112x_7 + 0.077x_8 + 0.092x_9 + 0.093x_{10} + 7.23$$

该模型计算结果表明，安康市 2018～2022 年房价收入比正向影响因素按影响程度从大到小排序前三依次为：新开工面积（11.2%）、城镇化率（11.0%）和人均 GDP（9.5%）；负向影响程度从大到小分别为：商品住房销售均价（12.5%）、人均可支配收入（12.3%）（图 2-9-18）。

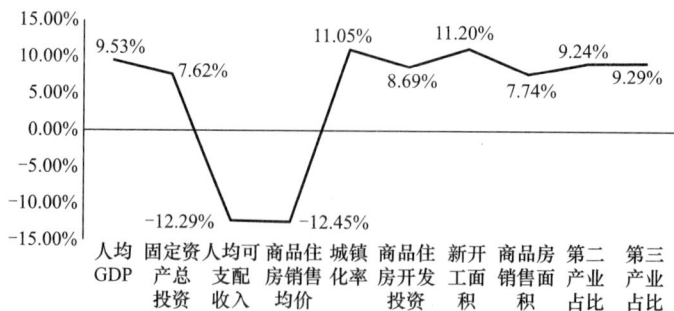

图 2-9-18　安康市影响因素作用关系

结合安康市因素预测与回归分析，发现新开工面积和商品住房开发投资均呈正向，说明安康市目前商品住房的供给过剩，应控制商品房开发投资、减少新开工面积。城镇化的过程会推动房价的上涨，但城镇化是发展的趋势，在推动城镇化建设的时候一定要避免房价的过快上涨，使工资的上涨速度和房价的上升相一致，要保证老百姓买得起、住得起房。

（四）安康市房地产调控政策仿真及建议

系统力学因果关系图及系统动力学流图如西安市房地产市场调控政策系统动力学流图，由于各地市房地产市场现状存在差异，所以对系统动力学模型中的水平变量、辅助变量以及常数的设定做以下改变。

1. 安康市住房发展政策系统动力学模型构建

1）水平变量初始值及常数值确定

（1）城市人口，根据 2012 年的《陕西统计年鉴》可知，2011 年安康市常住人口为 263.07 万人，因此将 263.08 万人设定为汉中市人口的初始值。

（2）城市 GDP，根据 2012 年《陕西统计年鉴》，将 2011 年的安康市 GDP 初始值设定为 407.17 亿元。

（3）住宅需求变量，根据 2012 年《陕西统计年鉴》，将 2011 年安康市商品住宅销售面积 92.23 万 m^2 设定为住宅需求量的初始值。

（4）住宅供给变量，根据 2012 年《陕西统计年鉴》，将 2011 年商品房竣工面积 43.7 万 m^2 设定为住宅供应量的初始值。

2）辅助变量初始值及常数设定

（1）常住人口、人口增长系数及家庭规模。根据《陕西统计年鉴》中安康市常住人口的变化对人口增长系数进行测算。拆迁户数因《陕西统计年鉴》中无统计精确数据，根据文献分析估计，结婚人口比例＝该年平均每天结婚登记人口数×365/该年人口总数。由于《陕西统计年鉴》统计数据不全，家庭规模数近似取为 3（表 2-9-13）。

2011~2016 年安康市人口数据表　　表 2-9-13

年份	常住人口（万人）	人口增长系数
2011	263.07	0.0000
2012	263.36	0.0011
2013	263.76	0.0015
2014	264.2	0.0017
2015	265	0.0030
2016	265.6	0.0023

（2）2011~2016 年安康市经济情况数据（表 2-9-14）。

2011~2016 年安康市经济数据　　表 2-9-14

年份	GDP（亿元）	经济增长系数	人均生产总值（元）	城镇居民人均可支配收入（元）	居民收入占 GDP 的比例
2011	407.17	0.2063	15477	17019.00	109.96%

续表

年份	GDP（亿元）	经济增长系数	人均生产总值（元）	城镇居民人均可支配收入（元）	居民收入占GDP的比例
2012	513.02	0.1514	18878	22425.19	118.79%
2013	604.55	0.1231	22938	22320.17	97.31%
2014	689.44	0.1075	26117	22215.64	85.06%
2015	772.46	0.0835	29193	22111.59	75.74%
2016	842.86	0.2063	32109	22008.04	68.54%

（3）2011～2016 年安康住宅房地产市场统计数据（表 2-9-15）。

2011～2016 年安康市住宅房地产数据　　　　　表 2-9-15

年份	住宅投资总额（万元）	住宅开发投资占GDP比例	销售面积（万 m²）	新开工面积（万 m²）	竣工面积（万 m²）
2011	180729	4.44%	92.23	38.10	43.70
2012	465608	9.08%	58.86	185.87	111.14
2013	601415	9.95%	89.47	195.52	75.92
2014	621703	9.02%	81.71	183.59	105.71
2015	733040	9.49%	135.81	381.09	114.69
2016	971868	11.53%	158.18	76.09	99.46

　　（4）土地成本是商品房住宅建设成本中最重要的组成部分，本研究中利用综合地价作为土地成本进行测算住宅楼面地价。由于土地综合地价、住宅开发投资比例以及容积率对地价有影响，所以楼面地价有以上影响因素计算得出。税费按照房价总额的 20% 计算；容积率按照 3.5 计算。建安成本根据统计年鉴中相关数据测算。房地产开发贷款利率按照半年至 1 年的利率取值，商业银行贷款按照 5 年以上贷款利率取值，具体如表 2-9-16 所示。

2011～2016 年商业银行基准利率　　　　　表 2-9-16

年份	1～3 年利率（%）	5 年以上利率（%）
2011	6.4	6.8
2012	6.4	6.8
2013	6.15	6.55
2014	6.0	6.15
2015	5	5.15
2016	4.75	4.9

2. 构建流图方程式

1）住宅新开工面积＝0.0001231×住宅开发投资＋109.6276

说明：根据所得各系数影响因素的因果关系以及所搜集的相关历史数据，运用 SPSS20.0 软件进行回归分析。

2）人口增长＝城市人口×人口增长系数（单位：万人）

3）人均 GDP＝城市 GDP/城市人口

4）人均住宅面积＝STEP（29.3，2011）＋STEP（5.62，2013）＋STEP（0.98，2014）＋STEP（1，2015）＋（1.7，2016）（单位：m²/人）

5）人均可支配收入＝人均GDP×可支配收入占GDP比例（单位：元/人）

6）住宅开发投资＝城市GDP×住宅开发投资比例（单位：万元）

7）住宅新竣工面积＝0.169×住宅新开工面积＋64.9686

8）住宅预售面积＝9.96×住宅新开工面积＋30249.8

9）住房价格＝综合成本×供求比对住宅价格的影响程度×（1＋利润率）（单位：元/m²）

10）住房供给＝INTEG（新增供给－供给实现，43.7）（单位：万 m²）

11）住房需求＝INTEG（新增需求－需求实现，92.23）（单位：万 m²）

12）房价收入比＝人均住宅面积×住房价格/人均可支配收入

13）新增供给＝住宅新竣工面积×0.1＋住宅预售面积（单位：万 m²）

说明：当年竣工面积中，预计有10%的竣工面积转化为现房销售。

14）楼面地价＝综合地价/平均容积率×住宅开发投资比例对地价的影响（单位：元/m²）

15）消费需求＝房价收入比影响程度×银行利率对需求的影响×（人口增长×0.5×人均住宅面积＋城市人口×0.2×0.5×人均住宅面积＋结婚比例×0.8×城市人口×人均住宅面积＋拆迁户数×家庭规模×0.5×人均住宅面积）（单位：万 m²）

说明：由城市住房需求算法得出，估算新增人口中的50%有购房需求，城市人口中有20%属于高收入人群，他们中有50%有改善性购房需求，拆迁人口中有50%有购房需求，结婚人口中有80%的有购房需求。

16）综合成本＝（建安成本/0.65＋楼面地价）×（1＋0.7×2×开发贷款率）×（1＋开发税率）（单位：元/m²）

说明：公式中的数据是根据房地产开发的经验数据估计而得。估计除土地成本外，开发成本里建安成本占65%，整个项目开发过程中有70%的直接成本需要靠银行长期贷款支持，且平均贷款期限为2年。

17）需求实现面积＝住宅销售面积（单位：万 m²）

18）模型中的表函数见表2-1-17（同西安市）。

3. 安康市政策仿真

1）政策模型的检验

本书主要对模型进行有效性检验，将系统仿真的结果同实际的房地产价格按照上述方法进行对比，对比结果如图2-9-19、表2-9-17所示。根据计量经济学相关理论，普遍认为模型的总体仿真和预测性能较好的标准为每个变量的相对误差的绝对值不超过10%。从表2-9-17可以看出仿真数据与真实数据的误差都小于10%，说明系统模型有效。

2）灵敏度检验及政策实验调控结果分析

灵敏度检验是通过改变模型参数比较模型输出结果，从而确定修改的变量对模型环境的影响。利用灵敏度分析，可以阐述系统中分析的变量或直接被定义为常量的数的变化对系统中其他变量的影响。

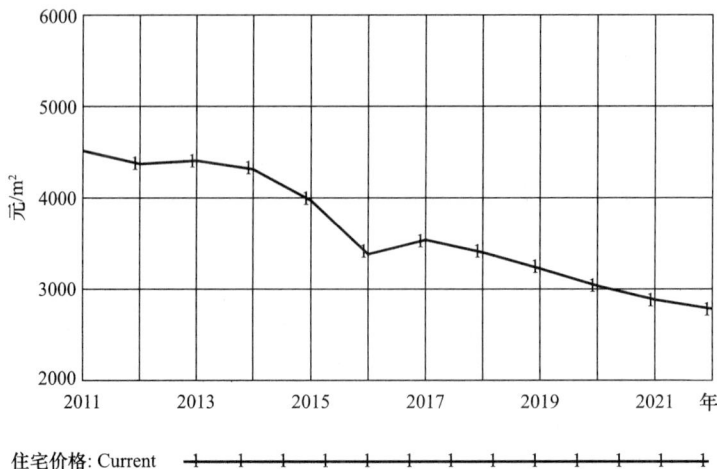

图 2-9-19 住宅价格

2011～2016 年安康市商品房价格仿真值与实际值误差   表 2-9-17

年份	真实数据	仿真数据	相对误差
2011	4416.00	4515.53	2.25%
2012	4445.33	4379.39	−1.48%
2013	4466.42	4406.83	−1.33%
2014	4213.50	4315.19	2.41%
2015	3816.68	3966.92	3.94%
2016	3455.33	3376.64	−2.28%

（1）税收政策调控实验

我国的开发税率大概占到总成本的 20% 左右，比例比较大，现拟将商品房开发税率下调 5%，其他指标保持不变，可以得出房地产价格的变化情况如图 2-9-20、表 2-9-18 所示。

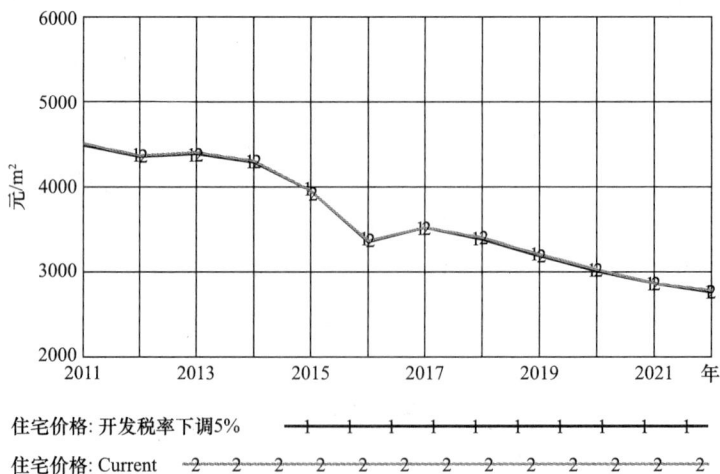

图 2-9-20 开发税率调整前后住宅价格对比

开发税率调整前后对比　　　　　　　　　　　　　　　　表 2-9-18

年份	2011	2012	2013	2014	2015	2016
原始数据	4515.53	4379.39	4406.83	4315.19	3966.92	3376.64
调控数据	4501.22	4363.81	4390.96	4298.77	3953.00	3365.55
变化情况	−0.32%	−0.36%	−0.36%	−0.38%	−0.35%	−0.33%
年份	2017	2018	2019	2020	2021	2022
原始数据	3529.46	3403.4	3210.65	3027.13	2870.59	2780.21
调控数据	3517.87	3392.23	3200.11	3017.19	2861.1	2771.09
变化情况	−0.33%	−0.33%	−0.33%	−0.33%	−0.33%	−0.33%

从税收政策调控的数据结果可以看出，开发税率下降 5% 使得房价下降约为 0.34%，开发税率对房价的影响较小，且变化趋势稳定，未来，安康市应保持税收政策的稳定，将有利于安康市房地产市场的稳定发展。

（2）货币政策调控实验

本书的利率指标是指商业银行规定的 1~3 年年期贷款利率，在接下来的货币政策的调控实验中，将该利率指标数值进行调整，利率下浮 20%，其他指标保持不变，房价变动情况如图 2-9-21、表 2-9-19 所示。

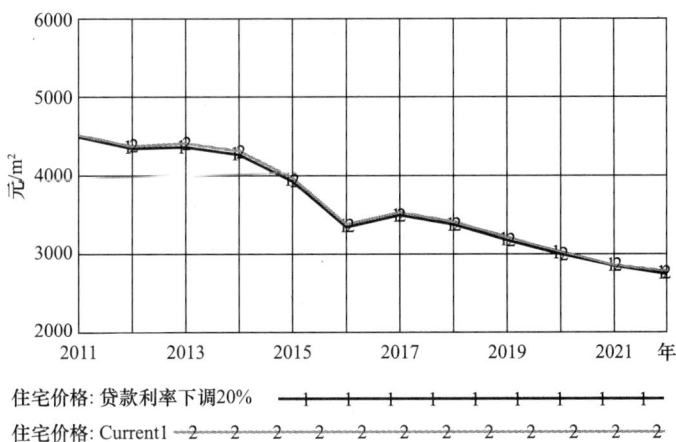

住宅价格：贷款利率下调20%
住宅价格：Current1

图 2-9-21　开发税率调整前后住宅价格对比

住房贷款利率调整对比　　　　　　　　　　　　　　　　表 2-9-19

年份	2011	2012	2013	2014	2015	2016
原始数据	4515.53	4379.39	4406.83	4315.19	3966.92	3376.64
调控数据	4496.75	4338.58	4362.91	4267.69	3925.31	3342.6
变化情况	−0.42%	−0.93%	−1.00%	−1.10%	−1.05%	−1.01%
年份	2017	2018	2019	2020	2021	2022
原始数据	3529.46	3403.4	3210.65	3027.13	2870.59	2780.21
调控数据	3493.89	3369.11	3178.31	2996.64	2841.69	2752.23
变化情况	−1.01%	−1.01%	−1.01%	−1.01%	−1.01%	−1.01%

根据货币政策的调控结果可以看出，开发贷款利率下调20%，住宅价格下降0.96%，相对于税收政策，货币政策的影响较大，但影响趋势逐渐变大后保持稳定，所以未来安康市货币政策应保持稳定，以促进房地产市场的平稳发展。

（3）土地政策调控实验

在进行土地价格指标调控实验时，将土地价格下浮10%，其他指标保持不变，住宅价格变化情况如图2-9-22所示。从对照表2-9-20中可以看出，当综合地价下浮10%时，商品住宅价格下降约1.82%。

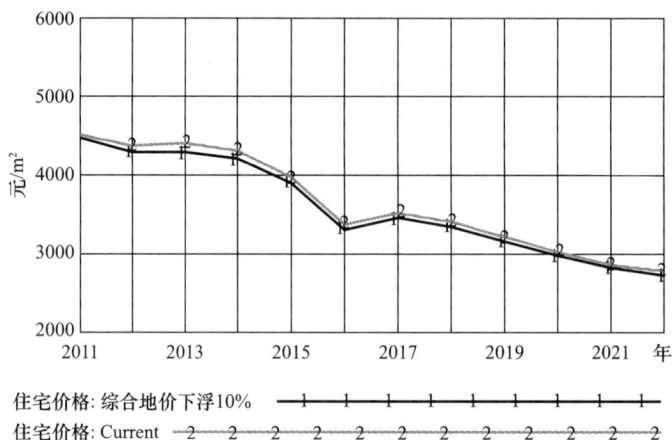

图 2-9-22　综合地价调整前后住宅价格对比

综合地价调整对比　　　　　　　　　　表 2-9-20

年份	2011	2012	2013	2014	2015	2016
原始数据	4515.53	4379.39	4406.83	4315.19	3966.92	3376.64
调控数据	4468.99	4301.95	4296.33	4219.59	3895.1	3306.49
变化情况	−1.03%	−1.77%	−2.51%	−2.22%	−1.81%	−2.08%
年份	2017	2018	2019	2020	2021	2022
原始数据	3529.46	3403.4	3210.65	3027.13	2870.59	2780.21
调控数据	3462.03	3340.9	3153.1	2975.81	2824.61	2736.82
变化情况	−1.91%	−1.84%	−1.79%	−1.70%	−1.60%	−1.56%

从土地政策的调控的数据结果可以看出，综合地价下浮10%，住宅价格下降约1.82%，相较于税收政策与货币政策，土地政策影响较为明显，且影响趋势随时间推移逐步变小，所以未来安康市应注重对土地政策调控以及其长远效果的预期。

10 商洛市房地产市场调控政策研究

（一）商洛市房地产市场结构剖析

1. 商洛市房地产市场供给现状总结

1）土地供应面积波动性大

2011～2016 年间，商洛市土地计划供应面积波动性大，由 2011 年的 382.90m² 降至 2017 年的 85.24 万 m²。其中，住宅土地供应面积、商办土地供应面积分别由 2011 年的 82.64 万 m²、300.26 万 m² 变化至 2016 年的 25.01 万 m²、60.24 万 m²，其次，商洛市土地供应面积增长率、住宅土地供应面积增长率、商办土地供应面积均表现出很大的波动性，具体见图 2-10-1。

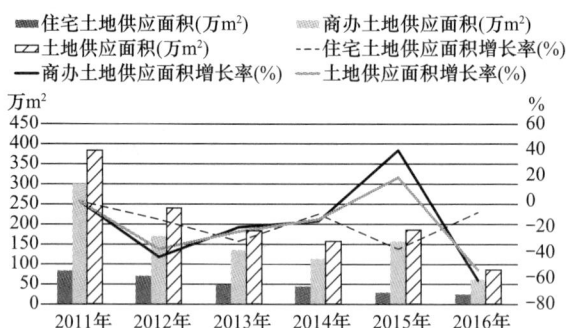

图 2-10-1　2011～2016 年商洛市土地计划供应面积情况

2）房地产开发投资总量波动下降

2011～2017 年间，商洛市商品房开发投资波动下降，由 2011 年的 56.86 亿元减至 2017 年的 22.13 亿元，其中，商洛市商品住房开发投资总体呈下降趋势，由 2011 年的 55.33 亿元降至 2017 年的 7.70 亿元，2016 年最低为 7.22 亿元；商品房开发投增长率呈"W"形波动，其中 2012 年增长率最低为－49.61%，2014 年最高为 30.18%。2011～2017 年期间，商洛市商品住房开发投资增长率波动明显，2012～2013 年和 2014～2016 年呈下降趋势，2016 年最低为－67.01%。具体见图 2-10-2。

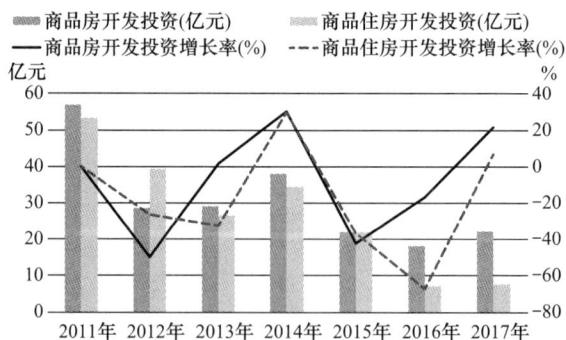

图 2-10-2　2011～2017 年商洛市房地产开发投资情况

3）房地产施竣工面积、新开工面积总体下降，增长率波动明显

2011～2013 年间，商洛市商品房施工面积呈倒"V"形波动，2012 年最高为179.36 万 m²，2013～2017 年波动不明显，2016 年最低为 42.71 万 m²；竣工面积由 2011 年的 40.85 万 m²

快速上涨至 2012 年的 157.75 万 m²，2012～2016 年持续下降，2016 年最低为 39.24 万 m²，2017 年有小幅上涨；新开工面积由 2011 年的 40.85 万 m² 迅速升至 2012 年的峰值：168.72 万 m²，施竣工面积和新开工面积增长率也表现出很大的波动性，具体见图 2-10-3。

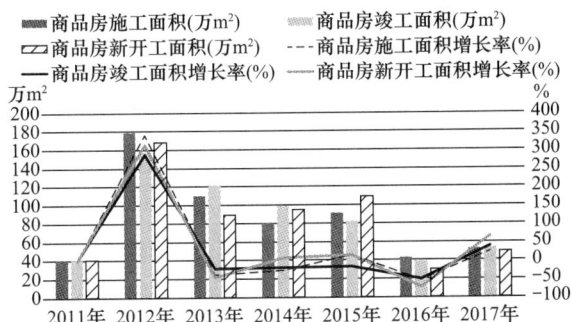

图 2-10-3　2011～2017 年商洛市商品房供给指标情况

4）商品房供给类型以住宅为主，占比量稳步上升

2011～2017 年间，商洛市新建商品房供给类型以住宅为主，占比持续上升。其中住宅施工面积占总面积的比例在 88.75%～100.00% 变动，住宅竣工面积占比有小幅波动，2011～2012 年略有下降，2012 年最低为 88.53%，2012～2014 年持续上涨至 100.00%，2014～2017 年稳定不变；商办施工面积和竣工面积占比总体较低，商办竣工占比由 2011 年的 0.00% 增至 2012 年的 11.47%，此后又大幅下降至 2017 年的最低值 0.00%，总体说明住宅在商品房市场的供应中占绝对地位且占比较为稳定，具体见图 2-10-4。

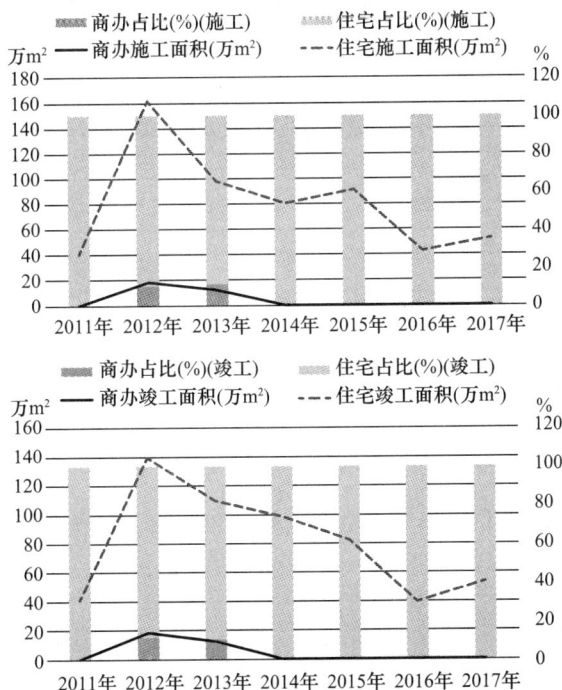

图 2-10-4　2011～2017 年商洛市住宅和商办竣工、施工面积及其占比

2. 商洛市房地产市场需求现状总结

1）新建商品房销售面积总体上涨，二手房成交量明显下降

2011～2017 年间，商洛市商品房销售面积与品住房销售面积总体均呈上涨趋势，由 2011 年 40.85 万 m²、40.85 万 m² 增至 2012 年的 54.20 万 m²、54.20 万 m²，2014～2015 年小幅降至 19.87 万 m²、19.33 万 m²，2015～2016 年剧烈上涨至 84.69 万 m²、84.27 万 m²。商品房销售面积和商品住房销售面积增长率呈现波动性变化。此外，2014～2017 年期间，商洛市二手房成交量和二手住宅成交量持续下降，分别从 2014 年 16.83 万 m²、16.83 万 m² 稳步下降至 2017 年 2.28 万 m²、2.17 万 m²，二手商办成交量变化不明显，基本在 0.2 万 m² 左右波动。具体见图 2-10-5、图 2-10-6。

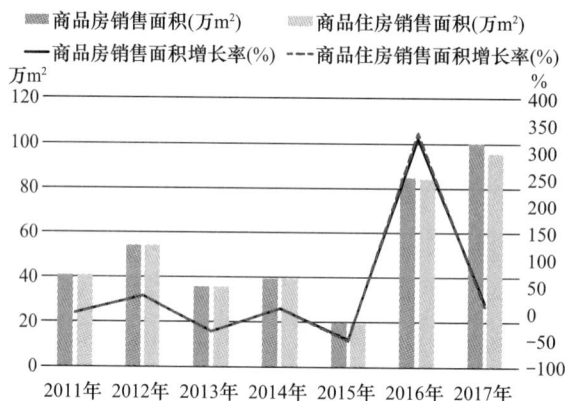

图 2-10-5　2011～2017 年商洛市商品房和商品住房销售面积及增长率

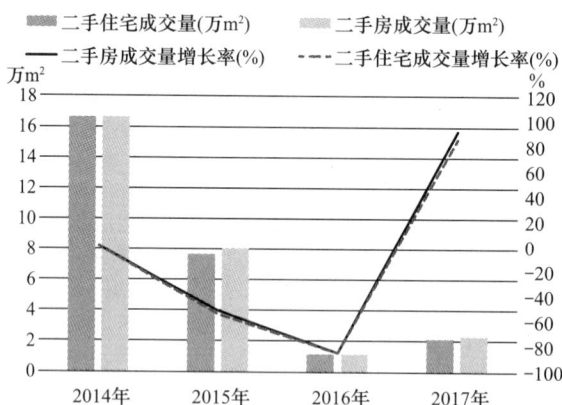

图 2-10-6　2014～2017 年商洛市二手商品房和二手商品住房成交量及增长率

2）销售类型以住宅为主，占比九成以上

2011～2017 年间，商洛市商品房销售类型以住宅为主，新建商品房销售面积和二手住宅成交量基本占整个市场需求总量的 95％以上，在商品房销售市场的需求中占据绝对地位。商品住房销售面积占比大部分在 95％以上，其中 2015 年占比最低为 97.28％，商品

住房在新建商品房销售市场的需求中占据绝对地位。其次，二手住宅成交量占比都在95％以上，二手商办占比 4 年来呈下降趋势，二手住宅成交量在二手商品房市场的需求中占据绝对地位并保持稳定，如图 2-10-7、图 2-10-8 所示。

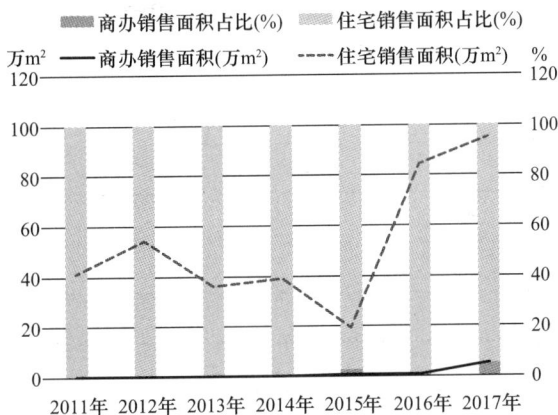

图 2-10-7　2011～2017 年商洛市新建商品房需求类型结构相关指标

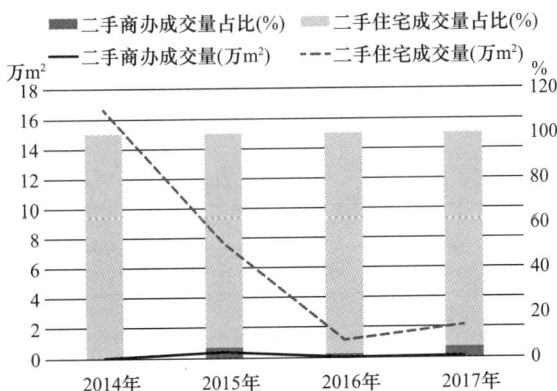

图 2-10-8　2014～2017 年商洛市二手商品房需求类型结构相关指标

3）新建商品房销售价格有所降低

2011～2017 年间，商洛市商品住房销售价格波动下降，其中 2011～2014 年变化不大，2015 年降至 3116 元/m²，2016 年又增长至 3406 元/m²，2017 年又下降至 2977 元/m²。2018 年 1～6 月，商品住房销售价格呈"V"形波动，由 2018 年 1 月的 3205 元/m² 下降到 2018 年 3 月的 2809 元/m²，又增加至 2018 年 6 月的 3082 元/m²。2015 年上半年～2018 年上半年，商洛市二手住宅交易价格呈波动增长趋势，由 2015 年上半年的 2234 元/m² 增长至 2018 年上半年的 2418 元/m²，其中 2016 下半年最低为 1322 元/m²，如图 2-10-9、图 2-10-10、图 2-10-11 所示。

4）商品房库存总体有所减少

商洛市商品房库存量整体有减少。2011～2017 年间，商洛市住宅累计待售面积和住宅去化周期均呈现出先增后降的趋势，其中，累计待售面积由 2011 年的 0 快速增至 2016

年的 71.39 万 m²，2017 年底降至 28.59 万 m²；住宅去化周期由 2011 年的 0 增至 2015 年的 30.23 个月，后降至 2017 年的 5.62 个月，见图 2-10-12。2018 年上半年，除 2 月份商业累计待售面积达到最大值外，商洛市商业办公楼累计待售面积波动不明显，商办去化周期有小幅度上升，具体见图 2-10-13 所示。

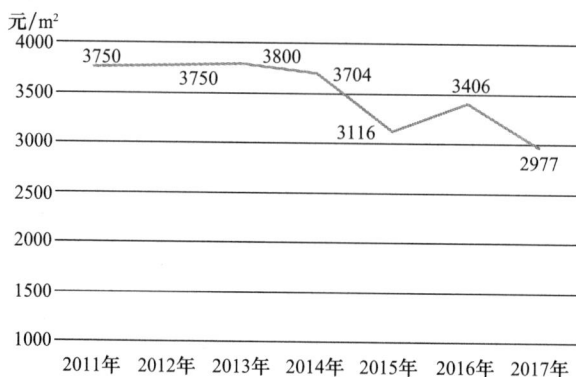

图 2-10-9　2011～2017 年商洛市商品住房销售均价（元/m²）

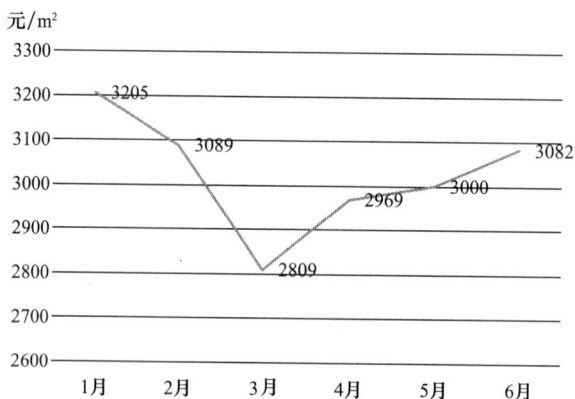

图 2-10-10　2018 年上半年商洛市商品住房销售均价（元/m²）

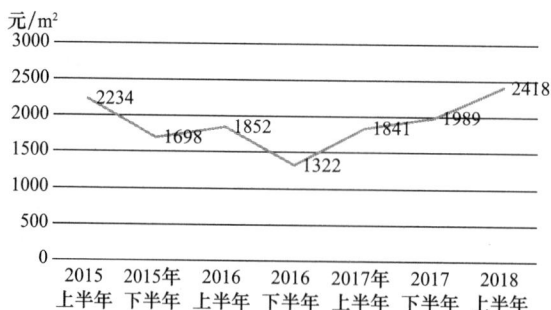

图 2-10-11　2015 年上半年～2018 年上半年商洛市二手住宅交易均价（元/m²）

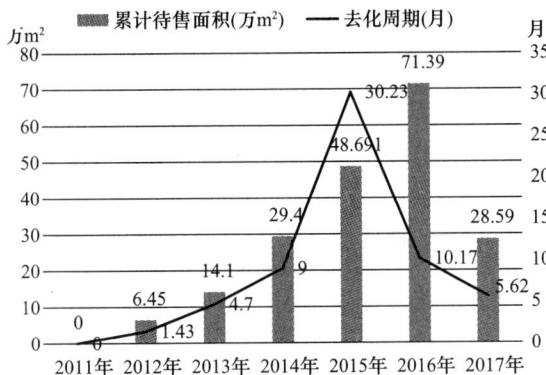

图 2-10-12　2011~2017 年商洛市住宅待售面积及去化周期

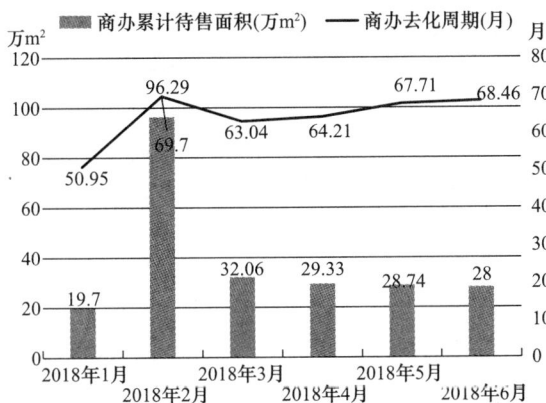

图 2-10-13　2018 年 1~6 月商洛市商办待售面积及去化周期

3. 商洛市房地产市场结构分析

1）目前房地产市场供需总量处于非平衡状态

2011~2017 年间，商洛市房地产市场总体供需总量呈现出明显的非平衡状态的状态。由图 2-10-14 可以看出，2011~2015 年，商洛市的商品房竣工面积始终大于商品房销售面积，其比例远大于 1 并呈逐渐上涨趋势，说明在该阶段房地产市场的供求总量处于严重的供过于求状态，2016 年后，供销比迅速回落至小于 1，说明在 2016 年出现了供不应求状况，并维持到 2018 年。

2）房地产市场供需结构失衡

由供求关系可以看出，2011~2015 年房地产市场处于明显的供过于求，在该阶段，土地市场也表现出较大的供给量，2016 年后土地市场明显供应不足，同时房地产市场处于供不应求状态。从房地产开发投资情况分析来看，前期房地产开发投资量加剧，后期房地产开发投资减少；从商品房的销售情况来看，新建商品房销售面积在 2011~2015 年间减少，2016 年呈迅速增加状态，二手房成交量在 2014~2015 年处于低迷状态，2016 年出现明显拐点。从商品房的销售价格来看，新建商品房销售价格与二手房成交价呈现出明显的波动情况。从去化周期情况来看，2011~2016 年，商品房住宅去化周期持续上升，

2017 年出现回落，总体上表现出房地产在供需结构上的非均衡性。

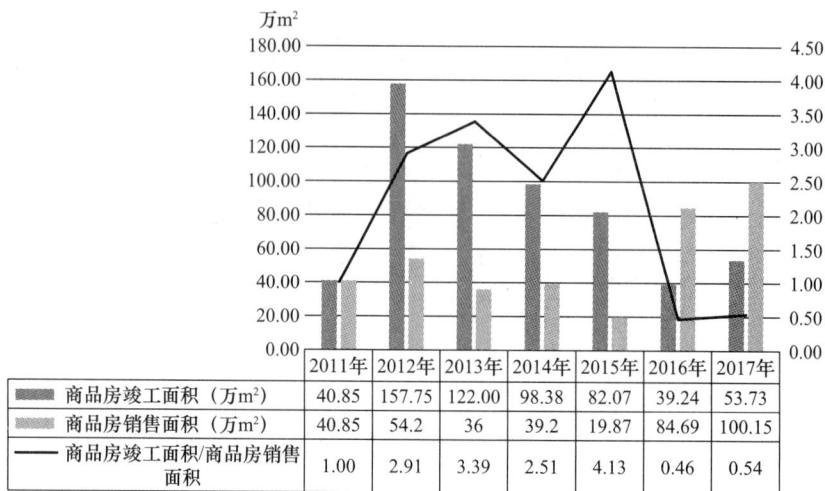

	2011年	2012年	2013年	2014年	2015年	2016年	2017年
商品房竣工面积（万m²）	40.85	157.75	122.00	98.38	82.07	39.24	53.73
商品房销售面积（万m²）	40.85	54.2	36	39.2	19.87	84.69	100.15
商品房竣工面积/商品房销售面积	1.00	2.91	3.39	2.51	4.13	0.46	0.54

图 2-10-14　2011～2017 年汉中市房地产市场供需总量指标

（二）商洛市房地产政策梳理及绩效评价

1. 商洛市住房发展政策概况

1）商洛市住房发展政策概况

从 2011 年到 2018 年，商洛市总共发布了 24 条住房发展政策。2016 年与 2018 年发布了 5 条，发布的最多，占 20.83％的比例。其次，2014 年、2015 年发布了 4 条，占 16.67％的比例。2011 年是发布政策最少的年份，发布了 1 条，占到 4.17％的比例。具体各年份发布的政策数量与占比如图 2-10-15 所示。

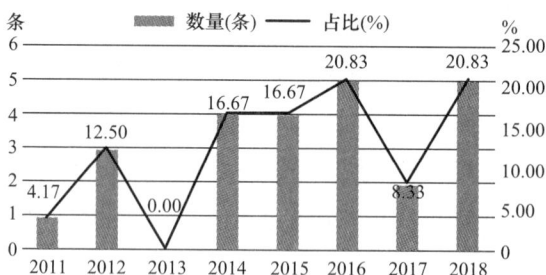

图 2-10-15　商洛市历年发布政策数量及占比图

从 2011 年到 2012 年，商洛市发布的住房发展政策数量呈上升趋势，2012 年到 2013 年呈现下降趋势，2013～2016 年，发布政策数量持续上升，2016～2017 发布政策数量急剧下降，2017～2018 年又呈上升趋势。

商洛市历年发布的住房发展政策中，主要包括了通知、办法、意见、细则、方案这五类，其中办法类政策所占的比例最多，高达 41.7％，细则类政策最少，仅占 8.3％的比例。各类政策的分布与所占比例如表 2-10-1 所示。

商洛市历年发布政策类别数量及占比　　　　　　　　表 2-10-1

政策类别	通知	办法	意见	细则	方案
数量（条）	6	10	3	2	3
占比（%）	25	41.7	12.5	8.3	12.5

2）重要政策回顾

商洛市的房地产业是从 1990 年开始起步的，从初级阶段走向成熟。2011 年是房地产调整之年，快速增长势头得到有效遏制。2011 年 12 月，发布《商洛市人民政府关于加强存量房交易税收管理的通告》，"纳税人发生存量房交易行为，应当携带相关资料向房屋所在地的财政和地税部门如实申报交易方式、交易价格，办理相关纳税事项、计算缴纳税款，凭财政、地税部门出具的完税证明及有关资料到房产管理部门办理房产权属转移登记手续"严格规范存量房交易税收征管，堵塞税收漏洞，促进房地产市场健康发展。

2012 年持续上年持续降温的态势，商洛市房地产市场在资金、土地、政策、销售等多重压力下，房地产开发投资稳中趋降，商品房销售持续回落，房地产市场向下调整增强。2012 年 8 月，发布《商洛市人民政府关于印发闲置土地处置实施办法的通知》，"已动工开发但开发建设用地面积占应动工开发建设用地总面积不足三分之一或者已投资额占总投资额不足百分之二十五，中止开发建设满一年的国有建设用地，可以认定为闲置土地"加强土地管理，规范土地市场行为，优化配置土地资源，提高土地利用率。

2014 年 6 月，商洛市人民政府办公室发布《关于进一步做好闲置土地清理处置工作的通知》为规范土地管理秩序，严厉查处批而未供、供而未用、闲置土地等违规违法行为，进一步整顿地产市场秩序；同年 8 月，商洛市人民政府发布《关于进一步规范国有土地上房屋征收工作的通知》为进一步加强国有土地上房屋征收管理工作，规范房屋征收行为，确保全市建设项目房屋征收工作依法有序推进。

2015 年 8 月，商洛市人民政府办公室发布《关于印发中心城市棚户区改造项目选购商品房异地安置暂行办法的通知》以满足棚户区改造项目被征收对象安置住房的需求，提高货币化安置比例，减少重复投资，盘活现有存量商品住房；同年 10 月，商洛市人民政府发布《关于印发棚户区改造项目国有土地使用权收回指导意见的通知》进一步规范棚户区改造项目中国有土地使用权收回的有关程序，统一补偿原则和标准，维护当事人合法权益，促进棚户区改造工作顺利进行。

2016 年 3 月，商洛市人民政府办公室发布《关于印发建筑市场及房地产市场规范管理综合整治活动实施方案的通知》以切实加大对建筑市场和房地产市场的监管力度，进一步规范市场秩序，促进全市建筑业和房地产业持续健康发展；同年 6 月，商洛市人民政府办公室发布《关于印发租赁型保障房资产管理实施办法（试行）的通知》来规范和加强租赁型保障房资产的管理与使用，维护住房资产的安全完整，充分发挥住房资产使用效益，确保住房资产保值增值。

2017 年 4 月，商洛市人民政府印发《关于推进供给侧结构性改革的实施意见》的通知，强调着力化解房地产库存，"落实中央、省、市住房公积金政策，将住房公积金贷款额度由 25 万元人民币提高至 40 万元；职工连续正常缴存 6 个月（含 6 个月）以上，可申请住房公积金贷款；对购买首套普通住房的或拥有一套自住房并已结清贷款，为改善住房条件而购买普通自住住房的，最低首付比例调整为 20%。"严格房地产用地管控，不再对存量较大的县（区）供应新的商品住房开发用地。

2018 年 4 月，商洛市人民政府发布《关于印发中心城市规划区集体土地上房屋征收与补偿安置暂行办法》的通知来规范中心城市规划区集体土地上房屋征收与补偿安置工作，维护被征地集体经济组织、单位和个人的合法权益；同年 7 月，商洛市人民政府发布《关于开展批而未用和闲置土地专项整治行动》的通知，希望通过专项整治行动，全面摸清家底，切实解决全市批而未征、征而未供、供而未用问题，逐宗研究整改措施，进一步提高土地开发利用效率，从而加快批而未用和闲置土地盘活利用，提高土地节约集约利用水平。

2. 基于政策工具的商洛市政策结构分析

1）文本选取

由于涉及房地产行业的政策文本数量众多，为了保证政策选取的准确性和代表性，笔者按照与房地产市场调控密切相关的原则对政策文本进行了整理和遴选，政策类型主要选取 2011 年后颁布的法律法规、规划、意见、办法、通知、公告等体现政府政策的文件，最终梳理了有效政策样本 14 份。具体如表 2-10-2 所示。

商洛市住房发展政策文本 表 2-10-2

序号	政策名称
1	商洛市人民政府关于加强存量房交易税收管理的通告
2	商洛市人民政府关于印发闲置土地处置实施办法的通知
3	商洛市人民政府关于进一步规范国有土地上房屋征收工作的通知
4	商洛市人民政府办公室关于印发建筑市场及房地产市场规范管理综合整治活动实施方案的通知
5	商洛市人民政府办公室关于印发租赁型保障房资产管理实施办法（试行）的通知
6	中共商洛市委商洛市人民政府印发《关于推进供给侧结构性改革的实施意见》的通知
7	商洛市人民政府关于印发中心城市规划区集体土地上房屋征收与补偿安置暂行办法的通知
8	商洛市人民政府办公室关于加快棚户区改造工作的实施意见
9	商洛市人民政府关于印发商洛市进一步加强和规范移民搬迁安置工作实施细则的通知
10	商洛市人民政府关于印发棚户区改造管理暂行办法的通知
11	商洛市人民政府办公室关于印发政府购买棚户区改造服务管理暂行办法的通知
12	商洛市人民政府办公室关于印发利用存量商品住房作为棚户区改造安置房奖励实施办法的通知
13	商洛市人民政府关于印发中心城市棚户区改造项目调查登记办法的通知
14	商洛市人民政府办公室关于开展批而未用和闲置土地专项整治行动的通知

2）单元编码

样本的分析类目包括"组织人事""财政税收""鼓励引导""行政强制""资质评价""培训考核""税收措施""金融措施""其他经济""标准规范""强制要求""市场监管""开发""规划""设计""施工""采购""销售""运营管理"和"拆除转移"。而分析单元则为住房发展政策文本的有关条款。

本书首先对已遴选出的 14 份政策文本内容按照"政策编号-具体条款/章节"进行编码；然后，根据已建立的住房发展政策二维分析框架，将其分别归类，最终形成了基于政策工具的住房发展政策文本的内容分析单元编码表 2-10-3。

政策文本内容分析单元编码　　　　　　　　表 2-10-3

序号	政策名称	政策文本的内容分析单元	编码
1	商洛市人民政府关于加强存量房交易税收管理的通告	纳税人纳税	1-1
		其他规定	1-2
		政府相关部门负责	1-3
2	商洛市人民政府关于印发闲置土地处置实施办法的通知	闲置土地的认定及流程	2-1
		闲置土地的处置	2-2
		监管	2-3
3	商洛市人民政府关于进一步规范国有土地上房屋征收工作的通知	征收补偿及相关规定	3-1
		征收信息公开完善	3-2
4	商洛市人民政府办公室关于印发建筑市场及房地产市场规范管理综合整治活动实施方案的通知	建筑质量安全整治	4-1
		规划条件审批整治	4-2
		房地产开发企业住房销售整治	4-3
		物业管理整治	4-4
5	商洛市人民政府办公室关于印发租赁型保障房资产管理实施办法（试行）的通知	相关部门监管	5-1
		租金收入	5-2
		物业管理	5-3
		资产处置	5-4
6	中共商洛市委商洛市人民政府印发《关于推进供给侧结构性改革的实施意见》的通知	落实个人住房贷款的优惠政策	6-1
		鼓励租赁性住房	6-2
		税收优惠	6-3
7	商洛市人民政府关于印发中心城市规划区集体土地上房屋征收与补偿安置暂行办法的通知	房屋征收程序与补偿方案审查	7-1
		基地登记与其他规定	7-2
		补偿标准	7-3
8	商洛市人民政府办公室关于加快棚户区改造工作的实施意见	依法征收	8-1
		强化质量，安全管理	8-2
		项目资金补助	8-3
		信贷支持	8-4
		鼓励民间资本参与	8-5
		组织领导	8-6
		资金监管	8-7
9	商洛市人民政府关于印发商洛市进一步加强和规范移民搬迁安置工作实施细则的通知	搬迁规划	9-1
		跨县搬迁	9-2
		安置房建设资金补助	9-3
		建立领导监督小组	9-4
		信息公开	9-5
		工程建设	9-6

续表

序号	政策名称	政策文本的内容分析单元	编码
10	商洛市人民政府关于印发棚户区改造管理暂行办法的通知	工程建设	10-1
		申报程序	10-2
		购买改造安置住房	10-3
		监督考核	10-4
11	商洛市人民政府办公室关于印发政府购买棚户区改造服务管理暂行办法的通知	购买程序	11-1
		购买规定	11-2
		建立监督检查机构	11-3
12	商洛市人民政府办公室关于印发利用存量商品住房作为棚户区改造安置房奖励实施办法的通知	购买存量商品住房奖励	12-1
		存量商品房补偿	12-2
		检察监督	12-3
13	商洛市人民政府关于印发中心城市棚户区改造项目调查登记办法的通知	工作机构	13-1
		调查程序	13-2
		房屋面积计算	13-3
14	商洛市人民政府办公室关于开展批而未用和闲置土地专项整治行动的通知	闲置土地鼓励过渡期政策	14-1
		闲置土地相关规定	14-2
		加强整治监督	14-3

3）频数统计分析

在对政策工具内容分析单元编码的基础上，按照对房地产业价值链作用阶段归属的判断，将其归类，形成了住房发展政策二维分析分布图，如表 2-10-4 所示。总体上看，14份住房发展政策兼顾了组织人事、财政税收、鼓励引导和行政强制政策工具的运用，内容涉及房地产行业开发、规划、设计、施工、采购、销售、运营管理和拆除转移八个环节，对房地产的开发利用、运营调控等提供了多方面的激励和规制。

商洛市住房发展政策工具二维分布　　　　　　　　表 2-10-4

组织人事	资质评价								8-6,9-4,13-1
	培训考核								
财政税收	税收措施						1-1,6-3,10-3		
	金融措施	7-3					6-1		8-4
	其他经济	3-3			9-3		12-1		8-3
鼓励引导		14-1					6-2		8-5,9-2
行政强制	标准规范	3-1,7-2,14-2	2-2,9-1	7-3,13-4	8-2,9-6		1-2,5-2,11-2	5-3,5-4	8-1,10-2,13-3
	强制要求	7-1	2-1,10-1				11-1		12-2,13-2
	市场监管	3-2,14-3	4-2		2-3,4-1		1-3,4-3,11-3	4-4,5-1	8-7,9-5,10-4,12-3
		开发	规划	设计	施工	采购	销售	运营管理	拆除转移

（1）本政策工具维度分析

基本政策工具分配比例　　　　　　　　　　　表 2-10-5

政策工具	工具名称	条文编号	小计	百分比
组织人事	资质评价		0	5.56%
	培训考核	8-6, 9-4, 13-1	3	
财政税收	税收措施	1-1, 6-3, 10-3	3	18.52%
	金融措施	7-3, 6-1, 8-4	3	
	其他经济	3-3, 9-3, 12-1, 8-3	4	
鼓励引导		14-1, 6-2, 8-5, 9-2	4	7.41%
行政强制	标准规范	3-1, 7-2, 14-2, 2-2, 9-1, 7-3, 13-4, 8-2, 9-6, 1-2, 5-2, 11-2, 5-3, 5-4, 8-1, 10-2, 13-3	17	68.52%
	强制要求	7-1, 2-1, 10-1, 11-1, 12-2, 13-2	6	
	市场监管	3-2, 14-3, 4-2, 2-3, 4-1, 1-3, 4-3, 11-3, 4-4, 5-1, 8-7, 9-5, 10-4, 12-3	14	
合计			54	100%

　　商洛市房地产行业政策的基本政策工具维度统计分析结果如表 2-10-5 所示。按照条款项目数计，大部分是行政强制政策工具（68.52%），其次是财政税收政策工具（18.52%），接下来是鼓励引导政策工具（7.41%），最少的是组织人事政策工具（5.56%）。进一步分析可以发现，在行政强制政策工具中，标准规范占了绝大部分，达到45.95%，包括用地审批、招投标流程、房屋基础配套设施建设标准等；强制要求占16.22%，而市场监管占37.84%，包括对企业土地市场准入资格和资金来源的审查、房屋限购、商品房市场监管和预期管理等；主要是因为商洛房地产行业发展还不太成熟，虽有标准规范，但强制力度不够导致强制要求较少。在财政税收政策工具中，其他经济较多，达到40%，主要表现为多渠道创新融资体制机制，做好征收补偿工作，推行货币化安置等；金融措施达到30%，主要表现为强化差别化住房信贷政策，提租发补贴，实行公积金，租房购债券，分级设基金；税收措施达到30%，主要表现为调整完善相关税收政策，加强税收征管（个人转让房地产所得税、土地增值税等）。在组织人事政策工具中，主要以培训考核为主占100%，主要表现为明确建筑市场各管理部门及其职责，完善稳定房价工作责任制等。

　　（2）值链维度分析

　　在基本政策工具维度分析的基础上，引入价值链维度的影响因素，得到如表 2-10-6 所示的政策工具在价值链上的分布统计结果。

政策工具各环节频数分布统计　　　　　　　　　　　表 2-10-6

	资质评价	培训考核	税收措施	金融措施	其他经济	鼓励引导	标准规范	强制要求	市场监管	小计	百分比
开发	0	0	0	1	1	1	3	1	2	9	16.67%
规划	0	0	0	0	0	0	2	2	1	5	9.26%
设计	0	0	0	0	0	0	2	0	0	2	3.70%
施工	0	0	0	0	1	0	2	0	2	5	9.26%
采购	0	0	0	0	0	0	0	0	0	0	0%

	资质评价	培训考核	税收措施	金融措施	其他经济	鼓励引导	标准规范	强制要求	市场监管	小计	百分比
销售	0	0	3	1	1	1	3	1	3	13	24.07%
运营管理	0	0	0	0	0	0	2	0	2	4	7.41%
拆除转移	0	3	0	1	1	2	3	2	4	16	29.63%

据表 2-10-6 所示，14 份商洛市政策文本对房地产行业的发展提供了包括开发（16.67%）、规划（9.26%）、设计（3.70%）、施工（9.26%）、采购（0%）、销售（24.07%）、运营管理（7.41%）和拆除转移（29.63%）阶段的全面干预。根据条款的具体分布，发现绝大多数政策工具都是应用在房地产行业价值链的拆除转移环节，其次是销售环节，采购环节政策工具的运用最少。这说明现阶段商洛市房地产的政策调控主要是集中于销售和拆除转移环节。

3. 商洛市住房发展政策绩效评价

商洛市位于陕西省东南部，作为陕西省的贫困地区，农村人口比重大，居民收入水平处于较低，整体城镇化水平偏低，房地产行业发展缓慢。

由表 2-10-7、表 2-10-8、图 2-10-6 可知，从分时段的相对效率来讲，房地产市场调控 DEA 分析结果可以将房地产市场三个阶段的特点展现得更为明显：2012 年前政府加大了对房地产业的投入和综合交通运输设施的建设，有效地促进了房地产业的发展，使房地产业发展水平达到了质的飞跃，因此房地产调控综合效率较高；2012 年后，国家采取宏观调控政策来抑制房地产过热的局面，这些宏观调控政策在一定程度上抑制了房地产业不平稳发展，因此 2012 年，商洛市房地产调控综合效率有所下降；2012 年后，随着调控的深入，房地产市场稳步发展，房地产调控综合效率缓慢回升；但在 2014 年我国房地产市场步入调整期，在大环境和房地产供给关系的影响下，商洛市房地产投资增长较慢，销售低迷，待售面积较大，房地产调控综合效率不断下降。

商洛市房地产市场调控评价投入因素   表 2-10-7

年份	GDP 增速（%）	人均 GDP（元）	人均可支配收入（元）	城镇化率（%）	固定资产投资增速（%）	限购政策
2011	15.1	15533	17344	37.08	30.9	0
2012	14.8	18768	19998	41.11	27	0
2013	12.6	21795	22257	45.58	26.7	0
2014	11	24538	25116	50.54	26	0
2015	11.2	26415	23509	51.34	22.8	0
2016	10	29574	25468	45.98	23.8	0
2017	9.5	33695	15034	45.61	149.4	0

商洛市房地产市场调控评价产出因素   表 2-10-8

年份	CPI 增速（%）	商品房销售面积（万 m²）	商品住房均价（元/m²）	土地成交价格（元/万 m²）	土地成交面积（万 m²）	新开工面积（万 m²）	住宅待售面积（万 m²）	土地存量面积（万 m²）
2011	4.3	40.85	3750	114004.1	117.40	40.85	0	30.24
2012	2.3	54.2	3750	71595.16	153.30	168.72	6.45	15.23
2013	2.6	36	3800	158653.6	179.41	88.58	14.1	24.80
2014	1.7	39.2	3704.17	158617.9	145.54	94.77	29.4	17.12
2015	0.8	19.87	3337.75	67787.69	52.79	108.86	48.69	19.59
2016	1.8	84.69	3251.83	130738.1	25.01	29.91	71.39	24.92
2017	1.5	100.15	2976.5	149928.3	138.18	49.13	28.59	31.69

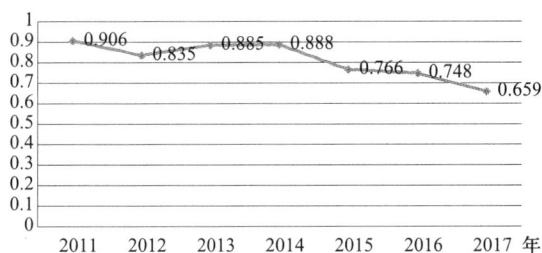

图 2-10-16 商洛市房地产调控综合效率

（三）商洛市房地产市场发展预期探索

1. 影响因素预测

根据商洛市 2011～2017 年 10 个指标数据，采用灰色预测方法，对商洛市 2018～2022 年的 10 个指标数据进行预测（表 2-10-9、表 2-10-10）。

商洛市各影响指标（2011～2017 年数据）   表 2-10-9

年份	2011	2012	2013	2014	2015	2016	2017
人均 GDP（元）	15536	18768	21795	24538	26415	29574	33695
固定资产投资（亿元）	256.84	363.10	465.70	597.72	731.33	905.20	1104.27
人均可支配收入（元）	17344	19998	22257	24727	23509	25468	27647
商品住房销售均价（元/m²）	3750.00	3750.00	3800.00	3704.17	3337.75	3251.83	2976.50
城镇化率（%）	37.08	41.11	45.58	50.54	51.34	45.98	45.61
商品住房开发投资（亿元）	53.33	17.35	26.60	34.48	21.89	7.22	7.70
新开工面积（万 m²）	40.85	168.72	88.58	94.77	108.86	29.91	49.13
商品房销售面积（万 m²）	40.85	54.20	36.00	39.20	19.87	84.69	100.15
第二产业占比（亿元）	163.03	195.14	258.97	298.39	318.60	364.88	442.23
第三产业占比（亿元）	129.31	148.74	166.71	185.78	208.17	230.60	260.36
房价收入比	7.50	7.26	6.63	5.87	5.71	5.19	8.12

商洛市各影响指标（2018～2022 年数据预测）　　　表 2-10-10

年份	2018	2019	2020	2021	2022
人均 GDP（元）	37332.46	41719.00	46620.96	52098.89	58220.48
固定资产投资（亿元）	1373.06	1701.82	2109.29	2614.33	3240.29
人均可支配收入（元）	28921.14	30569.13	32311.03	34152.19	36098.26
商品住房销售均价（元/m²）	2928.79	2792.93	2663.37	2539.82	2422.00
城镇化率（%）	49.06	49.76	50.48	51.20	51.93
商品住房开发投资（亿元）	11.89	10.41	9.11	7.98	6.98
新开工面积（万 m²）	34.03	26.47	20.59	16.02	12.46
商品房销售面积（万 m²）	108.30	137.47	174.49	221.48	281.12
第二产业占比（亿元）	501.90	579.62	669.37	773.02	892.73
第三产业占比（亿元）	289.47	323.49	361.50	403.97	451.44

对于房价收入比指标的预测，以 2011～2017 年的 10 个指标数据为基础利用 BP 神经网络进行预测。得到商洛市 2018～2022 年的预测房价收入比如表 2-10-11 所示。

商洛市房价收入比（2018～2022 年数据）　　　表 2-10-11

年份	2018	2019	2020	2021	2022
房价收入比	5.92	6.37	6.70	6.77	6.34

2. 作用关系分析

对商洛市 2018～2022 年影响因素数据做岭回归分析，将商洛市相关影响因素数据代入 SPSS 与 NCSS 软件计算，得出 K 为 0.01，岭迹图与岭回归计算结果如图 2-10-17、表 2-10-12 所示。

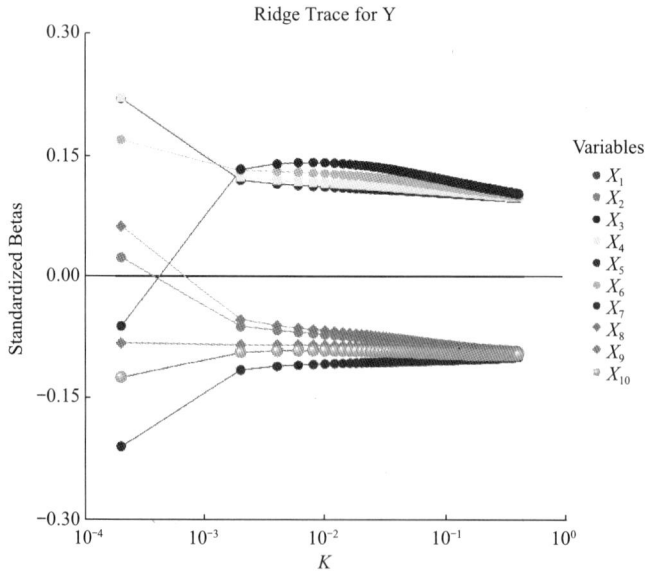

图 2-10-17　商洛市岭迹图

254

商洛市岭回归结果　　　　　　　　　　表 2-10-12

	标准回归系数	VIF		标准回归系数	VIF
人均GDP（X_1）	−0.0897	0.3208	新开工面积（X_7）	0.1418	4.6963
固定资产总投资（X_2）	−0.0700	1.6796	商品房销售面积（X_8）	−0.0652	2.2979
人均可支配收入（X_3）	0.1119	0.3599	第二产业占比（X_9）	−0.0836	0.5643
商品住房销售均价（X_4）	0.1162	0.5262	第三产业占比（X_{10}）	−0.0897	0.3208
城镇化率（X_5）	−0.1065	0.2302	常数项	6.43778	
商品住房开发投资（X_6）	0.1282	1.4670			

由计算结果可知，各自变量方差膨胀因子 VIF 值均小于 5，已不存在共线性，符合经济学意义。模型方程为：

$$y = -0.090x_1 - 0.070x_2 + 0.112x_3 + 0.116x_4 - 0.107x_5$$
$$+ 0.128x_6 + 0.142x_7 - 0.066x_8 - 0.084x_9 - 0.090x_{10} + 6.44$$

该模型计算结果表明，商洛市 2018～2022 年房价收入比正向影响因素按影响程度从大到小排序前三依次为：新开工面积（14.2%）、商品住房开发投资（11.6%）和商品住房销售均价（11.6%）；负向影响程度从大到小前三分别为：城镇化率（10.7%）、人均 GDP（9.0%）和第三产业占比（9.0%）。

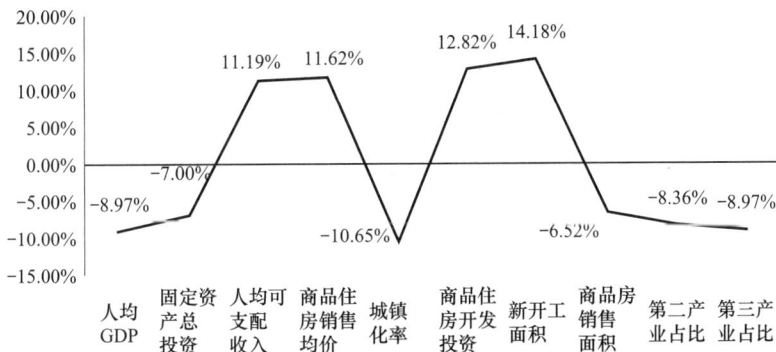

图 2-10-18　商洛市影响因素作用关系

结合商洛区影响因素预测与回归分析结果表明，从供给侧看，商品住房开发投资和新开工面积均与房价收入比呈正相关，为进一步促进房地产市场发展应减少住房开发投资和住房新开工面积。从需求侧看，房价收入比与人均 GDP、商品房销售面积价呈负相关，与商品房销售均价呈正相关，未来应进一步控制房价，保证房地产市场持续健康发展。

（四）商洛市房地产调控政策仿真及建议

系统力学因果关系图及系统动力学流图如西安市房地产市场调控政策系统动力学流图，由于各地市房地产市场现状存在差异，所以对系统动力学模型中的水平变量、辅助变量以及常数的设定做以下改变。

1. 商洛市住房发展政策系统动力学模型构建

1) 水平变量初始值及常数值确定

（1）城市人口，根据 2012 年的《陕西统计年鉴》可知，2011 年商洛市常住人口为 219.4 万人，因此将 219.4 万人设定为商洛市人口的初始值。

（2）城市 GDP，根据 2012 年《陕西统计年鉴》，将 2011 年的商洛市 GDP 设定为初始值即 362.88 亿元。

（3）住宅需求变量，根据 2012 年《陕西统计年鉴》，将 2011 年商洛市商品住宅销售面积 40.85 万 m² 设定为住宅需求量的初始值。

（4）住宅供给变量，根据 2012 年《陕西统计年鉴》，将 2011 年商品房竣工面积 40.85 万 m² 设定为住宅供应量的初始值。

2）辅助变量初始值及常数设定

（1）常住人口、人口增长系数及家庭规模。根据《陕西统计年鉴》中汉中市常住人口的变化对人口增长系数进行测算。拆迁户数因《陕西统计年鉴》中无统计精确数据，根据文献分析估计，结婚人口比例＝该年平均每天结婚登记人口数×365/该年人口总数。由于《陕西统计年鉴》统计数据不全，家庭规模数近似取为 3（表 2-10-13）。

2011～2016 年商洛市人口数据　　　　　　　　表 2-10-13

年份	常住人口（万人）	人口增长系数
2011	219.4	−0.0029
2012	219.81	0.0024
2013	220.61	0.0018
2014	221.43	0.0020
2015	223.13	0.0028
2016	225.28	0.0060

（2）2011～2016 年商洛市经济情况数据（表 2-10-14）。

2011～2016 年商洛市经济数据　　　　　　　　表 2-10-14

年份	GDP（亿元）	经济增长系数	人均生产总值（元）	城镇居民人均可支配收入（元）	居民收入占GDP 的比例
2011	362.88	0.2121	15536	17344	111.64%
2012	439	0.1734	18768	22983.15	119.90%
2013	510.88	0.1407	21795	22538.22	105.21%
2014	576.27	0.1135	24538	22101.91	92.33%
2015	621.83	0.0733	26415	21674.05	81.02%
2016	692.13	0.1016	29574	21254.46	71.10%

（3）2011～2016 年商洛住宅房地产市场统计数据（表 2-10-15）。

2011～2016 年商洛市住宅房地产数据　　　　　　　　表 2-10-15

年份	住宅投资总额（万元）	住宅开发投资占 GDP 比例	销售面积（万 m²）	新开工面积（万 m²）	竣工面积（万 m²）
2011	568619	14.70%	40.85	40.85	40.85
2012	286530.4	6.01%	54.2	168.72	168.72
2013	291653	4.52%	36	88.58	88.58
2014	379667	3.51%	39.2	94.77	94.77
2015	218932	2.85%	19.33	108.86	108.86
2016	182236	2.24%	84.27	29.91	29.91

（4）土地成本是商品房住宅建设成本中最重要的组成部分，本书利用综合地价作为土地成本进行测算住宅楼面地价。由于土地综合地价、住宅开发投资比例以及容积率对地价有影响，所以楼面地价有以上影响因素计算得出。税费按照房价总额的 20% 计算；容积率按照 3.5 计算。建安成本根据统计年鉴中相关数据测算。房地产开发贷款利率按照半年至 1 年的利率取值，商业银行贷款按照 5 年以上贷款利率取值，具体如表 2-10-16 所示。

2011～2016 年商业银行基准利率

表 2-10-16

年份	1～3 年利率（%）	5 年以上利率（%）
2011	6.4	6.8
2012	6.4	6.8
2013	6.15	6.55
2014	6.0	6.15
2015	5	5.15
2016	4.75	4.9

2. 构建流图方程式

1）住宅新开工面积＝−0.0000736×住宅开发投资＋108.3517 说明：根据所得各系数影响因素的因果关系以及所搜集的相关历史数据，运用 SPSS20.0 软件进行回归分析。

2）人口增长＝城市人口×人口增长系数（单位：万人）

3）人均 GDP＝城市 GDP/城市人口

4）人均住宅面积＝STEP（29.3，2011）＋STEP（5.62，2013）＋STEP（0.98，2014）＋STEP（1，2015）＋（1.7，2016）（单位：m^2/人）

5）人均可支配收入＝人均 GDP×可支配收入占 GDP 比例（单位：元/人）

6）住宅开发投资＝城市 GDP×住宅开发投资比例（单位：万元）

7）住宅新竣工面积＝0.845×住宅新开工面积＋15.13713

8）住宅预售面积＝9.96×住宅新开工面积＋30249.8

9）住房价格＝综合成本×供求比对住宅价格的影响程度×（1＋利润率）（单位：元/m^2）

10）住房供给＝INTEG（新增供给-供给实现，40.85）（单位：万 m^2）

11）住房需求＝INTEG（新增需求-需求实现，40.85）（单位：万 m^2）

12）房价收入比＝人均住宅面积×住房价格/人均可支配收入

13）新增供给＝住宅新竣工面积×0.1＋住宅预售面积（单位：万 m^2）

说明：当年竣工面积中，预计有 10% 的竣工面积转化为现房销售。

14）楼面地价＝综合地价/平均容积率×住宅开发投资比例对地价的影响（单位：元/m^2）

15）消费需求＝房价收入比影响程度×银行利率对需求的影响×（人口增长×0.5×人均住宅面积＋城市人口×0.2×0.5×人均住宅面积＋结婚比例×0.8×城市人口×人均住宅面积＋拆迁户数×家庭规模×0.5×人均住宅面积）（单位：万 m^2）

说明：由城市住房需求算法得出，估算新增人口中的 50% 有购房需求，城市人口中有 20% 属于高收入人群，他们中有 50% 有改善性购房需求，拆迁人口中有 50% 有购房需求，结婚人口中有 80% 的有购房需求。

16）综合成本＝（建安成本/0.65＋楼面地价）×（1＋0.7×2×开发贷款率）×（1＋开发税率）（单位：元/m²）

说明：公式中的数据是根据房地产开发的经验数据估计而得。估计除土地成本外，开发成本里建安成本占65%，整个项目开发过程中有70%的直接成本需要靠银行长期贷款支持，且平均贷款期限为2年。

17）需求实现面积＝住宅销售面积（单位：万 m²）

18）模型中的表函数见表 2-1-17（同西安市）。

3. 商洛市政策仿真

1）政策模型的检验

本书主要对模型进行有效性检验，将系统仿真的结果同实际的房地产价格按照上述方法进行对比，对比结果如表 2-10-17 所示。根据计量经济学相关理论，普遍认为模型的总体仿真和预测性能较好的标准为每个变量的相对误差的绝对值不超过10%。从表 2-10-17 可以看出仿真数据与真实数据的误差都小于10%，说明系统模型有效。

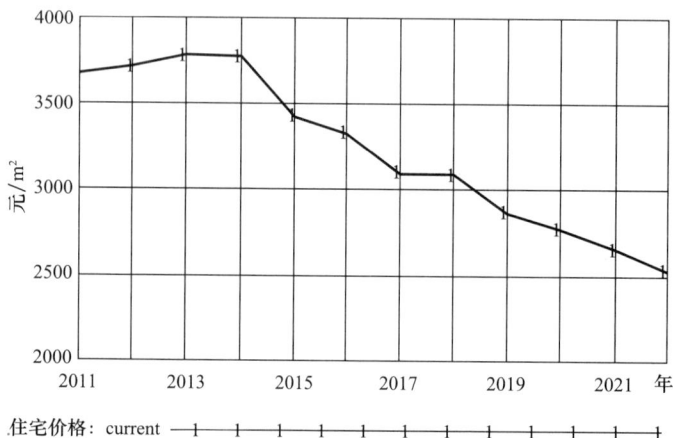

图 2-10-19　住宅价格

2011~2016 年商洛市商品房价格仿真值与实际值误差　　表 2-10-17

年份	真实数据	仿真数据	相对误差
2011	3750	3677.8800	−1.92%
2012	3750	3716.3	−0.90%
2013	3800	3782.09	−0.47%
2014	3704.17	3775.12	1.92%
2015	3337.75	3422.11	2.53%
2016	3251.83	3325.72	2.27%

2）灵敏度检验及政策实验调控结果分析

灵敏度检验是通过改变模型参数比较模型输出结果，从而确定修改的变量对模型环境的影响。利用灵敏度分析，可以阐述系统中分析的变量或直接被定义为常量的数的变化对系统中其他变量的影响。

（1）税收政策调控实验

我国的开发税率大概占到总成本的 20% 左右，比例比较大，现拟将商品房开发税率下调 5%，其他指标保持不变，可以得出房地产价格的变化情况如图 2-10-20、表 2-10-18 所示。

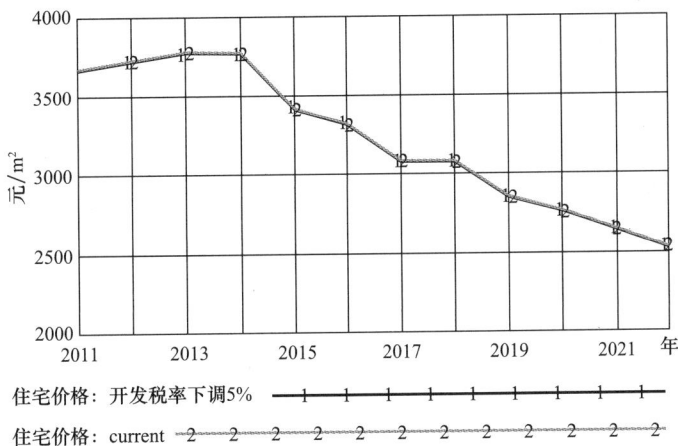

图 2-10-20　开发税率调整前后住宅价格对比

开发税率调整前后对比　　　　　　　　　　　　　表 2-10-18

年份	2011	2012	2013	2014	2015	2016
原始数据	3756.04	3738.58	3692.47	3549.91	3362.37	3108.21
调控数据	3666.78	3705.07	3770.84	3763.21	3412.41	3317.12
变化情况	−0.30%	−0.30%	−0.30%	−0.32%	−0.28%	−0.26%
年份	2017	2018	2019	2020	2021	2022
原始数据	3170.17	2965.3	2787.85	2761.34	2678.97	2399.77
调控数据	3076.34	3082.55	2849.93	2759.19	2647.98	2519.92
变化情况	−0.26%	−0.26%	−0.26%	−0.26%	−0.26%	−0.26%

从税收政策调控的数据结果可以看出，开发税率下降 5% 使得房价下降约为 0.28%，开发税率对房价的影响较小，且变化趋势稳定，未来，安康市应保持税收政策的稳定，将有利于商洛市房地产市场的稳定发展。

（2）货币政策调控实验

本课题中的利率指标是指商业银行规定的 1～3 年年期贷款利率，在接下来的货币政策的调控实验中，将该利率指标数值进行调整，利率下浮 20%，其他指标保持不变，房价变动情况如图 2-10-21、表 2-10-19 所示。

根据货币政策的调控结果可以看出，开发贷款利率下调 20%，住宅价格下降 0.61%，相对于税收政策，货币政策的影响较大，但影响趋势逐渐变大后保持稳定，所以未来商洛市货币政策应保持稳定，以促进房地产市场的平稳发展。

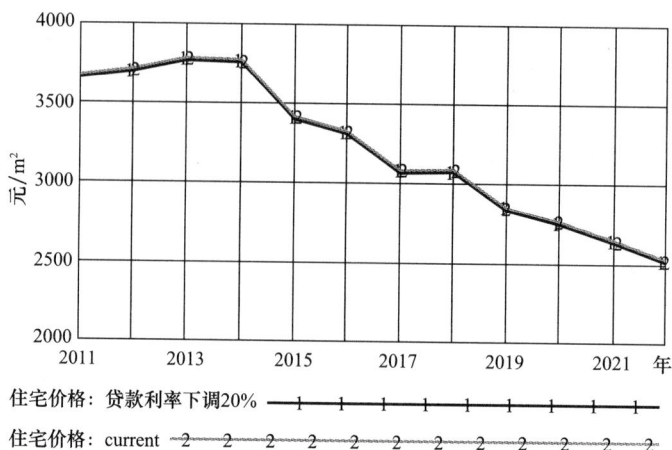

图 2-10-21　开发税率调整前后住宅价格对比

住房贷款利率调整对比　　　　　　　　　　　　　表 2-10-19

年份	2011	2012	2013	2014	2015	2016
原始数据	3756.04	3738.58	3692.47	3549.91	3362.37	3108.21
调控数据	3664	3701.84	3765.02	3754.84	3397.73	3302.92
变化情况	−0.38%	−0.39%	−0.45%	−0.54%	−0.71%	−0.69%
年份	2017	2018	2019	2020	2021	2022
原始数据	3170.17	2965.3	2787.85	2761.34	2678.97	2399.77
调控数据	3063.17	3069.35	2837.73	2747.38	2636.64	2509.13
变化情况	−0.69%	−0.69%	−0.69%	−0.69%	−0.69%	−0.69%

（3）土地政策调控实验

在进行土地价格指标调控实验时，将土地价格下浮 10%，其他指标保持不变，住宅价格变化情况如图 2-10-22、表 2-10-20 所示。从对照表中可以看出，当综合地价下浮 10% 时，商品住宅价格下降约 3.10%。

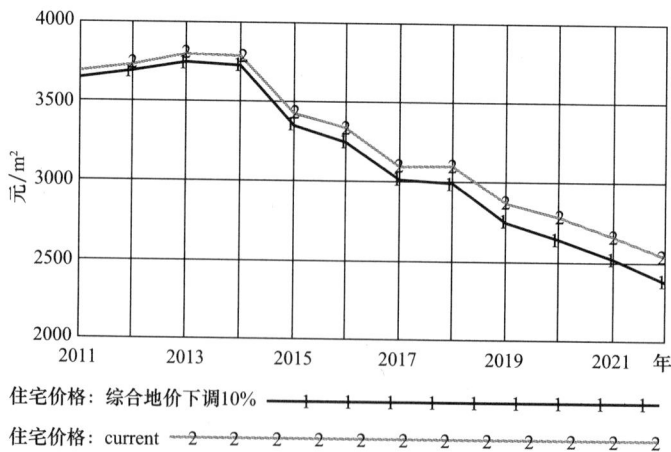

图 2-10-22　综合地价调整前后住宅价格对比

综合地价调整对比　　　　　　　　　　　表 2-10-20

年份	2011	2012	2013	2014	2015	2016
原始数据	3756.04	3738.58	3692.47	3549.91	3362.37	3108.21
调控数据	3637.44	3677.34	3735.53	3715.5	3346.91	3242
变化情况	−1.10%	−1.05%	−1.23%	−1.58%	−2.20%	−2.52%
年份	2017	2018	2019	2020	2021	2022
原始数据	3170.17	2965.3	2787.85	2761.34	2678.97	2399.77
调控数据	2997.56	2986.64	2738.06	2630.71	2502.93	2361.1
变化情况	−2.81%	−3.36%	−4.17%	−4.90%	−5.72%	−6.55%

　　从土地政策的调控的数据结果可以看出，综合地价下浮 10%，住宅价格下降约 3.10%，相较于税收政策与货币政策，土地政策影响较为明显，且影响趋势随时间推移逐步变大，所以未来商洛市应注重对土地政策的把控。

11 杨凌示范区房地产市场调控
政策研究

（一）杨凌房地产市场结构分析

1. 杨凌房地产市场供给现状总结

1）房地产开发投资总量总体上涨

2011～2017 年间，杨凌商品房开发投资持续上涨，由 2011 年的 10.38 亿元增至 2017 年的 17.60 亿元，2017 年较 2016 年增长率为 1.24％；商品房开发投增长率总体呈下降趋势，2015 年最低为－29.47％。其中，杨凌商品住房开发投资呈"N"形波动上涨，2013 年达到峰值 24.56 亿元，年增长率为 14.56％；2011～2017 年期间，杨凌商品住房开发投资增长率波动明显，2012～2015 年呈下降趋势，2015 年最低为－31.03％，2016～2017 年有所上升，2017 年增长率上涨至－0.93％。具体见图 2-11-1。

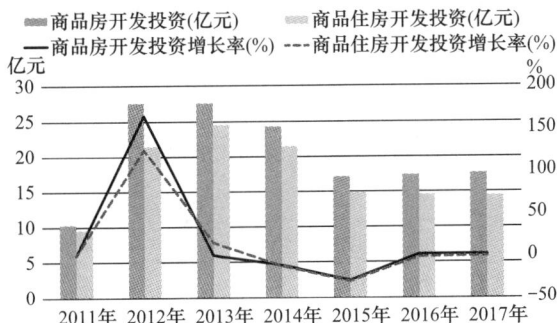

图 2-11-1　2011～2017 年杨凌市房地产开发投资情况

2）房地产施竣工面积、新开工面积总体上涨，增长率波动明显

2011～2017 年间，杨凌商品房施工面积持续上涨，由 2011 年的 67.00 万 m² 增至 2017 年的 103.99 万 m²；竣工面积由 2011 年的 22.10 万 m² 快速上涨至 2017 年的 37.20 万 m²；新开工面积由 2011 年的万 m² 小幅降至 2017 年的 26.80 万 m²，其中 2012 年新开工面积达到最高值为 65.90 万 m²。其次，施竣工面积和新开工面积增长率也表现出很大的波动性，具体见图 2-11-2。

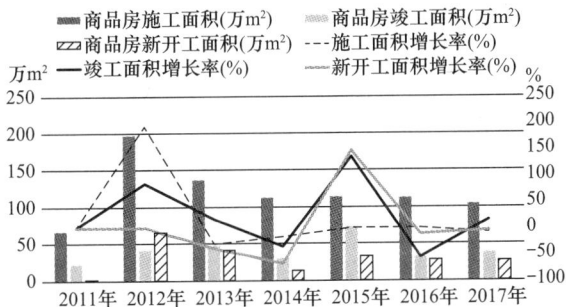

图 2-11-2　2011～2017 年杨凌市商品房供给指标情况

3）商品房供给类型以住宅为主，占比量持续上升

2011～2017 年间，杨凌新建商品房供给类型以住宅为主，2011～2015 年占比持续下降，2015 年降为 87.98％，2016 年有所上升，2017 年降为 90.64％。其中住宅施工面积占总面积的比例在 87.98％～95.81％变动，住宅竣工面积占比呈"M"形波动，总体呈上涨

趋势，2011 年住宅竣工面积占比最低为 88.46％，2017 年上涨至 94.09％；商办施工面积和竣工面积占比总体较低，商办竣工占比由 2011 年的 11.54％下降至 2017 年的 5.91％，总体说明住宅在商品房市场的供应中占绝对地位且占比不断上升，具体见图 2-11-3。

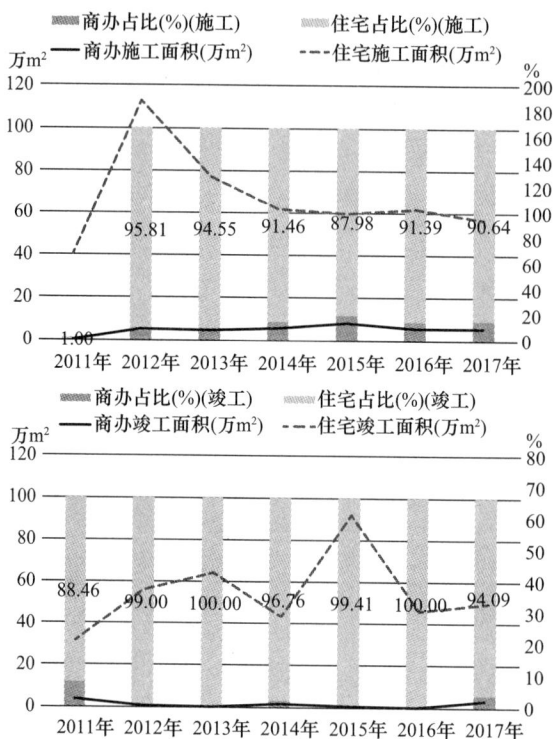

图 2-11-3　2011～2017 年杨凌市住宅和商办竣工、施工面积及其占比

2. 杨凌房地产市场需求现状总结

1）商品房销售面积总体上涨

2011～2017 年间，杨凌商品房销售面积与品住房销售面积总体均呈上涨趋势，由 2011 年 41.16 万 m²、40.81 万 m² 波动上涨至 2017 年的 61.43 万 m²、55.26 万 m²，2014 年商品房销售面积与品住房销售面积最低为 17.61 万 m²、17.31 万 m²；商品房销售面积和商品住房销售面积增长率呈现波动性变化；此外，2014～2017 年期间，杨凌市二手房成交量和二手住宅成交量呈"N"形波动，分别从 2014 年 1.78 万 m²、1.78 万 m² 增加至 2015 年 4.47 万 m²、3.83 万 m²，2016 年又下降至 2.14 万 m²、2.14 万 m²，2017 年又上涨至 5.25 万 m²、5.23 万 m² 具体见图 2-11-4、图 2-11-5。

2）销售类型以住宅为主，占比近八成

2011～2017 年间，杨凌示范区市商品房销售类型以住宅为主，新建商品房销售面积和二手住宅成交量基本占整个市场需求总量的 80％以上，在商品房销售市场的需求中占据绝对地位。商品住房销售面积占比大部分在 80％以上，其中 2011 年占比最高为 99.15％，2016 年占比最低，为 82.95％；二手住宅成交量占比呈"N"形波动，都在 85％以上，二手商办销售面积呈倒"V"形波动，2015 年最高为 0.64 万 m²。二手住宅成交量在二手商品房市场的需求中占据绝对地位且较为稳定，如图 2-11-6、图 2-11-7 所示。

图 2-11-4　2011～2017 年杨凌市商品房和商品住房销售面积及增长率

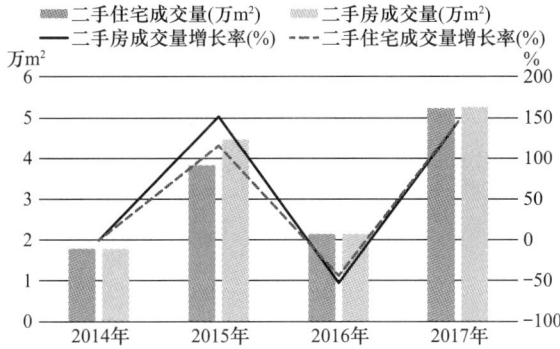

图 2-11-5　2014～2017 年杨凌市二手商品房和二手商品住房成交量及增长率

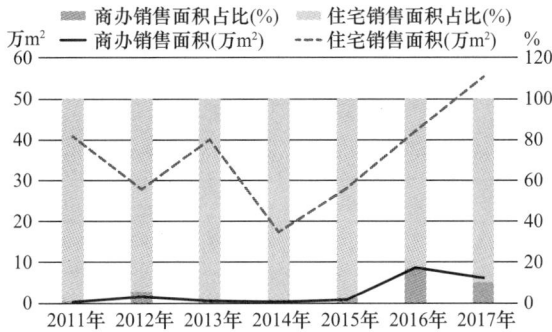

图 2-11-6　2011～2017 年杨凌市新建商品房需求类型结构相关指标

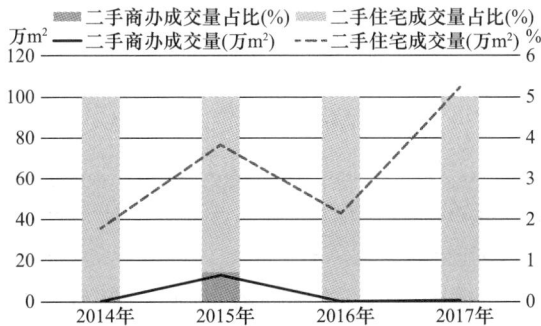

图 2-11-7　2014～2017 年杨凌市二手商品房需求类型结构相关指标

3) 新建商品房销售价格波动上涨

2011～2017 年间，杨凌商品住房销售价格有小幅上涨，其中 2011～2013 年持续上涨至 3630 元/m²，2013～2015 年持续下降至 3017 元/m²，2015～2017 年增长至 3517 元/m²。2018 年 1～6 月，商品住房销售价格总体呈上涨趋势，由 2018 年 1 月的 3600 元/m² 增长到 2018 年 6 月的 3750 元/m²，其中 4 月商品住房销售价格最高为 3906 元/m²。2015 年上半年～2018 年上半年，杨凌二手住宅交易价格呈稳步增长趋势，由 2015 年上半年的 2884 元/m² 持续增长至 2018 年上半年的 2902 元/m²。具体如图 2-11-8、图 2-11-9 所示。

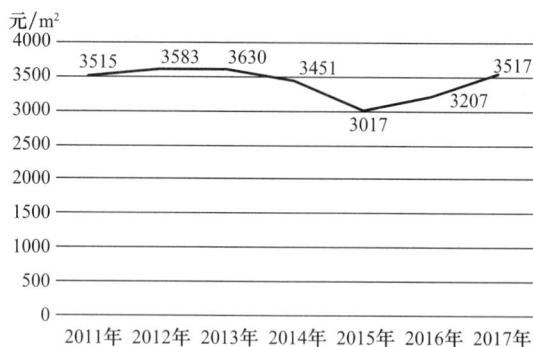

图 2-11-8　2011～2017 年杨凌市商品住房销售均价

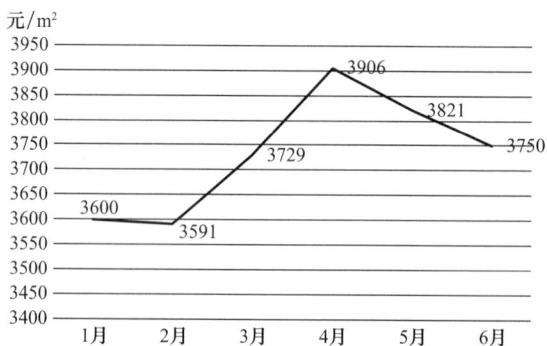

图 2-11-9　2018 年上半年杨凌市商品住房销售均价

4) 商品房库存压力整体有所放缓

2011～2017 年间，杨凌示范区商品住房累计待售面积呈先增长后下降的趋势，由 2011 年的 4.56 万 m² 快速增至 2015 年的 56.54 万 m²，后降至 2017 年的 29.78 万 m²，住宅去化周期同时期由 1.34 个月增资 56.54 个月，后降至 9.6 个月。2018 年上半年杨凌商业办公楼累计待售面积和商办去化周期持续降低，其中商办去化周期由 2018 年 1 月的 43.8 个月降至 6 月的 26.94 个月。具体见图 2-11-10、图 2-11-11 所示。

3. 杨凌示范区房地产市场结构分析

1) 目前房地产市场供需总量呈供不应求状态

2011～2017 年间，杨凌房地产市场总体供需总量呈供不应求的状态。由图 2-11-12 可以看出，2011～2014 年，安康市的商品房施工面积与商品房销售面积只比围绕 1 上下波动,整体上供大于求,4 年综合比值 1.07,2015 年出现明显拐点,此后至今比值均小于 1,说明在 2015 年商品房供给和需求基本处于平衡状态,2016 年后,杨凌的住宅供销比持续降低,降至 0.36,继续出现市场供需总量供不应求的状态。

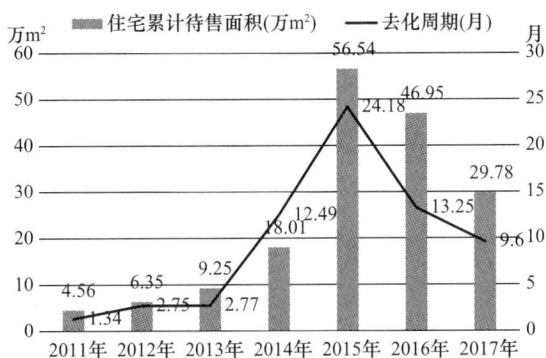

图 2-11-10 2011~2017 年杨凌市住宅待售面积及去化周期

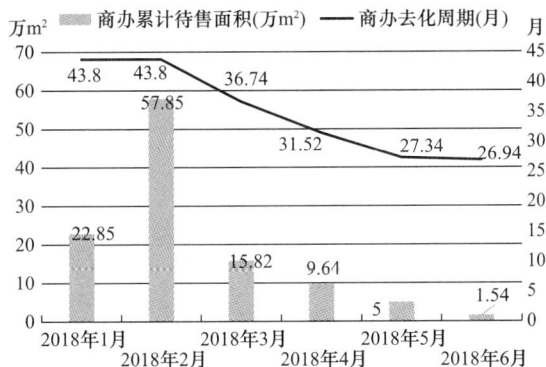

图 2-11-11 2018 年 1~6 月商洛市商办待售面积及去化周期

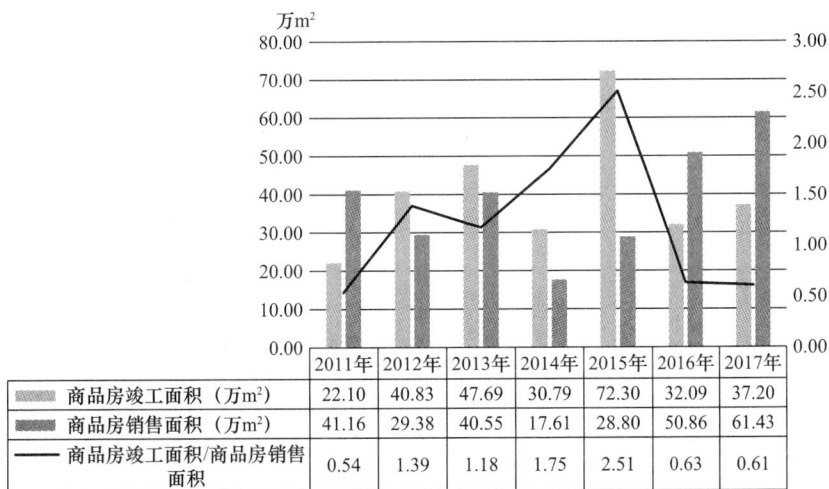

	2011年	2012年	2013年	2014年	2015年	2016年	2017年
商品房竣工面积（万m²）	22.10	40.83	47.69	30.79	72.30	32.09	37.20
商品房销售面积（万m²）	41.16	29.38	40.55	17.61	28.80	50.86	61.43
商品房竣工面积/商品房销售面积	0.54	1.39	1.18	1.75	2.51	0.63	0.61

图 2-11-12 2011~2017 年汉中市房地产市场供需总量指标

2）房地产市场供需结构失衡

2011～2017 年间，从房地产开发投资结构分析来看，商品房开发投资波动上涨，商品住房投资占房地产开发投资比重基本维持在 70％左右，其他性质的房地产开发投资均偏少；杨凌示范区市商品房销售类型以住宅为主，新建商品房销售面积和二手住宅成交量基本占整个市场需求总量的 80％以上，在商品房销售市场的需求中占据绝对地位；从销售住宅均价来看，杨凌新建商品住房销售价格波动上涨，其中 2015 年的住宅均价最低，与房地产市场在该年处于严重的供过于求的现实情况符合，总体上表现了杨凌示范区房地产处于供需结构不平衡。

（二）杨凌房地产政策梳理及绩效评价

1. 杨凌区住房发展政策概况

1）杨凌区住房发展政策概况

从 2013 年到 2018 年，杨凌区共发布了 13 条住房发展政策，其中，2017 年和 2018 年各发布 4 条政策，都占总比例的 31％左右，其余年份发布的相关政策相对较少。杨凌区历年发布的政策数量及占比如图 2-11-13 所示。

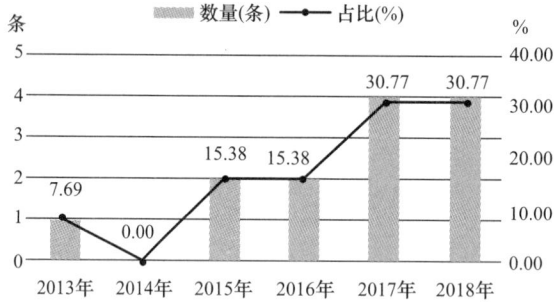

图 2-11-13　杨凌区历年发布政策数量及占比图

杨凌区历年发布的住房发展政策中，主要包括了通知、意见和办法。其中通知类政策最多，占总比例 69％左右，办法类政策数量最少，占总比例的 8％左右，各类政策的分布与所占比例如表 2-11-1 所示。

杨凌区历年发布政策类别数量及占比　　　　　　　　表 2-11-1

政策类别	通知	意见	办法
政策数量（条）	9	3	1
所占比例（％）	69	23	8

2）重要政策回顾

2013 年杨凌区发布了《关于加快推进城镇化的意见》，要求切实强化城乡规划的引领作用，大力增强城镇产业支撑能力，统筹安排协调推进城镇化，不断提高城镇化质量和管理水平，加大城镇化建设政策支持以及切实加强组织领导，建设"科技杨凌、人才杨凌、园林杨凌、富裕杨凌"和统筹城乡发展示范区，形成城、镇、村各具特色，产业特色鲜明，生态环境优良，基础设施完善的城镇体系，率先实现城乡一体化发展。

为解决城镇中低收入家庭、新就业职工和外来务工人员的住房困难问题，2015年3月杨凌区发布了《杨凌示范区廉租住房和公共租赁住房并轨运行实施意见》，建立健全符合杨凌经济社会发展水平的住房保障和供应体系，积极推进廉租住房、公共租赁住房并轨运行，使城镇中低收入家庭、新就业职工和外来务工人员住房困难问题得到基本解决，居住条件得到明显改善，实现杨凌人"住有所居，应保尽保"的目标。

为规范商品房预售资金的监督管理，保障预售商品房（含经适房、限价商品房）当事人的合法权益，2016年7月杨凌区发布了《杨凌示范区商品房预售资金监管办法》，适用杨凌区行政区域内批准预售的商品房项目（含经适房、限价商品房），其商品房预售资金的收存、使用支出和监督管理。随后，又发布了《关于调整租赁型保障房准入标准的通知》，进一步做好租赁型保障房管理工作，提高保障性住房审批工作效率，扩大杨凌区住房保障覆盖面。

2017年4月杨凌区转发了《陕西省房屋建筑和市政基础设施工程施工分包管理细则》，适用在陕西省行政区域内，进行各类房屋建筑和市政基础设施工程施工分包活动和监督管理。工程施工分包招标投标活动应当进入实施工程施工招标投标活动的相应有形市场和电子招标投标交易平台公开进行。同年6月，又开展了对工程监理、造价咨询和招标代理企业执业行为监督执法检查工作，一步提高工程监理、工程造价咨询及招标代理企业的服务质量，规范执业行为，加强事中事后监管，促进工程监理、工程造价咨询及招标代理行业健康发展。

2018年4月杨凌区发布了《关于城镇廉租住房租赁补贴发放的通知》，对申请廉租房补助资金的家庭提出了申请条件、申请所需资料、补贴标准及相关要求。

同时还发布了《关于开展公租房入住资格排查的通知》，将排查工作分三个阶段进行，确保公租房严格用于解决城镇中低收入家庭、新就业学生和外来务工人员的住房困难，实现公租房分配公开、公平、公正。

2. 基于政策工具的杨凌区政策结构分析

1）文本选取

由于涉及房地产行业的政策文本数量众多，为了保证政策选取的准确性和代表性，笔者按照与房地产市场调控密切相关的原则对政策文本进行了整理和遴选，政策类型主要选取2011年后颁布的法律法规、规划、意见、办法、通知、公告等体现政府政策的文件，最终梳理了有效政策样本12份。具体如表2-11-2所示。

杨凌区住房发展政策文本　　　　　　　　　　　表 2-11-2

序号	政策名称
1	关于杨凌示范区廉租住房和公共租赁住房并轨运行实施意见（试行）
2	关于印发《杨凌示范区商品房预售资金监管办法》的通知
3	杨凌示范区保障性住房建设领导小组办公室关于调整租赁型保障房准入标准的通知
4	杨凌示范区建设工程招投标委员会办公室关于转发《陕西省房屋建筑和市政基础设施工程施工分包管理细则》的通知

续表

序号	政策名称
5	杨凌示范区保障性住房建设领导小组办公室关于 2017 年度廉租住房租赁补贴发放的通知
6	杨凌示范区保障性住房管理中心关于开展公租房入住资格排查的通知
7	杨凌示范区保障性住房建设领导小组办公室关于城镇廉租住房租赁补贴发放的通知
8	关于改进建设工程招投标有关工作的通知
9	杨凌示范区管委会关于加快推进城镇化的意见
10	杨凌示范区规划建设局关于进一步加强绿色建筑管理工作的通知
11	杨凌示范区住房和城乡规划建设局关于开展示范区工程勘察设计企业动态监督检查的通知
12	杨凌示范区住房和城乡规划建设局关于开展工程监理、造价咨询和招标代理企业执业行为监督执法检查的通知

2）单元编码

样本的分析类目包括"组织人事""财政税收""鼓励引导""行政强制""资质评价""培训考核""税收措施""金融措施""其他经济""标准规范""强制要求""市场监管""开发""规划""设计""施工""采购""销售""运营管理"和"拆除转移"。而分析单元则为住房发展政策文本的有关条款。

本书首先对已遴选出的 12 份政策文本内容按照"政策编号—具体条款/章节"进行编码；然后，根据已建立的住房发展政策二维分析框架，将其分别归类，最终形成了基于政策工具的住房发展政策文本的内容分析单元编码表 2-11-3。

政策文本内容分析单元编码   表 2-11-3

序号	政策名称	政策文本的内容分析单元	编码
1	关于杨凌示范区廉租住房和公共租赁住房并轨运行实施意见（试行）	筹集房源、统筹安排保障资金	1-1
		明确准入标准、严格分配管理、退出管理	1-2
		资产及监督管理	1-3
2	关于印发《杨凌示范区商品房预售资金监管办法》的通知	对于商品房预售资金的监管办法	2
3	杨凌示范区保障性住房建设领导小组办公室关于调整租赁型保障房准入标准的通知	租赁型保障房保障家庭准入标准、申请材料	3
4	杨凌示范区建设工程招投标委员会办公室关于转发《陕西省房屋建筑和市政基础设施工程施工分包管理细则》的通知	工程施工的分包管理	4
5	杨凌示范区保障性住房建设领导小组办公室关于 2017 年度廉租住房租赁补贴发放的通知	廉租住房补贴的申请条件及补贴标准	5
6	杨凌示范区保障性住房管理中心关于开展公租房入住资格排查的通知	公租房入住资格的排查内容及结果处理	6
7	杨凌示范区保障性住房建设领导小组办公室关于城镇廉租住房租赁补贴发放的通知	城镇廉租住房租赁补贴的申请条件、申请资料及补贴标准	7
8	关于改进建设工程招投标有关工作的通知	明确招标工程范围、提高工程招标规模标准	8-1
		做好工程项目招标采购和非招标方式采购的有效衔接	8-2

续表

序号	政策名称	政策文本的内容分析单元	编码
9	杨凌示范区管委会关于加快推进城镇化的意见	统筹发展空间布局,实现城乡规划全覆盖和近期规划建设用地范围内的控制性详细规划全覆盖	9
10	杨凌示范区规划建设局关于进一步加强绿色建筑管理工作的通知	严格执行绿色建筑、建筑节能等强制性标准	10
11	杨凌示范区住房和城乡规划建设局关于开展示范区工程勘察设计企业动态监督检查的通知	对勘察设计企业的检查内容、检查程序、检查要求	11
12	杨凌示范区住房和城乡规划建设局关于开展工程监理、造价咨询和招标代理企业执业行为监督执法检查的通知	检查范围、检查内容	12

3）频数统计分析

在对政策工具内容分析单元编码的基础上,按照对房地产业价值链作用阶段归属的判断,将其归类,形成了住房发展政策二维分析分布图,如表 2-11-4 所示。总体上看,12 份住房发展政策主要侧重于行政强制政策工具,内容涉及房地产行业开发、规划、设计、施工、采购、运营管理六个环节,对房地产的开发利用、运营调控等提供了多方面的激励和规制。

杨凌区住房发展政策工具二维分布　　　　表 2-11-4

		开发	规划	设计	施工	采购	销售	运营管理	拆除转移
组织人事	资质评价								
	培训考核								
财政税收	税收措施								
	金融措施								
	其他经济								
鼓励引导			9						
行政强制	标准规范			10				3	
	强制要求	1-1			4, 8-1	8-2		1-2, 5, 6, 7	
	市场监管	2		11	12			1-3	

（1）本政策工具维度分析

杨凌区房地产行业政策较少,其基本政策工具维度统计分析结果如表 2-11-5 所示。按照条款项目数计,主要是行政强制政策工具（93.33%）,其次是鼓励引导政策工具（6.67%）,未涉及组织人事政策工具和政税收政策工具。进一步分析可以发现,在行政强制政策工具中,强制要求占了绝大部分,达到 57.14%,包括筹集房源、安排保障资金、明确准入标准、退出及管理机制等;市场监管占 28.57%,包括对商品房预售资金的监管、对勘察设计企业的监管等;而标准规范仅占到 14.29%,主要是因为房地产行业发展已经较为成熟,主要的标准规范早已成型,2011 年后新颁布的较少。

基本政策工具分配比例

表 2-11-5

政策工具	工具名称	条文编号	小计	百分比
组织人事	资质评价	—	0	0
	培训考核	—	0	
财政税收	税收措施	—	0	0
	金融措施	—	0	
	其他经济	—	0	
鼓励引导		9	1	6.67%
行政强制	标准规范	10，3	2	93.33%
	强制要求	1-1，4，8-1，8-2，1-2，5，6，7	8	
	市场监管	2，11，12，1-3	4	
合计			15	100%

（2）值链维度分析

在基本政策工具维度分析的基础上，引入价值链维度的影响因素，得到如表 2-11-6 所示的政策工具在价值链上的分布统计结果。

政策工具各环节频数分布统计

表 2-11-6

	资质评价	培训考核	税收措施	金融措施	其他经济	鼓励引导	标准规范	强制要求	市场监管	小计	百分比
开发	0	0	0	0	0	0	0	1	1	2	13.33%
规划	0	0	0	0	0	1	0	0	0	1	6.67%
设计	0	0	0	0	0	0	1	0	1	2	13.33%
施工	0	0	0	0	0	0	0	2	1	3	20%
采购	0	0	0	0	0	0	0	1	0	1	6.67%
销售	0	0	0	0	0	0	0	0	0	0	0%
运营管理	0	0	0	0	0	0	1	4	1	6	40%
拆除转移	0	0	0	0	0	0	0	0	0	0	0%

据表 2-11-6 所示，12 份杨凌区政策文本对房地产行业的发展提供了包括开发（13.33%）、规划（6.67%）、设计（13.33%）、施工（20%）、采购（6.67%）、销售（0%）、运营管理（40%）和拆除转移（0%）阶段的全面干预。根据条款的具体分布，发现绝大多数政策工具都是应用在房地产行业价值链的施工环节和运营管理环节，其次是开发环节和设计环节，规划环节和采购环节政策工具的运用最少，销售环节和拆除转移环节几乎没有。这说明现阶段杨凌区房地产的政策调控是围绕着房地产的前期开发和中期建设、和后期运营，其主要目的是规范房地产的开发建设，以及对商品房的新建和运营进行监管。

3. 杨凌区住房发展政策绩效评价

杨凌是国家唯一的农业高新技术产业示范区，位于陕西渭河流域关中平原腹地，被誉为中国"农科城"，其城镇化水平相对较低。近年来，随着开发商的理念趋于成熟，加之人口的增加使杨凌的房地产市趋活跃，房地产业已逐渐成为杨凌区新发展阶段的一个重要支柱性产业（表2-11-7、表2-11-8）。

杨凌区房地产市场调控评价投入因素　　　　　　　　　　表2-11-7

年份	GDP增速（%）	人均GDP（元）	人均可支配收入（元）	城镇化率（%）	固定资产投资增速（%）	限购政策
2011	16.9	30169	25999	50.65	45.5	0
2012	10.76	35983	29925	53.1	26.7	0
2013	14	41896	33007	55.67	20.1	0
2014	12.5	45978	36008	58.36	26.2	0
2015	9	51293	33109	61.18	25.5	0
2016	12.61	58278	26790	62.62	24.1	0
2017	10.1	68696	29298	64.09	15.2	0

杨陵区房地产市场调控评价产出因素　　　　　　　　　　**表2-11-8**

年份	CPI增速（%）	商品房销售面积（万m²）	商品住房均价（元/m²）	土地成交价格（元/万m²）	土地成交面积（万m²）	新开工面积（万m²）	住宅待售面积（万m²）	土地存量面积（万m²）
2011	1	41.16	3515	66243.37	70.085	1	4.56	7.72
2012	1	29.38	3582.92	17915.97	14.89	65.9	6.35	2.69
2013	1	40.55	3630.08	7744.75	2.0631	40.7	9.25	0
2014	1	17.61	3451.25	24439.62	173.98	13.05	18.01	9.74
2015	1	28.8	3342.47	43169.16	49.30	32.21	56.54	20.06
2016	1	50.86	3204.75	70347.53	52.78	28.36	46.95	0.26
2017	1	61.43	3517.42	76252.25	56.50	26.8	29.78	0

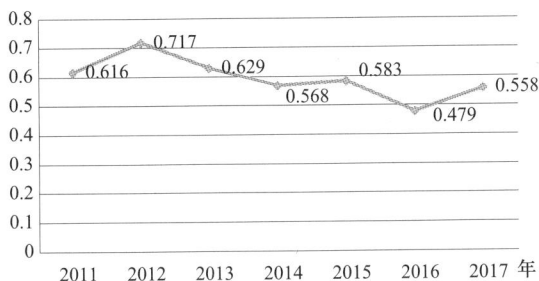

图2-11-14　杨凌示范区房地产调控综合效率

　　杨凌区房地产调控综合效益总体呈现下降趋势，整体水平较低，主要是因为杨凌区相较于其他地市发展水平较低，其房地产投入指标不足。2012年前，杨凌区房地产调控综合效率稳步上涨，主要是因为随着新型城镇化建设发展的推进，杨凌经济发展迎来了快速发展的蓬勃局面，带动了房地产业的快速提升和发展，房地产行业日益活跃。2012年后，房地产调控综合效益开始大幅度下降。一方面是由于政府对房地产市场的宏观调控在一定程度上抑制了房地产过热的局面；另一方面是由于人口和经济的局限，杨凌的商品房市场已趋于饱和，市场供应远大于需求，消费市场反响低迷，每年都有不少的存量房空置，前行压力颇大。

（三）杨凌房地产市场发展预期探索及建议

1. 影响因素预测

根据杨凌区 2011～2017 年 10 个指标数据，采用灰色预测方法，对杨凌区 2018～2022 年的 10 个指标数据进行预测（表 2-11-9、表 2-11-10）。

杨凌区各影响指标（2011～2017 年数据） 表 2-11-9

年份	2011	2012	2013	2014	2015	2016	2017
人均GDP（元）	30169	35983	41896	45978	51293	58278	68696
固定资产投资（亿元）	55.01	76.08	83.25	104.47	144.25	174.78	201.75
人均可支配收入（元）	25999	29294	33007	36008	38907	35510	36512
商品住房销售均价（元/m²）	3515.00	3582.92	3630.08	3451.25	3342.47	3204.75	3517.42
城镇化率（%）	50.65	53.10	55.67	58.36	61.18	62.62	64.09
商品住房开发投资（亿元）	9.57	21.04	24.56	21.49	14.82	14.54	14.40
新开工面积（万 m²）	1.00	65.90	40.70	13.05	32.21	28.36	26.80
商品房销售面积（万 m²）	41.16	29.38	40.55	17.61	28.80	50.86	61.43
第二产业占比（亿元）	31.54	34.36	46.91	53.95	54.84	63.12	78.49
第三产业占比（亿元）	24.35	28.05	32.16	36.24	43.88	48.47	55.03
房价收入比	5.62	5.03	4.67	4.25	4.60	5.81	6.07

杨凌区各影响指标（2018～2022 年数据预测） 表 2-11-10

年份	2018	2019	2020	2021	2022
人均GDP（元）	76284.72	86528.53	98147.91	111327.58	126277.07
固定资产投资（亿元）	253.98	312.94	385.59	475.11	585.40
人均可支配收入（元）	28921.14	30569.13	32311.03	34152.19	36098.26
商品住房销售均价（元/m²）	39548.84	41018.37	42542.50	44123.27	45762.77
城镇化率（%）	3284.03	3237.10	3190.85	3145.26	3100.32
商品住房开发投资（亿元）	67.36	69.95	72.64	75.43	78.32
新开工面积（万 m²）	12.57	11.32	10.18	9.17	8.25
商品房销售面积（万 m²）	14.51	11.61	9.30	7.44	5.96
第二产业占比（亿元）	66.21	79.17	94.67	113.21	135.38
第三产业占比（亿元）	63.39	72.55	83.05	95.05	108.80

对于房价收入比指标的预测，以 2011～2017 年的 10 个指标数据为基础利用 BP 神经网络进行预测。得到杨凌区 2018～2022 年的预测房价收入比如表 2-11-11 所示。

杨凌区房价收入比（2018～2022 年数据） 表 2-11-11

年份	2018	2019	2020	2021	2022
房价收入比	6.35	6.61	6.72	6.77	6.80

2. 作用关系分析

对杨凌区2018～2022年影响因素数据做岭回归分析,将杨凌区相关影响因素数据代入SPSS与NCSS软件计算,得出K为0.008,岭迹图与岭回归计算结果如图2-11-15、表2-11-12所示。

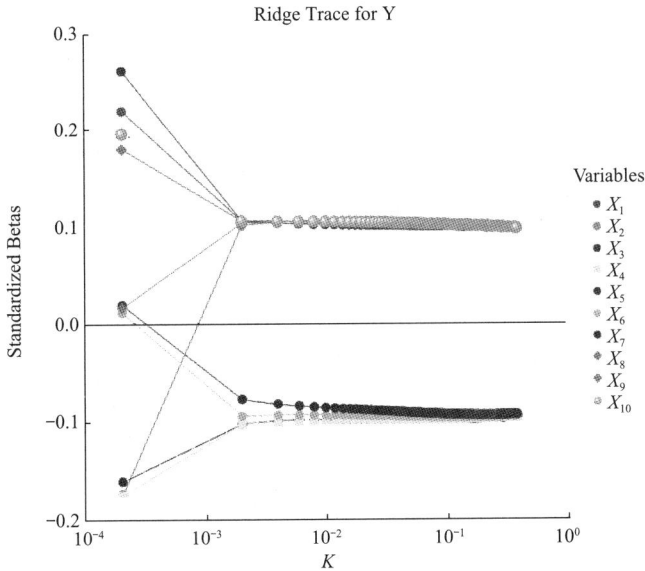

图 2-11-15　杨凌区岭迹图

杨凌区岭回归结果　　　　　　　　　　　　　　　表 2-11-12

	标准回归系数	VIF		标准回归系数	VIF
人均GDP（X_1）	0.1040	0.5174	新开工面积（X_7）	−0.0857	6.1955
固定资产总投资（X_2）	0.1049	2.3587	商品房销售面积（X_8）	0.1047	1.4584
人均可支配收入（X_3）	−0.0990	0.5741	第二产业占比（X_9）	0.1042	0.7039
商品住房销售均价（X_4）	−0.0993	0.5087	第三产业占比（X_{10}）	0.1042	0.6293
城镇化率（X_5）	0.1015	0.2011	常数项	9.295602	
商品住房开发投资（X_6）	−0.0943	1.8645			

由计算结果可知,各自变量方差膨胀因子VIF值均小于10,已不存在共线性,符合经济学意义。模型方程为:

$$y = 0.104x_1 + 0.105x_2 - 0.099x_3 - 0.099x_4 + 0.102x_5$$
$$- 0.094x_6 - 0.086x_7 + 0.105x_8 + 0.104x_9 + 0.104x_{10} + 9.30$$

该模型计算结果表明,杨凌区2018～2022年房价收入比正向影响因素按影响程度从大到小排序前三依次为:固定资产总投资(10.5%)、商品房销售面积(10.5%)和第二产业占比(10.4%);负向影响程度从大到小前三分别为:商品住房销售均价(9.9%)、商品住房开发投资(9.9%)和人均可支配收入(9.4%),如图2-11-16所示。

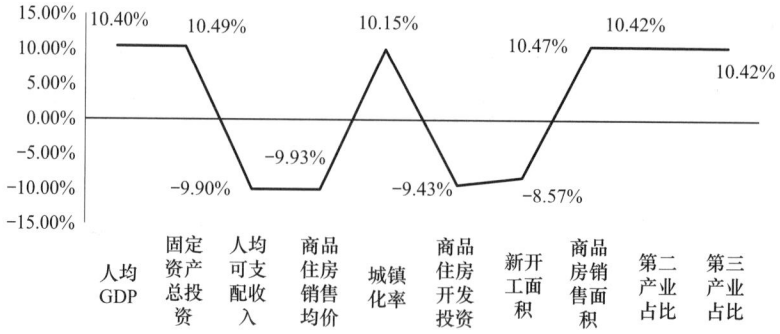

图 2-11-16　杨凌区影响因素作用关系

结合杨凌区影响因素预测与回归分析结果表明，从供给侧看，商品住房开发投资和新开工面积均与房价收入比呈负相关，表明目前杨凌区的供给仍有欠缺，为进一步促进房地产市场发展应加大住房开发投资和新开工面积。从需求侧看，人均可支配收入、商品住房销售均价与房价收入比呈负相关，商品房销售面积与房价收入比呈正相关，应进一步控制商品住房销售均价，保证其增速不超过人均可支配收入的增长。

第三篇
2018 年陕西省房地产市场运行分析

2018 年 1 月陕西省房地产市场运行分析

（一）房地产开发投资增速明显下降

2018 年 1 月陕西省房地产累计完成开发投资 151.77 亿元，同比下降 2.0%，增速比 2017 年同期下降 11.19 个百分点，如图 3-1-1 所示。2018 年 1 月投资额较 2017 年 12 月下降 207.69 亿元。

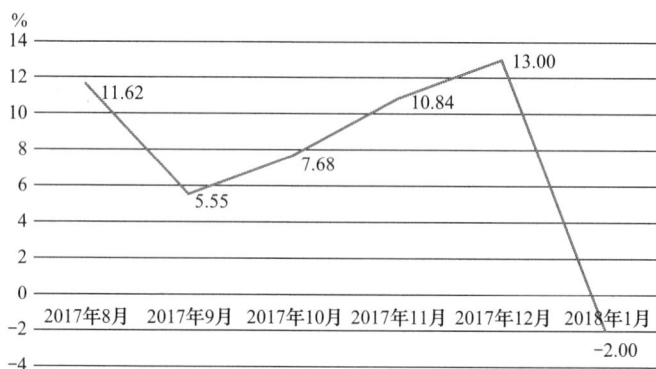

图 3-1-1　2017 年 8 月~2018 年 1 月陕西省房地产累计完成开发投资增速情况（%）

分用途来看，1 月房地产累计开发投资总量中，商品住房累计完成开发投资 111.56 亿元，同比下降 14.71%，增速比 2017 年同期下降 19.44 个百分点，占房地产累计完成开发投资总量的 73.51%，占比最大。

分区域来看，房地产开发投资仍呈现较为明显的不均衡状态。延安市、榆林市 1 月没有房地产开发投资，西安市 1 月房地产累计开发投资 124 亿元，占陕西省投资总量的 81.7%，同比下降 2.3%，增幅比 2017 年同期下降 4.1 个百分点，如表 3-1-1 所示。

陕西省各地市（区）累计完成房地产开发投资情况　　　　表 3-1-1

地区	房地产开发投资完成额		增速与 2017 年同期相比升降百分点	占陕西省比重（%）
	总量（万元）	同比增速（%）		
陕西省	1517676	−2.0	−11.19	—
西安市	**1240000**	**−2.3**	**−4.1**	**81.70**
宝鸡市	14973	−4.5	−4.3	0.99
咸阳市	21393	5.6	−69.4	1.41
铜川市	5800	−12.12	−13.66	0.38
渭南市	62181	18.8	−103.24	4.10
延安市	0	0	0	0

地区	房地产开发投资完成额		增速与2017年同期相比升降百分点	占陕西省比重（%）
	总量（万元）	同比增速（%）		
榆林市	0	0	0	0
汉中市	44674	−56.0	−174	2.94
安康市	81015	13.4	9.5	5.34
商洛市	32540	540	540	2.14
杨凌区	4300	22.9	77.09	0.28
韩城市	10800	−4.0	−2	0.71

（二）施工面积同比下降、竣工面积同比增长

2018年1月，陕西省商品房累计施工面积12318.2万 m²，同比下降0.11%，较2017年同期下降6.71%；商品房累计新开工面积163.3万 m²，同比下降34.55%，较2017年同期下降58.1个百分点。其中，商品住房累计施工面积10593.8万 m²，同比下降2.98%，增幅较2017年同期下降9.52个百分点。

2018年1月，陕西省商品房累计竣工面积204.7万 m²，同比增长4.61%，增幅比2017年同期扩大32.59%，其中，商品住房累计竣工面积160万 m²，同比下降15.71%，增幅较2017年同期下降24.28个百分点。

（三）商品房当月销售量有所下降

1月份，陕西省商品房销售面积为327.52万 m²，环比下降11.4%，如图3-1-2所示。

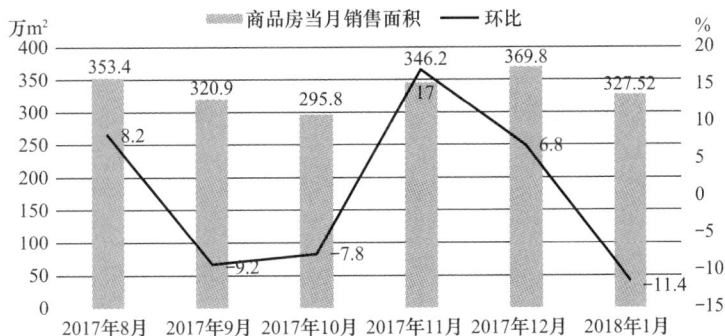

图 3-1-2　2017年8月～2018年1月陕西省商品房当月销售面积及环比情况（万 m²、%）

从用途上来看，1月陕西省商品住房累计销售面积为277.93万 m²，同比增长8.78%；陕西省二手房累计交易面积为86.98万 m²，同比增长61.31%，其中，二手住房累计交易面积为79.69万 m²，同比增长55.71%。

分区域看，1月陕西省除西安、延安以外，其他城市商品房累计销售面积均同比增长。其中，铜川市同比增速最大，为293.6%。西安市商品房累积销售面积占陕西省比重最多，占比为43.19%，具体见表3-1-2。

1月陕西省各地市（区）商品房累计销售情况 表 3-1-2

地区	商品房累计销售面积				增速与2017年同期相比升降百分点	占陕西省比重（%）
	总量（万m²）	增速（%）	其中商品住房累计销售			
			总量（万m²）	增速（%）		
陕西省	327.52	9.4	277.93	8.78	14.90	—
西安市	141.5	**−15.0**	105.03	−23.5	−6.76	**43.19**
宝鸡市	45.92	55.5	45.0	64.0	32.72	14.02
咸阳市	29.35	10.1	27.30	17.7	41.71	8.96
铜川市	8.58	293.6	7.50	387.0	311.00	2.62
渭南市	30.55	37.74	28.96	45.60	19.57	9.33
延安市	3.56	**−52.3**	2.89	−58.4	−70.69	1.09
榆林市	10.60	135.0	9.99	156.2	168.42	3.24
汉中市	25.03	23.5	22.42	27.6	20.49	7.64
安康市	18.69	34	15.73	30.6	4.43	5.71
商洛市	7.56	148	7.50	174.73	−34.54	2.31
杨凌区	3.62	156.7	3.42	159.1	229.98	1.11
韩城市	2.6	53.5	2.19	42.2	−16.47	0.80

（四）商品住房销售价格同比减小

1月陕西省新建商品住房销售均价为 5258 元/m²，同比下降 2.99%，环比下降 1.05%，二手住房交易均价为 5877 元/m²。如图 3-1-3 所示。

从各地市来看，咸阳市、安康市、杨凌区新建商品住房销售价格环比有小幅下降，其余城市均环比上涨。从西安市来看，1月新建商品住房销售价格 7400 元/m²，环比增长 0.1%，如表 3-1-3 所示。

图 3-1-3　2017年8月～2018年1月陕西省商品住房当月销售
价格及环比情况（元/m²、%）

1月份陕西省各地市（区）新建商品住房平均销售价格及涨幅情况　表 3-1-3

城市	价格位次	平均价格（元/m²）	同比涨幅（%）	环比涨幅（%）
西安市	1	7224	1.80	0.10
宝鸡市	2	5546	13.05	20.54
咸阳市	3	4788	27.07	**−9.04**

城市	价格位次	平均价格（元/m²）	同比涨幅（%）	环比涨幅（%）
铜川市	4	4227	23.56	11.80
渭南市	5	3969	7.42	0.30
延安市	6	3953	23.30	3.18
榆林市	7	3830	4.47	0.05
汉中市	8	3764	27.38	16.28
安康市	9	3600	2.83	**−2.07**
商洛市	10	3422	12.05	4.65
杨凌区	11	3398	47.55	**−1.68**
韩城市	12	3082	4.05	3.74

（五）商品住房去化周期基本平稳

1月份，陕西省商品住房累计待售面积为 3336.3 万 m²，同比下降 17.9%，陕西省商品住房去化周期为 10.77 个月，如图 3-1-4、图 3-1-5 所示。

图 3-1-4　2017 年 8 月～2018 年 1 月陕西省商品住房累计待售面积及同比情况（万 m²、%）

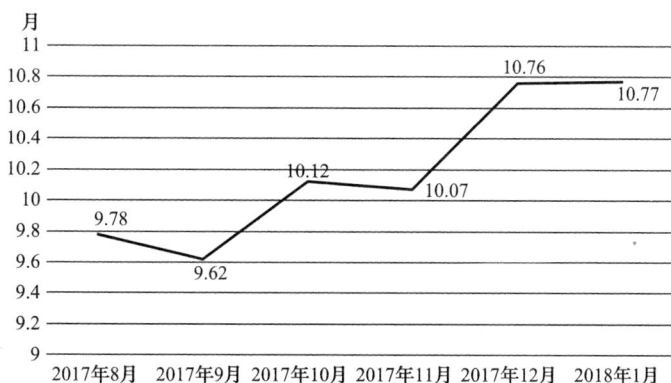

图 3-1-5　1 月陕西省商品住房去化周期情况（月）

从各地市来看，大多数城市去化周期逐步减小，但差异较大，陕西省 12 个城市中商品住房去化周期大于 12 个月的城市有渭南市、延安市和榆林市，分别为 12.31、13.78、22.87 个月；商洛去化周期最小，为 4.52 个月，如表 3-1-4 所示。

1 月份陕西省各地市（区）商品住房累计待售面积及去化周期情况　　　　表 3-1-4

地区	待售面积		增幅与 2017 年同期相比升降百分点	占陕西省比重（%）	去化周期（月）
	总量（万 m²）	同比增速（%）			
陕西省	3336.3	−17.9	−1.66	—	10.77
西安市	1412.9	−15.22	1.84	42.35	10.09
宝鸡市	352.24	−18.07	−10.10	10.56	11.21
咸阳市	405.49	−24.9	−10.40	12.15	11.81
铜川市	62.2	−5.23	8.51	1.86	11.66
渭南市	267.69	−2.69	−17.65	8.02	**12.31**
延安市	135.73	7.68	57.04	4.07	**13.78**
榆林市	266.64	−24.00	5.99	7.99	**22.87**
汉中市	221.20	−24.5	−12.55	6.63	9.10
安康市	115.7	−32.8	−13.92	3.47	7.70
商洛市	37.64	−45.68	−94.50	1.13	**4.52**
杨凌区	26.36	−44.67	−44.04	0.79	5.51
韩城市	32.51	15.74	45.67	0.97	10.79

2018 年 2 月陕西省房地产市场运行分析

(一) 房地产开发投资增速明显放缓

2018 年 2 月陕西省房地产累计完成开发投资 177.889 亿元，同比减少 6.41%，增速比 2017 年同期下降 5.55 个百分点，如图 3-2-1 所示。2018 年 2 月投资额较 2018 年 1 月增加 26.119 亿元。

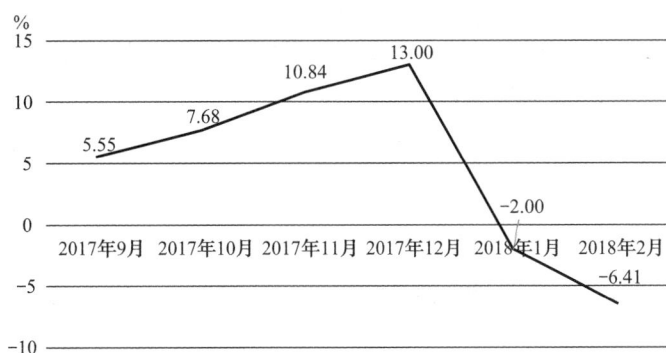

图 3-2-1   2017 年 9 月～2018 年 2 月陕西省房地产累计完成开发投资增速情况（%）

分用途来看，在房地产开发完成投资的总量中，商品住房累计完成开发投资 132.1443 亿元，同比下降 18.76%，增速较 2017 年同期下降 16.7 个百分点，占房地产累计完成开发投资总量的 74.28%，占比最大。

分区域来看，房地产开发投资仍呈现较为明显的不均衡状态。2 月份，延安市、榆林市没有房地产开发投资，西安市房地产累计开发投资 131.37 亿元，占陕西省投资总量的 73.85%，同比下降 4.63%，增幅比 2017 年同期上升 2.37 个百分点，如表 3-2-1 所示。

截至 2 月陕西省各地市（区）累计完成房地产开发投资情况   表 3-2-1

地区	房地产开发投资完成额		增速与 2017 年同期相比升降百分点	占陕西省比重（%）
	总量（万元）	同比增速（%）		
陕西省	1778888.21	−6.4	−5.56	—
西安市	1313659	−4.63	2.37	**73.85**
宝鸡市	20516	−12.9	−27.33	1.15
咸阳市	55037	5.6	18.1	3.09
铜川市	13650	−15.74	−20.25	0.77
渭南市	92545	34.7	−6.98	5.20
延安市	0	0	0	0.00
榆林市	0	0	0	0.00
汉中市	79287	−57.8	−182.66	4.46

地区	房地产开发投资完成额		增速与2017年同期相比升降百分点	占陕西省比重（%）
	总量（万元）	同比增速（%）		
安康市	135595	13.8	11.15	7.62
商洛市	35540	241	167.5	2.00
杨凌区	12000	6.2	−1.42	0.67
韩城市	21060	−4.0	−4.7	1.18

（二）施工、竣工面积同比增长

2018年2月，陕西省商品房累计施工面积12504.7万 m²，同比增长0.33%，较2017年同期下降5.77个百分点；商品房累计新开工面积276.5万 m²，同比下降25.5%，较2017年同期减少42.1个百分点。其中，商品住房累计施工面积10725.8万 m²，同比下降2.5%，增幅较2017年同期下降8.51个百分点。

2018年2月，陕西省商品房累计竣工面积274.5万 m²，同比增长15.5%，增幅比2017年同期扩大55.59%，其中，商品住房累计竣工面积228万 m²，同比增长3.86%，增幅较2017年同期扩大29.96个百分点。

（三）商品房当月销售量持续下降

2月份，陕西省商品房销售面积为215.57万 m²，环比下降34.2%，如图3-2-2所示。

图 3-2-2　2017年9月～2018年2月陕西省商品房当月销售面积及环比情况（万 m²、%）

从用途上来看，2月份陕西省商品住房累计销售面积为453.68万 m²，同比下降15.04%，陕西省二手房累计交易面积为143.01万 m²，同比增长33.5%。其中，二手住房累计交易面积为134.24万 m²，同比增长31.58%。

分区域看，2月份陕西省除西安、延安、安康、商洛、韩城以外，其他城市商品房累计销售面积均同比增长。其中，铜川市同比增速最大，为180.2%。西安市商品房累计销售面积占陕西省比重最多，占比为41.81%，具体见表3-2-2。

截至2月陕西省各地市（区）商品房累计销售情况 表3-2-2

| 地区 | 商品房累计销售面积 | | | | 增速与2017年同期相比升降百分点 | 占陕西省比重（%） |
| | 总量（万 m²） | 增速（%） | 其中商品住房累计销售 | | | |
			总量（万 m²）	增速（%）		
陕西省	543.1	−10.1	453.68	−15.04	−19.5	—
西安市	227.1	−29.4	161.42	−41.1	−14.3	41.82
宝鸡市	77.03	33.2	72.8	32.3	−22.2	14.18
咸阳市	53.23	1.7	50.30	6.1	−8.4	9.80
铜川市	14.04	180.2	11.72	172.6	−113.3	2.59
渭南市	49.02	24.04	45.48	23.62	−13.7	9.03
延安市	4.48	−75.7	3.78	−78.7	−23.5	0.82
榆林市	15.13	63.4	14.28	69.4	−71.6	2.79
汉中市	48.63	4.7	44.25	5.1	−18.7	8.95
安康市	32.62	−2	28.79	−4.4	−36.8	6.01
商洛市	9.65	−4	9.60	12.28	−151.5	1.78
杨凌区	8.20	47.2	7.78	49.6	−109.5	1.51
韩城市	4.0	−14.3	3.47	−21.8	−67.8	0.73

（四）商品住房销售价格同比减小

二月份陕西省新建商品住房销售均价为4984元/m²，二手住房交易均价为5812元/m²。其中2月份，陕西省新建商品住房销售均价为4984元/m²，同比下降3.93%，环比下降5.21%，如图3-2-3所示。2月份，陕西省二手住房交易均价5812元/m²，同比上涨19%，环比下降1.1%。

从各地市来看，咸阳市、延安市、渭南市、韩城市新建住房销售价格环比有一定幅度上升，其余城市均环比下降。从西安市来看，2月份商品住房销售均价为7221元/m²，环比下降0.04%，如表3-2-3所示。

图3-2-3 2017年10月～2018年2月陕西省商品住房当月销售价格及增速情况（元/m²、%）

2月份陕西省各地市（区）新建商品房平均销售价格及涨幅情况　　表 3-2-3

城市	价格位次	平均价格（元/m²）	同比涨幅（%）	环比涨幅（%）
西安市	1	7221	1.98	−0.04
榆林市	2	5100	−4.14	−8.04
咸阳市	3	5009	37.72	4.62
延安市	4	4424	23.89	11.46
安康市	5	4146	25.18	−1.92
渭南市	6	3779	25.38	0.40
韩城市	7	3746	26.26	10.24
杨凌区	8	3591	5.06	−0.25
汉中市	9	3517	12.65	−11.03
宝鸡市	10	366	0.84	−12.11
铜川市	11	3327	5.79	−2.78
商洛市	12	3000	−0.30	−2.66

（五）商品住房去化周期保持稳定

截至2月底，陕西省商品住房累计待售面积为3284.8万 m²，同比下降19.99%，陕西省商品住房去化周期为10.77个月，与1月保持一致，如图3-2-4、图3-2-5所示。

图 3-2-4　2017年9月～2018年2月陕西省商品住房累计待售面积及同比情况（万 m²、%）

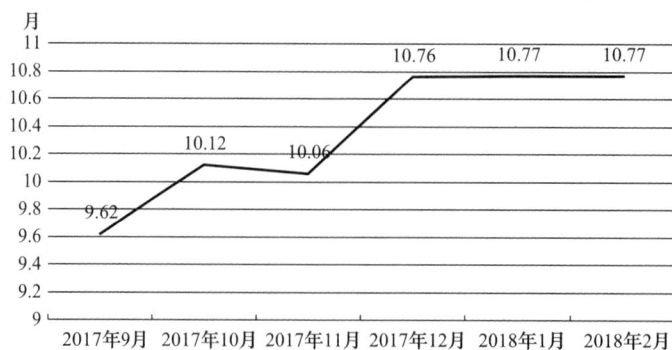

图 3-2-5　2月陕西省商品住房去化周期情况（月）

从各地市来看，大多数城市去化周期逐步减小，但差异较大，陕西省 12 个城市中商品住房去化周期大于 12 个月的城市有延安市和榆林市，分别为 17.38、22.54 个月；商洛去化周期最小，为 4.36 个月，如表 3-2-4 所示。

截至 2 月底陕西省各地市（区）商品住房累计待售面积及去化周期情况　　　表 3-2-4

地区	待售面积		增速与 2017 年同期相比升降百分点	占陕西省比重（％）	去化周期（月）
	总量（万 m²）	同比增速（％）			
陕西省	3616.04	−19.99	−5.00	—	10.77
西安市	1600.91	−17.45	−2.92	44.27	10.49
宝鸡市	377.30	−19.49	−6.04	10.43	10.46
咸阳市	410.73	−27.56	−11.26	11.36	11.21
铜川市	65.52	−8.36	7.12	1.81	10.62
渭南市	260.67	−14.64	−43.32	7.21	11.72
延安市	108.36	13.66	47.09	3.00	**17.38**
榆林市	139.70	−25.18	4.51	3.86	**22.54**
汉中市	288.94	−25.65	−10.73	7.99	8.48
安康市	175.19	−32.66	−7.64	4.84	7.35
商洛市	96.29	−44.07	−80.68	2.66	**4.36**
杨凌区	57.85	−52.14	−54.52	1.60	4.56
韩城市	34.53	12.66	45.79	0.95	10.85

2018 年第一季度陕西省房地产市场运行分析

一、2018 年第一季度房地产市场基本情况

（一）房地产开发投资增速明显放缓

2018 年第一季度陕西省房地产累计完成开发投资 396.34 亿元，同比增长 2.26%，增速比 2017 年同期下降 14.76 个百分点，如图 3-3-1 所示。2018 年第一季度投资额较 2017 年第四季度下降 583.3 亿元。

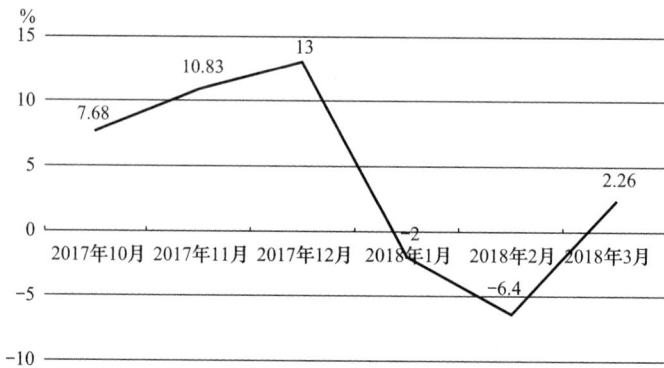

图 3-3-1　2017 年 10 月～2018 年 3 月陕西省房地产累计完成开发投资增速情况（%）

分用途来看，第一季度房地产累计开发投资总量中，商品住房累计完成开发投资 270.01 亿元，同比下降 7.4%，增速比 2017 年同期下降 22.45 个百分点，占房地产累计完成开发投资总量的 68.13%，占比最大。

分区域来看，房地产开发投资仍呈现较为明显的不均衡状态。西安市第一季度房地产累计开发投资 251.65 亿元，占陕西省投资总量的 63.49%，同比下降 4.5%，增幅比 2017 年同期下降 13.49 个百分点，如表 3-3-1 所示。

第一季度陕西省各地市（区）累计完成房地产开发投资情况　　　表 3-3-1

地区	房地产开发投资完成额		增速与2017年同期相比升降百分点	占陕西省比重（%）
	总量（万元）	同比增速（%）		
陕西省	3963358	2.26	−14.76	—
西安市	**2516485**	**−4.5**	**−13.49**	**63.49**
宝鸡市	136644	28.2	25.86	3.45
咸阳市	133672	−48.9	−133.78	3.37
铜川市	26605	−16.6	−18.08	0.67
渭南市	159315	44.3	49.10	4.02

地区	房地产开发投资完成额		增速与2017年同期相比升降百分点	占陕西省比重（%）
	总量（万元）	同比增速（%）		
延安市	28642	39	74.38	0.72
榆林市	18678	30	−93.43	0.47
汉中市	145333	−48.1	−144.97	3.67
安康市	165200	0.3	7.53	4.17
商洛市	48893	213	156.52	1.23
杨凌区	28600	31.2	36.12	0.72
西咸新区	522931	190	62.31	13.19
韩城市	32360	0.7	−4.91	0.82

（二）施工、竣工面积同比增长

2018年第一季度，陕西省商品房累计施工面积15533.26万 m²，同比增长0.18%，较2017年同期下降7.02%；商品房累计新开工面积796万 m²，同比增长25.59%，较2017年同期增加20.52个百分点。其中，商品住房累计施工面积13495.25万 m²，同比下降2.79%，增幅较2017年同期下降9.20个百分点。

2018年第一季度，陕西省商品房累计竣工面积821.39万 m²，同比增长41.9%，增幅比2017年同期扩大54.45%，其中，商品住房累计竣工面积588.34万 m²，同比增长13.9%，增幅较2017年同期扩大7.1个百分点。

（三）商品房当月销售面积有所回升

3月份，陕西省商品房销售面积为374.6万 m²，环比上涨73.7%，其中第一季度陕西省商品房累计销售面积为917.6万 m²，同比下降11.9个百分点，较2017年第四季度减少94.2万 m²。如图3-3-2所示。

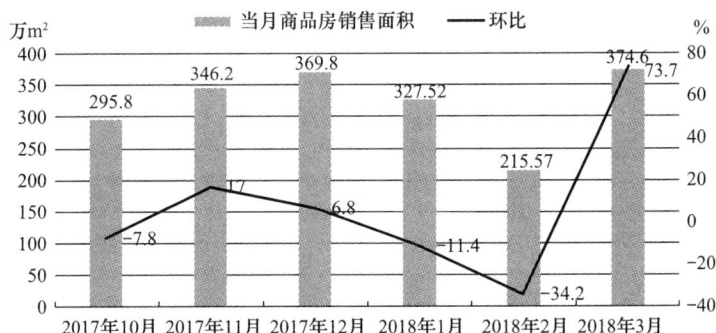

图3-3-2 2017年10月~2018年3月陕西省商品房当月销售面积及环比情况（万 m²、%）

从用途上来看，第一季度陕西省商品住房累计销售面积为775.91万 m²，同比下降16.4%，陕西省二手房累计交易面积为265.7万 m²，同比增长20.78%。其中，二手住房累计交易面积为250.91万 m²，同比增长20.58%。

分区域看，第一季度陕西省除西安、延安、安康、韩城以外，其他城市商品房累计销售面积均同比增长。其中，铜川市同比增速最大，为81.6%。西安市商品房累积销售面积占陕西省比重最多，占比为40.52%，具体见表3-3-2。

第一季度陕西省各地市商品房累计销售情况　　　　　　　　　　　　　表 3-3-2

地区	商品房累计销售面积				增速与2017年同期相比升降百分点	占陕西省比重（%）
	总量（万 m²）	增速（%）	其中商品住房累计销售			
			总量（万 m²）	增速（%）		
陕西省	917.6	−11.9	775.91	−16.40	−35.0	—
西安市	371.8	**−31.9**	265.97	−43.1	−48.3	**40.52**
宝鸡市	115.63	29.6	110.71	29.7	−7.0	12.60
咸阳市	102.97	4.5	97.53	8.7	1.2	11.22
铜川市	20.07	81.6	17.51	74.2	59.0	2.19
渭南市	93.32	39.93	87.73	39.79	18.0	10.17
延安市	6.29	**−84.5**	5.59	−85.9	−213.0	0.69
榆林市	30.69	38.1	28.37	39	−11.3	3.34
汉中市	81.22	11.0	75.03	12.7	−5.1	8.85
安康市	51.50	**−17**	45.50	−19.4	−83.0	5.61
商洛市	21.26	74	21.10	96.83	−170.8	2.32
杨凌	16.49	55.9	15.18	51.5	77.0	1.80
韩城市	6.4	**−31.1**	5.56	−35.6	−328.5	0.69

（四）商品住房销售价格同比减小

第一季度陕西省新建商品住房销售均价为5128元/m²，二手住房交易均价为6060元/m²。其中3月份，陕西省新建商品住房销售均价为5144元/m²，同比下降2.63%，环比增长3.21%，如图3-3-3所示。3月份，陕西省二手住房交易均价6493元/m²，同比上涨22.12%，环比上升11.72%，

图 3-3-3　2017 年 10 月～2018 年 3 月陕西省商品住房当月销售价格及增速情况（元/m²、%）

从各地市来看，渭南市、延安市、杨凌区新建住房销售价格环比有小幅下降，其余城市均环比上涨。从西安市来看，第一季度商品住房销售均价为7334元/m²，其中3月份商品住房销售均价为7321元/m²，环比增长1.38%，如表3-3-3所示。

3月份陕西省各地市（区）新建商品住房平均销售价格及涨幅情况　　**表 3-3-3**

城市	价格位次	平均价格（元/m²）	同比涨幅（%）	环比涨幅（%）
西安市	1	7321	3.26	1.38
榆林市	2	5148	3.54	0.94
咸阳市	3	5059	33.10	1.00
安康市	4	4280	31.13	3.23
延安市	5	4135	17.87	**−6.53**
渭南市	6	3826	30.58	1.24
杨凌区	7	3729	14.53	3.84
宝鸡市	8	3651	2.24	8.47
韩城市	9	3651	29.33	**−2.54**
汉中市	10	3635	12.36	3.36
铜川市	11	3407	−16.45	2.40
商洛市	12	2969	−0.60	**−1.03**

（五）商品住房去化周期减小

截至3月底，陕西省商品住房累计待售面积为3061.98万 m²，同比下降21.98%，陕西省商品住房去化周期为10.36个月，较2017年第四季度末减少0.4个月，如图3-3-4、图3-3-5所示。

图 3-3-4　2017年10月～2018年3月陕西省商品住房累计待售面积及同比情况（万 m²、%）

图 3-3-5　3月陕西省商品住房去化周期情况（月）

从各地市来看，大多数城市去化周期逐步减小，但差异较大，陕西省 12 个城市中商品住房去化周期大于 12 个月的城市有延安市和榆林市，分别为 21.08、21.70 个月；杨凌去化周期最小，为 3.14 个月，如表 3-3-4 所示。

截至 3 月底陕西省各地市商品住房累计待售面积及去化周期情况　　　表 3-3-4

地区	待售面积		增幅与 2017 年同期相比升降百分点	占陕西省比重（%）	去化周期（月）
	总量（万 m²）	同比增速（%）			
陕西省	3062.0	−22.0	−1.94	—	
西安市	1287.78	−24.01	−2.78	**42.06**	10.22
宝鸡市	295.62	−20.70	1.46	**9.65**	9.22
咸阳市	396.59	−20.7	−0.58	**12.95**	11.45
铜川市	52.19	−24.23	−18.71	1.70	9.55
渭南市	240.48	−13.23	−29.77	7.85	10.42
延安市	155.12	40.03	84.65	5.07	**21.08**
榆林市	256.41	−25.30	5.42	**8.37**	21.70
汉中市	182.05	−34.5	−24.20	5.95	7.40
安康市	118.84	−22.0	5.39	3.88	8.51
商洛市	32.06	−46.90	−80.46	1.05	3.64
杨凌	15.82	−63.50	−71.55	0.52	**3.14**
韩城市	29.02	24.34	68.04	0.95	10.76

二、房地产市场存在的主要矛盾

第一，房地产市场区域发展不均衡。从陕西省各地市来看，截至 3 月份房地产累计开发投资中，西安市占 63.49%，其他 12 个地市仅占 36.51%，商品房销售面积中，西安市约占 40.52%，其他 12 个地市占 59.48%。从各市不同区域来看，热点区域供需紧张，部分偏远区县库存压力仍然较大。

第二，房地产市场供需失衡。以西安市为例，从需求端来看，由于落户政策频出，截至 2018 年 3 月底，西安市新增落户人口约 21 万人，接近 2017 年全年落户人数 25.74 万人，住房需求持续增加。从供应端来看，部分热门区域在调控政策下，新房与二手房价格倒挂现象严重，开发商惜售心态加剧，新房供应量减少，供需日趋失衡；其次随着生活水平提高，大品牌、大开发商的高品质项目受到市民青睐和追捧，也导致了高品质项目暂时性供需失衡。

第三，住房交易市场违规现象仍然存在。个别企业采取全款优先、捆绑搭售的营销方式，扰乱房地产市场秩序，更有部分企业存在囤积房源、捂盘惜售、哄抬房价、虚假宣传，制造、炒作、传播不实不全房地产信息，误导消费者、制造紧张气氛等扰乱市场秩序的行为；中介市场缺乏监管，素质偏低，利益至上、缺少正规的交易机构，尽管政府严厉打击，媒体曝光，部分企业知法违法、屡查屡犯等情况仍旧存在。

三、下一步任务和措施

第一，实施精准化、精细化、差别化的房地产市场调控政策。从根本上说，差别化调控政策的精准化、精细化应该重点围绕"房住不炒"展开。一是有效遏制投资投机型购房需求，让炒房者知难而退；二是进一步细化包括摇号、信贷、税收等在内的一系列差别化调控政策；三是有效保护刚需购房族权益，合理确定首付比例、贷款利率和摇号政策，切实减轻这一群体的购房压力，让无房者早日安居宜居，同时支持改善需求。

第二，完善住房保障体系建设。一是采取"限房价、竞地价"等市场运作方式，加快推进共有产权住房建设，积极解决各类引进人才的住房问题。二是推进棚户区改造安置房项目建设，加快棚户区改造安置房手续办理。三是做好公共租赁住房分配入住工作，实现应保尽保，积极开展公共租赁住房智能化管理。四是培育和发展住房租赁市场，鼓励成立经营住房租赁业务的专业化企业，推动房屋租赁向规模化、专业化发展。

第三，加强房地产市场监管。一是坚决遏制投机炒作，确保商品房价格不出现大起落，市场稳定。二是建立健全已有的动态监测与信用管理相结合的市场监管模式，推动企业诚实守信、依法经营，确保信息全面准确真实公开。三是积极加强与价格、工商、公积金等部门的协作，建立健全联合查处机制，加快推进房地产市场信用评价体系建设，建立企业信用档案，规范房地产市场交易秩序。四是坚决对违规企业采取黑名单、暂停网签、约谈通报等措施，规范经营行为，净化市场环境。五是加强舆论正面引导。各地要严厉打击各种负面炒作信息，回应社会关切，稳定市场预期。

2018 年 4 月陕西省房地产市场运行分析

（一）房地产开发投资持续回升

2018 年 4 月陕西省房地产累计完成开发投资 628.82 亿元，同比增长 4.58%，增速比 2017 年同期下降 6.79 个百分点，如图 3-4-1 所示。2018 年 4 月投资额较 2018 年 3 月增加 232.48 亿元。

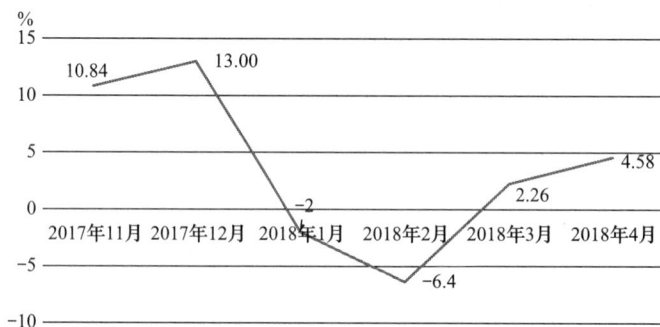

图 3-4-1　2017 年 11 月～2018 年 4 月陕西省房地产累计完成
开发投资增速情况（%）

分用途来看，4 月房地产累计开发投资总量中，商品住房累计完成开发投资 472.65 亿元，同比增长 4.70%，增速比去年同期增长 11.26 个百分点，占房地产累计完成开发投资总量的 75.16%，占比最大。

分区域来看，房地产开发投资仍呈现较为明显的不均衡状态。西安市 4 月房地产累计开发投资 400.37 亿元，占陕西省投资总量的 63.67%，同比上涨 3.8%，增幅比 2017 年同期上涨 1.91 个百分点。

截至 4 月陕西省各地市（区）累计完成房地产开发投资情况　　表 3-4-1

地区	房地产开发投资完成额		增速与2017年同期相比升降百分点	占陕西省比重（%）
	总量（万元）	同比增速（%）		
陕西省	6288178	4.58	−6.79	—
西安市	4003727.7	3.8	1.91	63.67%
宝鸡市	167714	−5.5	−15.71	2.67%
咸阳市	259148	−36.3	−42.16	4.12%
铜川市	38267	−41.8	−37.42	0.61%
渭南市	206851	11.5	12.67	3.29%
延安市	151294	22	33.46	2.41%
榆林市	68761	39	−11.41	1.09%

地区	房地产开发投资完成额		增速与2017年同期 相比升降百分点	占陕西省比重（%）
	总量（万元）	同比增速（%）		
汉中市	44674	−42.0	−96.05	0.71%
安康市	81015	4.2	7.52	1.29%
商洛市	32540	15	−325.22	0.52%
杨凌区	49826	22.1	24.05	0.79%
西咸新区	804137	78	−332.97	12.79%
韩城市	44123	13.6	−1.23	0.70%

（二）施工面积同比增长、竣工面积同比下降

2018年4月陕西省商品房累计施工面积15855万 m^2，同比增长0.35%，较2017年同期下降4.54%；商品房累计新开工面积1101万 m^2，同比增长24.40%，较2017年同期增加51个百分点。其中，商品住房累计施工面积13749万 m^2，同比下降2.58%，增幅较2017年同期下降5.9个百分点。

2018年4月陕西省商品房累计竣工面积919万 m^2，同比下降1.1%，增幅比2017年同期减小9.15%，其中，商品住房累计竣工面积774万平方米，同比减少7.3%，增幅较2017年同期减少21.2个百分点。

（三）商品房当月销售量有所下降

4月份，陕西省商品房销售面积为346.2万 m^2，环比下降7.57%，如图3-4-2所示。

图3-4-2　2017年11月～2018年4月陕西省商品房当月销售面积及
环比情况（元 m^2、%）

从用途上来看，4月陕西省商品住房累计销售面积为1070.41万 m^2，同比下降21.20%，陕西省二手房累计交易面积为399.2万 m^2，同比增长12.92%。其中，二手住房累计交易面积为379.76万 m^2，同比增长12.32%。

分区域看，4月陕西省除西安、延安、安康、韩城以外，其他城市商品房累计销售面

积均同比增长。其中，铜川市同比增速最大，为 58.7%。西安市商品房累积销售面积占陕西省比重最多，占比为 41.35%，具体见表 3-4-2。

截至 4 月份陕西省各地市（区）商品房累计销售情况　　　　　　表 3-4-2

地区	商品房累计销售面积				增速与2017年同期相比升降百分点	占陕西省比重（%）
	总量（万 m²）	增速（%）	其中商品住房累计销售			
			总量（万 m²）	增速（%）		
陕西省	1263.8	−16.7	1070.41	−21.20	19.9	—
西安市	522.6	**−38.3**	374.89	−48.9	17.2	**41.35%**
宝鸡市	147.56	19.8	140.3	21.4	39.2	11.68%
咸阳市	148.72	11.2	141.95	15.1	−2.0	11.77%
铜川市	25.92	58.7	23.10	62.7	10.6	2.05%
渭南市	124.72	50.23	117.57	50.19	7.96	9.87%
延安市	16.57	**−69.3**	15.84	−70.1	90.2	1.31%
榆林市	47.08	42.3	44.25	45.0	20.3	3.73%
汉中市	104.82	4.9	97.16	5.5	12.0	8.29%
安康市	64.43	**−17**	57.59	−20.0	50	5.10%
商洛市	27.13	32	26.96	42.12	188	2.15%
杨凌区	23.99	57.6	21.36	50.4	−12.9	1.90%
韩城市	10.3	**−21.1**	9.44	−23.6	216.0	0.81%

（四）商品住房销售价格同比减少

4 月份陕西省新建商品住房销售均价为 5522 元/m²，同比下降 6.69%，环比上涨 7.35%；二手住房交易均价为 6828 元/m²，同比上涨 18.34%，环比上涨 5.16%（图 3-4-3）。

从各地市来看，杨凌区、韩城市、延安市、榆林市、安康市、汉中市新建住房销售价格环比均有所下降，其余城市均环比上涨，宝鸡环比上涨最高为 16.12%。从西安市来看，4 月商品住房销售均价为 7449 元/m²，环比增长 1.75%，如表 3-4-3 所示。

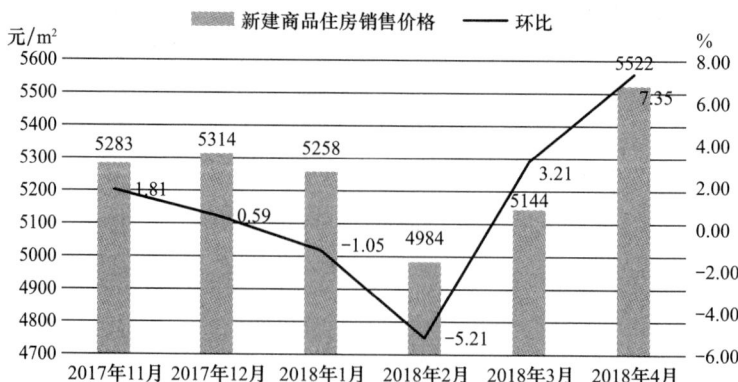

图 3-4-3　2017 年 11 月～2018 年 4 月陕西省商品住房当月销售价格及增速情况（元/m²、%）

4月陕西省各地市新建商品住房平均销售价格及涨幅情况　　　　表 3-4-3

城市	价格位次	平均价格（元/m²）	同比涨幅（%）	环比涨幅（%）
西安市	1	7449	1.9	1.75
咸阳市	2	5777	37.19	14.19
杨凌市	3	4520	0.18	−12.20
渭南市	4	4316	28.49	4.4
宝鸡市	5	4221	25.29	16.12
韩城市	6	4125	16.36	−3.62
铜川市	7	3906	13.81	4.75
商洛市	8	3902	37.35	6.87
延安市	9	3809	25.71	−0.4
榆林市	10	3766	−5.71	3.15
安康市	11	3359	8.92	−1.41
汉中市	12	2809	0.25	−5.39

（五）商品住房去化周期减小

截至4月底，陕西省商品住房累计待售面积为2918.4万 m²，同比下降20.8%，陕西省商品住房去化周期为10.27个月，较2018年三月末减少0.09个月，如图3-4-4、图3-4-5所示。

图 3-4-4　2017年11月～2018年4月陕西省商品住房累计待售面积及同比情况（万 m²、%）

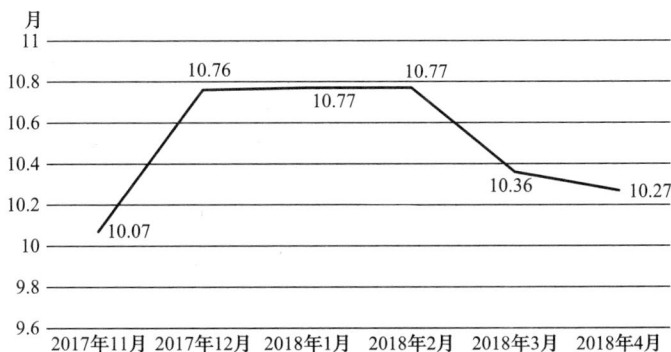

图 3-4-5　2017年11月～2018年4月陕西省商品住房去化周期情况（月）

从各地市来看，陕西省 12 个城市中商品住房去化周期大于 12 个月的城市有延安市和榆林市，分别为 20.41 个月、19.55 个月；杨凌区去化周期最小，为 1.89 个月（表 3-4-4）。

截至 4 月底陕西省各地市（区）商品住房累计待售面积及去化周期情况   表 3-4-4

地区	待售面积		增速与 2017 年同期相比升降百分点	占陕西省比重（%）	去化周期（月）
	总量（万 m²）	同比增速（%）			
陕西省	2918.4	−20.8	8.5	—	10.27
西安市	1239.23	−17.12	20.8	42.46%	10.98
宝鸡市	294.82	−15.14	9.9	10.10%	9.21
咸阳市	356.78	−26.3	−3.4	12.23%	10.04
铜川市	47.46	−29.62	−25.1	1.63%	8.56
渭南市	222.42	−22.81	−26.6	7.62%	9.16
延安市	144.87	−1.44	23.8	4.96%	**20.41**
榆林市	240.38	−29.44	3.5	8.24%	**19.55**
汉中市	163.49	−38.0	−19.4	5.60%	6.93
安康市	141.03	−0.2	30.4	4.83%	10.61
商洛市	29.33	−43.50	−67.5	1.00%	3.61
杨凌区	9.64	−75.38	−82.5	0.33%	1.89
韩城市	28.96	46.24	109.5	0.99%	10.18

2018 年 5 月陕西省房地产市场运行分析

（一）房地产开发投资增速明显放缓

2018 年 5 月陕西省房地产累计完成开发投资 911.85 亿元，同比增长 0.08%，增速与 2017 年同期下降 11.60 个百分点，如图 3-5-1 所示。2018 年 5 月投资额较 2018 年 4 月下降 283.04 亿元。

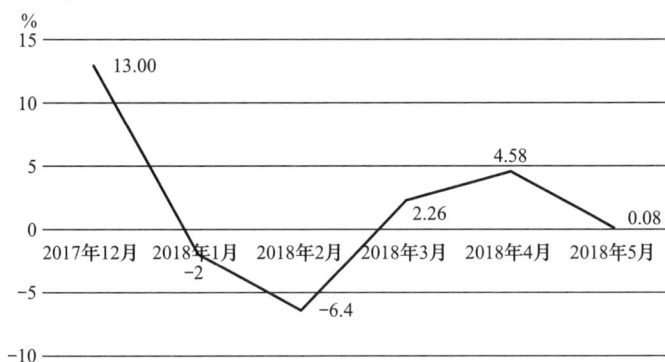

图 3-5-1 2017 年 12 月～2018 年 5 月陕西省房地产累计完成开发投资增速情况（%）

分用途来看，5 月房地产累计开发投资总量中，商品住房累计完成开发投资 689.89 亿元，同比下降 1.53 个百分点，增速比 2017 年下降 2.16 个百分点，占房地产累计完成开发投资总量的 75.66%，占比最大。

分区域来看，房地产开发投资仍呈现较为明显的不均衡状态。西安市 5 月房地产累计开发投资 572.04 亿元，占陕西省投资总量的 62.73%，同比下降 0.7%，增幅比 2017 年同期增长 18.26 个百分点。

截至 5 月份陕西省各地市（区）累计完成房地产开发投资情况　　　　表 3-5-1

地区	房地产开发投资完成额		增速与2017年同期相比升降百分点	占陕西省比重（%）
	总量（万元）	同比增速（%）		
陕西省	9118549	0.08	−11.60	—
西安市	5720412	−0.7	12.79	62.73
宝鸡市	241318	1.7	−17.71	2.65
咸阳市	553454	−1.1	−26.26	6.07
铜川市	57430	−36.5	9.04	0.63
渭南市	299807	13.1	−77.39	3.29
延安市	301709	−14	−49.85	3.31

续表

地区	房地产开发投资完成额		增速与 2017 年同期相比升降百分点	占陕西省比重（%）
	总量（万元）	同比增速（%）		
榆林市	122781	15	−174.41	1.35
汉中市	250564	−56.3	−2.00	2.75
安康市	348482	4.1	−269.99	3.82
商洛市	61746	23	31.56	0.68
杨凌区	70136	30.4	−571.20	0.77
西咸新区	1028011	51	39.23	11.27
韩城市	62699	40.5	−11.60	0.69

（二）施工、竣工面积同比下降

2018 年 5 月，陕西省商品房累计施工面积 16250.62 万 m^2，同比下降 0.07%，较 2017 年同期下降 6.27%；商品房累计新开工面积 1502 万 m^2，同比增长 9.3%，较 2017 年同期增长 16.2 个百分点。其中，商品住房累计施工面积 14027.46 万 m^2，同比下降 2.11%，增幅与 2017 年同期下降 5.81%。

2018 年 5 月，陕西省商品房累计竣工面积 1152.39 万 m^2，同比下降 3.1%，增幅比 2017 年同期减少 20.33%，其中，商品住房累计竣工面积 960.02 万 m^2，同比下降 7.8%，增幅较 2017 年同期减少 25.3 个百分点。

（三）商品房当月销售量回升

5 月份，陕西省商品房销售面积为 384.95 万 m^2，环比上涨 11.2%，如图 3-5-2 所示。

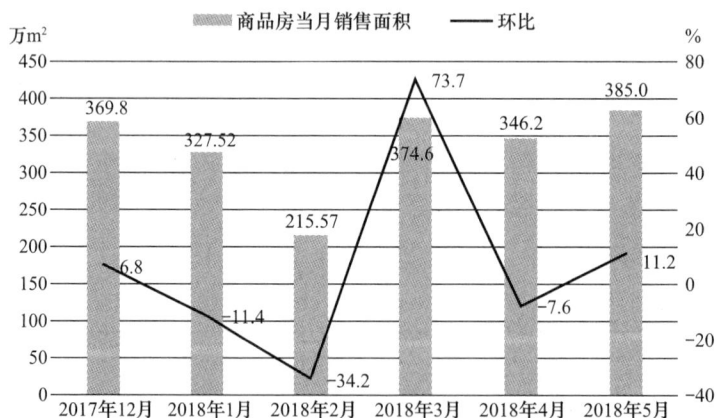

图 3-5-2　2017 年 12 月～2018 年 5 月陕西省商品房当月销售面积
及环比情况（万 m^2、%）

从用途上来看，5 月份陕西省商品住房累计销售面积为 1383.02 万 m^2，同比下降 18.26%；陕西省二手房累计交易面积为 545.2 万 m^2，同比增长 16.05%。其中，二手住房累计交易面积为 513.90 万 m^2，同比增长 14.71%。

分区域看，5月份陕西省除西安、延安、安康、韩城以外，其他城市商品房累计销售面积均同比增长。其中，铜川市同比增速最大，为64.9%。西安市商品房累积销售面积占陕西省比重最多，占比为42.17%，具体见表3-5-2。

截至5月份陕西省各地市（区）商品房累计销售情况　　　表3-5-2

地区	商品房累计销售面积				增速与2017年同期相比升降百分点	占陕西省比重（%）
	总量（万m²）	增速（%）	其中商品住房累计销售			
			总量（万m²）	增速（%）		
陕西省	1648.9	−13.0	1383.02	−18.26	−27.3	—
西安市	695.4	−33.6	490.86	−45.6	−44.3	42.17
宝鸡市	182.27	18.9	173.3	20.8	−14.0	11.05
咸阳市	196.38	13.2	187.41	16.1	12.8	11.91
铜川市	33.81	64.9	29.95	64.6	58.4	2.05
渭南市	155.67	45.17	144.66	42.44	37.9	9.44
延安市	27.62	−58.5	26.82	−58.3	−117.0	1.68
榆林市	59.04	43.0	55.85	46.1	48.7	3.58
汉中市	131.57	0.8	119.15	0.6	−13.5	7.98
安康市	85.61	−4	78.58	−4.7	−43.7	5.19
商洛市	36.31	24	36.07	31.74	−133.1	2.20
杨凌区	29.77	48.1	26.00	39.6	62.8	1.81
韩城市	15.5	−2.1	14.36	−4.7	−234.2	0.94

（四）商品住房销售价格同比增长

5月份陕西省新建商品住房销售均价为5650元/m²，同比增长2.21%，环比增长2.32%，如图3-5-3所示。二手住房交易均价为6822元/m²，同比上涨22.57%，环比下降0.09%。

图3-5-3　2017年12月～2018年5月陕西省商品住房当月销售价格及增速情况（元/m²、%）

从各地市来看，延安市、汉中市、杨凌新建住房销售价格环比有小幅下降，其余城市均环比上涨。从西安市来看，5月份商品住房销售均价为7580元/m²，同比增长3.8%，环比增长1.76%，如表3-5-3所示。

5月份陕西省各地市（区）新建商品住房平均销售价格及涨幅情况　　　表3-5-3

城市	价格位次	平均价格（元/m²）	同比涨幅（%）	环比涨幅（%）
西安市	1	7580	3.81	1.76
咸阳市	2	6001	45.09	3.88
榆林市	3	5078	6.52	12.35
安康市	4	4327	12.89	4.90
延安市	5	4220	12.11	−2.22
宝鸡市	6	4140	9.21	9.93
汉中市	7	4026	21.37	−4.62
韩城市	8	4013	31.06	2.84
渭南市	9	3832	10.98	0.60
杨凌区	10	3821	13.86	−2.18
铜川市	11	3422	7.95	1.88
商洛市	12	3089	6.63	9.97

（五）商品住房去化周期减小

截至5月底，陕西省商品住房累计待售面积为2887.5万m²，同比下降20.6%，陕西省商品住房去化周期为10.22个月，较2018年4月份末减少0.05个月，如图3-5-4、图3-5-5所示。

从各地市来看，大多数城市去化周期逐步减小，但差异较大，陕西省12个城市中商品住房去化周期大于12个月的城市有延安市和榆林市，分别为18.95个月、18.63个月；杨凌区去化周期最小，为0.98个月（表3-5-4）。

图3-5-4　2017年12月～2018年5月陕西省商品住房累计待售面积及同比情况（万m²、%）

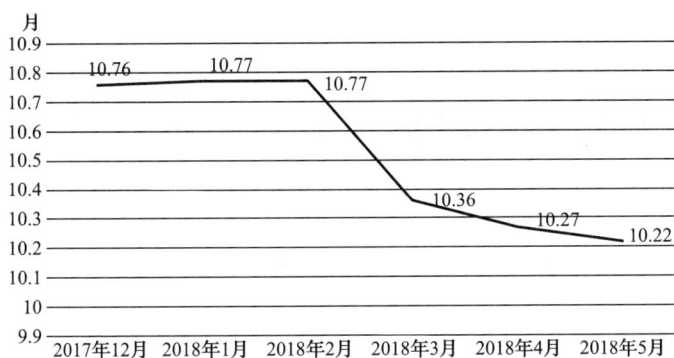

图 3-5-5　2017 年 12 月~2018 年 5 月陕西省商业办公楼去化周期情况（月）

截至 5 月底陕西省各地市商品住房累计待售面积及去化周期情况　　表 3-5-4

地区	待售面积		增速与 2017 年同期相比升降百分点	占陕西省比重（%）	去化周期（月）
	总量（万 m²）	同比增速（%）			
陕西省	2887.47	−20.6	7.99	—	10.22
西安市	1250.44	−15.05	23.85	43.31	11.53
宝鸡市	290.41	−13.83	9.85	10.06	8.95
咸阳市	348.82	−28.9	−10.65	12.08	9.65
铜川市	56.44	−15.23	−45.21	1.95	9.76
渭南市	238.02	−16.00	−24.43	8.24	9.68
延安市	133.89	−1.27	26.03	4.64	18.95
榆林市	234.93	−30.07	1.84	8.14	18.63
汉中市	145.94	−47.6	−36.73	5.05	6.28
安康市	120.99	−10.8	21.05	4.19	8.54
商洛市	28.74	−32.94	−48.13	1.00	3.51
杨　凌	5.00	−87.57	−59.76	0.17	0.98
韩城市	33.84	97.90	156.16	1.17	11.17

2018 年上半年陕西省房地产市场运行分析

一、2018 年上半年房地产市场基本情况

（一）房地产开发投资速度回升

截至 2018 年 6 月底，陕西省房地产累计完成开发投资 1537.09 亿元，同比增长 9.33％，增速比 2017 年同期下降 12.58 个百分点，如图 3-6-1 所示。2018 年上半年投资额较 2018 年第一季度增加 1140.75 亿元，较 2017 年年底减少 1722.3 亿元。

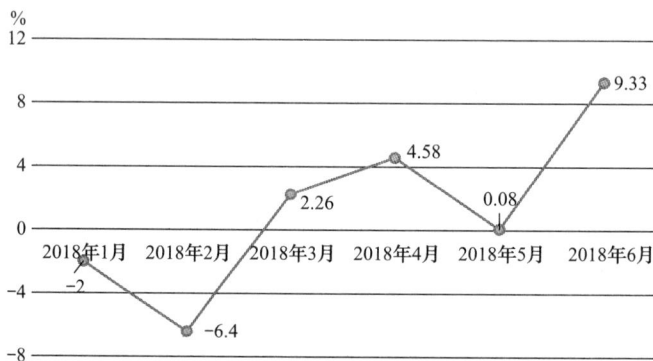

图 3-6-1 2018 年 1～6 月陕西省房地产累计完成
开发投资增速情况（％）

分用途来看，上半年房地产累计开发投资总量中，商品住房累计完成开发投资 1163.97 亿元，同比增长 13.6％，增速比 2017 年同期增长 0.97 个百分点，占房地产累计完成开发投资总量的 75.73％，占比最大。

分区域来看，房地产开发投资仍呈现较为明显的不均衡状态。西安市上半年房地产累计开发投资 981.67 亿元，占陕西省投资总量的 63.87％，同比增长 0.64％，增幅比 2017 年同期下降 14.35 个百分点（表 3-6-1）。

上半年陕西省各地市（区）累计完成房地产开发投资情况　　　　表 3-6-1

地区	房地产开发投资完成额		增速与 2017 年同期相比升降百分点	占陕西省比重（％）
	总量（万元）	同比增速（％）		
陕西省	15370853	9.33	−12.58	—
西安市	**9816673**	**0.64**	**−14.35**	**63.87**
宝鸡市	593236	54.5	60.91	3.86
咸阳市	853798	22.2	28.88	5.55
铜川市	113552	−4.4	11.81	0.74

续表

地区	房地产开发投资完成额		增速与2017年同期相比升降百分点	占陕西省比重（％）
	总量（万元）	同比增速（％）		
渭南市	391336	−3.8	−32.24	2.55
延安市	631709	46	13.68	4.11
榆林市	185978	18	−32.04	1.21
汉中市	367073	−43.6	−140.72	2.39
安康市	486418	14.6	14.52	3.16
商洛市	200746	30	−774.19	1.31
杨凌区	85736	22.5	33.68	0.56
西咸新区	1572000	108	−516.92	10.23
韩城市	72599	38.7	32.50	0.47

（二）施工面积同比减少、竣工面积同比增长

截至2018年6月底，陕西省商品房累计施工面积16835.18万 m²，同比减少0.50％，较2017年同期下降9.14％，其中，商品住房累计施工面积14888.29万 m²，同比增长1.54％，增幅较2017年同期下降3.17个百分点。陕西省商品房累计新开工面积2080万 m²，同比增长54％，较2017年同期增加18.28个百分点。

截至2018年6月底，陕西省商品房累计竣工面积1536.07万 m²，同比增长10.74％，增幅比2017年同期扩大12.29％，其中，商品住房累计竣工面积1322.34万 m²，同比增长6.80％，增幅较2017年同期扩大9.06个百分点。

（三）商品房当月销售面积趋于平稳

6月份，陕西省商品房销售面积为364.92万 m²，环比下降5.2％，其中上半年商品房累计销售面积为2013.84万 m²，同比下降11.69个百分点，较2018年第一季度增加1096.24万 m²，较2017年年底减少2283.8万 m²。如图3-6-2所示。

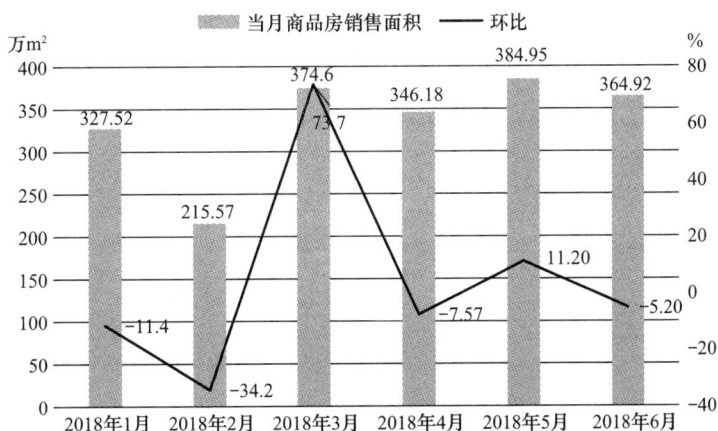

图3-6-2　2018年1～6月陕西省商品房当月销售面积及环比情况（万 m²、％）

从用途上来看，上半年陕西省商品住房累计销售面积为 1680.93 万 m²，同比下降 16.54％，陕西省二手房累计交易面积为 653.99 万 m²，同比增长 11.42％。其中，二手住房累计交易面积为 614.86 万 m²，同比增长 10.0％。

分区域看，上半年陕西省除西安、延安、汉中、安康、韩城以外，其他城市商品房累计销售面积均同比增长。其中，铜川市同比增速最大，为 66.4％。西安市商品房累积销售面积占陕西省比重最多，占比为 43.54％，具体见表 3-6-2。

上半年陕西省各地市（区）商品房累计销售情况 　　　　　表 3-6-2

地区	商品房累计销售面积				增速与 2017 年同期相比升降百分点	占陕西省比重（％）
	总量（万 m²）	增速（％）	其中商品住房累计销售			
			总量（万 m²）	增速（％）		
陕西省	2013.8	−11.7	1680.93	−16.54	−24.86	—
西安市	876.9	**−30.2**	619.05	−41.7	−37.87	**43.54**
宝鸡市	207.07	15.8	196.8	17.4	−17.46	10.28
咸阳市	236.91	9.7	225.11	12.5	2.44	11.76
铜川市	41.94	66.4	37.54	66.4	56.90	2.08
渭南市	181.76	39.98	169.59	37.97	30.81	9.03
延安市	45.08	**−40.0**	42.98	−41.1	−80.90	2.24
榆林市	71.45	36.8	67.18	41.5	38.51	3.55
汉中市	154.34	**−2.1**	138.90	−2.6	−15.84	7.66
安康市	100.67	**−3**	93.00	−3.0	−44.76	5.00
商洛市	44.84	7	44.20	11.93	−115.90	2.23
杨凌区	34.69	37.0	29.70	27.5	47.98	1.72
韩城市	18.2	**−4.5**	16.93	−6.5	−204.31	0.90

（四）商品住房销售价格持续上涨

上半年陕西省新建商品住房销售均价为 5468 元/m²，二手住房交易均价为 6456 元/m²。其中 6 月份，陕西省新建商品住房销售均价为 6243 元/m²，同比上涨 12.79％，环比增长 10.50％，如图 3-6-3 所示。6 月份，陕西省二手住房交易均价 6903 元/m²，同比上涨 16.47％，环比上升 1.19％。

图 3-6-3　2018 年 1～6 月陕西省商品住房当月销售价格及增速情况（元/m²、％）

从各地市来看，除榆林市、安康市、杨凌市和韩城市新建住房销售价格环比有小幅下降外，其余城市均环比上涨。从西安市来看，上半年商品住房销售均价为 7479 元/m²，其中 6 月份商品住房销售均价为 8076 元/m²，环比增长 6.54％，如表 3-6-3 所示。

6 月份陕西省各地市（区）新建商品住房平均销售价格及涨幅情况　　表 3-6-3

城市	价格位次	平均价格（元/m²）	同比涨幅（％）	环比涨幅（％）
西安市	1	8076	8.5	6.54
咸阳市	2	6686	60.45	11.41
榆林市	3	4670	2.71	**−8.03**
渭南市	4	4639	36.60	21.1
延安市	5	4569	25.38	8.3
宝鸡市	6	4565	23.68	10.27
汉中市	7	4426	30.06	9.94
安康市	8	4068	8.86	**−5.99**
杨凌区	9	3750	0.54	**−1.86**
铜川市	10	3650	15.80	6.66
韩城市	11	3637	9.71	**−9.37**
商洛市	12	3205	10.78	3.76

（五）商品住房去化周期稍有回升

截至 6 月底，陕西省商品住房累计待售面积为 2948.84 万 m²，同比下降 18.24％，陕西省商品住房去化周期为 10.52 个月，较 2018 年第一季度末增加 0.16 个月，较 2017 年年底减少 0.24 个月，如图 3-6-4、图 3-6-5 所示。

图 3-6-4　2018 年 1~6 月陕西省商品住房累计待售面积及同比情况（万 m²、％）

从各地市来看，大多数城市去化周期逐步减小，但差异较大，陕西省 12 个城市中商品住房去化周期大于 12 个月的城市有西安市、延安市、榆林市和韩城市，分别为 12.15 个月、15.30 个月、17.86 个月、12.51 个月；杨凌去化周期最小，为 0.30 个月（表 3-6-4）。

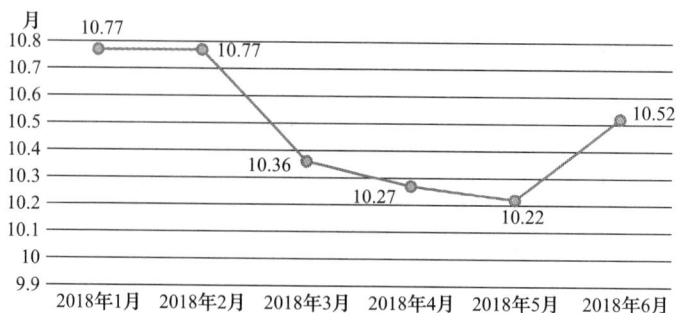

图 3-6-5　6月陕西省商品住房去化周期情况（月）

截至 6 月底陕西省各地市（区）商品住房累计待售面积及去化周期情况　　表 3-6-4

地区	待售面积		增速与2017年同期相比升降百分点	占陕西省比重（％）	去化周期（月）
	总量（万 m²）	同比增速（％）			
陕西省	2948.8	−18.2	4.29	—	10.52
西安市	1287.52	−13.12	8.60	43.66	**12.15**
宝鸡市	304.08	−11.80	8.88	10.31	9.39
咸阳市	354.85	−24.2	−1.13	12.03	9.84
铜川市	48.85	−30.22	−50.93	1.66	8.07
渭南市	254.16	−13.66	8.69	8.62	10.21
延安市	117.74	−6.41	20.27	3.99	**15.30**
榆林市	228.39	−30.94	0.89	7.74	**17.86**
汉中市	168.57	−37.9	−28.20	5.72	7.15
安康市	119.35	−9.1	25.89	4.05	8.16
商洛市	28.00	−27.27	−55.65	0.95	3.36
杨凌区	1.54	−95.68	−62.70	0.05	**0.30**
韩城市	35.79	154.57	218.89	1.21	**12.51**

二、房地产市场存在的主要矛盾

第一，土地市场矛盾突出。受规划及土地供给政策调整转型影响，土地市场区域供给不平衡，土地成交缩量明显，成交单价快速上涨，住宅开发受追捧，商住楼面单价出现倒挂。就西安市来看，中心城区整体短期内供给缩量，价格持续上涨，西安三环内二手土地价格也在走高，甚至有地块已达上千元每亩，外围区域市场投资热度明显提升。

第二，房地产市场结构失衡。随着商品房销售价格快速上涨、销售增速回落，区域性呈现较严重的供需矛盾，如西安市上半年西安市新落户人口突破 50 万，需求持续增加，普通住宅供应减少，多数项目开盘售罄，商品房销售热点区域浐灞、曲江、经开、高新等更是供不应求。部门区域二手房与新房价格成倒挂局面，部分区域楼盘倒挂比例高，如西安市 6 月份新建住宅销售均价为 8076 元/m²，而二手房住宅均价达 8991 元/m²。

第三，住房交易市场违法违规行为普遍存在。摇号新政导致选房周期过长，普通家庭摇号中签率低，刚需家庭中签率过高；部分企业开盘摇号操作不规范、流程不严谨、过程不透明，如西安融创"南长安街壹号"楼盘摇号中出现内定关系房；部分房地产开发企业和中介机构存在无证销售、捆绑销售、违规加价，部分楼市存在首付分期等违规现象。

三、下一步任务和措施

第一，优化土地供给管理。一是优化土地供给结构，加大租赁住房土地供给，提高中小套型供应比例，加大住房供应和保障力度，促进商品房有效供给；二是继续推行"限房价、竞地价""限地价、竞房价"等土地出让竞价方式，同时推行房地产税与改革分税制度等途径稳定政府税源，破除地方政府奉行的土地财政；三是强化土地出让后监管措施，加强土地市场动态监测与监管工作，严厉查处没有如期开工的建设工地，打击囤地现象，保障土地有效供给。

第二，精准细化房地产市场调控政策。一是细化包括摇号、信贷、税收等在内的一系列差别化调控政策，以满足首套刚需、支持改善需求、遏制投机炒房；二是根据刚需家庭与普通家庭的调性，合理分配房源，以保障普通家庭的购房负担；三是针对房价上涨过快的地区，坚持短期调控不放松，加大限购、限售力度，加快培育住房租赁市场发展，提高租赁住房供给量，针对市场"偏冷"的区域保持政策不变，兼顾去库存的导向和刚性需求。

第三，净化房地产市场交易环境。一是按照政策规定进行买房登记，开发商现场核验到名单公布，公证处受理公示，摇号结果公示，选房等流程，合理分配购房周期；二是严厉打击投机炒房团伙、房地产"黑中介"、虚假房地产广告和违法违规房地产开发企业等扰乱市场秩序企业，确保市场稳定。三是充分运用"互联网＋大数据"，有效甄别虚假购房以及炒房客，并采取严格的限制措施，尽力保障刚需购房族的合法权益。

2018 年 7 月陕西省房地产市场运行分析

（一）房地产开发投资增速缓慢

2018 年 7 月陕西省房地产累计完成开发投资 1824.39 亿元，同比增长 9.80%，增速与 2017 年同期增加 2.63 个百分点，如图 3-7-1 所示。2018 年 7 月投资额较 2018 年 6 月增加 287 亿元。

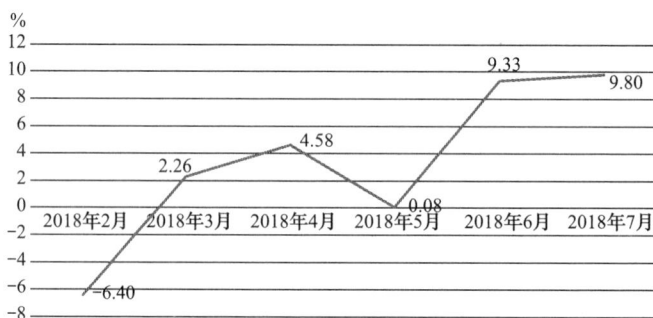

图 3-7-1　2018 年 2～7 月陕西省房地产累计完成开发投资增速情况（%）

分用途来看，7 月房地产累计开发投资总量中，商品住房累计完成开发投资 1354.83 亿元，同比增加 9.7 个百分点，增速比 2017 年增加 15.34 个百分点，占房地产累计完成开发投资总量的 74.26%，占比最大。

分区域来看，房地产开发投资仍呈现较为明显的不均衡状态。西安市 7 月房地产累计开发投资 1036.45 亿元，占陕西省投资总量的 56.81%，同比下降 7.00%，增幅比 2017 年同期增加 12.97 个百分点，如表 3-7-1 所示。

截至 7 月份陕西省各地市（区）累计完成房地产开发投资情况　　　　表 3-7-1

地区	房地产开发投资完成额		增速与 2017 年同期相比升降百分点	占陕西省比重（%）
	总量（万元）	同比增速（%）		
陕西省	1824.39	9.80	2.63	—
西安市	1036.45	−7.00	12.97	**56.81**
宝鸡市	83.67	87.26	82.62	4.59
咸阳市	101.43	5.62	11.66	5.56
铜川市	15.10	−10.80	−6.64	0.83
渭南市	56.79	27.55	26.15	3.11
延安市	67.32	24.41	−14.14	3.69
榆林市	30.38	36.98	−46.59	1.67
汉中市	53.87	−28.62	−22.52	2.95

地区	房地产开发投资完成额		增速与2017年同期相比升降百分点	占陕西省比重（％）
	总量（万元）	同比增速（％）		
安康市	56.55	12.53	−35.97	3.10
商洛市	21.67	35.08	45.80	1.19
杨凌区	11.42	34.34	6.25	0.63
西咸新区	281.58	150.80	153.07	15.43
韩城市	8.17	34.51	25.35	0.45

（二）施工面积同比增加，竣工面积同比下降

2018年7月，陕西省商品房累计施工面积18141万 m^2，同比增加5.95％，较2017年同期增加3.96％；商品房累计新开工面积2385万 m^2，同比增长22.30％，较2017年同期增长33.6个百分点。其中，商品住房累计施工面积15794万 m^2，同比增加2.34％，增幅与2017年同期增加0.47％。

2018年7月，陕西省商品房累计竣工面积1594万 m^2，同比下降0.8％，增幅比2017年同期增加7.63％，其中，商品住房累计竣工面积1431万 m^2，同比下降0.1％，增幅较2017年同期增加8.8个百分点。

（三）商品房当月销售面积基本保持稳定

7月份，陕西省商品房销售面积为386.75万 m^2，环比上涨6.0％，较2018年6月减少0.93万 m^2。如图3-7-2所示。

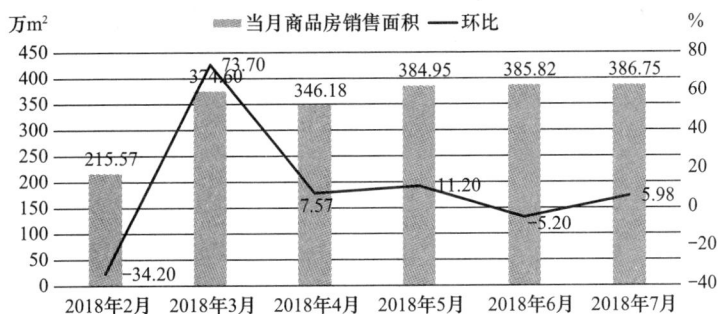

图3-7-2　2018.2~7月陕西省商品房当月销售面积
及环比情况（万 m^2、％）

从用途上来看，7月份陕西省商品住房累计销售面积为2003.06 m^2，同比下降12.28％，陕西省二手房累计交易面积为757.75 m^2，同比增长16.59％。其中，二手住房累计交易面积为711.02万 m^2，同比增长15.03％。

分区域看，7月份陕西省除西安、延安、韩城以外，其他城市商品房累计销售面积均同比增长。其中，铜川市同比增速最大，为62.74％。西安市商品房累积销售面积占陕西省比重最大，占比为44.06％，具体见表3-7-2。

截至 7 月份陕西省各地市（区）商品房累计销售情况　　　　　表 3-7-2

| 地区 | 商品房累计销售面积 | | | | 增速与2017年同期相比升降百分点 | 占陕西省比重（%） |
| | 总量（万 m²） | 增速（%） | 其中商品住房累计销售 | | | |
			总量（万 m²）	增速（%）		
陕西省	2402.07	−7.85	2003.06	−12.28	−18.12	—
西安市	1058.26	**−25.32**	749.76	−36.32	−29.98	**44.06**
宝鸡市	240.00	17.92	228.13	19.72	−14.44	9.99
咸阳市	268.88	5.80	253.67	6.84	4.52	11.19
铜川市	49.70	**62.74**	44.88	61.73	49.16	2.07
渭南市	213.19	39.70	198.63	37.64	29.18	8.88
延安市	64.83	**−20.80**	61.75	−22.37	−52.94	2.70
榆林市	85.99	33.61	81.11	37.59	36.02	3.58
汉中市	186.19	2.31	167.28	2.01	−10.65	7.75
安康市	123.75	3.44	115.67	6.20	−36.86	5.15
商洛市	50.58	2.89	49.85	6.86	−88.62	2.11
杨凌区	40.01	32.57	33.33	21.33	37.25	1.67
韩城市	20.70	**−4.87**	19.01	−6.95	−150.19	0.86

（四）商品住房销售价格同比上涨

7 月份陕西省新建商品住房销售均价为 6081 元/m²，同比增长 15.04%，环比减少 2.59%，如图 3-7-3 所示。二手住房交易均价为 6796 元/m²，同比上涨 39.21%，环比下降 1.55%，

从各地市来看，咸阳市、渭南市、宝鸡市、韩城市新建住房销售价格环比有小幅下降，其余城市均环比上涨。从西安市来看，7 月份商品住房销售均价为 8223 元/m²，同比增长 12.3%，环比增长 1.82%，如表 3-7-3 所示。

图 3-7-3　2018 年 2～7 月陕西省商品住房当月销售价格及增速情况（元/m²、%）

7 月份陕西省各地市（区）新建商品住房平均销售价格及涨幅情况　　　　表 3-7-3

城市	价格位次	平均价格（元/m²）	同比涨幅（%）	环比涨幅（%）
西安市	1	8223	12.3	1.82
咸阳市	2	5734	33.72	−14.24

续表

城市	价格位次	平均价格（元/m²）	同比涨幅（%）	环比涨幅（%）
榆林市	3	4885	5.30	4.60
汉中市	4	4781	38.86	8.02
延安市	5	4708	10.72	3.0
渭南市	6	4379	38.49	−5.6
宝鸡市	7	4320	19.97	−5.37
安康市	8	4166	18.82	2.41
杨凌区	9	3900	6.24	4.0
铜川市	10	3783	18.74	3.64
韩城市	11	3581	12.22	−1.54
商洛市	12	3503	13.22	9.30

（五）商品住房去化周期减小

截至7月底，陕西省商品住房累计待售面积为2902.09万 m²，同比下降15.55%，陕西省商品住房去化周期为10.19个月，较2018年6月份末减少0.33个月，如图3-7-4、图3-7-5所示。

图 3-7-4　2018 年 2～7 月陕西省商品住房累计待售面积及同比情况（万 m²、%）

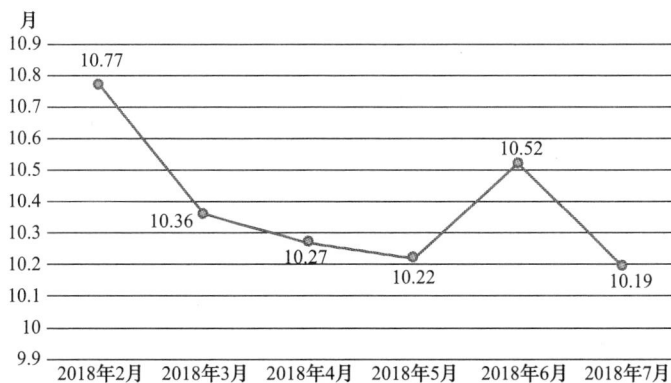

图 3-7-5　2018 年 2～7 月陕西省商品住房去化周期情况（月）

从各地市来看，大多数城市去化周期逐步减小，但差异较大，陕西省12个城市中商品住房去化周期大于12个月的城市有延安市和榆林市，分别为14.06个月、17.15个月；

杨凌去化周期最小，为0.30个月（表3-7-4）。

截至7月底陕西省各地市（区）商品住房累计待售面积及去化周期情况　　表3-7-4

地区	待售面积		增速与2017年同期相比升降百分点	占陕西省比重（%）	去化周期（月）
	总量（万 m²）	同比增速（%）			
陕西省	2003.06	−12.28	−22.74	—	10.19
西安市	749.76	−36.32	−37.40	37.43%	11.50
宝鸡市	228.13	19.72	−15.26	11.39%	9.42
咸阳市	253.67	6.84	3.48	12.66%	10.00
铜川市	44.88	61.73	45.04	2.24%	6.73
渭南市	198.63	37.64	11.62	9.92%	9.71
延安市	61.75	−22.37	−65.40	3.08%	**14.06**
榆林市	81.11	37.59	38.85	4.05%	**17.15**
汉中市	167.28	2.01	−11.59	8.35%	8.18
安康市	115.67	6.20	−40.28	5.77%	7.16
商洛市	49.85	6.86	−77.60	2.49%	3.31
杨凌区	33.33	21.33	13.82	1.66%	**0.30**
韩城市	19.01	−6.95	−157.63	0.95%	11.87

2018 年 8 月陕西省房地产市场运行分析

（一）房地产开发投资增速下降

2018 年 8 月陕西省房地产累计完成开发投资 2089.13 亿元，同比增长 5.95%，增速比 2017 年同期下降 5.67 个百分点，如图 3-8-1 所示。2018 年 8 月投资额较 2018 年 7 月下降 22.57 亿元。

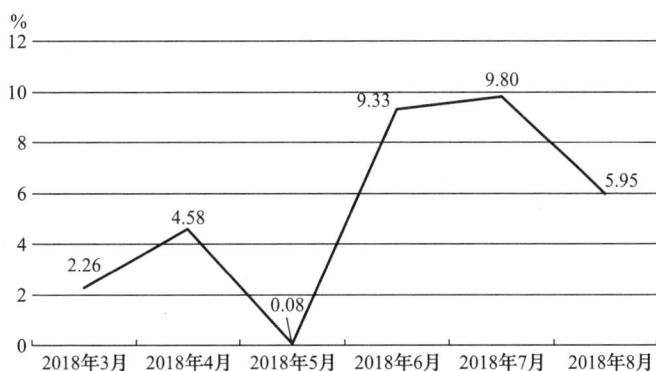

图 3-8-1　2018 年 3～8 月陕西省房地产累计完成开发投资增速情况（%）

分用途来看，8 月房地产累计开发投资总量中，商品住房累计完成开发投资 1622.75 亿元，同比增长 10.4%，增速比 2017 年同期上升 10.3 个百分点，占房地产累计完成开发投资总量的 77.68%，占比最大。

分区域来看，房地产开发投资仍呈现较为明显的不均衡状态。西安市 8 月房地产累计开发投资 1116.83 亿元，占陕西省投资总量的 53.46%，同比下降 15.04%，增幅比 2017 年同期下降 24.71 个百分点，如表 3-8-1 所示。

8 月陕西省各地市（区）累计完成房地产开发投资情况　　　　表 3-8-1

地区	房地产开发投资完成额		增速与 2017 年同期相比升降百分点	占陕西省比重（%）
	总量（万元）	同比增速（%）		
陕西省	20891254	5.95	−5.67	—
西安市	**11168278**	**−15.04**	**−24.71**	**53.46**
宝鸡市	1070591	62.54	65.67	5.12
咸阳市	1288706	18.79	19.32	6.17
铜川市	199345	−6.69	9.83	0.95
渭南市	660101	8.14	1.25	3.16
延安市	743219	20.84	22.48	3.56
榆林市	442160	62.05	31.32	2.12

地区	房地产开发投资完成额		增速与 2017 年同期相比升降百分点	占陕西省比重（%）
	总量（万元）	同比增速（%）		
汉中市	649655	−24.26	−103.05	3.11
安康市	791915	39.52	50.06	3.79
商洛市	218896	34.28	−327.79	1.05
杨凌区	140186	21.90	16.83	0.67
西咸新区	3425515	157.28	111.38	16.40
韩城市	92687	11.75	2.77	0.44

（二）施工面积同比增长、竣工面积同比下降

2018 年 8 月，陕西省商品房累计施工面积 19001 万 m²，同比增长 8.66%，较 2017 年同期增加 6.35%；商品房累计新开工面积 2698 万 m²，同比增长 39.3%，较 2017 年同期增加 58.9 个百分点。其中，商品住房累计施工面积 16529 万 m²，同比增长 5.64%，增幅较 2017 年同期增加 4.15 个百分点。

2018 年 8 月，陕西省商品房累计竣工面积 1878 万 m²，同比下降 2.8%，增幅比 2017 年同期扩大 7.8%，其中，商品住房累计竣工面积 1602 万 m²，同比下降 7%，增幅较 2017 年同期扩大 6.5 个百分点。

（三）商品房当月销售面积有所增加

8 月份，陕西省商品房销售面积为 435.79 万 m²，环比上涨 12.68%，其中截至 8 月陕西省商品房累计销售面积为 2839.6 万 m²，同比下降 4.1 个百分点。如图 3-8-2 所示。

图 3-8-2　2018 年 3～8 月陕西省商品房当月销售面积及环比情况（万 m²、%）

从用途上来看，8 月陕西省商品住房累计销售面积为 2376.44 万 m²，同比下降 7.94%，陕西省二手房累计交易面积为 847.14 万 m²，同比增长 14.68%。其中，二手住房累计交易面积为 794.62 万 m²，同比增长 13.05%。

分区域看，8 月陕西省除西安、延安、商洛、韩城以外，其他城市商品房累计销售面积均同比增长。其中，铜川市同比增速最大，为 56.3%。西安市商品房累积销售面积占陕

西省比重最多，占比为 45.43％，具体见表 3-8-2。

8月陕西省各地市（区）商品房累计销售情况　　　　表 3-8-2

地区	商品房累计销售面积				增速与2017年同期相比升降百分点	占陕西省比重（％）
	总量（万 m²）	增速（％）	其中商品住房累计销售			
			总量（万 m²）	增速（％）		
陕西省	2839.62	−4.1	2376.44	−7.94	−14.5	—
西安市	1289.97	**−17.4**	934.17	−27.2	−19.6	**45.43**
宝鸡市	278.13	13.2	264.9	14.6	−26.5	9.79
咸阳市	305.3	6.0	288.15	6.5	3.9	10.75
铜川市	56.75	56.3	51.37	55.3	36.1	2.00
渭南市	247.87	38.27	232.14	37.00	23.1	8.73
延安市	74.61	**−19.3**	70.31	−21.2	−45.8	2.63
榆林市	99.23	16.4	93.91	22.6	11.1	3.49
汉中市	219.41	2.7	195.69	2.3	−15.4	7.73
安康市	141.34	7	131.14	8.7	−28.8	4.98
商洛市	58.94	**−6**	55.78	−5.10	−96.0	2.08
杨凌区	44.05	14.0	36.67	4.3	4.0	1.55
韩城市	24	**−1.7**	22.19	−3.1	−150.0	0.85

（四）商品住房销售价格同比增加

8月份，陕西省新建商品住房销售均价为 6595 元/m²，同比上涨 33.12％，环比增长 8.45％，如图 3-8-3 所示。8月份，陕西省二手住房交易均价 6636 元/m²，同比上涨 21.38％，环比下降 2.35％。

从各地市来看，咸阳市、宝鸡市、安康市、铜川市、汉中市新建住房销售价格环比下降，其余城市均环比上涨。从西安市来看，8月商品住房销售均价为 8607 元/m²，环比增长 4.67％，如表 3-8-3 所示。

图 3-8-3　2018 年 3～8 月陕西省商品住房当月销售价格及

增速情况（元/m²、％）

8月份陕西省各地市（区）新建商品住房平均销售价格及涨幅情况　　　　表 3-8-3

城市	价格位次	平均价格（元/m²）	同比涨幅（%）	环比涨幅（%）
西安市	1	8607	17.8	4.67
咸阳市	2	5540	30.97	−3.38
杨凌区	3	5144	10.62	5.30
渭南市	4	4918	16.29	4.5
韩城市	5	4710	31.05	13.06
延安市	6	4541	41.16	3.7
榆林市	7	4475	32.71	3.59
宝鸡市	8	4002	14.38	−16.29
商洛市	9	3987	31.71	11.34
安康市	10	3723	14.20	−1.59
铜川市	11	3643	7.49	−6.6
汉中市	12	3331	6.73	−4.91

（五）商品住房去化周期减小

截至 8 月底，陕西省商品住房累计待售面积为 2848.4 万 m²，同比下降 16.5%，陕西省商品住房去化周期为 9.79 个月，较 2018 年 7 月减少 0.4 个月，如图 3-8-4、图 3-8-5 所示。

图 3-8-4　2018 年 3～8 月陕西省商品住房累计待售面积及同比情况（万 m²、%）

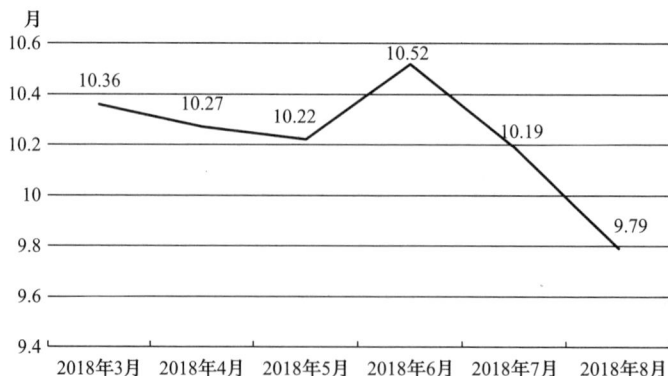

图 3-8-5　8 月陕西省商品住房去化周期情况（月）

从各地市来看，大多数城市去化周期逐步减小，但差异较大，陕西省 12 个城市中商品住房去化周期大于 12 个月的城市有延安市、榆林市和韩城市，分别为 15.09 个月、17.84 个月、15.94 个月；杨凌去化周期最小，为 1.14 个月，如表 3-8-4 所示。

截至 8 月底陕西省各地市商品住房累计待售面积及去化周期情况　　表 3-8-4

地区	待售面积		增速与 2017 年同期相比升降百分点	占陕西省比重（%）	去化周期（月）
	总量（万 m²）	同比增速（%）			
陕西省	2848.4	−16.5	9.3	—	9.79
西安市	1161.84	−17.99	6.8	40.79	10.22
宝鸡市	299.75	−9.17	23.8	10.52	9.14
咸阳市	363.67	−13.5	16.8	12.77	10.26
铜川市	46.10	−30.29	−50.1	1.62	7.28
渭南市	236.64	−12.16	−27.1	8.31	9.02
延安市	130.08	−2.81	18.2	4.57	**15.09**
榆林市	224.39	−31.17	−2.0	7.88	**17.84**
汉中市	205.73	−18.2	−1.3	7.22	8.56
安康市	103.53	−21.3	9.8	3.63	6.58
商洛市	25.07	5.88	84.2	0.88	3.26
杨凌区	5.39	−82.95	−42.1	0.19	**1.14**
韩城市	46.21	399.04	476.3	1.62	**15.94**

2018 年第三季度陕西省房地产市场运行分析

一、基本情况

（一）房地产开发投资增速明显上涨

截至 9 月底，陕西省房地产累计完成开发投资 2585.25 亿元，较 2017 年同期增长 13.40％，增速比 2017 年同期增加 7.85 个百分点，如图 3-9-1 所示。其中，第三季度陕西省累计完成开发投资 1048.17 亿元，较第二季度减少 92.58 亿元。

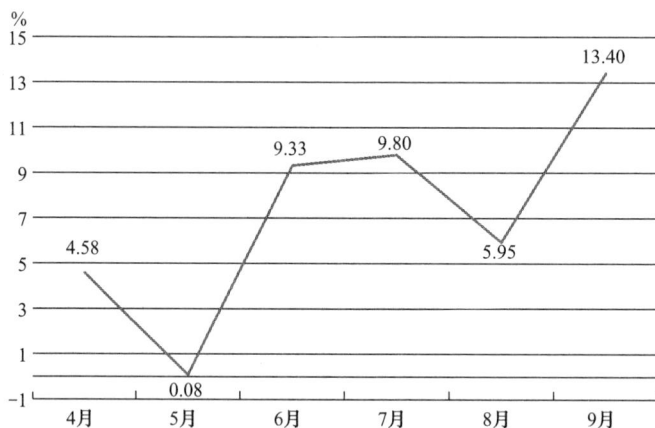

图 3-9-1　2018 年 4～9 月陕西省房地产累计完成开发投资增速情况（％）

按用途来看，截至 9 月底房地产累计开发投资总量中，商品住房累计完成开发投资 1956.77 亿元，较 2017 年同期增长 15.50％，增速比 2017 年同期增加 25.94 个百分点，占房地产累计完成开发投资总量的 75.69％，占比最大。

按区域来看，房地产开发投资仍呈现较为明显的不均衡状态。截至 9 月底，西安市房地产累计开发投资 1432.67 亿元，占陕西省投资总量的 55.42％，较 2017 年同期下降 5.5％，增幅比 2017 年同期下降 6.8 个百分点，如表 3-9-1 所示。

截至 9 月底陕西省各地市（区）累计完成房地产开发投资情况　　　表 3-9-1

地区	房地产开发投资完成额		增速与 2017 年同期相比升降百分点	占陕西省比重（％）
	总量（万元）	同比增速（％）		
陕西省	25852544	13.40	7.85	—
西安市	14326673	−5.53	−6.79	**55.42**
宝鸡市	1162256	51.86	55.31	4.50
咸阳市	1449692	18.37	24.82	5.61

续表

地区	房地产开发投资完成额		增速与2017年同期相比升降百分点	占陕西省比重（%）
	总量（万元）	同比增速（%）		
铜川市	239075	−7.06	6.16	0.92
渭南市	776629	13.93	19.20	3.00
延安市	1029009	41.38	36.58	3.98
榆林市	557375	50.87	16.99	2.16
汉中市	740059	−19.05	−90.99	2.86
安康市	830622	31.95	45.50	3.21
商洛市	220946	8.71	−34.80	0.85
杨凌区	152496	15.53	9.04	0.59
西咸新区	4264236	159.74	82.89	16.49
韩城市	103476	22.11	14.74	0.40

（二）施工面积同比增长，竣工面积同比下降

截至9月底，陕西省商品房累计施工面积18006.86万 m²，较2017年同期增长2.40%，增幅比2017年同期下降0.32%；商品房累计新开工面积3209.68万 m²，较2017年同期增长33.69%，增幅比2017年同期增长43.76个百分点。其中，商品住房累计施工面积15419.62万 m²，较2017年同期下降2.38%，增幅比2017年同期下降4.33个百分点；累计新开工面积3209.68万 m²，较2017年同期增长33.39%，增幅比2017年同期增长43.46个百分点。

截至9月底，陕西省商品房累计竣工面积2101.60万 m²，较2017年同期下降0.36%，增幅比2017年同期增长16.34个百分点，其中，商品住房累计竣工面积1805.43万 m²，较2017年同期下降5.18%，增幅比2017年同期增长13.52个百分点（图3-9-2）。

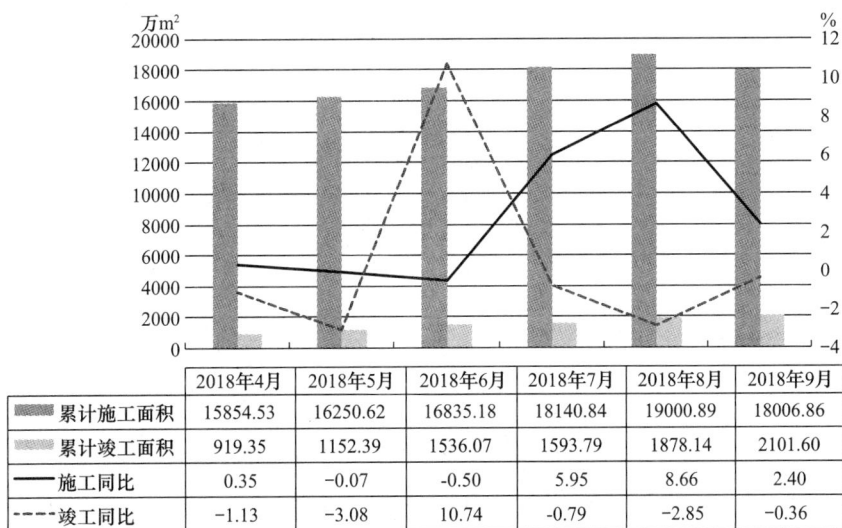

	2018年4月	2018年5月	2018年6月	2018年7月	2018年8月	2018年9月
累计施工面积	15854.53	16250.62	16835.18	18140.84	19000.89	18006.86
累计竣工面积	919.35	1152.39	1536.07	1593.79	1878.14	2101.60
施工同比	0.35	−0.07	−0.50	5.95	8.66	2.40
竣工同比	−1.13	−3.08	10.74	−0.79	−2.85	−0.36

图3-9-2　2018年4～9月陕西省房地产累计施工、竣工面积及其同比情况（单位：万 m²、%）

（三）商品房当月销售面积有所下降

2018 年 4～9 月陕西省商品房当月销售波动较为明显，其中，8 月份商品房销售面积为 435.79 万 m²，较上月增长 12.68％，9 月份商品房销售面积为 370.83 万 m²，较上月下降 14.91％，如图 3-9-3 所示。

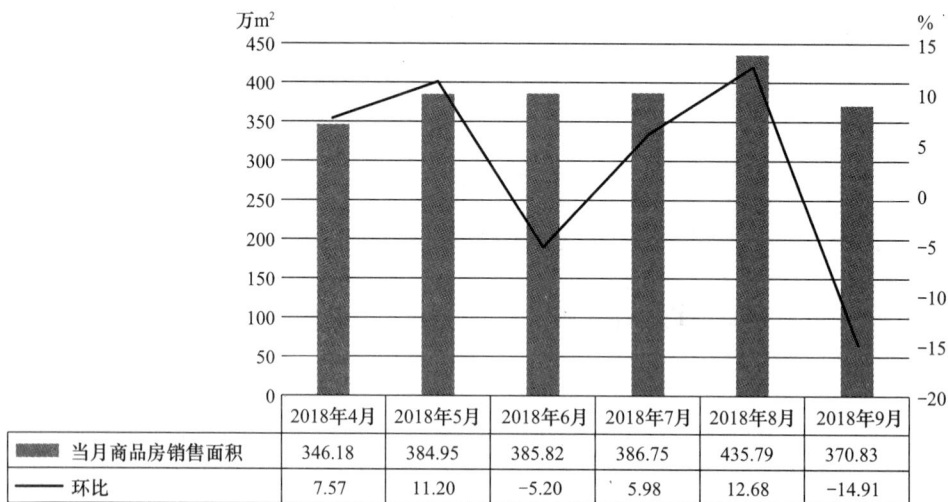

	2018年4月	2018年5月	2018年6月	2018年7月	2018年8月	2018年9月
当月商品房销售面积	346.18	384.95	385.82	386.75	435.79	370.83
环比	7.57	11.20	-5.20	5.98	12.68	-14.91

图 3-9-3　2018 年 4～9 月陕西省商品房当月销售面积及环比情况（万 m²、％）

截至 9 月底，陕西省商品房累计销售面积为 3210.45 万 m²，较 2017 年同期下降 2.16 个百分点。其中，第三季度陕西省商品房累计销售面积为 1193.37 万 m²，较 2018 年第二季度增加 97.27 万 m²，如图 3-9-4 所示。

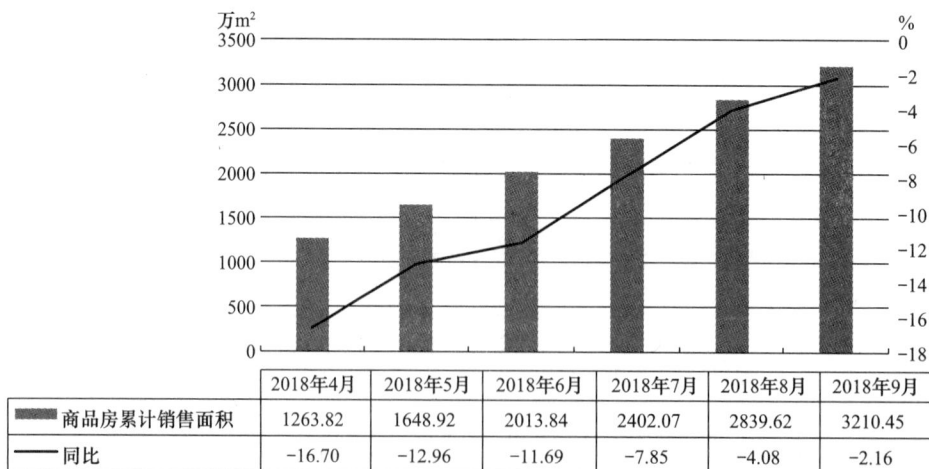

	2018年4月	2018年5月	2018年6月	2018年7月	2018年8月	2018年9月
商品房累计销售面积	1263.82	1648.92	2013.84	2402.07	2839.62	3210.45
同比	-16.70	-12.96	-11.69	-7.85	-4.08	-2.16

图 3-9-4　2018 年 4～9 月陕西省商品房累计销售面积及同比情况（万 m²、％）

按用途上来看，截至 9 月底，陕西省商品住房累计销售面积为 2701.10 万 m²，较 2017 年同期下降 5.10％，陕西省二手房累计交易面积为 926.83 万 m²，较 2017 年同期增长 14.02％。其中，二手住房累计交易面积为 865.66 万 m²，较 2017 年同期增长 12.33％。

按区域看，截至 9 月底，陕西省除西安、延安、商洛、韩城以外，其他城市商品房累计销售面积均同比增长。其中，铜川市较 2017 年同期增速最大，为 50.40％。西安市商品房累计销售面积占陕西省比重最多，占比为 46.41％，具体见表 3-9-2。

截至 9 月底陕西省各地市（区）商品房累计销售情况   表 3-9-2

地区	商品房累计销售面积				增速与 2017 年同期相比升降百分点	占陕西省比重（％）
	总量（万 m²）	增速（％）	其中商品住房累计销售			
			总量（万 m²）	增速（％）		
陕西省	3210.45	−2.16	2701.10	−5.10	−10.12	—
西安市	1490.11	**−12.35**	1102.99	−19.79	−10.42	**46.41**
宝鸡市	306.42	9.77	291.56	10.57	−29.71	9.54
咸阳市	334.42	5.32	315.79	5.96	3.11	10.42
铜川市	62.73	50.40	56.81	48.64	29.46	1.95
渭南市	278.23	37.81	260.13	36.10	23.75	8.67
延安市	81.61	**−27.09**	76.58	−29.30	−61.39	2.54
榆林市	112.64	15.58	105.45	19.67	14.32	3.51
汉中市	249.19	4.29	223.37	4.62	−15.53	7.76
安康市	159.26	10.44	146.37	10.79	−20.86	4.96
商洛市	63.42	**−13.63**	59.41	−13.66	−95.75	1.98
杨凌区	46.09	3.85	38.26	−5.27	−11.21	1.44
韩城市	26.33	**−13.79**	24.39	−14.84	−106.71	0.82

（四）商品住房销售价格同比增加

前三季度陕西省新建商品住房销售均价为 6488 元/m²，二手住房交易均价为 6628 元/m²。其中 9 月份，陕西省新建商品住房销售均价为 6789 元/m²，较 2017 年同期增加 37.99％，较上月增长 2.94％，如图 3-9-5 所示。9 月份，陕西省二手住房交易均价 6453 元/m²，较 2017 年同期上涨 24.82％，较上月下降 2.76％。

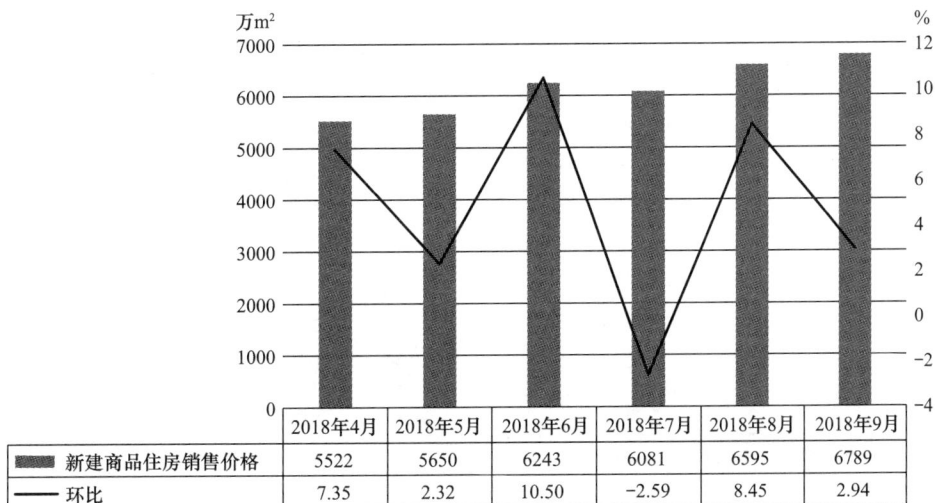

	2018年4月	2018年5月	2018年6月	2018年7月	2018年8月	2018年9月
新建商品住房销售价格	5522	5650	6243	6081	6595	6789
环比	7.35	2.32	10.50	−2.59	8.45	2.94

图 3-9-5   2018 年 4～9 月陕西省商品住房当月销售价格及增速情况（元/m²、％）

按各地市来看，2018年9月除咸阳市、渭南市、宝鸡市新建住房销售价格环比有所下降，其余城市均环比上涨。从西安市来看，前三季度商品住房销售均价为8560元/m²，其中9月份商品住房销售均价为8851元/m²，环比增长2.83%，如表3-9-3所示。

9月份陕西省各地市（区）新建商品住房平均销售价格及涨幅情况   表3-9-3

城市	价格位次	平均价格（元/m²）	同比涨幅（%）	环比涨幅（%）
西安市	1	8851	21.75	2.83
榆林市	2	5455	13.81	6.05
安康市	3	5271	55.21	11.91
咸阳市	4	5169	26.63	−6.70
延安市	5	5138	17.79	4.47
韩城市	6	4456	33.45	11.76
渭南市	7	4225	35.59	−6.96
汉中市	8	4149	18.95	3.67
宝鸡市	9	4104	21.64	−8.29
杨凌区	10	3921	9.86	7.63
铜川市	11	3766	15.20	1.15
商洛市	12	3518	14.22	5.61

（五）商品住房去化周期减小

截至9月底，陕西省商品住房累计可售面积为2968.02万m²，较去年同期下降10.32%，如图3-9-6所示。陕西省商品住房去化周期10.03个月，较2018年上半年末减少0.49个月，如图3-9-6、图3-9-7所示。

从各地市来看，9月份大多数城市去化周期逐步减小，但差异较大，陕西省12个城市中商品住房去化周期大于12个月的城市有延安市、榆林市和韩城市，分别为16.41个月、18.14个月、16.90个月；杨凌去化周期最小，为1.52个月，如表3-9-4所示。

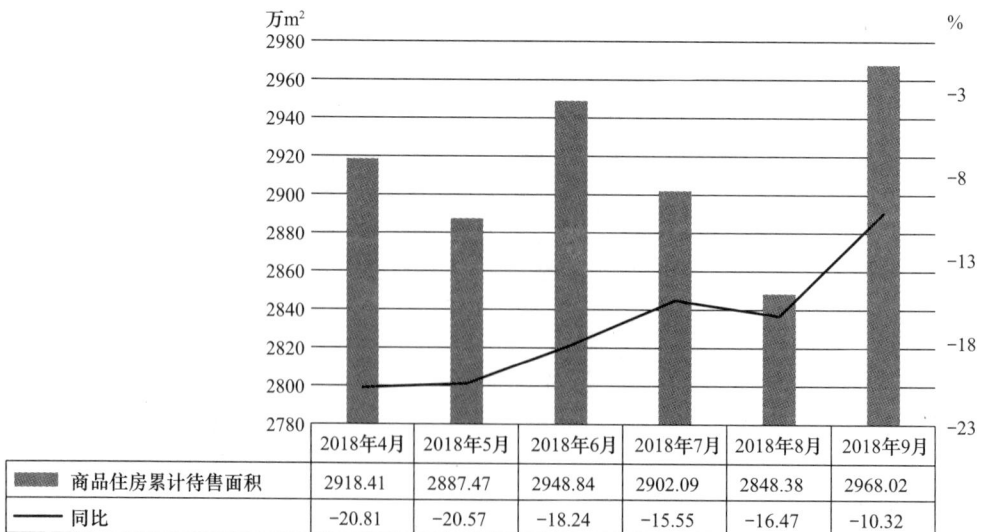

	2018年4月	2018年5月	2018年6月	2018年7月	2018年8月	2018年9月
商品住房累计待售面积	2918.41	2887.47	2948.84	2902.09	2848.38	2968.02
同比	−20.81	−20.57	−18.24	−15.55	−16.47	−10.32

图3-9-6   2018年4～9月陕西省商品住房累计可售面积及同比情况（万m²、%）

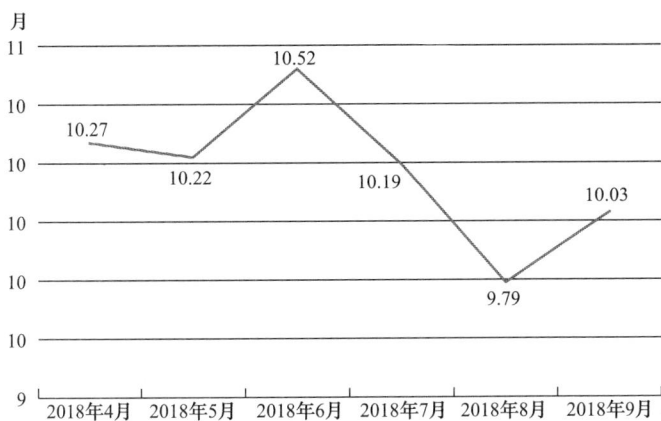

图 3-9-7　2018 年 4～9 月陕西省商品住房去化周期情况（月）

截至 9 月底陕西省各地市商品住房累计可售面积及去化周期情况　　　表 3-9-4

地区	可售面积		增幅与 2017 年同期相比升降百分点	占陕西省比重（％）	去化周期（月）
	总量（万 m²）	同比增速（％）			
陕西省	2968.02	−10.32	16.17	—	10.03
西安市	1203.82	−13.74	10.82	40.56	10.02
宝鸡市	305.77	−6.02	23.50	10.30	9.47
咸阳市	377.08	−4.20	28.31	12.70	10.63
铜川市	40.66	16.47	50.67	1.37	6.40
渭南市	289.26	7.64	2.08	9.75	10.81
延安市	123.81	7.93	36.90	4.17	16.41
榆林市	228.24	−29.32	−1.72	7.69	18.14
汉中市	209.12	−15.27	2.00	7.05	8.54
安康市	114.65	−14.87	18.86	3.86	7.14
商洛市	24.85	−29.14	36.64	0.84	3.47
杨凌	6.74	−74.45	−24.43	0.23	1.52
韩城市	44.02	312.95	382.63	1.48	16.90

二、房地产市场存在的主要问题

一是部分城市房价上涨压力仍较大。据国家统计局发布的房价指数，从 2017 年 2 月份开始，西安市商品住房价格指数环比 19 个月持续上涨。从 2018 年 4 月开始西安市连续 5 个月环比上涨超过 1％。

二是房地产市场乱象凸显。随着房价上涨，部分房地产企业未按备案价要求销售商品房，垄断房源、捂盘惜售、散布房地产虚假信息，雇佣人员制造抢房假象；房地产"黑中介"恶意克扣保证金和预订金，非法规避房屋交易税费。各类房地产市场乱象明显有所增长。

三是租购并举机制尚未建立。住房租赁市场没有形成完善的制度发育体系，租赁机构尚处于起步阶段，政府支持和服务欠缺，市场发育需政府税收补贴政策长期支持。

三、下一步工作措施

一是加强房地产市场调控。充分发挥好陕西省房地产市场调控工作协调小组的作用，深入分析当前影响房地产市场平稳健康发展的重大问题，研究提出市场调控政策建议，特别要指导西安市根据市场变化适时调整完善调控政策，调整住宅用地供应节奏，平衡供需关系。

二是加大供给侧结构调整。督促西安市加强房地产市场供给侧结构调整，加快落实2018年9月底出台的《西安市深化住房供给侧结构性改革实施方案》，加大公租房、共有产权住房的有效供应，建立合理的住房消费体系以平抑房价。同时，指导西安市加大住房用地供应量和项目促建力度，加快供地节奏和价格申报、预售许可审批速度，保证住房供应。

三是做好数据统计和监测预警。加强房地产市场日常信息统计分析，做好趋势预判，准确把握市场运行态势，根据商品房销量与库存变化情况，对异常波动及时预警并进行科学有效的政策干预，防止市场大起大落。

四是大力整顿规范市场秩序。按照年初市场秩序整顿的安排部署以及住房城乡建设部等九部委治理乱象的通知要求，2018年11月初，陕西省住房和城乡建设厅计划将赴陕西省开展房地产市场秩序检查，并重点对西安市房地产市场各种乱象进行重点整顿。

五是强化舆论引导。加强舆论引导，正面、客观解读房地产市场形势和调控政策措施，严厉打击利用自媒体公众号等网络媒体炒作渲染房价上涨、散布虚假信息等行为，营造良好的舆论氛围，稳定市场预期。

2018 年 10 月陕西省房地产市场运行分析

（一）房地产开发投资增速放缓

2018 年 10 月陕西省房地产累计完成开发投资 2916.2 亿元，同比增长 11.85%，增速比 2017 年同期上升 4.17 个百分点，如图 3-10-1 所示。2018 年 10 月投资额较 2018 年 9 月下降 165.18 亿元。

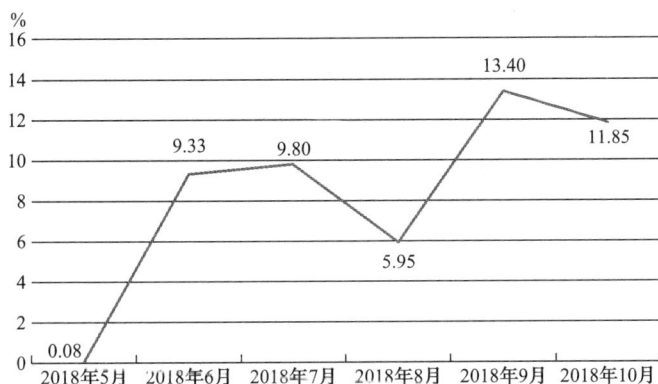

图 3-10-1　2018 年 5～10 月陕西省房地产累计完成开发投资增速情况（%）

分用途来看，10 月房地产累计开发投资总量中，商品住房累计完成开发投资 2321.2 亿元，同比增长 10.4%，增速比 2017 年同期上升 20.5 个百分点，占房地产累计完成开发投资总量的 79.6%，占比最大。

分区域来看，房地产开发投资仍呈现较为明显的不均衡状态。西安市 10 月房地产累计开发投资 1599.67 亿元，占陕西省投资总量的 54.85%，同比下降 5.3%，增幅比 2017 年同期上升 6.41 个百分点，如表 3-10-1 所示。

截至 10 月陕西省各地市（区）累计完成房地产开发投资情况　　　　表 3-10-1

地区	房地产开发投资完成额		增速与 2017 年同期相比升降百分点	占陕西省比重（%）
	总量（万元）	同比增速（%）		
陕西省	29162071	11.85	−4.17	—
西安市	**15996673**	**−5.3**	**6.41**	**54.85**
宝鸡市	1509756	70.3	−73.68	5.18
咸阳市	1581170	0.9	7.94	5.42
铜川市	263970	−5.2	−4.74	0.91
渭南市	925768	−5.8	18.18	3.17
延安市	1060009	42	−53.45	3.63

地区	房地产开发投资完成额		增速与2017年同期相比升降百分点	占陕西省比重（%）
	总量（万元）	同比增速（%）		
榆林市	702375	46	−12.69	2.41
汉中市	820180	−23.4	97.60	2.81
安康市	876469	23.0	−35.59	3.01
商洛市	250901	20	12.03	0.86
杨凌区	168536	15.4	−12.58	0.58
西咸新区	4997625	149	−35.89	17.14
韩城市	107261	20.6	−11.72	0.37

（二）施工面积同比增长、竣工面积同比下降

2018年10月，陕西省商品房累计施工面积18289万 m^2 ，同比增长1.13%，较2017年同期减少0.87%；商品房累计新开工面积3346万 m^2 ，同比增长21.8%，较2017年同期增加28.2个百分点。其中，商品住房累计施工面积15651万 m^2 ，同比下降3.77%，增幅较2017年同期减少4.93个百分点。

2018年10月，陕西省商品房累计竣工面积2340万 m^2 ，同比下降1.3%，增幅比2017年同期扩大17.9%，其中，商品住房累计竣工面积2061万 m^2 ，同比下降2.8%，增幅较2017年同期扩大19个百分点。

（三）商品房当月销售面积有所回升

10月份，陕西省商品房销售面积为417.03万 m^2 ，环比上涨12.5%，其中截至10月陕西省商品房累计销售面积为4126.62万 m^2 ，同比上升15.4个百分点。如图3-10-2所示。

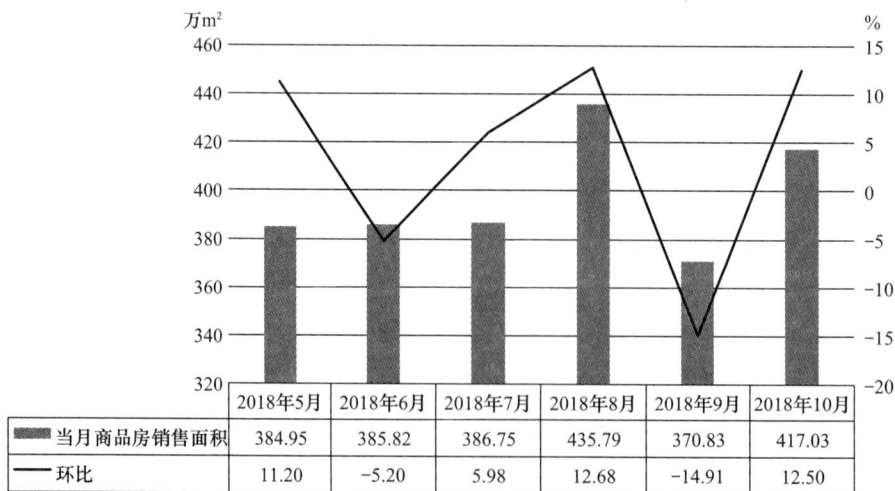

	2018年5月	2018年6月	2018年7月	2018年8月	2018年9月	2018年10月
当月商品房销售面积	384.95	385.82	386.75	435.79	370.83	417.03
环比	11.20	−5.20	5.98	12.68	−14.91	12.50

图3-10-2　2018年5～10月陕西省商品房当月销售面积及环比情况（万 m^2 、%）

从用途上来看，10月陕西省商品住房累计销售面积为3536.97万 m^2 ，同比上升14.1%，陕西省二手房累计交易面积为1001.74万 m^2 ，同比增长14.03%。其中，二手住

房累计交易面积为 935.46 万 m²，同比增长 12.5%。

分区域看，10 月陕西省除延安、杨凌、韩城以外，其他城市商品房累计销售面积均同比增长。其中，铜川市同比增速最大，为 43%。西安市商品房累积销售面积占陕西省比重最多，占比为 53.2%，具体见表 3-10-2。

10月陕西省各地市（区）商品房累计销售情况   表 3-10-2

地区	商品房累计销售面积				增速与2017年同期相比升降百分点	占陕西省比重（%）
	总量（万 m²）	增速（%）	其中商品住房累计销售			
			总量（万 m²）	增速（%）		
陕西省	4126.62	15.4	3536.97	14.1	12.81	—
西安市	2195.4	0.5	1745.34	-3.7	9.19	53.20
宝鸡市	335.65	10.3	319.4	11.2	-21.94	8.13
咸阳市	370.28	6.1	346.85	5.7	2.90	8.97
铜川市	66.75	43.0	59.98	39.8	28.58	1.62
渭南市	306.13	38.61	286.47	36.98	26.46	7.42
延安市	90.69	-25.8	83.52	-29.2	-63.01	2.20
榆林市	127.26	16.8	119.35	20.3	26.96	3.08
汉中市	285.51	8.8	257.01	9.6	-10.50	6.92
安康市	179.24	12	164.56	11.9	-14.46	4.34
商洛市	89.67	9.7	85.06	10.40	-40.69	2.17
杨凌区	50.88	-0.4	42.56	-7.7	-19.81	1.23
韩城市	29.1	-11.7	26.86	-12.7	-105.85	0.71

（四）商品住房销售价格同比增加

10 月份，陕西省新建商品住房销售均价为 7025 元/m²，同比上涨 35.38%，环比增长 3.48%，如图 3-10-3 所示。10 月份，陕西省二手住房交易均价 6438 元/m²，同比上涨 18.7%，环比下降 0.23%。

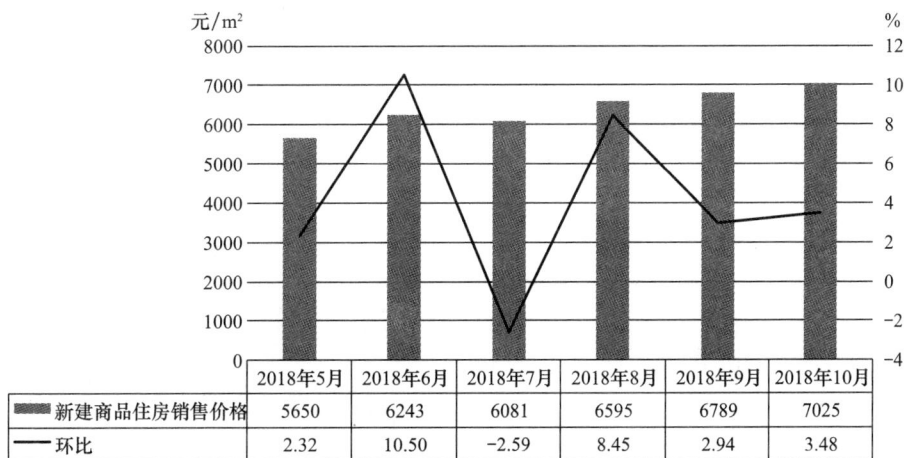

	2018年5月	2018年6月	2018年7月	2018年8月	2018年9月	2018年10月
新建商品住房销售价格	5650	6243	6081	6595	6789	7025
环比	2.32	10.50	-2.59	8.45	2.94	3.48

图 3-10-3 2018 年 5～10 月陕西省商品住房当月销售价格及增速情况（元/m²、%）

从各地市来看，西安市、榆林市、杨凌区、铜川市新建住房销售价格环比下降，其余城市均环比上涨。从西安市来看，10月商品住房销售均价为9912元/m²，环比下降5.47%，如表3-10-3所示。

10月份陕西省各地市（区）新建商品住房平均销售价格及涨幅情况　　　　表3-10-3

城市	价格位次	平均价格（元/m²）	同比涨幅（%）	环比涨幅（%）
西安市	1	9912	26.0	−5.47
咸阳市	2	5694	21.61	10.16
延安市	3	5364	48.14	4.4
安康市	4	5332	35.09	1.16
榆林市	5	5019	17.49	−7.99
韩城市	6	4658	29.35	4.53
汉中市	7	4488	29.11	8.17
渭南市	8	4430	36.64	4.9
宝鸡市	9	4116	16.01	0.29
杨凌区	10	3784	3.30	−3.49
铜川市	11	3591	6.46	−4.65
商洛市	12	3545	23.35	0.77

（五）商品住房去化周期减小

截至10月底，陕西省商品住房累计待售面积为3017.16万m²，同比下降9.75%，陕西省商品住房去化周期9.94个月，较2018年9月减少0.09个月，如图3-10-4、图3-10-5所示。

从各地市来看，大多数城市去化周期逐步减小，但差异较大，陕西省12个城市中商品住房去化周期大于12个月的城市有延安市、榆林市和韩城市，分别为15.09个月、17.84个月、15.94个月；商洛市去化周期最小，为1.05个月，如表3-10-4所示。

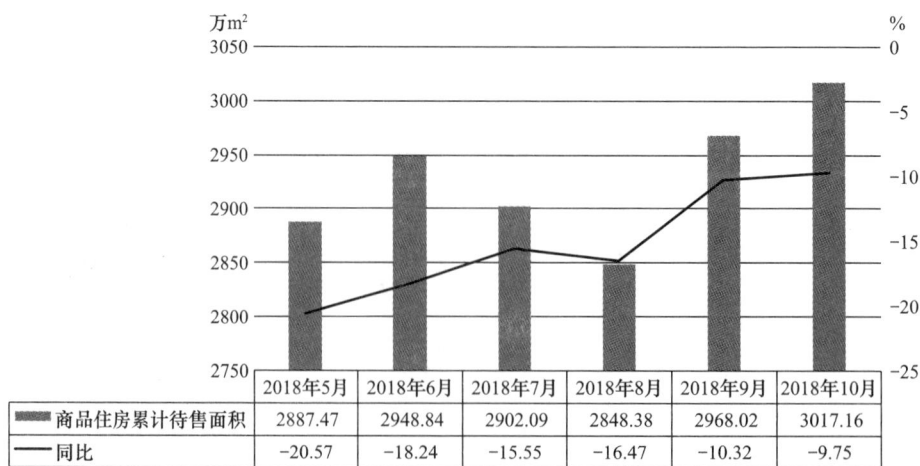

	2018年5月	2018年6月	2018年7月	2018年8月	2018年9月	2018年10月
商品住房累计待售面积	2887.47	2948.84	2902.09	2848.38	2968.02	3017.16
同比	−20.57	−18.24	−15.55	−16.47	−10.32	−9.75

图3-10-4　2018年5～10月陕西省商品住房累计待售面积及同比情况（万m²、%）

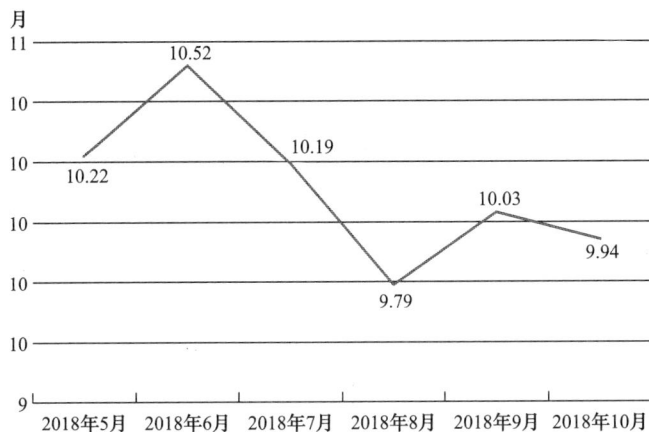

图 3-10-5 10月陕西省商品住房去化周期情况（月）

截至 10 月底陕西省各地市（区）商品住房累计待售面积及去化周期情况 表 3-10-4

地区	待售面积		增幅与 2017 年同期相比升降百分点	占陕西省比重（%）	去化周期（月）
	总量（万 m²）	同比增速（%）			
陕西省	3017.16	−9.75	13.73	—	9.94
西安市	1245.90	−10.60	9.58	41.29	10.00
宝鸡市	293.33	−10.88	15.45	23.54	8.98
咸阳市	388.57	−5.39	22.67	12.88	10.93
铜川市	41.59	−35.53	−68.54	1.38	6.68
渭南市	294.68	11.96	29.48	9.77	10.74
延安市	117.39	11.74	43.47	3.89	16.04
榆林市	238.05	−26.28	−2.82	7.89	18.77
汉中市	234.49	−4.74	9.91	7.77	9.26
安康市	105.24	−15.84	20.47	3.49	6.44
商洛市	8.99	−70.63	−5.11	0.30	1.05
杨凌区	11.16	−68.30	−33.36	0.37	2.60
韩城市	37.77	124.00	174.42	1.25	14.34

2018 年 11 月陕西省房地产市场运行分析

（一）房地产开发投资增速小幅下降

截至 11 月底，陕西省房地产累计完成开发投资 3232.46 亿元，较 2017 年同期增长 11.5%，增速比 2017 年同期增加 0.7 个百分点，如图 3-11-1 所示。

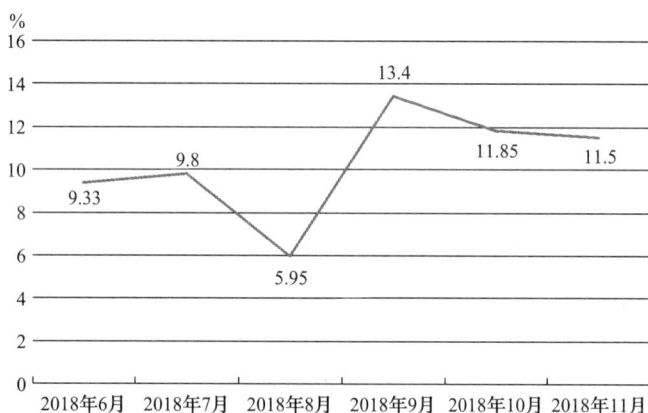

图 3-11-1　2018 年 6～11 月陕西省房地产累计完成开发投资增速情况（%）

按用途来看，截至 11 月底房地产累计开发投资总量中，商品住房累计完成开发投资 2674.28 亿元，较 2017 年同期增长 25.63%，增速比 2017 年同期增加 33.97 个百分点，占房地产累计完成开发投资总量的 82.73%，占比最大。

按区域来看，房地产开发投资仍呈现较为明显的不均衡状态。截至 11 月底，西安市房地产累计开发投资 1780.77 亿元，占陕西省投资总量的 55.09%，较 2017 年同期下降 7.00%，增幅比 2017 年同期下降 13.62 个百分点。

截至 11 月底陕西省各地市（区）累计完成房地产开发投资情况　　表 3-11-1

地区	房地产开发投资完成额		增速与 2017 年同期相比升降百分点	占陕西省比重（%）
	总量（万元）	同比增速（%）		
陕西省	32324622	11.50	0.66	—
西安市	17807676	−7.00	−13.62	**55.09**
宝鸡市	1705056	91.82	104.92	5.27
咸阳市	1682785	0.78	−7.65	5.21
铜川市	294161	−2.70	9.91	0.91
渭南市	1020322	1.49	−7.74	3.16
延安市	1125869	35.59	42.33	3.48
榆林市	832275	48.65	28.41	2.57

续表

地区	房地产开发投资完成额		增速与2017年同期相比升降百分点	占陕西省比重（%）
	总量（万元）	同比增速（%）		
汉中市	909754	−20.02	−68.47	2.81
安康市	1012655	21.73	28.85	3.13
商洛市	297554	40.85	13.17	0.92
杨凌区	188536	21.64	22.49	0.58
西咸新区	5325417	126.80	−1.95	16.47
韩城市	122562	36.23	30.50	0.38

（二）施工面积同比增长，竣工面积同比下降

截至11月底，陕西省商品房累计施工面积18555.26万m²，较2017年同期增长1.35%，增幅比2017年同期上涨0.38%；商品房累计新开工面积3640.44万m²，较2017年同期增长20.46%，增幅比2017年同期增长25.1个百分点。其中，商品住房累计施工面积15877.48万m²，较2017年同期下降3.44%，增幅比2017年同期下降3.37个百分点。

截至11月底，陕西省商品房累计竣工面积2376.45万m²，较2017年同期下降12.95%，增幅比2017年同期增长5.6个百分点，其中，商品住房累计竣工面积2192.97万m²，较2017年同期下降10.80%，增幅比2017年同期增长10.7个百分点。

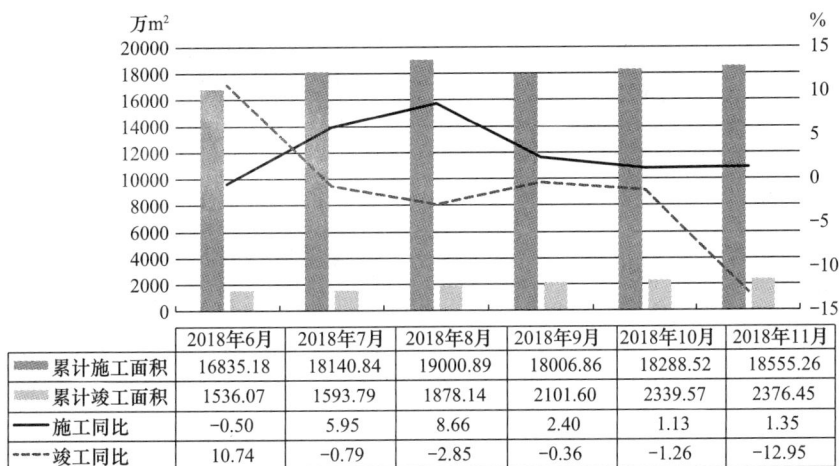

	2018年6月	2018年7月	2018年8月	2018年9月	2018年10月	2018年11月
累计施工面积	16835.18	18140.84	19000.89	18006.86	18288.52	18555.26
累计竣工面积	1536.07	1593.79	1878.14	2101.60	2339.57	2376.45
施工同比	−0.50	5.95	8.66	2.40	1.13	1.35
竣工同比	10.74	−0.79	−2.85	−0.36	−1.26	−12.95

图3-11-2　2018年6～11月陕西省房地产累计施工、竣工面积及其同比情况（万m²、%）

（三）商品房当月销售面积有所下降

2018年6～11月陕西省商品房当月销售波动较为明显，11月份商品房销售面积为410.62万m²，较上月下降1.54%，如图3-11-3所示。

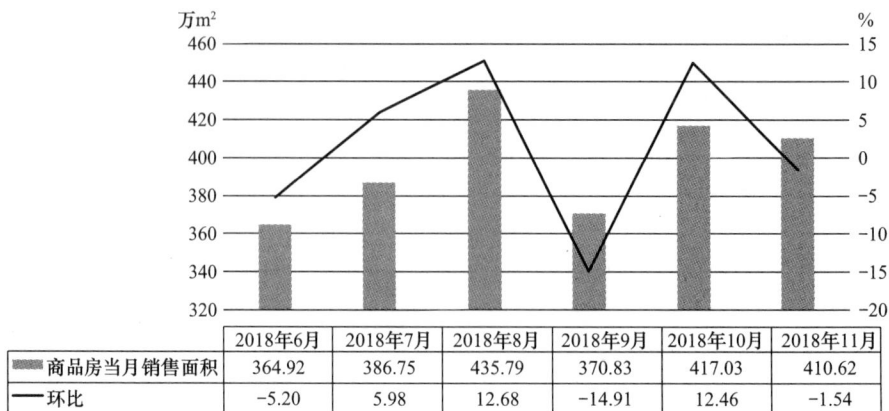

图 3-11-3　2018 年 6～11 月陕西省商品房当月销售面积及环比情况（万 m²、%）

截至 11 月底，陕西省商品房累计销售面积为 4537.26 万 m²，较 2017 年同期上涨 15.6 个百分点，如图 3-11-4 所示。

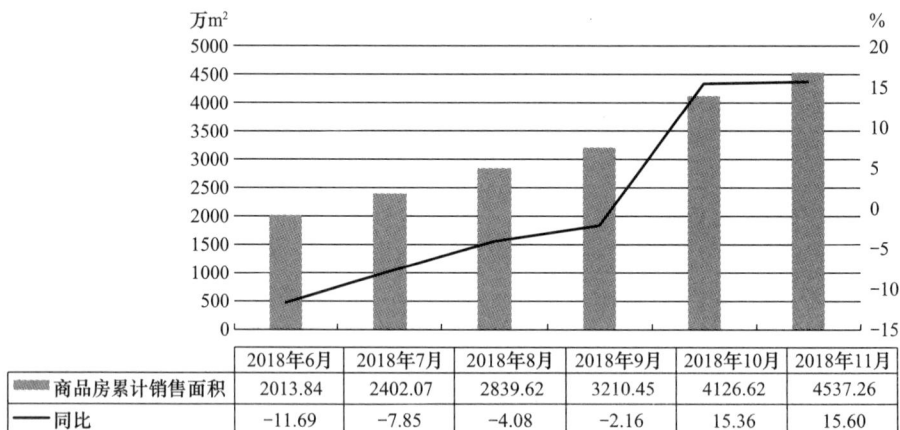

图 3-11-4　2018 年 6～11 月陕西省商品房累计销售面积及同比情况（万 m²、%）

按用途上来看，截至 11 月底，陕西省商品住房累计销售面积为 3882.59 万 m²，较 2017 年同期增长 14.5%，陕西省二手房累计交易面积为 1090.48 万 m²，较 2017 年同期增长 14.41%。其中，二手住房累计交易面积为 999.83 万 m²，较 2017 年同期增长 11%。

按区域看，截至 11 月底，陕西省除延安、杨凌、韩城以外，其他城市商品房累计销售面积均同比增长。其中，榆林市较 2017 年同期增速最大，为 43.7%。西安市商品房累计销售面积占陕西省比重最多，占比为 53.14%，具体见表 3-11-2。

截至 11 月底陕西省各地市（区）商品房累计销售情况　　　　表 3-11-2

地区	商品房累计销售面积				增速与2017年同期相比升降百分点	占陕西省比重（%）
	总量（万 m²）	增速（%）	其中商品住房累计销售			
			总量（万 m²）	增速（%）		
陕西省	4537.26	15.6	3882.59	14.50	14.15	—
西安市	2411.0	1.1	1911.11	−3.26	8.51	**53.14**

续表

地区	商品房累计销售面积				增速与2017年同期相比升降百分点	占陕西省比重（％）
	总量（万 m²）	增速（％）	其中商品住房累计销售			
			总量（万 m²）	增速（％）		
宝鸡市	371.38	9.3	352.76	9.99	−29.21	8.19
咸阳市	401.60	2.5	375.95	1.79	−4.56	8.85
铜川市	70.59	29.7	62.89	26.21	6.42	1.56
渭南市	333.95	36.55	312.78	35.06	25.15	7.36
延安市	99.57	**−20.5**	90.12	−25.51	−53.97	2.19
榆林市	145.75	17.5	137.58	21.90	**43.70**	3.21
汉中市	322.27	9.9	291.10	11.06	−10.42	7.10
安康市	195.31	11	179.13	10.31	−15.63	4.30
商洛市	94.94	5.2	89.43	4.69	−30.19	2.09
杨凌区	55.68	**−0.8**	46.95	−7.40	−26.02	1.23
韩城市	35.2	**−1.2**	32.79	−0.61	−80.88	0.78

（四）商品住房销售价格同比增加

11月份，陕西省新建商品住房销售均价为7353元/m²，较2017年同期增加39.18％，较上月增长4.67％，如图3-11-5所示。11月份，陕西省二手住房交易均价6608元/m²，较2017年同期上涨27.89％，较上月增长2.64％。

按各地市来看，2018年11月除安康市、渭南市、宝鸡市新建住房销售价格环比有所下降，其余城市均环比上涨。从西安市来看，11月商品住房销售均价为10138元/m²，环比增长2.3％，如表3-11-3所示。

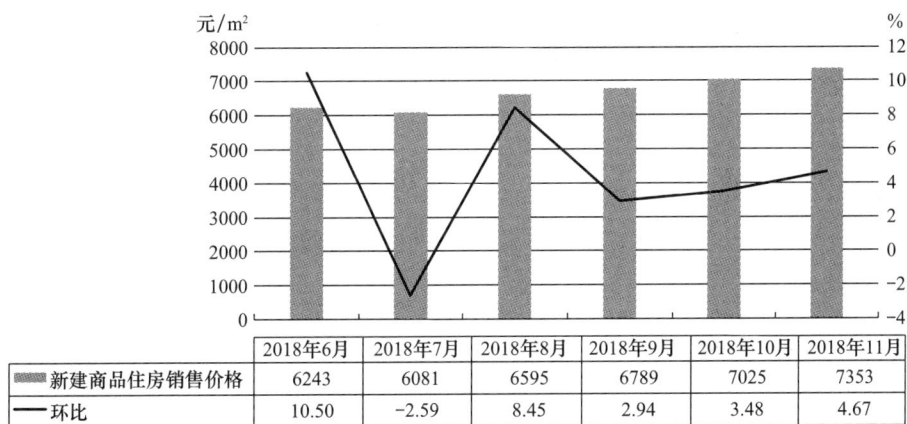

	2018年6月	2018年7月	2018年8月	2018年9月	2018年10月	2018年11月
新建商品住房销售价格	6243	6081	6595	6789	7025	7353
环比	10.50	−2.59	8.45	2.94	3.48	4.67

图 3-11-5　2018年6～11月陕西省商品住房当月销售价格及增速情况（元/m²、％）

11月份陕西省各地市新建商品住房平均销售价格及涨幅情况　　　　表 3-11-3

城市	价格位次	平均价格（元/m²）	同比涨幅（％）	环比涨幅（％）
西安市	1	10138	17.1	**2.3**
咸阳市	2	5837	18.40	2.51

城市	价格位次	平均价格（元/m²）	同比涨幅（%）	环比涨幅（%）
延安市	3	5532	39.03	3.1
韩城市	4	5530	67.32	18.72
榆林市	5	5030	6.88	0.22
安康市	6	4790	30.30	−10.17
汉中市	7	4772	8.83	6.33
杨凌	8	4653	31.14	22.97
渭南市	9	4262	26.54	−3.8
商洛市	10	4086	34.94	15.26
宝鸡市	11	4061	7.58	−1.34
铜川市	12	3974	21.45	10.67

（五）商品住房去化周期增大

截至 11 月底，陕西省商品住房累计可售面积为 3149.8 万 m²，较 2017 年同期下降 3.0%，如图 3-11-6 所示。陕西省商品住房去化周期 10.22 个月，较 2018 年 10 月增加 0.28 个月，如图 3-11-6、图 3-11-7 所示。

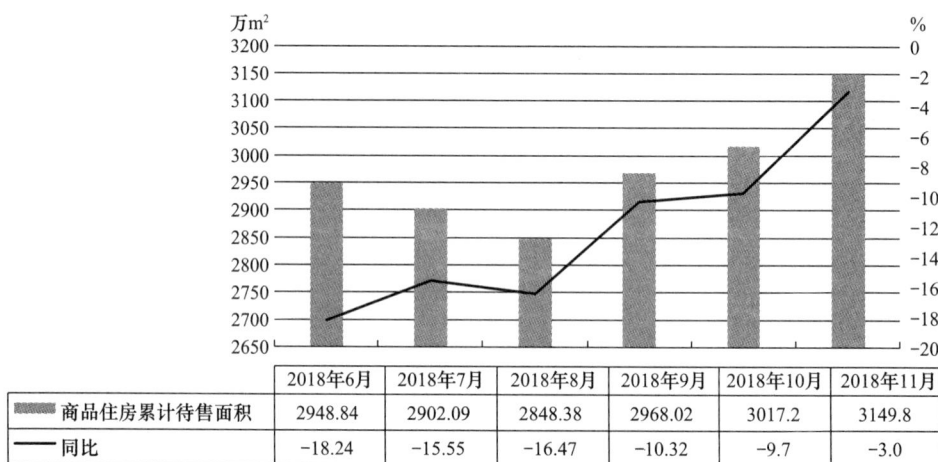

	2018年6月	2018年7月	2018年8月	2018年9月	2018年10月	2018年11月
商品住房累计待售面积	2948.84	2902.09	2848.38	2968.02	3017.2	3149.8
同比	−18.24	−15.55	−16.47	−10.32	−9.7	−3.0

图 3-11-6 2018 年 6～11 月陕西省商品住房累计可售面积及同比情况（万 m²、%）

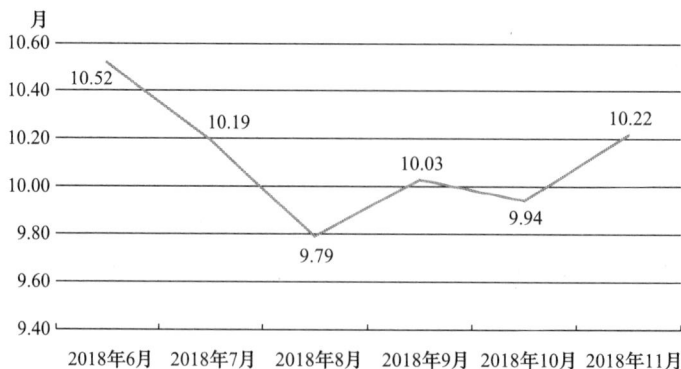

图 3-11-7 2018 年 6～11 月陕西省商品住房去化周期情况（月）

从各地市来看，11月份大多数城市去化周期略有增大，但差异较大，陕西省12个城市中商品住房去化周期大于12个月的城市有延安市和榆林市，分别为14.54个月、17.95个月；商洛市去化周期最小，为0.31个月，如表3-11-4所示。

截至11月底陕西省各地市（区）商品住房累计可售面积及去化周期情况　表3-11-4

地区	可售面积		增幅与2017年同期相比升降百分点	占陕西省比重（%）	去化周期（月）
	总量（万 m²）	同比增速（%）			
陕西省	3149.78	−3.00	20.99	—	10.22
西安市	1308.72	−1.86	19.85	41.55	10.14
宝鸡市	315.58	−6.59	23.38	10.02	9.67
咸阳市	406.65	1.23	29.13	12.91	11.78
铜川市	52.17	−20.57	−49.91	1.66	8.85
渭南市	296.69	18.68	37.08	9.42	10.69
延安市	110.80	8.57	41.15	3.52	**14.54**
榆林市	235.60	−21.03	1.45	7.48	**17.95**
汉中市	258.50	7.15	28.22	8.21	10.00
安康市	115.07	−4.99	23.43	3.65	7.07
商洛市	2.53	−91.80	−30.36	0.08	**0.31**
杨凌区	21.31	−37.94	−6.62	0.68	4.99
韩城市	26.16	−14.54	−12.58	0.83	8.89

2018 年全年陕西省房地产市场运行分析

一、基本情况

（一）房地产开发投资增速缓慢下降

截至 12 月底，陕西省房地产累计完成开发投资 3595.57 亿元，较 2017 年同期增长 10.32％，增速比 2017 年同期下降 2.68 个百分点，如图 3-12-1 所示。其中，第四季度陕西省累计完成开发投资 1010.32 亿元，较第三季度减少 37.85 亿元。

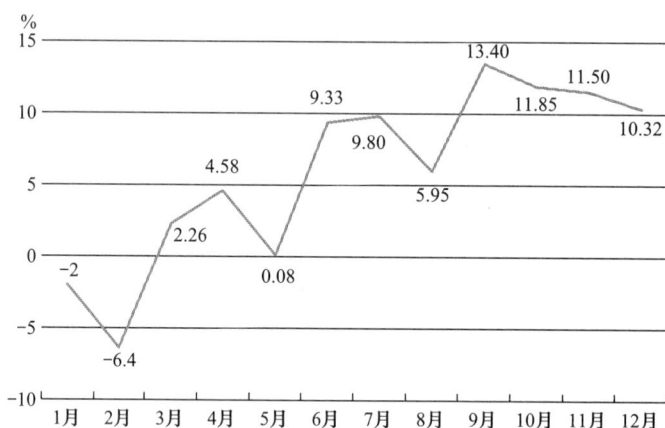

图 3-12-1　2018 年 1～12 月陕西省房地产累计完成开发投资增速情况（％）

按用途来看，截至 9 月底，房地产累计开发投资总量中，商品住房累计完成开发投资 2932.45 亿元，较 2017 年同期增长 21.33％，增速比 2017 年同期增加 29.5 个百分点，占房地产累计完成开发投资总量的 81.56％，占比最大。

按区域来看，房地产开发投资仍呈现较为明显的不均衡状态。截至 12 月底，西安市房地产累计开发投资 2039.15 亿元，占陕西省投资总量的 56.71％，较 2017 年同期下降 5.6％，增幅比 2017 年同期下降 14.5 个百分点。

截至 12 月底陕西省各地市（区）累计完成房地产开发投资情况　　　　表 3-12-1

地区	房地产开发投资完成额		增速与 2017 年同期相比升降百分点	占陕西省比重（％）
	总量（万元）	同比增速（％）		
陕西省	35955733.4	10.3	−2.7	—
西安市	20391477	−5.6	−14.5	**56.71**
宝鸡市	1848656	30.7	12.6	5.1
咸阳市	1840125	6.2	0.6	5.12

地区	房地产开发投资完成额		增速与2017年同期相比升降百分点	占陕西省比重（％）
	总量（万元）	同比增速（％）		
铜川市	314829	−0.9	12.3	0.88
渭南市	1161239.94	6.2	7.8	3.23
延安市	1125869	35.6	50.2	3.13
榆林市	889676	40.8	21.2	2.47
汉中市	1096668.5	−10.7	−58.0	3.05
安康市	1291291	39.2	43.8	3.59
商洛市	314805	42.2	20.8	0.88
杨凌区	193536	10.0	8.7	0.54
西咸新区	5356899	129.6	−14.1	14.90
韩城市	130662	41.6	38.7	0.36

（二）施工、竣工面积同比下降

截至12月底，陕西省商品房累计施工面积19031.22万 m^2，较2017年同期下降1.64％，增幅比2017年同期下降5.53％；商品房累计新开工面积4161.42万 m^2，较2017年同期增长8.82％，增幅比2017年同期下降3.98个百分点。其中，商品住房累计施工面积16325.76万 m^2，较2017年同期下降4.89％，增幅比2017年同期下降7.83个百分点。

截至12月底，陕西省商品房累计竣工面积3103万 m^2，较2017年同期下降12.6％，增幅比2017年同期下降6.4个百分点，其中，商品住房累计竣工面积2791万 m^2，较2017年同期下降15.0％，增幅比2017年同期下降7.5个百分点。

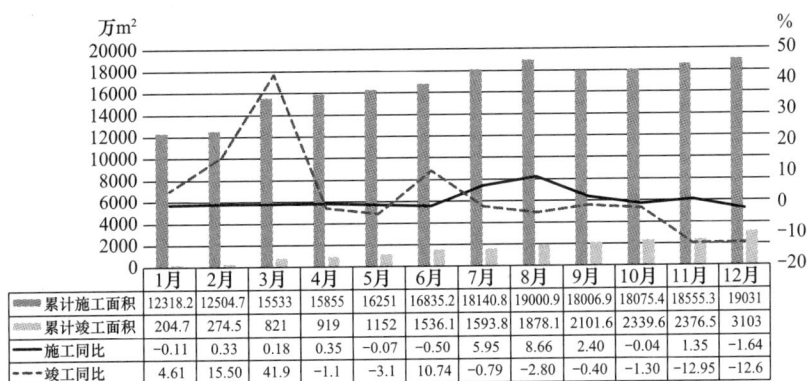

	1月	2月	3月	4月	5月	6月	7月	8月	9月	10月	11月	12月
累计施工面积	12318.2	12504.7	15533	15855	16251	16835.2	18140.8	19000.9	18006.9	18075.4	18555.3	19031
累计竣工面积	204.7	274.5	821	919	1152	1536.1	1593.8	1878.1	2101.6	2339.6	2376.5	3103
施工同比	−0.11	0.33	0.18	0.35	−0.07	−0.50	5.95	8.66	2.40	−0.04	1.35	−1.64
竣工同比	4.61	15.50	41.9	−1.1	−3.1	10.74	−0.79	−2.80	−0.40	−1.30	−12.95	−12.6

图 3-12-2　2018年1～12月陕西省房地产累计施工、竣工面积及其同比情况（万 m^2、％）

（三）商品房当月销售面积有所上升

2018年1～12月陕西省商品房当月销售波动较为明显，其中12月份商品房当月销售量最大，为472.20万 m^2，环比上涨15.00％，2月份商品房当月销售量最小，为215.57万 m^2，环比下降34.18％，如图3-12-3所示。

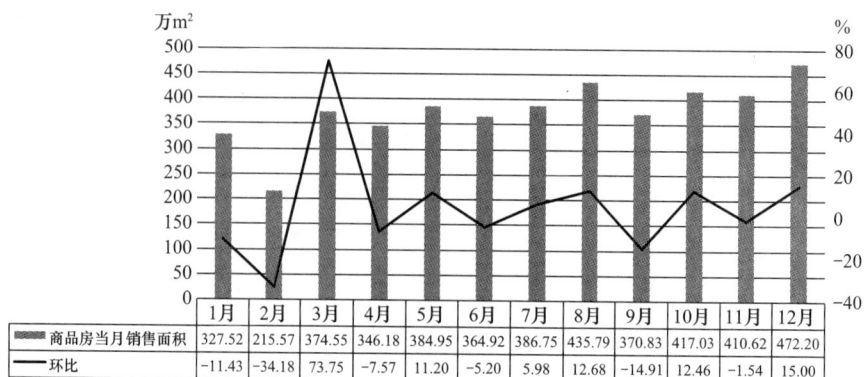

图 3-12-3 2018年1~12月陕西省商品房当月销售面积及环比情况（万 m²、%）

截至12月底，陕西省商品房累计销售面积为5009.45万 m²，较2017年同期增长16.56个百分点。其中，第四季度陕西省商品房累计销售面积为1299.85万 m²，较2018年第三季度增加106.48万 m²，如图3-12-4所示。

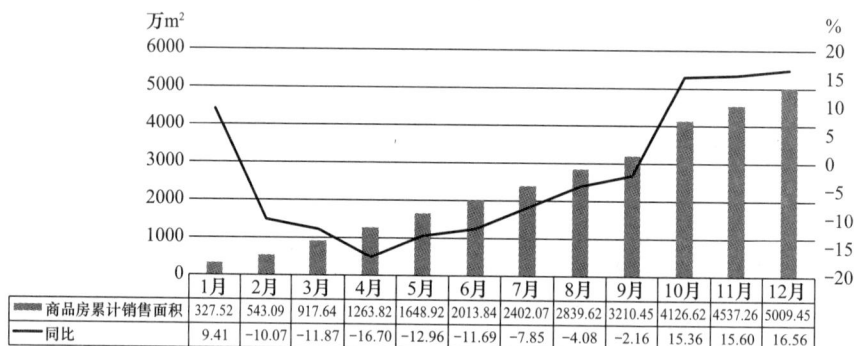

图 3-12-4 2018年1~12月陕西省商品房累计销售面积及同比情况（万 m²、%）

按用途上来看，截至12月底，陕西省商品住房累计销售面积为4277.94万 m²，较2017年同期增长15.54个百分点，陕西省二手房累计交易面积为1156.30万 m²，较2017年同期增长11.79个百分点。其中，二手住房累计交易面积为1061.03万 m²，较2017年同期增长8.59个百分点。

按区域来看，截至12月底，陕西省除咸阳市、延安市和杨凌之外，其他城市商品房累计销售面积均同比增长，其中，渭南市较2017年同期增速最大，为38.24%。西安市商品房累积销售面积占陕西省的比重最多，占比为53.10%，具体如表3-12-2所示。

截至12月底陕西省各地市（区）商品房累计销售情况   表 3-12-2

地区	商品房累计销售面积				增速与2017年同期相比升降百分点	占陕西省比重（%）
	总量（万 m²）	增速（%）	其中商品住宅累计销售			
			总量（万 m²）	增速（%）		
陕西省	5009.45	16.56	4277.94	15.54	20.09	—
西安市	2659.78	**23.03**	2110.39	23.17	37.56	**53.10**

地区	商品房累计销售面积				增速与2017年同期相比升降百分点	占陕西省比重（%）
	总量（万 m²）	增速（%）	其中商品住宅累计销售			
			总量（万 m²）	增速（%）		
宝鸡市	420.57	10.66	398.44	10.82	−15.18	8.40
咸阳市	425.23	**−1.46**	398.52	−2.28	−7.12	8.49
铜川市	73.88	16.25	64.81	12.40	−8.28	1.47
渭南市	368.95	**38.24**	346.49	37.52	29.43	7.37
延安市	107.18	**−15.64**	95.81	−21.65	−3.88	2.14
榆林市	171.10	13.42	161.43	16.69	35.04	3.42
汉中市	362.32	12.81	325.99	13.63	−8.24	7.23
安康市	213.49	10.70	195.80	9.68	−11.22	4.26
商洛市	104.03	3.87	90.48	−5.02	−14.38	2.08
杨凌区	60.42	**−1.64**	51.42	−6.95	−22.43	1.21
韩城市	42.50	5.85	38.36	8.00	−68.03	0.85

（四）商品住房销售价格同比增加

陕西省全年新建商品住房销售均价为6200元/m²，二手住房交易均价为6534元/m²。其中12月份，陕西省新建商品住房销售均价为7767元/m²，较2017年同期增加46.16%，较11月增长5.63%，如图3-12-5所示。12月份，陕西省二手住房交易均价6765元/m²，较2017年同期上涨24.1%，较11月上升2.38%。

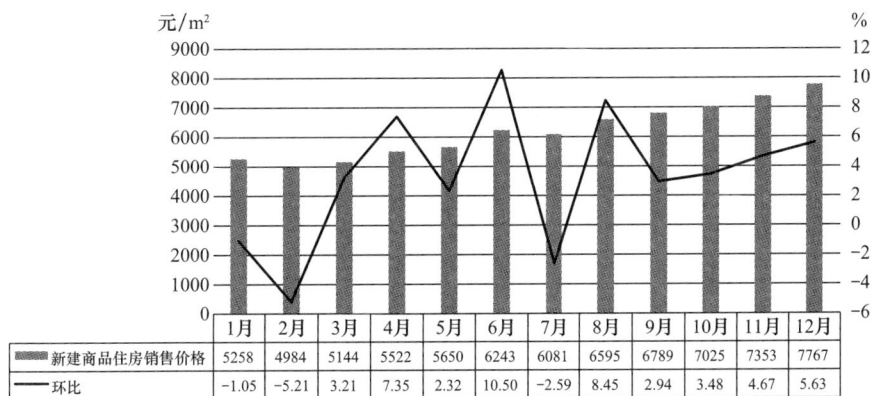

	1月	2月	3月	4月	5月	6月	7月	8月	9月	10月	11月	12月
新建商品住房销售价格	5258	4984	5144	5522	5650	6243	6081	6595	6789	7025	7353	7767
环比	−1.05	−5.21	3.21	7.35	2.32	10.50	−2.59	8.45	2.94	3.48	4.67	5.63

图 3-12-5　2018年1~12月陕西省商品住房当月销售价格及增速情况（元/m²、%）

按各地市来看，2018年12月韩城市、延安市、汉中市、安康市、咸阳市和杨凌区新建住房销售价格环比有所下降，其余城市均环比上涨。从西安市来看，2018年全年商品住房销售均价为8456元/m²，其中12月份商品住房销售均价为10880元/m²，环比增长7.3%，如表3-12-3所示。

12 月份陕西省各地市（区）新建商品住房平均销售价格及涨幅情况　　表 3-12-3

城市	价格位次	平均价格（元/m²）	同比涨幅（%）	环比涨幅（%）
西安市	1	10880	50.8	7.3
韩城市	2	5398	56.19	−2.39
延安市	3	5382	36.01	−2.7
榆林市	4	5039	9.52	0.18
商洛市	5	4843	63.01	18.53
汉中市	6	4710	22.94	−1.30
安康市	7	4560	20.60	−4.80
宝鸡市	8	4476	16.93	10.22
咸阳市	9	4369	−17.00	−25.15
渭南市	10	4351	34.41	2.1
铜川市	11	4315	31.96	8.58
杨凌区	12	4116	11.97	−11.54

（五）商品住房去化周期增大

截至 12 月底，陕西省商品住房累计可售面积为 3378.3 万 m²，较 2017 年同期下降上升 2.0%，如图 3-12-6 所示。陕西省商品住房去化周期 10.71 个月，较第三季度末增加 0.68 个月，如图 3-12-7 所示。

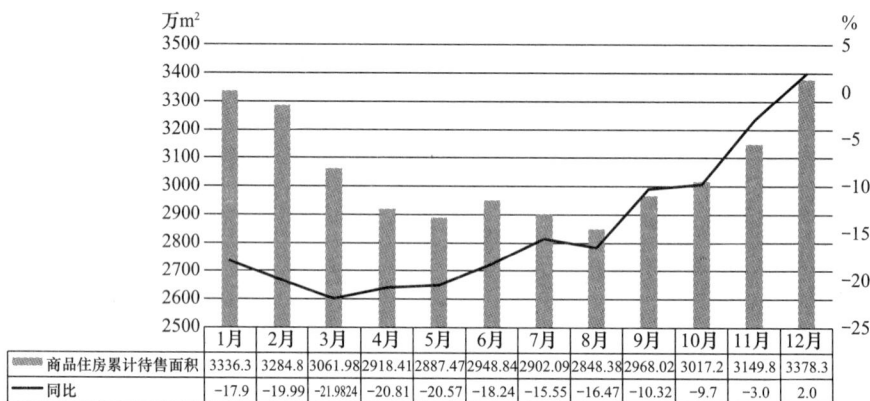

图 3-12-6　2018 年 1～12 月陕西省商品住房累计可售面积及同比情况（万 m²、%）

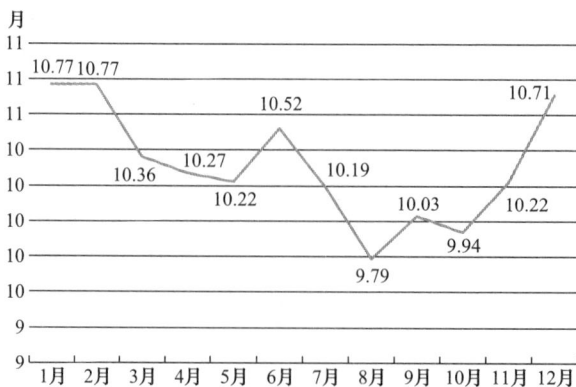

图 3-12-7　2018 年 1～12 月陕西省商品住房去化周期情况（月）

从各地市来看，12月份大多数城市去化周期逐步增大，差异也较大，陕西省12个城市中商品住房去化周期大于12个月的城市有咸阳市、延安市和榆林市，分别为13.38个月、13.17个月、17.28个月；商洛去化周期最小，为0.37个月，如表3-12-4所示。

截至12月底陕西省各地市（区）商品住房累计可售面积及去化周期情况　表3-12-4

地区	可售面积		增幅与2017年同期相比升降百分点	占陕西省比重（%）	去化周期（月）
	总量（万 m²）	同比增速（%）			
陕西省	3378.26	1.97	8.36	—	10.71
西安市	1438.82	0.02	22.12	42.59	10.62
宝鸡市	354.24	4.01	−24.41	10.49	10.67
咸阳市	444.43	13.75	5.07	13.16	**13.38**
铜川市	59.64	−10.75	−37.03	1.77	11.04
渭南市	313.53	13.96	−5.36	9.28	10.86
延安市	105.11	4.34	13.69	3.11	**13.17**
榆林市	229.96	−16.87	6.76	6.81	**17.28**
汉中市	263.24	17.81	−2.81	7.79	9.86
安康市	118.53	6.75	−19.40	3.51	7.26
商洛市	2.82	−90.14	−103.18	0.08	**0.37**
杨凌区	19.31	−35.16	−66.14	0.57	4.53
韩城市	28.63	−7.65	−69.10	0.85	8.96

二、房地产市场存在的主要问题

一是结构库存矛盾凸显。商品房住宅库存与商业库存两极分化，开发企业自持商业用房压力巨大；另外，例如西安、延安等城市中心城区商品房销售比边缘地区销售较好，结构性库存压力增大。

二是市场监管有待加强。2018年7月开始，西安有31家房产经济机构违规被处罚；西安试水信用租房，存在部分房地产中介套路欺骗租客；部分房地产中介、小贷公司违法违规将租客个人信息泄露；个别开发企业经营不善，引发购房矛盾纠纷，导致群体上访事件发生。

三是房地产数据统计渠道不顺。部分城市，如延安部分县区还未运行商品房网签系统，数据统计困难，且存在一定的滞后性，新建商品房销售数据统计不准确、不客观；又统计渠道不顺，数据统计受阻，二手房数据难以统计。

四是住房租赁制度急需完善。住房租赁市场发展相对滞后，群众没有租赁备案的意识，租赁市场以个人出租自有住房为主，缺乏专业性的机构参与，租赁企业少，中介代理租赁业务少。

三、下一步工作措施

一是加快商办去库存。转向住宅用途出租、出售，同时保持商业、办公用途，转型升级运营方面，确保商办项目标准定位；政府可以出台针对商办开发项目的优惠政策，吸引投资商开发，加大招商力度，对信用良好企业开通预售许可"绿色通道"、实行"容缺办理"等措施，可缩短商办用房的供应周期。

二是坚持因城施策和分类指导。对商品房供地进行精准施策，建议由国土部门牵头，进一步落实土地供应"五类"调控，对商品房住宅库存小于 12 个月的县区调整住宅用地供应节奏；适时调整棚改政策；改善商品房供应结构，增加中小户型的住宅供应数量，提高建筑容积率；加强住房保障，建设增强保障性住房供应，提高货币化的补贴，以满足低收入者和住房困难家庭的住房需求；毛坯房、精装房数据分类上报，制定对应政策分类指导。

三是大力发展租赁市场。加强培育市场供应主体，增加中小户型房源有效供给，制定优惠的土地供给税费优惠等政策，以吸引和鼓励房地产开发企业进行租赁性住房的开发和经营；保障租赁双方特别是承租人合法权益，推进住房租赁市场立法，建立健全住房租赁监管机制，规范租赁中介机构的行为；充分利用大数据高科技手段，提高信息化管理与服务水平。通过建立专业化的房源信息共享服务平台，建立健全信息监管平台。

四是加强整治房地产市场秩序。严厉打击投机炒房、房地产"黑中介"、违法违规房地产企业和虚假房地产广告等行为，加强包括租赁市场的租赁机构、企业对租赁盘源的垄断，以及操作、哄抬房租等行为的管制；针对公租房入住和退出机制，加快清退不符合要求的租客，保持良好的市场租赁环境；严格把守房价数据质量审核关，严肃查处房价统计违法行为。

五是加快住房诚信体系建设。不断健全住房数据资源管理，科学搭建住房事业信息交换与共享平台，建立健全住房领域诚信评价机制，构建守信激励和失信惩戒机制，通过信用信息交换共享，实现住房事业多部门、跨地区信用奖惩联动，使守信者处处受益、失信者寸步难行。

六是建立房地产市场舆论监管系统。房地产市场应建立健全市场舆论监管系统，通过系统对接各大房产网站、平台，全面、及时、准确的收集分析房产行业信息，第一时间捕获信息正负面，实时把握舆论导向；形成多角度、多模型的强大分析；追根溯源，进行信息分析辨别；对微信、客户端及各种手机浏览器推出的资讯引起足够重视，加强监管治理。加强房地产信息发布主体资质和发布内容的审核监测，提高相关从业人员门槛，减少由房地产信息失实失控引发的社会问题。

第四篇　2018 年全国及陕西省房地产市场资讯

2018 年 1 月房地产市场资讯

一、全国房地产重要资讯

（一）银监会进一步整治市场乱象

1 月 13 日，银监会发布《关于进一步深化整治银行业市场乱象的通知》，关于房地产方面整治重点包括：向"四证"不全、资本金未足额到位的商业性房地产开发项目提供融资；发放首付不合规的个人住房贷款；以充当筹资渠道或放款通道等方式，直接或间接为各类机构发放首付贷等行为提供便利；综合消费贷款、个人经营性贷款、信用卡透支等资金用于购房等。

（二）两部委明确土地储备资金使用范围

1 月 17 日，财政部、国土资源部印发《土地储备资金财务管理办法》（以下简称《办法》）。《办法》明确了土地储备资金使用范围，包括征收、收购、优先购买或收回土地需要支付的土地价款或征地和拆迁补偿费用等，同时《办法》明确了土地储备资金来源。

（三）成都推出首批 2200 余套国有租赁房源

1 月 2 日，据成都市城乡房产管理局消息，成都市国有租赁房源已上市，首批推出2200 余套房源，市民可以在成都住房租赁交易服务平台上进行租赁。成都是全国首批开展住房租赁试点城市之一，目前已组建了 4 家国有住房租赁公司，正全面开展国有存量住房清理，盘活国有存量房源，后续还将推出更多租赁房源，供有租住需求的市民选择。

（四）兰州部分地区取消限购

1 月 5 日，兰州市住房保障和房产管理局发布《关于加强房地产市场调控强化房地产市场监管有关工作的通知》的公告，取消了西固区、九州开发区、高坪偏远区域等区域的限购政策，并且不再要求提供社保和纳税证明。

（五）广州公积金缴存比例困难单位或可降

1 月 31 日，广州住房公积金管理中心发布《广州市降低住房公积金缴存比例或缓缴住房公积金办法（征求意见稿）》（以下简称《办法》），并向社会公众公开征求意见。《办法》规定，缴存住房公积金确有困难的单位，或可以低于 5% 的比例缴存住房公积金，或暂缓缴存住房公积金。

二、陕西省内房地产重要资讯

（一）60.5万咸阳人转为西安户籍

1月9日，陕西省政府举行"两座城市一张蓝图深入推进西咸一体化"政策例行吹风会。西咸新区划归西安代管以来，咸阳区域户籍转化60.5万人，家住西咸新区的咸阳人开始在户籍、社保、交通、出入境管理等诸多方面，享受与西安市民同等的待遇。

（二）西安市房管局与中国建设银行联手开启西安租房市场新模式

1月3日，西安市房管局与中国建设银行陕西省分行的住房租赁战略合作协议签约仪式在西安市政府新闻发布厅举行，双方首批合作了西安三家公寓品牌，发放贷款额度六万余元，开启了西安租赁市场的新模式。中国建设银行陕西省分行将为西安住房租赁市场提供授信支持，并与该局共建住房租赁管理平台。

（三）西安市房管局召开2017年度物业管理工作考核会议

1月9、10日，西安市住房保障和房屋管理局物业办分两次召开全市2017年度物业管理工作考核会议，对全市20个区县、开发区物业管理工作进行考核。会议指出：一是各区县、开发区要高度重视物业管理工作，进一步完善物业管理制度，加强对辖区物业企业监督管理，深入基层，不断提升全市整体物业服务水平；二是深刻贯彻落实中央关于取消物业资质核定等相关精神，逐步建立完善物业行业信用评价体系，形成重合同、讲信誉的良好行业氛围；三是加强区县、开发区各部门之间联动，做好物业管理区域内各职能部门齐抓共管工作，进一步理清责任，明确职责，并积极做好相关配合工作。

（四）西安人才政策再升级

1月19日，西安落户政策再升级，大中专毕业生落户西安，只需要提供毕业生本人身份证、毕业证就可到就近派出所办理，新的落户政策面向应届、往届毕业生。本科生45周岁以下（含45岁），大专毕业生35周岁以下（含35岁）都可落户，有房子的直接落家庭户，没有房子的可以落集体户。

2018 年 2 月房地产市场资讯

一、全国房地产重要资讯

（一）珠三角多城取消积分入户，宽松户籍政策抢夺人口红利

1 月 23 日，中山市出台《推动非户籍人口在城市落户实施方案》（以下简称《方案》），根据《方案》，在中山连续居住、参加社会保险满 3 年并有自有住房，连续居住满 5 年、连续参加社会保险满 5 年且没有自有住房但有合法稳定住所的人员可申请落户政策。

2 月 2 日，东莞市委常委会议审议通过《推动非户籍人口在城市落户实施方案》（以下简称《方案》）。根据《方案》，符合"参加城镇社保满 5 年且办理居住证满 5 年"的条件即可入户，东莞实施 8 年的积分入户政策被取代。

近日，深圳市发布《关于深圳市 2017 年国民经济和社会发展计划执行情况与 2018 年计划草案的报告》，提出 2018 年深圳将深入推进户籍制度改革，年末在册户籍人口达到 480 万人。

（二）央行工作会议：2018 年保持货币政策稳健中性

2 月 5 日至 6 日上午，2018 年中国人民银行工作会议在京召开。会议明确，央行 2018 年九项主要任务为：保持货币政策稳健中性；切实防范化解金融风险；稳妥推进重要领域和关键环节金融改革；持续推动金融市场平稳健康发展；稳步推进人民币国际化；深度参与国际金融合作和全球经济金融治理；进一步推动外汇管理体制改革；全面提高金融服务与管理水平；持续加强内部管理。

（三）南昌 3 月起规范全装修住宅销售，装修部分限价

2 月 22 日，南昌市住房保障房产管理局等多部门联合发布了《关于规范南昌市城区新建全装修住宅销售管理的通知》：3 月 1 日起，新建全装修住宅（包括新批全装修的及原毛坯改全装修的）装修价格的确定，由开发企业委托不少于 3 家有资质的房地产评估机构，对装修市场价格进行评估后取均价，作为销售时的装修价格。新建全装修住宅装修价格应在预销售方案中明确。同时，新建全装修住宅买卖合同约定的装修价格不得高于开发企业与装修单位签订的装饰装修建设承包合同中约定的装修价格。

（四）杭州将实行出租屋"旅馆式"管理

2 月 26 日，杭州市政府网站发布《杭州市居住出租房屋"旅馆式"管理实施方案（征求意见稿）》，到 2017 年年底，杭州要在实施居住出租房屋"旅馆式"管理的区域（部

位),实现五个"100%"。即居住出租房屋登记率达到100%,流动人口登记率和信息准确率分别达到100%,居住出租房屋消防安全隐患整改合格率达到100%,违法违规责任主体查处率达到100%。

二、陕西省内房地产重要资讯

(一)国家下拨25亿元用于陕西保障房配套基础设施建设

2月27日,国家发改委会同住房城乡建设部下达陕西保障性安居工程配套基础设施建设2018年第一批中央预算内投资25亿元。25亿元主要用于纳入目标任务的公共租赁住房(含廉租住房)和棚户区改造等相关配套基础设施建设以及公共服务设施,重点安排因配套基础设施建设短板影响保障房交付和分配使用的项目。

(二)西安户籍新政:一人落户,直系亲属举家随迁

2月1日,西安市公安局推出最新户籍新政,大幅简化落户流程,放宽直系亲属随迁、投靠限制。西安户籍新政自2017年3月份正式实施以来,截至2017年底,西安共计迁入新增人口25万余人,同比增长340%多。在当前全国多地住房限购的背景下,落户成为获得购房资格的一条主要途径。

(三)延安市出台激励政策助力绿色建筑

2月2日,延安市人民政府办公室印发了《关于进一步推进绿色建筑工作的实施意见》,对获得绿色建筑标识的建设项目配套财政补助奖励资金,即对获得一、二、三星级绿色建筑项目属地财政分别给予每平方米5元、10元、15元的配套补助资金(其中一星级配套补助资金截至2020年12月31日)。

(四)西安棚改办2018年计划新启动16个项目

2月28日,西安市城(棚)改办召开全市棚户区改造2018年工作会议,会议指出2018年西安计划新启动16个项目的房屋拆迁和征收工作,其中包括集体土地上棚户区(城中村)10个项目的房屋拆迁、国有土地上棚户区6个项目的房屋征收。

2018年3月房地产市场资讯

一、全国两会房地产热点

（一）2018年房地产市场以稳定运行为主

政府工作报告指出，2017年因城施策分类指导，三四线城市商品住宅去库存取得明显成效，热点城市房价涨势得到控制。2018年再次重申坚持房子是用来住的、不是用来炒的定位，落实地方主体责任，继续实行差别化调控、建立健全长效机制，促进房地产市场平稳健康发展。

（二）继续加快建立租购并举制度

2018年政府工作报告指出，"支持居民自住购房需求，培育住房租赁市场，发展共有产权住房。加快建立多主体供给、多渠道保障、租购并举的住房制度，让广大人民群众早日实现安居宜居"。两会期间，国家有关部门发布的《关于实施2018年推进新型城镇化建设重点任务的通知》明确指出，探索租赁房屋的常住人口在城市公共户口落户。

住房租赁不只是2018年全国两会的热词，根据地方两会公布的信息，住房租赁亦是今年各地工作的重点。从多个地方两会传出的消息来看，增加土地供应、优化供应结构，尤其是加大租赁市场供地力度、多渠道筹措租赁房源，成为各地2018年建立房地产市场长效机制的重点工作。

（三）启动新的三年棚改攻坚计划

政府工作报告指出，启动新的三年棚改攻坚计划，自2018年起到2020年，将再改造各类棚户区1500万套，其中2018年开工580万套。政府工作报告明确加大公租房保障力度，对低收入住房困难家庭要应保尽保，将符合条件的新就业无房职工、外来务工人员纳入保障范围。

（四）稳妥推进房地产税立法

3月4日，十三届全国人大一次会议首场新闻发布会上，首次担任新闻发言人的张业遂谈到了房地产税立法进展情况。张业遂表示，房地产税立法由全国人大常委会预算工作委员会和财政部牵头组织起草，目前正在加快进行起草完善法律草案、重要问题的论证、内部征求意见等方面的工作，争取早日完成提请常委会初次审议的准备工作。十三届全国人大一次会议3月5日上午开幕，国务院总理李克强作政府工作报告提出，2018年稳妥推进房地产税立法，改革个人所得税。

二、全国房地产重要资讯

（一）房贷将呈三大趋势：降增速、涨利率、保刚需

3月9日，中国人民银行官员在十三届全国人大一次会议新闻中心举行的记者会上指出未来个人住房贷款的三大趋势：一是增速在降，且会继续下降；二是利率在涨，且还有空间；三是刚需会保，尤其是会满足新市民的合理需求。

（二）国家发改委：今年超大特大城市要探索租房常住人口落户

3月13日，国家发展改革委发布了《关于实施2018年推进新型城镇化建设重点任务的通知》（以下简称《通知》），《通知》指出，全面放宽城市落户条件，继续落实1亿非户籍人口在城市落户方案，中小城市和建制镇要全面放开落户限制，超大城市和特大城市要探索租赁房屋的常住人口在城市公共户口落户。

（三）成都提高租房补贴标准，家庭年收入10万元内可申领

据成都市房管局消息，成都市从3月1日起提高市民申领租房补贴的标准，将中心城区家庭年收入准入标准由5万元提高到10万元，单身居民年收入准入标准由3万元提高到5万元，符合条件的外来务工人员也可申领。

（四）昆明：限售2年升3年、二套房首付30%升至45%

3月1日，昆明楼市调控再次升级：热门区域限售政策调至3年，二套房首付比例提高至45%。此外，住房公积金贷款最高额度下调为单职工缴存家庭30万元，双职工缴存家庭50万元；调整公积金贷款首付比例，对再次申请使用住房公积金个人贷款购买住宅的（含原有一套住房贷款已结清），最低首付款比例不低于50%。

（五）长沙实施差别化购房措施，优先满足首套刚需购房群体

3月27日，长沙市住房和城乡建设委员会下发《关于实施差别化购房措施的通知》，从当日起长沙市限购区域内商品住房销售实行差别化调控措施，将优先满足首套刚需购房群体，为首套刚需群体开辟购房"绿色通道"。首套刚需群体可优先选购的，分别是实行"限房价、竞地价"政策的商品住房项目（不含定向限价房），以及新建商品住房项目中144m²（含）以下户型的普通商品住房。

三、陕西省内房地产重要资讯

（一）陕西：2018年棚改计划开工20.2万套，公租房保障对象扩大到非户籍人口

3月6日，陕西省住房城乡建设工作会议召开，安排部署2018年重点工作：首先，2018年继续坚持房地产差别化调控政策，满足首套刚需、支持改善需求、遏制投机炒作，

配合金融部门加强资金管控。其次，2018年起实施新三年棚改计划，2018～2020年改造棚户区64.58万套，2018年计划开工20.2万套。此外，2018年以建立租购并举机制为重点，加快住房制度改革和长效机制建设；将公共租赁住房保障对象扩大到非户籍人口，实行市场租金、分档补贴。

（二）延安市积极推进装配式建筑健康发展

3月5日，延安市人民政府办公室印发了《关于大力发展装配式建筑实施方案》（以下简称《方案》），《方案》中明确提出2018年开展装配式建筑试点示范，具备装配式建筑技术应用条件的新建保障性住房及政府和国有企业全额投资项目应率先采用装配式建造方式。2020年重点推进区域装配式建筑占新建建筑比例达到20％以上；2025年全市装配式建筑占新建建筑比例达到30％以上，其中保障性住房及政府和国有企业全额投资项目原则上应达到100％。到2018年底，培育发展1～2家省级装配式建筑产业化生产基地。

（三）西安人才安居福利再升级，租房也可以贷款

中国建设银行陕西省分行推出贷款额度最高30万元、期限最长5年的"个人住房租赁贷款"。租户只要通过"CCB建融公寓"APP完成在线租房，就可以通过线上和线下方式申请租赁贷款，享受金融信贷服务。"按居贷"目前执行基准利率，1年期限的贷款利率仅为4.35％。

（四）西安户籍政策再升级，在校大学生凭学生证和身份证即可落户

3月22日，在2018年度西安春季赴京高端人才引进推介活动中国人民大学和清华大学活动现场，西安市公安局宣布即日起，面向全国开放在校大学生仅凭学生证和身份证即可完成在线落户大西安的新举措。

（五）西安正式加入摇号卖房大军

3月30日，西安市房管局发布了《关于进一步加强商品住房销售管理的通知》明确，意向购房人数多于可售房源的，应采取公证摇号方式公开销售，由公证机构全程监督，严禁内部预留房源或设置全款优先选房等限制性条件。这是继上海、南京、长沙、成都、武汉、杭州等城市之后第7个正式出台摇号卖房措施的城市。

（六）互联网＋智能养老，西安市首家"虚拟养老院"在莲湖区揭牌成立

3月30日，西安市首家"虚拟养老院"在莲湖区启动，该模式是通过呼叫中心为有需求的老年群体提供社会化养老服务订购、计划预约、服务调度、服务监管。同时，借助虚拟养老院平台的功能，实现对各类养老服务机构、家政服务机构、为老服务机构等资源的整合，为老年人、家属子女提供真实可靠的社会养老服务模式。

2018 年 4 月房地产市场资讯

一、全国房地产重要资讯

（一）财政部、住房城乡建设部联合发文：试点地方政府棚户区改造专项债问世

4 月 2 日，财政部、住房城乡建设部联合发布《试点发行地方政府棚户区改造专项债券管理办法》（以下简称《办法》），确定试点发行地方政府棚户区改造专项债券。此次《办法》明确，债券资金要由财政部门纳入政府性基金预算管理，并由本级的棚改主管部门专项用于棚户区改造，不得用于经常性支出。此外，试点地区的棚改项目，应当有稳定的预期偿债资金来源。同时，为规范棚户区改造融资行为，坚决遏制地方政府隐性债务增量，财政部、住房城乡建设部发文明确，有序推进试点发行地方政府棚户区改造专项债券工作。

（二）央行：一季度房地产贷款总体增速回落

4 月 20 日，央行发布 2018 年一季度金融机构贷款投向统计报告。数据显示，2018 年一季度末，房地产贷款余额 34.1 万亿元，同比增长 20.3%，增速比 2017 年末低 0.6 个百分点；一季度增加 1.9 万亿元，占同期各项贷款增量的比重比 2017 年水平低 2 个百分点。

（三）住房租赁资产证券化政策出炉

4 月 25 日，证监会和住房城乡建设部联合发布推进住房租赁资产证券化的通知，明确优先支持大中型城市、雄安新区等国家政策重点支持区域和利用集体建设用地建设租赁住房试点城市的住房租赁项目开展资产证券化。这意味着，新政策将有助于盘活住房租赁存量资产，提高资金使用效率，促进住房租赁市场发展。

（四）北京市简化公积金提取流程，取消多项证明

为方便市民办理公积金业务，4 月 13 日起，北京住房公积金管理中心取消了多项原先要提交的证明材料，如异地购房提取北京公积金的，不用再提交"职工异地购房证明"和"基本养老保险证明"；入职新单位缴存住房公积金不满一年的员工，提取公积金不用再提交"基本养老保险证明"等。

（五）海南楼市调控升级：全域限购

4 月 22 日，海南省委办公厅与海南省人民政府办公厅联合发布《关于进一步稳定房地产市场的通知》（以下简称《通知》）。《通知》堪称海南史上最严房地产调控，自此海南省

正式全域限购，彻底关闭了海南房产的流通性。这无疑是给之前热情高涨的房产市场快速降温并且推向了"冰封时代"。

二、陕西省内房地产重要资讯

（一）全省县域城镇建设专项资金支持县和PPP试点县工作推进会在西安召开

4月17日，全省县域城镇建设专项资金支持县和PPP试点县工作推进会在西安召开。会议通报了全省6个县城基础设施建设PPP试点县工作有关情况，部署了18个专项资金支持县县城建设项目实施工作，并切块下达省级财政资金5亿元，支持县城基础设施建设。

（二）住房和城乡建设厅通报全省房地产市场交易秩序专项检查情况

4月17~20日，陕西省住房和城乡建设厅组成4个检查组分别赴西安、宝鸡、咸阳、延安、榆林、汉中、安康、西咸新区8个地区开展了房地产市场交易秩序专项检查。本次检查采取召开座谈会、赴项目实地暗访等形式，随机对全省8个地区的在售房地产项目进行了实地检查，重点检查企业是否存在捂盘惜售、设置全款优先选房、拒绝住房公积金贷款、高于物价部门公示价格销售房屋、未公示房源上市计划等违法违规行为。

（三）西安再发24条新措降落户门槛：普通员工和农民工也有望落户

4月10日，西安户籍新政规定：国有企业最近连续3个纳税年度缴纳税额累计100万元以上，可申请其企业员工及配偶和子女落户；股份公司连续3个纳税年度缴纳税额累计在10万元以上，公司法人代表可申请企业员工及配偶和子女落户；个体工商户年度缴纳税额在2万元以上，其本人及配偶和未成年子女，可申请落户；新政策还显示，没有学历、职称、职业技能等的企业员工，从事个体经营的农民工，也可以在西安落户。

（四）渭南市规划局拟定"智慧规划管理系统建设构想"

4月11日，渭南市规划局拟定"智慧规划管理系统建设构想"：主要以规划前期的设计条件审批和后期的监督管理为重点，在原有规划和地理信息数据资源的基础上，建立智慧规划管理系统。该系统按照"互联网＋规划"的模式，实现网上规划审批、业务办理、数据管理、监督监察等一系列功能，以大数据为基础进行分析决策和快速办公，极大地增加了审批的透明性和公正性，成为政府转变职能作风、转变工作方式、简化办事流程的重要途径，进一步拉近了政府和群众的距离，满足群众需求，促进城市规划管理科学化、智能化，提升渭南营商环境。

（五）西安市物价局通报7种违规售房行为

4月18日，西安市价格监督检查局现场通报7种违规售房行为：高于物价局的公示价格销售商品房的；认购书等表示的价格高于物价局的公示价格，然后优惠（打折）销售的；通过销售公司或电商销售，收取团购费或电商服务费等其他费用的；以抵债、团购等为借口，变相提高房价的；产品宣传、销控表等多种标价内容不一致的；实际成交价与销售合同价格不一致的；在销售合同以外签订补充合同或协议加价销售的。

（六）西安户籍新政再推重磅举措

4月26日，在西安市委组织部、西安市人社局组团赴上海开展"2018西安硬科技、金融和互联网等重点行业急需紧缺人才专场招聘活动"中，西安公安户籍新政再推重磅举措：凡是在西安市市区依法注册登记的股份有限公司、有限责任公司，可申请年龄在35周岁以下（含35周岁）的法人、股东和企业员工落户西安。

2018 年 5 月房地产市场资讯

一、全国房地产重要资讯

（一）"房子是用来住的"，住房城乡建设部约谈 12 城市

5 月 9 日，住房城乡建设部就房地产市场调控问题约谈了成都、太原两市政府负责同志。这次约谈再次强调，坚持房地产调控目标不动摇、力度不放松。这是继全国两会"部长通道"后，住房城乡建设部再一次表明坚决的态度。此外，"五一"前，住房城乡建设部还约谈了西安、海口、三亚、长春、哈尔滨、昆明、大连、贵阳、徐州、佛山等 10 个城市政府负责同志。

（二）住房城乡建设部等四部门：防止提取住房公积金用于炒房投机

5 月 12 日，住房城乡建设部与财政部、中国人民银行、公安部四部门联合发布《关于开展治理违规提取住房公积金工作的通知》，要求优先支持提取住房公积金支付房租，提取额度要根据当地租金水平合理确定并及时调整。重点支持提取住房公积金在缴存地或户籍地购买首套普通住房和第二套改善型住房，防止提取住房公积金用于炒房投机。

（三）住建部七条新政重申房地产调控力度不放松

5 月 19 日，住房城乡建设部印发《关于进一步做好房地产市场调控工作有关问题的通知》，重申坚持房地产调控目标不动摇、力度不放松，并提出 7 点房地产调控要求。《通知》指出各地需坚持调控政策的连续性稳定性，认真落实稳房价、控租金、降杠杆、防风险、调结构、稳预期的目标任务，支持刚性居住需求，坚决遏制投机炒房，因地制宜，精准施策，确保房地产市场平稳健康发展。

（四）成都楼市调控升级：以家庭为单位分区域三重调控

5 月 15 日，成都出台《完善房地产市场调控政策通知》，进一步升级楼市调控。成都籍居民家庭拥有两套住房、单身拥有一套住房的，禁止在成都 11 个区域买房。户籍迁入成都市未满 24 个月的，要在成都 11 个区域买房的需要有当地连续 12 个月社保。同时，购买新房或二手房，取得不动产证 3 年后才可转让。

（五）贵阳出台多项住房发展政策

5 月 14 日，贵阳市人民政府发布正式文件，出台了包括 3 年内不得转让新建商品住房，限制多次反复申请公积金贷款，严打"首付贷""假按揭"等市场违规行为等住房发

展政策。

二、陕西省内房地产重要资讯

（一）省住房和城乡建设厅将开展整顿和规范建筑市场中介服务行为专项行动

5月25日，省住房和城乡建设厅印发《关于开展整顿和规范建筑市场中介服务行为专项行动计划的通知》，将在全省范围内开展建筑市场中介服务行为专项行动。工作重点包括：开展建设工程监理企业执业行为检查；开展建设工程监理企业执业人员履职核查；加强建设工程项目监督管理；开展建筑市场招投标代理机构信息化管理；强化工程招投标过程监管；加强招投标环节审查，打击串通投标行为；深化工程造价咨询监管；加强工程造价人员执业行为管理；规范计价软件管理。

（二）西安明确"商服、商品住宅用地"须以拍卖方式出让

5月14日，西安先后发布《西安市土地储备条例（征求意见稿）》及《进一步加强建设用地规划管理工作的通知》两个文件。明确用于商品住宅、商服、旅游、娱乐、工业等经营性项目的土地，必须采取招标、拍卖或者挂牌方式出让。同时，鼓励支持商品住宅用地变更为商业用地用于建设高品质特色酒店；各类绿地、交通、市政基础设施用地以及公共服务和公共管理设施用地，文化、教育、科研、医疗和体育等用地。

（三）安康出台住房公积金新政满足缴存职工使用需求

5月15日，安康市住房公积金管理中心出台新政，新政包括三大方面：一是全面提高贷款额度，夫妻双方均正常缴存住房公积金的，个人住房公积金贷款（装修贷款除外）最高限额，全市提高到60万元，只有一方正常缴存住房公积金的最高贷款额度，全市提高到50万元。二是降低贷款质押条件。职工申请住房公积金贷款保证方式为住房公积金账户余额质押的，质押比例调整为60%。三是再次简化办事流程。今后，职工在办理提取业务时，无须提供身份证复印件；职工在申请住房公积金贷款时，无须提供《住房情况诚信声明》。

（四）西安出台人才政策13条

5月17日，西安市人社局、财政局发布《西安市进一步加快人才汇聚若干措施》，主要内容为：设立高校毕业生"就业奖"；设立西安高校"留才奖"；加大创业扶持力度；提供全额灵活就业补贴；进一步下放人才评审权；扩大人才认定范围；加快培养技能型人才；高水平大学硕士"免笔试"招聘；提升引才用才安居保障；放宽外国人才准入条件；创建外国人才工作补贴制度；扩大"西安友谊奖"品牌效应；搭建前沿引才平台。

（五）西安：新建商品房配建不低于5%租赁型保障房

5月21日，西安市政府研究同意《西安市商品住房项目配建租赁型保障房实施细则》

（以下简称《细则》）。《细则》规定区域内新出让土地的商品住房项目（含土地用途变更为住宅的项目，不含城中村、棚户区改造配套开发部分），按照不低于宗地住宅建筑面积5％的比例，实物配建租赁型保障房。同时要求配建租赁型保障房应坚持与商品住房项目建设同设计、同配套、同竣工、同交付的原则。

（六）西安开展商品房交易秩序专项整治活动

5月26日，西安市住房保障和房屋管理局发布开展商品房交易秩序专项整治活动的通告，决定在全市范围开展商品房交易秩序专项整治活动，严厉打击房地产开发企业虚假摇号、内定房源、设置全款优先等限制性条件、捂盘惜售、规避调控政策、制造市场恐慌等扰乱市场秩序的行为。对在排查整治中发现的违法违规行为，将依法予以顶格处理。

2018 年 6 月房地产市场资讯

一、全国房地产重要资讯

（一）房地产税迈出重要一步：不动产登记基本实现全国联网

6 月 15 日，自然资源部确认全国统一的不动产登记信息管理基础平台已实现全国联网，我国不动产登记体系进入全面运行阶段。不动产登记信息联网，一方面是我国自然资源统一确权登记工作的基础，也是我国建立房地产长效机制的基础。未来在有效摸清市场实际情况的背景下，调控将更有针对性，房地产税等长效机制的工作也将顺利推进。

（二）国税地税征管体制改革：两税合并

6 月 15 日，国税地税征管体制改革迈出阶段性关键一步，全国各省（自治区、直辖市）级以及计划单列市国税局、地税局合并且统一挂牌。此举意味着 24 年国税和地税开始分家后，终于合二为一。伴随着国税与地税的合并，中央和地方的财税分配体系也将面临着重大调整。

（三）个税起征点调至 5000 元/月，房贷利息将纳入抵扣

6 月 19 日，《个人所得税法修正案（草案）》提请十三届全国人大常委会第三次会议审议，拟修改的内容包括：将个税起征点由目前的每月 3500 元提至每月 5000 元。同时，首次增加子女教育支出、继续教育支出、大病医疗支出、住房贷款利息和住房租金等 5 项专项附加扣除。目前，专项扣除方案细则仍未公布，住房贷款利息扣除的最高限额以及扣除范围仍未明确。

（四）调控进入新阶段 "反炒房" 控房价

6 月 28 日，住房城乡建设部等七部门联合发文，将于 7 月初至 12 月底在 30 个城市先行开展治理房地产市场乱象专项行动，打击重点包括投机炒房、房地产 "黑中介"、违法违规房地产开发企业和虚假房地产广告等四个方面。这 30 个城市包括 16 个热点城市，还包括一些潜在热点城市、媒体曝光违法违规行为较多的地方以及一些已经在进行违法违规行为整治的城市。

6 月 28 日当天，重庆、武汉、长沙等城市再次调控加码。随后，长沙又紧急对此前人才落户购房政策 "打补丁"，要求不受购房限制的人才至少博士、正高职称以上。7 月 2 日，重庆又有新动作。对重庆市房地产开发经营业务计税毛利率、土地增值税预征率、购买商品房税收优惠、首次购房按揭财政补助等 5 项政策作出调整。紧接着，上海市房屋管理局也出台

了《关于规范企业购买商品住房的暂行规定》。至此，楼市调控进入"反炒房"新阶段。

（五）多地市力推住房租赁

6月6日，《襄阳市住房租赁管理办法》公开征集意见，鼓励房地产企业和住房租赁企业通过新建商品房增加租赁住房供应，各县（市）和城区政府应当将新建租赁住房纳入住房发展规划，新增租赁住房的供应量及土地供应量占当地年度住宅及住宅用地供应总量的比例不少于40％，中心城区不少于50％。

6月8日，新疆维吾尔自治区下发《关于加快推进自治区住房租赁市场试点工作的通知》，自治区选取乌鲁木齐市、克拉玛依市、哈密市、昌吉市、库尔勒市等5个城市开展住房租赁市场试点工作，通过试点城市先行，继而逐步推广。

6月11日，湖北省宜宾市人民政府网站发布了《住房租赁试点工作方案》。主要内容为培育住房租赁市场供应主体，建立住房租赁交易服务平台，规范住房租赁中介机构，多渠道增加租赁房源。

二、陕西省内房地产重要资讯

（一）6月1日起陕西个人住宅被征收将优先安排住房保障

6月1日起，《陕西省国有土地上房屋征收住房保障办法》正式实施，有效期至2023年5月31日。规定，征收个人住宅的，被征收人符合当地住房保障条件的，将纳入住房保障范围。申请人获准住房保障的，市、县（区）住房和城乡建设行政主管部门应优先安排住房保障，申请租赁、购买保障性住房的，也应优先安排。

（二）省住房和城乡建设厅印发国有土地上房屋征收住房保障等三个办法

陕西省住房和城乡建设厅印发《陕西省国有土地上房屋征收房地产价格评估机构选定办法》《陕西省国有土地上房屋征收住房保障办法》和《陕西省国有土地上房屋征收停产停业损失补偿办法》，并明确三个办法均于2018年6月1日起正式施行，有效期至2023年5月31日。

（三）西安开展商品房销售秩序专项检查　顶格处理违规企业

6月3日，西安市住房保障和房屋管理局发布《关于开展商品房销售秩序专项检查工作的通知》，要求，即日起在全市范围内开展为期6个月的商品房销售秩序专项检查工作。检查内容包含未采取公证摇号方式公开销售商品住房等14事项。违法违规的房地产开发企业、经纪机构将被行政处罚，并视情节轻重采取暂停商品房销售、经纪、代理服务等措施。对媒体曝光、屡次违规的房地产开发企业、经纪机构要顶格处理。

（四）西安53家房产经纪机构被处罚，记分处理并予以公示

6月22日，从西安市房管局获悉，在全市二手房中介市场检查中，53家经纪机构存

在违法违规行为，按照《西安市存量房经纪服务违法违规行为记分标准》规定，分别给予记分处理并予以公示，其中，18家机构被处记5分，暂停存量房网签资格。

（五）西安为高校毕业生提供5000套公租房

6月22日，由陕西省高等学校毕业生就业服务中心、西安市住房保障和房屋管理局、中国建设银行陕西省分行主办的"2018年高校毕业生安居方案"发布会在西安举行。为助力西安市"百万大学生留西安就业创业5年行动计划"顺利实施，西安市房管局与中国建设银行陕西省分行共同为高校毕业生提供5000套公租房源。同时为推进"租购并举"的住房制度改革，培育和发展住房租赁市场，同时缓解高校毕业生租房压力，中国建设银行陕西省分行在全国首次推出毕业生租房专属贷款。

（六）西安升级楼市新政：提高限购门槛，优先刚需家庭

6月24日，西安市人民政府办公厅发布《关于进一步规范商品住房交易秩序有关问题的通知》，通知中包括《西安市商品住房购房意向登记规则指引》《西安市商品住房公证摇号选房细则指引》两份附件。新政调整了购房条件，重点对"摇号购房"形式进行了详尽规范。重点来看，此次新政共包含以下几大亮点：①明确登记意向购房人、摇号选房人、合同签订人必须三名一致；②统一购房流程，有意向登记，开发商核验信息，摇号前意向购房人信息公示等10项左右；③50%的房源优先满足刚需家庭；④对提供虚假资料的，5年内禁止买房；⑤提高新房供应节奏和供货量；⑥放宽二手交易限制，由满2年和满5年调整为满2年和满3年，进一步增加市场供给。

2018 年 7 月房地产市场资讯

一、全国房地产重要资讯

（一）政治局会议罕见严令房地产

7 月 31 日，中央政治局召开会议，对房地产提出了"下决心解决好房地产市场问题""坚决遏制房价上涨"等少有的提法，在年内全国调控不断，部分城市热度不减的楼市大背景下，这一罕见严令的表态，坚持更严调控的基调，无疑是市场走势最鲜明的信号，重点城市针对房价调控将是基本趋势。

（二）天津市加强企业自持租赁住房管理

7 月 18 日，天津市国土资源和房屋管理局发布《关于加强企业自持租赁住房管理的通知》明确，企业自持租赁住房应当以租赁方式自持经营，不得销售，不得分割转让、分割抵押。自持租赁住房持有年限与土地出让年限一致，对外出租单次租期不得超过 10 年。

（三）湖南省出台"湘十一条"强化楼市分类调控

7 月 23 日，湖南省住房和城乡建设厅印发《关于进一步稳定房地产市场的通知》（简称"湘十一条"），出台楼市分类调控、区域联动调控、制定实施住房发展规划、因地制宜推进棚改货币化安置、完善住房公积金信贷政策、严格新建商品住房销售管理、规范发展二手房市场、坚决打击投机炒房、建立房地产长效机制、建立房地产长效机制、落实稳定楼市主体责任等 11 条举措。

（四）北京市共有产权住房购房人贷款出台新规，共有产权房首付最低 30%

7 月 24 日，中国人民银行营业管理部与北京银监局、市规划国土委、市住房城乡建设委、北京住房公积金管理中心联合印发了《关于明确北京市共有产权住房购房人使用个人住房贷款有关事项的通知》（以下简称《通知》），《通知》规定：适用首套房贷政策的共有产权住房贷款最低首付比例按照政策性住房执行，不低于 30%；不适用首套房贷政策的共有产权住房贷款最低首付比例参照普通住房执行，不低于 60%。

（五）深圳房产新政正式落地

7 月 31 日，深圳公布《关于进一步加强房地产调控　促进房地产市场平稳健康发展的通知》，标志着深圳楼市新政终于落地。这也是自 2016 年发布"104"新政后，深圳房地产市场在时隔 21 个月后再次收紧调控。新政重点主要有企业购买住宅叫停、商住公寓取得不动产证限售 5 年、个人购买住宅取得不动产证后限售 3 年、对购房人离婚 2 年内申请住房商业贷款或公积金贷款的首付款比例不低于 70% 执行等。

二、陕西省内房地产重要资讯

（一）公证协会出台商品住房销售摇号细则

7 月 6 日，陕西省公证协会出台《陕西省公证机构办理商品住房销售摇号公证实施细则》，对包括公证机构、公证人员的工作职责和操作流程做出详细规定，进一步规范商品住房销售摇号公证全过程。主要包括公证机构要审查楼盘是否"五证"齐全、摇号活动全过程进行录像、摇号活动全过程进行录像、发现有弄虚作假的可向公安部门报案等主要内容。

（二）全省保障性安居工程半年点评会召开

7 月 12 日，省政府召开全省保障性安居工程半年点评会议，会议强调要按照中省关于做好保障性安居工程工作的新要求，坚持问题导向，加强组织领导，落实工作责任，加强监管考核，切实抓好棚户区改造、提高入住率、拓宽保障范围、提升运营管理水平、推进审计发现问题整改等工作，确保如期全面完成年度目标任务，并为明年工作奠定良好基础，为全省追赶超越作出积极贡献。

（三）省住房和城乡建设厅召开棚户区改造和公租房工作座谈会

7 月 26 日，省住房和城乡建设厅召开棚户区改造和公租房工作座谈会，会议要求，在棚户区改造工作方面，各市（区）要抓紧修订完善棚户区改造界定标准，明确改造范围，完善改造计划，因地制宜推进货币化安置，同时进一步夯实年度项目开工质量，做好 2019 年项目的先期筹备工作。在公租房保障方面，各市（区）要进一步加大保障力度，在做好实物分配保障的同时加大租赁补贴发放力度，对已入住的公租房小区，继续抓好"和谐社区·幸福家园"创建工作。

（四）西安建工与陕煤集团签约城六区 100 个老旧小区改造

7 月 5 日，西安建工与陕煤实业在陕西宾馆签订战略合作协议，双方将携手对陕煤集团接收的 100 余个老旧小区进行提升改造，目前陕煤集团已签订接收 91 家单位共 157 个小区，其中老旧住宅占 70%，住宅面积约 380 万 m²，主要集中于西安市城六区。

（五）西安商圈建设三年行动方案发布，重点建设 35 个大型商圈

7 月 12 日，《西安市商圈建设三年行动方案（2018—2020 年）》正式出台，方案明确，西安将用 3 年时间构建布局合理、特色鲜明的城市商圈体系，建成以钟楼国际消费中心为引领，小寨、高新、曲江、经开、西咸、浐灞 6 个城市商业中心为骨干，28 个区域商圈为支撑，社区便民商圈为辅的商圈发展布局结构。

（六）铜川市进一步降低市本级公租房申请条件

7月27日，为加快市本级公租房分配入住步伐，提高保障房使用率，根据中省相关文件会议精神，铜川市出台《关于进一步降低市本级公租房申请条件的通知》，最大限度地降低保障门槛，扩大保障面，精简保障房申请流程。申请北市区公租房的家庭人均月收入由不超过1557元调整至不超过2000元；单身申请人月收入由不超过1780元调整至不超过2200元。同时对申请北市区公租房的保障对象扩大到本区域18周岁以上农村户籍居民。

2018 年 8 月房地产市场资讯

一、全国房地产重要资讯

（一）住房城乡建设部召开座谈会：对楼市调控不力的城市坚决问责

8 月 7 日，住房城乡建设部在辽宁沈阳召开部分城市房地产工作座谈会，要求：加快制定住房发展规划，抓紧调整住房和用地供应结构，大力发展住房租赁市场，完善和落实差别化住房信贷、税收政策，支持合理住房消费，坚决遏制投机炒房；对楼市调控不力的城市坚决问责，把地方政府稳地价、稳房价、稳预期的主体责任落到实处，确保市场稳定。要严格督查，对工作不力、市场波动大、未能实现调控目标的地方坚决问责。

（二）银保监会："以房养老保险"从试点扩至全国范围

8 月 8 日，银保监会印发《中国银保监会关于扩大老年人住房反向抵押养老保险开展范围的通知》，宣布即日起，老年人住房反向抵押养老保险扩大到全国范围开展。并要求加强老年人住房反向抵押养老保险业务的风险防范与把控，积极创新产品，丰富保障内容，拓展保障形式，有效满足社会养老需求，增加老年人养老选择。

（三）打破 70 年产权规定，住宅用地使用权到期自动续期

8 月 27 日，《民法典各分编（草案）》首次提请全国人大常委会审议。其中，"物权编草案"规定：住宅建设用地使用权期间届满的，自动续期；续期费用的缴纳或者减免依照法律、行政法规的规定。同时增加了"居住权"部分，即居住权人有权按照合同约定并经登记占有、使用他人的住宅，以满足其稳定生活居住需要，也即租赁合同经"街道办"备案登记后，原则上享有申请学校等权利。

（四）打击违法乱纪行为，多地市相继宣布开展整治行动

7 月 31 日，七部委联合发布《关于在部分城市先行开展打击侵害群众利益违法违规行为　治理房地产市场乱象专项行动的通知》，住房城乡建设部公布一批各地查处的违法违规房地产开发企业和中介机构名单。住房城乡建设部要求各地继续深入开展专项行动，进一步整顿和规范房地产市场秩序，切实维护人民群众合法权益。

8 月 9 日，福建省住房和城乡建设厅官网发布八部门联合治理房产市场的通知，决定至 12 月，在省内联合开展打击违法违规行为治理房地产市场专项行动；8 月 14 日，重庆市市国土房管局、市公安局联合发文，将重点整治和打击目前房地产市场存在的违规行为，以保障房地产市场健康发展；8 月 21 日，河南省九部门联合发文治理楼市乱象，重点

打击投资炒房行为和房地产"黑中介"，治理房地产开发企业违法违规行为和虚假房地产广告，进一步整顿和规范房地产市场秩序。

二、陕西省内房地产重要资讯

（一）西安市 3167 套公租房将摇号分配

8 月 10 日，西安渭水欣居等 12 个公租房摇号分配会议将于荣民饭店举行，本次分配的公租房房源共计 3167 套。本次公租房分配将采取电脑程序随机摇号、一次性确定每户家庭具体房号的方式进行。按照项目进行分组，如果分配对象数量大于房源数量，则有部分分配对象轮空，轮空家庭可参加下次公租房分配。

（二）棚改完成年度任务 70% 西安地铁上盖保障房

8 月 14 日，西安市房管局与西安市地铁办召开地铁上盖建设保障房座谈会，双方就贯彻落实居住用地"两个 20% 原则"，加大保障房建设力度，商谈在地铁场站周边集中建设公租房、地铁沿线配套建设人才公寓计划达成一致共识。下一步，双方将结合住房保障现行政策，进一步探索可行性实施途径。

（三）西安禁止"租赁贷"进一步规范我市住房租赁市场

8 月 28 日，西安房管局发布《关于进一步规范我市住房租赁市场的通知》，要求住房租赁业务的企业或个人签订的住房租赁合同中不得涉及住房租赁租金贷款相关内容，如需办理住房租赁租金贷款需按中国银行保险监督管理委员会相关要求办理。房管局建议该合同采用由房管局官方网站发布的示范文本，且合同内容不得涉及住房租赁租金贷款相关内容。

（四）安康市住房公积金网上业务大厅上线运行

8 月 28 日，安康市住房公积金网上业务大厅上线运行，此次上线运行的网上业务大厅是安康市住房公积金综合服务平台的核心组成部分，同步开通运行的还有安康住房公积金手机 APP、安康住房公积金微信公众号、12329 住房公积金热线、手机短信等服务渠道。网厅除了具有查询功能，还能办理单位和个人相关业务，微信公众号、手机 APP 主要提供查询和咨询服务，缴存职工可根据实际需要选择性使用。

（五）西安通报 10 家违规房企　龙湖、绿地在列

8 月 31 日，西安房管局通报 10 家因涉嫌违背公平竞争、诚实信用等违法行为的房地产开发商及项目，涉及绿地、龙湖、航天城实业、汉华地产等房企。其中宝枫佳苑、开远半岛广场、方舟国际三个项目的开发企业被一次性扣 10 分，在整改或行政处罚完毕前，暂停房屋网签销售及新申请预售许可、销售代理业务。

2018 年 9 月房地产市场资讯

一、全国房地产重要资讯

(一) 房地产税确定立法规划，将在 5 年内提请审议

9 月 7 日，全国人大常委会召开立法工作会议，部署十三届全国人大常委会立法规划实施工作，有 116 件法律草案列入规划，包括房地产税法在内的 11 部税法拟在本届人大常委会任期内提请审议。同时，房地产税包含在"一类项目"中，且在征收步骤上，将采取"立法先行、充分授权、分步推进"的顺序。

(二) 住房城乡建设部监管加码，北京、上海、广州集体开展楼市乱象整治

9 月 14 日，住房城乡建设部通报各地专项行动查处的第二批违法违规房地产开发企业和中介机构名单，并强调各地要持续深入开展专项行动，通过部门联合执法，把打击侵害群众利益违法违规行为作为整治房地产市场乱象工作的重中之重，对于房地产乱象行为发现一起，查处一起并予以曝光。通过进一步规范房地产市场秩序，切实维护人民群众的合法利益。

9 月 18 日，广州市住房和城乡建设委员会开展房地产中介市场专项整治，进一步加大对违法违规行为的查处力度；9 月 19 日，北京市住房和城乡建设委员会和上海市住房和城乡建设委员会分别发布《关于开展打击侵害群众利益违法违规行为治理房地产市场乱象专项行动的通知》和《关于开展 2018 年房地产市场秩序专项整治的通知》，提出明确治理企业购房的乱象，开展治理房地产市场乱象专项行动。

(三) 国务院扩大房产税免征、增值税优惠政策范围

9 月 26 日，国务院发布《国务院关于推动创新创业高质量发展打造"双创"升级版的意见》(以下简称《意见》)。在房地产相关方面，《意见》提出将积极落实产业用地政策，深入推进城镇低效用地再开发，健全建设用地"增存挂钩"机制，优化用地结构，盘活存量、闲置土地用于创新创业。并进一步指出，将加大财税政策支持力度，将国家级科技企业孵化器和大学科技园享受的免征房产税、增值税等优惠政策范围扩大至省级，符合条件的众创空间也可享受。

(四) 住宅占比过高、有房地产倾向的小镇将逐渐淘汰

9 月 28 日，国家发改委发布《关于建立特色小镇和特色小城镇高质量发展机制的通知》，指出在现有省级特色小镇和特色小城镇创建名单中，逐年淘汰住宅用地占比过高、

有房地产化倾向的不实小镇。同时，还包括政府综合债务率超过 100％市县通过国有融资平台公司变相举债建设的风险小镇，以及特色不鲜明、产镇不融合、破坏生态环境的问题小镇。

二、陕西省内房地产重要资讯

（一）两厅联合印发《陕西省保障性安居工程建设管理工作奖励办法》

9 月 6 日，省住房和城乡建设厅联合省财政厅印发《陕西省保障性安居工程建设管理工作奖励办法》，指出保障性安居工程奖励工作坚持物质奖励和精神奖励相结合、以奖代补、公平公正的原则，接受社会各界的监督。省住房和城乡建设厅会同有关部门负责全省保障性安居工程建设管理工作的考核，省财政厅负责奖励资金的筹集拨付，并监督资金的使用。

（二）咸阳公积金新政：二套首付上浮至 40％

9 月 4 日，咸阳住房公积金管理中心发布《关于调整公积金信贷业务办理细则的通知》，要求家庭第二套住房的首付比例从现行的 20％上浮至 40％；申请贷款条件由"连续缴存 6 个月"调整为"连续缴存 12 个月"；暂停"商转公"贷款业务；离婚半年内不予以贷款；公积金缴存人、购房第一买受人、公积金借款人必须为同一人，购房共同买受人只能是借款人配偶；停止异地公积金贷款，半年内征信查询超过两次停止贷款。

（三）西安住房制度改革：共有产权房落地

9 月 14 日，西安市房管局发布《西安市深化住房供给侧结构性改革实施方案》，要求推进共有产权住房制度改革，按照政府和个人共同出资、共有产权、共享增值收益的原则，降低中低收入住房困难家庭、各类人才购房门槛、解决中等以下收入住房困难家庭和无自有住房各类人才的居住问题。重点提出要落实居住用地"两个 20％"原则，并推行"共有产权房＋公租房"制度。

（四）西安禁止将房屋销售与学区、学校相关联

9 月 19 日，西安房管局联合教育、工商等部门发布《关于禁止将房屋销售与学区、学校相关联的通知》，明确要求：开发企业在房屋销售过程中禁止将房屋销售与学区、学校相关联；购房人所购商品房相对应的学区或学校，应以教育主管部门制定的当年入学政策为准，房地产开发企业一律无权承诺。

（五）宝鸡明确城镇棚户区标准及改造范围界定

9 月 17 日，宝鸡市人民政府办公室印发《宝鸡市城镇棚户区标准和改造范围界定办法的通知》，明确城镇棚户区的范围和严禁纳入棚改的项目，并提出对中心城区外规划区内的自然村实施改造，要根据当地经济社会发展状况稳步推进。

2018 年 10 月房地产市场资讯

一、全国房地产重要资讯

（一）国庆央行发声：再次降准

10 月 7 日，中国人民银行决定从 2018 年 10 月 15 日起，下调大型商业银行、股份制商业银行、城市商业银行、非县域农村商业银行、外资银行人民币存款准备金率 1 个百分点。此前，央行在今年 1 月、4 月、7 月先后进行了三次降准，此次是年内第 4 次降准，释放资金约 1.2 万亿元。此次降准力度超过今年前 3 次，将会对实体经济和金融市场产生很多积极影响。

（二）国务院推进棚改工作，进一步改善困难群众居住条件

10 月 8 日，国务院召开常务会议指出，2018 年 1～9 月全国棚改已开工 534 万套、占全年任务的 92％以上，对改善住房困难群众居住条件、扩大有效需求等发挥了一举多得的重要作用。并指明下一步工作：要按照今年政府工作报告确定的新的三年棚改计划，督促各地加快开工进度；要因地制宜调整完善棚改货币化安置政策，商品住房库存不足、房价上涨压力大的市县要尽快取消货币化安置优惠政策；要科学确定 2019 年度棚改任务，保持中央财政资金补助水平不降低。

（三）发改委督查"推动 1 亿人落户"各地落实情况

10 月 10 日，国家发改委公布了《关于督察〈推动 1 亿非户籍人口在城市落户方案〉落实情况的通知》。一是重点督查省级落实情况，特别是在加大对农业转移人口市民化的财政支持力度、建立财政性建设资金对吸纳农业转移人口较多城市基础设施投资的补助机制等方面；二是城市政府落实情况，特别是在放开城市落户限制、建立进城落户农民"三权"维护和自愿有偿退出机制、保障进城落户农民基本公共服务同城同待遇、促进有条件在城镇稳定就业生活的农村贫困人口市民化等方面。

（四）住房城乡建设部在陕西等 8 省开展政府购买公租房运营试点

10 月 16 日，住房城乡建设部、财政部联合发布《推行政府购买公租房运营管理服务试点方案的通知》，确定在浙江、安徽、山东、湖北、广西、四川、云南、陕西等 8 个省（区）开展政府购买公租房运营管理服务试点工作。通知要求今年年底前，试点地区应制定出台相应的方案和管理办法，于 2019 年年中将组织开展中期评估，年底对试点工作进行全面总结。

（五）个税抵扣办法发布：房贷利息按 1000 元/月标准扣除

10 月 20 日，财政部、国家税务总局网站公布《个人所得税专项附加扣除暂行办法（征求意见稿）》，向社会公开征求意见。方案指出，纳税人本人或配偶发生的首套住房贷款利息支出，可按每月 1000 元标准定额扣除；住房租金根据纳税人承租住房所在城市的不同，按每月 800 元到 1200 元定额扣除。纳税人的子女接受学前教育和学历教育的相关支出，按每个子女每年 1.2 万元（每月 1000 元）标准定额扣除。

（六）住房城乡建设部拟推房地产信用管理，违反将列入黑名单

10 月 23 日，住房城乡建设部发布《住房城乡建设部办公厅关于信用信息管理暂行办法等文件公开征求意见的通知》（以下简称《通知》），并在网上征求住房城乡建设领域信用信息管理、失信联合惩戒对象名单管理、领域守信联合激励对象名单管理暂行办法的相关意见。《通知》将从住房保障、房地产市场、建筑市场和工程质量安全等 9 个方面 101 个条款进行落实。触犯条款且情节严重或社会影响较大的人员，将被列入失信联合惩戒对象名单。

二、陕西省内房地产重要资讯

（一）陕西省住房和城乡建设厅：进一步加强公租房分配管理工作

10 月 15 日，陕西省住房和城乡建设厅发布了《关于进一步加强公租房分配管理工作的通知》，旨在解决目前公租房分配管理中不平衡不充分的问题。具体实施办法有：深化公租房制度认识；完善公租房准入条件；提高申请审核效率；建立健全退出机制；加大租赁补贴力度；实施特殊群体精准保障等。

（二）西安 11 部门联合整治楼市乱象，"首付贷"等列入重点

10 月 8 日，中共西安市委、西安市房管局发布《开展治理房地产市场乱象专项行动的通知》，将联合公安、工商、物价、税务、公积金管理中心、金融办等 11 个部门开展楼市乱象整治。整治重点包括："雇佣人员制造抢房假象等方式，恶意炒作，哄抬房价""提供'首付贷'采取'首付分期'""限制、阻挠、拒绝购房人使用住房公积金贷款或者按揭贷款"。同时，要求市公安局将查处捏造、散布房地产虚假信息等扰乱市场秩序、房地产开发企业、经纪机构与投机炒房团伙串通、谋取不正当利益等违法犯罪行为。

（三）西安职工住房公积金付房租，每年每人限 10200 元

10 月 9 日，西安公积金中心联合公安等 4 部门印发《治理违规骗提套取公积金行为的通知》（以下简称《通知》），《通知》进一步规范公积金账户转移及非本市户口离职提取，并对职工租房提取公积金限额进行了调整：优先支持提取住房公积金支付房租，每年每人提取 10200 元。

（四）西安开展商品房销售明码标价专项检查

西安市物价局决定于 10 月 9 日～11 月 9 日在全市范围内开展为期一月的商品房销售明码标价专项检查，此次检查对象为房地产开发企业和房地产中介机构，重点检查房地产开发企业在售楼盘和房地产中介机构明码标价情况，检查内容有：未按规定实行"一套一标"；未一次性公开全部销售房源；没有按照规定内容明码标价；在标价和公示的收费之外加价等其他违反明码标价规定销售商品房等行为。

2018 年 11 月房地产市场资讯

一、全国房地产重要资讯

（一）印花税法意见稿：免征转让、租赁住房印花税

11 月 1 日，财政部、国家税务总局就《中华人民共和国印花税法（征求意见稿）》公开征求意见。征求意见稿中提出六种免征或者减征印花税的情形，其中第六种系"转让、租赁住房订立的应税凭证，免征个人（不包括个体工商户）应当缴纳的印花税"，旨在减轻个人住房负担。

（二）住建部治理房地产失信：部署 30 城，101 种行为将拉黑

11 月 8 日，中央人民政府官方网站发布消息，住房城乡建设部重拳治理房地产市场失信行为，拟将 101 种违法违规行为"拉黑"，进一步加大房地产市场失信行为整治力度。住房城乡建设部已会同相关部门在 30 个重点城市先行部署，重点打击房地产"黑中介"等失信行为。

（三）北京规范公租房家庭资格管理工作

11 月 1 日，北京市住房和城乡建设委员会发布《关于严格违规转租转借公共租赁住房家庭资格管理等工作的通知》。明确，如违规转租转借，各区住房保障部门将取消该家庭各类保障房资格的信息，记入不良信息档案，自取消资格决定作出之日起，5 年内不允许该家庭再次申请公共租赁住房（含市场租补贴）及共有产权住房。

（四）上海发布高质量用地政策

11 月 20 日，上海发布《关于本市全面推进土地资源高质量利用的若干意见》。意见主要包括三方面内容：一是在支持实体经济，服务民营、外资、国资共同发展方面，研究制定了高质量的土地供给、存量盘活和规划空间政策；二是在保障生态空间，统筹生产、生活、生态功能相协调方面，研究制定了覆盖全域土地资源的政策措施；三是在营造 15 分钟社区生活圈，补齐公共服务设施短板，打造最有吸引力的高品质生活空间方面，提出一系列政策措施。

（五）深圳修订房地产监管办法

11 月 23 日，深圳市规土委发布《深圳市房地产市场监管办法（修订草案征求意见稿）》，对商品房预售、房屋租赁、资金监管等作出规定。在房地产预售方面，提出房地产

开发项目在申请预售前，项目资本金账户余额应当不低于项目资本金10%；房企确需调整销售价格且调整幅度超出备案价格15%的，应当在调整价格前办理备案变更。在房屋租赁方面，规定出租住房应当以原始设计的卧室或者起居室为最小出租单位，且人均租住建筑面积不得低于6m²。还提出房地产行业实行年报管理制度，注册地在本市的房地产开发企业、房屋租赁企业、经纪和估价机构，应当按照主管部门要求及时报送年报。

（六）长春新规：商品房预售资金专项用于项目工程建设

11月27日，长春市出台《长春市商品房预售资金监督管理办法实施细则》。指出，商品房预售资金监管额度为项目总预售款的30%，总预售款以开发企业办理预售许可时报备的房屋备案价格和批准预售的商品房面积的乘积核定。还明确，商品房预售监管资金由开发企业分期申请使用，专项用于支付该项目自取得预售许可，到完成不动产首次登记所需的施工款、法定税费及管理费等其他与该项目工程建设有关的费用。

二、陕西省房地产重要资讯

（一）陕西省开展政府购买公租房运营管理服务试点工作

11月22日，省住房和城乡建设厅、省财政厅结合我省公租房运营管理现状和各地申报情况，联合印发通知，决定在部分市县开展政府购买公租房运营管理服务试点工作。通知明确，根据地方自愿申报，本次试点确定在西安市、宝鸡市、安康市市本级和西安市高新区、扶风县、富平县、汉阴县等7个市、县（区）开展。试点主要工作是建立工作机制，制定实施方案，确定试点项目，健全服务目录，纳入预算管理，规范购买流程，建立标准规范，建立评价机制等。

（二）西安市规范商品房交易相关问题

11月3日，西安市发布《西安市人民政府办公厅关于规范商品住房交易有关问题的补充通知》。通知放宽了商品房预售条件，并要求相关部门要尽快实现数据互通、信息共享，建立可在线核查购房资格信息的意向登记平台，完善购房资格审核的多部门协查机制，严厉打击骗取购房资格等违法违规行为。

（三）安康市住房和城乡建设局召开全市保障性安居工程推进会

11月12日，安康市住房和城乡建设局组织召开了全市保障性安居工程推进会，何向发副局长就做好全市保障性安居工程工作做了安排部署。其中提出要提高2018年棚户区改造开工质量及续建项目建设进度，做好公租房入住、租赁补贴发放工作，深入开展和谐社区幸福家园创建，全面完成审计整改，全面落实2018年保障性安居工程任务，推动全市住房保障工作健康发展。

（四）西安市 976 套公租房源公开摇号分配

11 月 20 日，西安市分配 5 个公共租赁住房小区（剩余房源）房源，共计 976 套。经过两级审批、两次公示、六部门联审，取得公共租赁住房实物配租资格（不限租金标准）且目前仍然符合实物配租条件的，共计 1191 户。本次公租房分配将采取电脑程序随机摇号、一次性确定每户家庭具体房号的方式进行。

2018 年 12 月房地产市场资讯

一、全国房地产重要资讯

（一）国税总局：统筹研究房地产交易、保有环节税收政策

12月5日，国家税务总局答复政协十三届全国委员会提出的《关于盘活低效用地支持实体经济发展的提案》中提出，将深入了解工业用地税收负担的实际情况，在推进房地产相关税收制度立法与改革过程中，统筹研究房地产交易环节与保有环节的税收政策，发挥税收职能作用，为减少工业用地闲置、服务实体经济转型升级创造良好税收环境。

（二）中央经济会议：坚持房住不炒、因城施策分类指导

12月19日-21日，中央召开经济工作会议，会议提及房地产指出"要构建房地产市场健康发展长效机制，坚持房子是用来住的、不是用来炒的定位，因城施策、分类指导，夯实城市政府主体责任，完善住房市场体系和住房保障体系"。同时会议提出，进一步稳就业、稳金融、稳外贸、稳外资、稳投资、稳预期，提振市场信心，必须坚持以供给侧结构性改革为主线不动摇，更多采取改革的办法，更多运用市场化、法治化手段，在"巩固、增强、提升、畅通"八个字上下功夫。

（三）住房城乡建设部：2019 年着力落实稳地价、稳房价、稳预期

12月24日，全国住房和城乡建设工作会议在北京召开，住房城乡建设部全面总结了2018年住房和城乡建设工作，并明确了2019年房地产市场调控的重点任务：把稳地价、稳房价、稳预期的责任落到实处；加快解决中低收入群体住房困难；补齐租赁住房短板；人口流入量大、住房价格高的特大城市和大城市要积极盘活存量土地，加快推进租赁住房建设，切实增加有效供应。

（四）山东菏泽取消限售广州杭州等多地开始松绑

12月18日，山东省菏泽市住房和城乡建设局发布通知规定：取消《关于进一步加强房地产市场调控工作的通知》中"对主城区和住房成交量高、房价稳控压力大的县区实行新购住房限制转让措施，即所购买的新建商品住房和二手住房取得产权证书至少满2年后方可上市交易，非本地居民购房限制转让时间不少于3年"的规定。同期，广州放宽商服类房产的销售政策，允许商服类物业出售给个人；杭州购房政策放宽，外地户口在杭购房者社保未连续可补缴；珠海非本市户籍人才购房连续缴纳社保年限由5年降低至1年。

（五）广州市：加快和发展住房租赁市场

12月27日，广州市六届人大常委会第二十九次会议审议了市政府"关于加快培育和发展住房租赁市场工作情况的报告"。报告指出下一步工作任务：多渠道增加租赁住房供应；加强对城中村规模化改造的指导，合理设置租赁企业准入门槛，引导租赁企业按照租户消费结构和支付能力，供应适宜的租赁住房；编制全市统一、科学、合理的租金指导价格并定期向社会发布，引导骨干企业出租房的租金不高于所在区域的租金指导价格。

二、陕西省内房地产重要资讯

（一）西安印发特色小镇总体规划

12月3日，西安市人民政府印发《西安市特色小镇总体规划（2018-2021年）》。规划在深入分析西安市特色小镇建设发展基础、发展机遇和问题挑战的基础上，明确西安市特色小镇建设的发展思路及目标，提出10大类特色小镇分类发展和布局导向，并提出特色小镇体制机制创新建议。

（二）西安商品房配建公租房：不低于住宅建筑面积的15%

12月11日，西安市政府发布《西安市商品住房项目配建公共租赁住房实施细则》（以下简称《细则》），提到商品房住房项目须实物配建公租房。《细则》指出，城六区及七个开发区规划区域内，新出让土地的商品住房项目（含签订土地使用权变更协议的，不含城中村、棚户区改造配套开发部分），按照不低于宗地住宅建筑面积15%的比例，实物配建公租房，其中5%无偿移交政府；10%政府回购。配建公租房产权归市政府所有。

（三）西安房管局：维持房价稳定　坚持调控政策不放松

12月21日，西安市政府新闻办就房价有关情况召开新闻发布会，西安市房管局副局长杨根民指出：西安市房管局将继续毫不动摇地坚持房子是用来住的、不是用来炒的定位，毫不动摇地坚持调控政策的连续性和稳定性；加快形成共有产权住房和公租房有效供给，满足不同收入居民家庭的住房需求；严厉打击无证售房、捂盘惜售、炒作舆论等违法违规行为。

（四）西安新建住宅实施全装修

12月28日，西安市政府办公厅印发《关于西安市推进新建住宅全装修工作实施意见》的通知。意见指出，自2019年1月1日起，在全市行政区域内新建住宅推行全装修成品交房，西安市行政区域内新出让或划拨土地上，除拆迁安置房以外的住宅建设项目实行全装修。蓝田县、周至县根据实际情况确定，到2021年后达到100%全装修建设。

（五）延安市联合执法检查房地产市场　多家楼盘存在违规销售

12月6～10日，由延安市房产办牵头，工商、物价、城管、城改办等部门组成联合执法检查组，对市区多家楼盘进行了检查。在检查中，联合执法检查组当场给予存在问题的楼盘项目分别下达了停止违法销售通知书和责令整改通知书。市房产办有关负责人表示，下一步各部门将认真梳理检查存在的问题，根据开发企业整改情况，集中处理一批违法违规案件。

附录 陕西省及各地市（区）政策汇总

		陕西省	
序号	发布时间	政策名称	发布部门
1	2004.03	陕西省城市房屋拆迁补偿管理条例	陕西省人民代表大会常务委员会
2	2004.05	陕西省省外建筑业企业进陕管理规定	陕西省建设厅
3	2004.05	陕西省工程建设项目报建管理规定	陕西省建设厅
4	2004.08	中共陕西省委办公厅陕西省人民政府办公厅印发《省级驻西安单位住房分配货币化实施方案》的通知	陕西省人民政府办公厅
5	2004.01	陕西省人民政府办公厅贯彻国务院办公厅关于控制城镇房屋拆迁规模严格拆迁管理的通知	陕西省人民政府办公厅
6	2004.11	建设项目用地预审管理办法	中华人民共和国国土资源部
7	2005.05	陕西省建设工程招标投标有形市场管理办法	陕西省人民政府
8	2005.06	陕西省城市房地产市场管理条例	陕西省人民代表大会常务委员会
9	2006.01	陕西省实施《经济适用住房管理办法》细则	陕西省人民政府办公厅
10	2007.05	陕西省城市居住区物业管理条例	陕西省人民代表大会常务委员会
11	2007.06	陕西省城市房地产市场管理条例	陕西省人民代表大会常务委员会
12	2007.06	陕西省建筑市场管理条例	陕西省建设厅
13	2007.11	陕西省质量检验机构管理条例	陕西省人民代表大会常务委员会
14	2007.11	陕西省实施《中华人民共和国招标投标法》办法	陕西省人民代表大会常务委员会
15	2007.11	陕西省产权交易管理暂行办法	陕西省人民政府
16	2007.11	陕西省建筑节能条例	陕西省人民代表大会常务委员会
17	2007.11	陕西省城市规划管理技术规定（试行）	陕西省建设厅
18	2007.12	陕西省人民政府关于进一步加快解决城市低收入家庭住房困难的若干意见	陕西省人民政府
19	2007.12	陕西省建设项目安全设施监督管理办法	陕西省人民政府
20	2008.05	陕西省建设工程长安杯（省优质工程）评选暂行办法	陕西省建设厅
21	2008.09	陕西省墙体材料革新与节能建筑管理办法	陕西省人民代表大会常务委员会
22	2008.09	陕西省室内装饰管理规定	陕西省人民政府
23	2009.02	陕西省人民政府关于进一步加强住房公积金管理提高使用率的意见	陕西省人民政府

序号	发布时间	政策名称	发布部门
24	2009.02	陕西省物业管理条例	陕西省人民代表大会常务委员会
25	2009.03	关于印发《房屋建筑和市政基础设施工程施工招标投标管理办法》的通知	陕西省住房和城乡建设厅
26	2009.06	陕西省城乡规划条例	陕西省人民代表大会常务委员会
27	2009.06	陕西省乡村规划建设条例	陕西省人民代表大会常务委员会
28	2010.04	陕西省人民政府办公厅关于促进房地产市场平稳健康发展的意见	陕西省人民政府办公厅
29	2010.08	中共陕西省委办公厅 陕西省人民政府办公厅关于加快保障性住房建设的意见	中共陕西省委办公厅　陕西省人民政府办公厅
30	2010.12	陕西省城镇绿化条例	陕西省人民代表大会常务委员会
31	2011.03	陕西省人民政府办公厅转发国务院办公厅关于进一步做好房地产市场调控工作有关问题的通知	陕西省人民政府办公厅
32	2011.08	陕西省人民政府关于印发《陕西省保障性住房管理办法（试行）》的通知	陕西省人民政府
33	2011.09	陕西省城镇住房制度改革总体方案	陕西省人民政府
34	2013.05	陕西省"十二五"城镇化发展规划	陕西省住房和城乡建设厅
35	2013.05	陕西省人民政府办公厅转发国务院办公厅关于继续做好房地产市场调控工作的通知	陕西省人民政府办公厅
36	2014.01	关于印发《陕西省保障性安居工程项目规划选址及配套设施建设管理办法（试行）》的通知	陕西省住房和城乡建设厅
37	2014.01	关于加快棚户区改造工作的实施意见	陕西省人民政府
38	2014.11	陕西省物业服务收费管理实施办法	陕西省物价局 陕西省住房和城乡建设厅
39	2014.12	关于印发《陕西省房屋建筑和市政基础设施工程电子招标投标办法》的通知	陕西省住房和城乡建设厅
40	2015.04	陕西省人民政府办公厅转发《陕西省保障性住房建设管理工作奖励暂行办法》的通知	陕西省人民政府办公厅
41	2015.05	关于进一步加强棚户区改造工作的通知	陕西省人民政府办公厅
42	2015.09	关于印发《陕西省绿色生态城区指标体系（试行）》的通知	陕西省住房和城乡建设厅
43	2015.01	关于印发《陕西省房屋建筑和市政基础设施工程施工、监理招标投标办法》的通知	陕西省住房和城乡建设厅
44	2016.01	关于进一步做好城镇棚户区和城乡危房改造及配套基础设施建设工作的通知	陕西省人民政府
45	2016.03	陕西省建筑市场管理条例	陕西省住房和城乡建设厅
46	2016.05	关于房地产去库存优结构的若干意见	陕西省人民政府
47	2016.09	关于转发《陕西省保障性安居工程建设管理工作奖励办法》的通知	陕西省人民政府办公厅
48	2016.11	关于深入推进新型城镇化建设的实施意见	陕西省人民政府
49	2017.01	关于加快培育和发展住房租赁市场的实施意见	陕西省人民政府办公厅
50	2017.07	关于印发城镇土地使用税实施办法和房产税实施细则的通知	陕西省人民政府

续表

序号	发布时间	政策名称	发布部门
51	2017.06	关于促进建筑业持续健康发展的实施意见	陕西省人民政府办公厅
52	2018.03	关于进一步规范全省房地产市场秩序工作的通知	陕西省住房和城乡建设厅
53	2018.04	关于《加强房屋建筑和市政基础设施工程施工、监理招标投标监管》的通知	陕西省住房和城乡建设厅
54	2018.09	关于印发《陕西省保障性安居工程建设管理工作奖励办法》的通知	陕西省住房和城乡建设厅 陕西省财政厅
55	2018.01	关于进一步加强公租房分配管理工作的通知	陕西省住房和城乡建设厅 陕西省财政厅

西安市

序号	发布时间	政策名称	发布部门
1	2006.08	西安市城市居住区物业管理条例	西安市政府办公厅
2	2008.01	西安市城市房屋租赁条例	西安市政府办公厅
3	2008.01	西安市土地储备条例	西安市政府办公厅
4	2008.01	西安市城市房屋拆迁管理办法	西安市建委
5	2008.01	西安市物业管理条例	西安市建委
6	2008.01	西安市开发区条例	西安市政府办公厅
7	2008.01	西安市城市房屋使用安全管理条例	西安市政府办公厅
8	2008.01	西安市建设工程勘察设计管理条例	西安市政府办公厅
9	2009.08	城市房地产开发经营管理条例	西安市建委
10	2009.08	工程建设项目招标代理机构资格认定办法	西安市建委
11	2009.08	工程造价咨询企业管理办法	西安市建委
12	2009.08	建设工程安全生产管理条例	西安市建委
13	2009.08	建设工程勘察设计管理条例	西安市建委
14	2009.08	建设工程勘察设计资质管理规定	西安市建委
15	2009.08	建设工程质量管理条例	西安市建委
16	2009.08	民用建筑节能条例	西安市建委
17	2009.08	外商投资建设工程服务企业管理规定	西安市建委
18	2009.08	西安市城市建设档案管理条例	西安市建委
19	2009.08	西安市城乡建设委员会关于加强建筑工程室内环境质量监督管理的通知	西安市建委
20	2009.08	西安市住房公积金管理条例	西安市政府办公厅
21	2009.08	西安市室内装饰管理条例	西安市政府办公厅
22	2010.05	西安市物业管理条例	西安市政府办公厅
23	2010.11	西安市城乡规划条例	西安市政府办公厅
24	2012.11	西安市建筑装饰装修条例	西安市建委
25	2014.07	关于印发西安市绿色建筑行动实施意见的通知	西安市政府办公厅
26	2015.07	西安市民用建筑节能条例	西安市建委
27	2015.07	西安市城乡建设档案管理条例	西安市建委
28	2015.07	西安市人民代表大会常务委员会关于修改《西安市散装水泥管理条例》的决定	西安市建委
29	2015.11	西安市人民政府办公厅关于印发进一步规范房地产项目审批工作实施方案的通知	西安市政府办公厅

续表

序号	发布时间	政策名称	发布部门
30	2015.11	西安市城市房屋使用安全管理条例	西安市人大
31	2016.06	关于印发西安市棚户区改造货币化房票安置管理办法（试行）的通知	西安市政府办公厅
32	2016.07	西安市人民政府办公厅关于印发西安市建设工程施工现场围挡及出入口管理规定的通知	西安市政府办公厅
33	2016.07	西安市建设工程施工现场围挡及出入口管理规定	西安市建委
34	2016.11	西安市人民政府办公厅关于印发西安市建设工程招投标市场专项整治方案的通知	西安市政府办公厅
35	2016.11	西安市人民政府办公厅关于加快城建 PPP 项目建设的实施意见	西安市政府办公厅
36	2017.04	西安市人民政府关于进一步加强管理保持房地产市场平稳健康发展的若干意见	西安市政府办公厅
37	2017.05	西安市人民政府办公厅关于印发西安市加快推进装配式建筑发展实施方案的通知	西安市政府办公厅
38	2017.05	西安市人民政府办公厅关于印发西安市经济适用住房退出管理实施细则的通知	西安市政府办公厅
39	2017.06	关于调整我市住房交易政策有关问题的通知	西安市政府办公厅
40	2017.08	西安市人民政府办公厅关于印发城中村及城乡结合部治违拆违专项整治行动实施方案和城区屋顶加盖违建拆除专项行动实施方案的通知	西安市政府办公厅
41	2017.1	西安曲江新区管理委员会关于印发《西安曲江新区公租周转房管理实施细则（暂行）》的通知	曲江新区管委会
42	2018.02	西安市规划局关于印发西安市建设工程竣工规划条件核实管理规定的通知	西安市规划局
43	2018.05	关于进一步加强建设用地规划管理工作的通知	西安市政府办公厅
44	2018.06	西安市人民政府办公厅关于印发西安市城中村出租屋安全管理办法的通知	西安市政府办公厅
45	2018.06	关于进一步规范商品住房交易秩序有关问题的通知	西安市政府办公厅
46	2018.08	西安市人民政府办公厅关于印发《西安市工程建设项目审批制度改革实施细则》的通知	西安市政府办公厅
47	2018.09	西安市人民政府办公厅关于印发《西安市深化住房供给侧结构性改革实施方案》的通知	西安市政府办公厅

宝鸡市

序号	发布时间	政策名称	发布部门
1	2006.11	宝鸡市人民政府关于进一步加强土地管理和调控有关工作的通知	宝鸡市人民政府
2	2008.06	宝鸡市人民政府关于印发宝鸡市土地、房地产业税收一体化管理实施意见的通知	宝鸡市人民政府
3	2010.08	宝鸡市人民政府关于印发宝鸡市土地收购储备工作实施意见（试行）的通知	宝鸡市人民政府
4	2011.08	宝鸡市人民政府办公室关于做好 2006—2010 年市级耕地保护责任目标考核工作的通知	宝鸡市人民政府
5	2012.07	住宅专项维修资金管理办法	宝鸡市人民政府

续表

序号	发布时间	政策名称	发布部门
6	2013.09	宝鸡市人民政府办公室关于做好耕地占用税和契税征收职能划转工作的通知	宝鸡市人民政府
7	2013.05	宝鸡市物价局　宝鸡市住房和城市建设局关于转发《陕西省物价局　陕西省住房和城乡建设厅《关于重新修订印发《陕西省物业服务收费管理办法》的通知》的通知	宝鸡市人民政府
8	2013.05	宝鸡市物价局　宝鸡市住房和城市建设局关于转发《陕西省物价局 住房和城乡建设厅关于印发修订后的《陕西省物业管理区域内交通工具停放服务价格管理办法》的通知》的通知	宝鸡市人民政府
9	2015.12	宝鸡市人民政府关于印发宝鸡市市区国有土地上房屋征收与补偿实施办法的通知	宝鸡市人民政府
10	2016.05	宝鸡市人民政府办公室关于印发宝鸡市城市建成区"五拆"工作实施方案的通知	宝鸡市人民政府
11	2016.12	宝鸡市人民政府办公室关于印发宝鸡市利用存量商品住房作为棚户区改造安置房奖励实施细则的通知	宝鸡市人民政府
12	2016.05	宝鸡市人民政府关于印发《宝鸡市房屋租赁防止传销管理办法》的通知	宝鸡市人民政府
13	2016.08	宝鸡市人民政府关于做好政府购买棚户区改造服务工作的实施意见	宝鸡市人民政府
14	2017.09	宝鸡市人民政府关于加快推进新型城镇化建设的指导意见	宝鸡市人民政府
15	2017.05	宝鸡市人民政府关于印发宝鸡市供给侧结构性改革降成本行动方案的通知	宝鸡市人民政府
16	2018.02	宝鸡市人民政府办公室关于进一步做好城镇棚户区改造及配套基础设施建设有关工作的意见	宝鸡市人民政府
17	2018.07	宝鸡市人民政府办公室关于推进重大建设项目批准和实施、公共资源配置、社会公益事业建设领域政府信息公开的实施意见	宝鸡市人民政府
18	2018.05	宝鸡市人民政府办公室关于印发宝鸡市城市既有住宅增设电梯的意见（试行）的通知	宝鸡市人民政府

咸阳市

序号	发布时间	政策名称	发布部门
1	1998.08	关于印发《咸阳市市级机关、事业单位成本价出售公有住房实施办法》的通知	咸房改办
2	2001.01	关于加强基本建设项目管理的暂行规定	咸阳市人民政府
3	2002.07	咸阳市出让国有土地使用权招标拍卖实施办法	咸阳市人民政府
4	2005.04	咸阳市市区城镇廉租住房管理办法	咸阳市住房和城乡建设规划局
5	2007.01	关于经济适用住房审批有关问题的通知	咸阳市住房和城乡建设规划局
6	2006.01	咸阳市经济适用住房建设管理规定	咸阳市人民政府
7	2009.01	关于经济适用住房（集资建房）申报审批程序有关问题的通知	咸房改办
8	2013.01	咸阳市城区公共租赁住房管理实施方案	咸阳市住房和城乡建设规划局
9	2013.01	咸阳市住建局关于2013年公共租赁住房申请、审核、分配事宜的公告	咸阳市住房保障中心

序号	发布时间	政策名称	发布部门
10	2014.06	市住建局关于公布咸阳市城区保障性租赁住房租金标准的通知	咸阳市住房和城乡建设规划局
11	2009.12	关于加快推进城镇化的实施意见	咸阳市人民政府
12	2015.04	关于进一步加强城乡规划和建设管理的意见	咸阳市人民政府
13	2015.04	咸阳市国有土地上房屋征收与补偿暂行办法	咸阳市人民政府
14	2015.06	咸阳市租赁型保障房分配实施办法（试行）	咸阳市住房和城乡建设规划局
15	2015.03	咸阳市租赁型保障房共有产权实施细则	咸阳市住房和城乡建设规划局
16	2015.01	咸阳市租赁型保障房投诉举报受理工作暂行办法	咸阳市住房和城乡建设规划局
17	2017.01	关于加强公有住房出售收入管理使用的通知	咸阳市住房和城乡建设规划局
18	2017.01	咸阳市城区房地产交易市场管理办法	咸阳市住房和城乡建设规划局
19	2017.11	咸阳市人民政府办公室转发市住房和城乡建设规划局等部门关于进一步做好公共租赁住房有关工作实施意见的	咸阳市人民政府办公室
20	2018.07	关于规范我市房屋建筑和市政基础设施工程招标投标监管工作的通知	咸阳市住房和城乡建设规划局
21	2018.08	咸阳市人民政府关于印发《咸阳市国有土地上房屋征收与补偿办法》的通知	咸阳市人民政府

铜川市

序号	发布时间	政策名称	发布部门
1	2008.01	铜川市人民政府关于加快发展住房二级市场的通知	铜川市人民政府
2	2008.07	铜川市人民政府关于加强土地管理推进节约集约用地的通知	铜川市人民政府
3	2009.11	铜川市人民政府关于加强土地储备工作有关问题的通知	铜川市人民政府
4	2009.11	铜川市人民政府关于开展闲置土地清理处置工作的通知	铜川市人民政府
5	2011.04	铜川市人民政府关于2011年新建住房价格控制目标的公告	铜川市人民政府
6	2012.10	铜川市人民政府关于印发国有土地上房屋征收与补偿暂行办法的通知	铜川市人民政府
7	2014.10	铜川市人民政府关于加快棚户区（城中村）改造工作的实施意见	铜川市人民政府办公室
8	2016.01	铜川市人民政府关于落实保障性安居工程费用减免政策的通知	铜川市人民政府办公室
9	2016.05	铜川市人民政府关于印发铜川市政府购买棚户区改造服务办法的通知	铜川市人民政府办公室
10	2016.09	铜川市人民政府办公室关于印发铜川市利用存量商品住房作为棚户区改造安置房奖励实施细则的通知	铜川市人民政府办公室
11	2016.09	铜川市人民政府关于房地产去库存优结构的意见	铜川市人民政府
12	2017.03	铜川市人民政府关于加强重大项目建设的意见	铜川市人民政府
13	2017.05	关于印发《铜川市整顿和规范房地产市场秩序实施方案》的通知	铜川市住房和城乡建设局
14	2017.07	关于印发《铜川市严厉打击围标串标搞利益输送行为加强工程建设安全管理行动方案》的通知	铜川市住房和城乡建设局
15	2017.07	铜川市人民政府办公室关于印发铜川市加快建筑装配产业化大力推进装配式建筑发展实施方案的研究	铜川市人民政府办公室

序号	发布时间	政策名称	发布部门
16	2017.12	关于扎实做好年度脱贫对象农村危房改造自查工作的通知	铜川市住房和城乡建设局
17	2018.07	铜川市人民政府办公室关于印发《铜川市城市房屋使用安全管理办法》的通知	铜川市人民政府办公室
18	2018.08	铜川市人民政府办公室关于进一步加强物业管理工作的意见	铜川市人民政府办公室
19	2018.08	铜川市人民政府关于进一步加快棚户区改造工作的实施意见	铜川市人民政府办公室

渭南市

序号	发布时间	政策名称	发布部门
1	2011.01	潼关县保障性住房保障条件及分配办法	渭南市住房和城乡建设局
2	2013.05	市住建局关于建筑业企业资质办理有关问题的通知	渭南市住房和城乡建设局
3	2013.09	渭南高新区拆迁安置补偿试行办法	高新区管委会
4	2014.08	渭南高新区保障性住房管理中心关于开展辖区内经济适用房、限价房申报活动的通知	高新区住房和城乡建设局
5	2015.11	渭南市人民政府关于促进房地产市场平稳健康发展的意见	渭南市人民政府办公室
6	2017.06	渭南市人民政府办公室关于印发《渭南市市级行政事业单位房地产处置管理办法》的通知	渭南市人民政府办公室
7	2017.06	渭南市人民政府办公室关于印发《渭南市市级行政事业单位房地产出租出借管理办法》的通知	渭南市人民政府办公室
8	2017.11	渭南市人民政府关于启用渭南市中心城区基准地价更新与调整成果的通告	渭南市人民政府
9	2018.06	渭南市物业管理条例实施细则全文	渭南市人民政府

延安市

序号	发布时间	政策名称	发布部门
1	2011.08	延安市人民政府关于印发《延安市城市地下管线工程档案管理办法》的通知	延安市人民政府
2	2014.12	延安市人民政府关于印发《延安市工程建设项目招标投标统一平台进场交易实施办法（试行）》的通知	延安市人民政府
3	2015.09	延安市城市地下管线工程档案管理办法	延安市人民政府
4	2015.09	延安市城市建设档案管理办法	延安市人民政府
5	2015.10	延安市人民政府关于印发《延安市政府投资工程建设项目招标投标管理办法》的通知	延安市人民政府
6	2017.08	关于印发《陕西省建筑施工安全生产标准化考评实施细则》的通知	陕西省住房和城乡建设厅
7	2018.06	延安市建设工程施工现场围挡及出入口管理规定	延安市建设工程质量安全监督中心站
8	2018.07	延安市住房和城乡建设局关于对2017年农村危房改造整改情况和2018年农村危房改造完成情况入户核查的通知	延安市住房和城乡建设局

榆林市

序号	发文时间	政策名称	发文部门
1	2007.02	榆林市人民政府关于进一步加强土地管理和调控有关工作的通知	榆林市人民政府
2	2007.03	榆林市人民政府办公室关于印发《榆林市城镇廉租住房管理办法》的通知	榆林市人民政府办公室
3	2008.01	榆林市人民政府关于进一步加强土地管理的紧急通知	榆林市人民政府

续表

序号	发布时间	政策名称	发布部门
4	2008.06	榆林市人民政府关于印发《榆林市加强工程建设招标投标活动监督管理的若干规定》的通知	榆林市人民政府办公室
5	2009.09	榆林市人民政府办公室关于做好全市保障性安居工程建设工作的通知	榆林市人民政府办公室
6	2010.05	关于发布榆林市首期住宅专项维修资金缴交标准的通知	榆林市住房和城市建设局
7	2010.05	榆林市人民政府关于坚决遏制房价过快上涨促进房地产市场平稳健康发展的通知	榆林市人民政府
8	2011.03	榆林市人民政府办公室关于进一步做好房地产市场调控工作的通知	榆林市人民政府办公室
9	2011.04	榆林市人民政府关于印发榆林市限价商品房管理办法（试行）的通知	榆林市人民政府
10	2011.08	榆林市房地产市场监管办法	榆林市人民政府办公室
11	2011.09	榆林市人民政府关于印发榆林市棚户区改造管理办法等三个规范性文件的通知	榆林市人民政府
12	2012.09	榆林市人民政府办公室关于进一步加强农村危房改造工作的通知	榆林市人民政府办公室
13	2014.08	榆林市人民政府办公室关于印发榆林市廉租住房和公共租赁住房并轨运行管理实施意见（试行）的通知	榆林市人民政府办公室
14	2014.08	榆林市人民政府办公室关于进一步严格征地拆迁管理工作切实维护群众合法权益的紧急通知	榆林市人民政府办公室
15	2014.09	榆林市人民政府办公室关于进一步加强保障性安居工程建设管理工作的意见	榆林市人民政府办公室
16	2014.09	榆林市人民政府办公室关于印发全市国有土地使用权出让收支管理问题清理整改工作方案的通知	榆林市人民政府办公室
17	2014.11	榆林市人民政府办公室关于印发榆林市棚户区改造实施办法的通知	榆林市人民政府办公室
18	2015.02	榆林市人民政府办公室关于印发榆林市国有土地上房屋征收与补偿实施办法（试行）的通知	榆林市人民政府办公室
19	2015.03	榆林市人民政府办公室关于印发榆林市市本级2015年度国有建设用地供应计划的通知	榆林市人民政府办公室
20	2015.05	榆林市人民政府关于进一步加强住房公积金管理工作的意见	榆林市人民政府
21	2015.08	榆林市人民政府办公室关于印发榆林市棚户区综合整治改造实施意见的通知	榆林市人民政府办公室
22	2015.09	榆林市人民政府关于进一步促进全市房地产市场平稳健康发展的意见	榆林市人民政府
23	2016.07	榆林市人民政府办公室关于印发榆林市房地产去库存优结构实施意见的通知	榆林市人民政府办公室
24	2017.07	榆林市人民政府关于印发榆林市物业市场监管办法的通知	榆林市人民政府
25	2017.07	榆林市人民政府关于进一步加强中心城区规划建设管控工作的通告	榆林市人民政府
26	2018.09	榆林市人民政府关于印发榆林市房屋租赁管理办法（试行）的通知	榆林市人民政府

汉中市			
序号	发布时间	政策名称	发布部门
1	2011.06	汉中市住房公积金提取管理细则	汉中市住房公积金
2	2015.04	汉中市公共租赁住房资产管理实施细则（试行）	汉中市住房和城市管理局
3	2015.01	关于进一步完善差别化住房信贷政策有关问题的通知	汉中市住房和城市管理局
4	2016.07	汉中市人民政府办公室关于印发汉中市利用存量商品房作为棚户区改造安置房奖励办法的通知	汉中市人民政府办公室

序号	发布时间	政策名称	发布部门
5	2016.09	汉中市人民政府关于实施汉中市龙岗二期棚户区改造项目有关事项的通知	汉中市人民政府办公室
6	2017.02	关于印发汉台区青年路以东区域棚户区改造项目房屋征收补偿安置方案的通知	汉中市人民政府办公室
7	2017.02	汉中市人民政府关于印发汉中市滨江新区开发建设一期土地征收与房屋拆迁补偿安置办法的通知	汉中市人民政府办公室
8	2017.03	关于印发《汉中市商品房预售资金和二手房交易资金监管办法》的通知	汉中市住房和城市管理局
9	2017.05	汉中市移民（脱贫）搬迁与库存商品房结合办法	汉中市人民政府办公室
10	2017.06	汉中市人民政府办公室关于印发汉中市政府购买土地一级开发拆迁安置补偿服务管理办法（暂行）的通知	汉中市人民政府办公室
11	2017.06	汉中市人民政府办公室转发市建规局等部门关于加强脱贫攻坚非易地搬迁建档立卡贫困户农村危房改造工作实施意见的通知	汉中市人民政府办公室
12	2017.09	汉中市人民政府关于印发汉中市国有土地上房屋征收与补偿办法的通知	汉中市人民政府办公室
13	2017.09	汉台区莲花池区域棚户区改造项目国有土地上房屋征收补偿安置方案	汉中市人民政府办公室
14	2017.09	汉中市汉台区莲花池区域棚户区改造项目征地拆迁补偿安置方案	汉中市人民政府办公室
15	2017.01	汉中市人民政府关于汉台区等11县区乡级土地利用总体规划（2006－2020年）调整完善成果的批复	汉中市人民政府办公室
16	2017.12	汉中市人民政府办公室关于印发汉中市公共租赁住房出售管理办法（试行）的通知	汉中市人民政府办公室
17	2018.06	市中心城区今年首批公租房完成实物配租	汉中市住房和城市管理局
18	2018.07	汉中市人民政府关于加快县域经济发展和城镇化的实施意见	汉中市人民政府办公室
19	2018.08	汉中市人民政府办公室关于建立土地收储规划开发联动的大收储制度的实施意见	汉中市人民政府办公室

安康市

序号	发布时间	政策名称	发布部门
1	2007.07	安康市人民政府办公室关于印发安康市城镇最低收入家庭廉租住房管理实施办法的通知	安康市人民政府
2	2012.06	安康市人民政府关于印发安康中心城市规划区拆迁集体土地房屋产权调换暂行办法的通知	安康市人民政府
3	2011.08	关于加强中心城市规划区拆迁安置规划管理的通知	安康市人民政府
4	2011.08	关于认真贯彻落实陕政办发〔2011〕67号文件精神切实做好移民搬迁安置工作的通知	安康市人民政府
5	2011.11	关于印发安康市推广应用房地产估价技术加强存量房交易税收征管工作方案的通知	安康市人民政府
6	2011.11	关于印发安康市住房公积金管理机构调整工作实施方案的通知	安康市人民政府
7	2012.05	安康市人民政府办公室关于印发安康市保障性住房管理实施办法的通知	安康市人民政府
8	2012.12	安康市人民政府关于规范协议出让国有土地使用权出让收入征收方式的通知	安康市人民政府

序号	发布时间	政策名称	发布部门
9	2013.05	安康市人民政府关于印发安康市国有土地上房屋征收与补偿实施办法的通知	安康市人民政府
10	2013.09	安康市人民政府关于切实加强土地管理工作的意见	安康市人民政府
11	2014.07	安康市人民政府关于认真贯彻省政府办公厅进一步加强和规范陕南地区移民搬迁工作的意见的通知	安康市人民政府
12	2015.08	安康市人民政府办公室关于印发安康中心城市棚户区改造项目货币化安置实施意见的通知	安康市人民政府
13	2015.08	安康市人民政府关于促进房地产市场平稳健康发展的意见	安康市人民政府
14	2016.05	安康市人民政府关于更新安康市中心城区基准地价和划拨用地供地价格的公告	安康市人民政府
15	2016.06	安康市人民政府办公室关于印发安康市政府购买棚户区改造服务管理办法	安康市人民政府
16	2016.08	安康市人民政府关于开展农村承包土地的经营权和农民住房财产权抵押贷款试点的实施意见	安康市人民政府
17	2016.01	安康市人民政府关于印发安康市移民（脱贫）搬迁工作实施方案的通知	安康市人民政府
18	2016.12	安康市人民政府办公室关于全市土地供应差别化管理的实施意见	安康市人民政府
19	2017.06	安康市棚户区改造管理暂行办法	安康市人民政府
20	2017.06	安康市政府购买棚户区改造服务管理办法（暂行）	安康市人民政府
21	2018.04	安康市人民政府关于建设新移民搬迁社区的意见	安康市人民政府

商洛市

序号	发文时间	政策名称	发布部门
1	2011.02	商洛市人民政府关于加强存量房交易税收管理的通告	商洛市政府办
2	2012.08	商洛市人民政府办公室关于做好住房保障信息平台建设有关工作的通知	商洛市政府办
3	2012.08	商洛市人民政府关于印发闲置土地处置实施办法的通知	商洛市政府办
4	2012.12	商洛市人民政府关于授权市城投公司采用发行企业债券为保障性住房建设项目融资有关问题的通知	商洛市政府办
5	2014.06	商洛市人民政府办公室关于进一步做好闲置土地清理处置工作的通知	商洛市政府办
6	2014.08	商洛市人民政府办公室关于加快棚户区改造工作的实施意见	商洛市政府办
7	2014.08	商洛市人民政府关于进一步规范国有土地上房屋征收工作的通知	商洛市政府办
8	2014.12	商洛市人民政府关于印发商洛市进一步加强和规范移民搬迁安置工作实施细则的通知	商洛市政府办
9	2015.03	商洛市人民政府关于印发棚户区改造管理暂行办法的通知	商洛市政府办
10	2015.05	商洛市人民政府办公室关于印发城市建设用地节约集约利用评价工作实施方案的通知	商洛市政府办
11	2015.08	商洛市人民政府办公室关于印发中心城市棚户区改造项目选购商品房异地安置暂行办法的通知	商洛市政府办
12	2015.01	商洛市人民政府关于印发棚户区改造项目国有土地使用权收回指导意见的通知	商洛市政府办
13	2016.03	商洛市人民政府办公室关于印发建筑市场及房地产市场规范管理综合整治活动实施方案的通知	商洛市政府办

续表

序号	发布时间	政策名称	发布部门
14	2016.06	商洛市人民政府办公室关于印发政府购买棚户区改造服务管理暂行办法的通知	商洛市政府办
15	2016.06	商洛市人民政府办公室关于印发租赁型保障房资产管理实施办法（试行）的通知	商洛市政府办
16	2016.07	商洛市人民政府办公室关于印发利用存量商品住房作为棚户区改造安置房奖励实施办法的通知	商洛市政府办
17	2016.12	商洛市人民政府关于印发商洛市移民（脱贫）搬迁工作实施细则及相关配套办法的通知	商洛市政府办
18	2017.04	中共商洛市委 商洛市人民政府印发《关于推进供给侧结构性改革的实施意见》的通知	商洛市政府办
19	2017.08	商洛市人民政府关于印发供给侧结构性改革补短板专项实施方案的通知	商洛市政府办
20	2018.04	商洛市人民政府关于印发棚户区改造管理办法的通知	商洛市政府办
21	2018.04	商洛市人民政府关于印发中心城市规划区集体土地上房屋征收与补偿安置暂行办法的通知	商洛市政府办
22	2018.04	商洛市人民政府关于印发中心城市国有土地上房屋征收与补偿办法的通知	商洛市政府办
23	2018.04	商洛市人民政府关于印发中心城市棚户区改造项目调查登记办法的通知	商洛市政府办
24	2018.08	商洛市人民政府办公室关于开展批而未用和闲置土地专项整治行动的通知	商洛市政府办

杨凌区

序号	发布时间	政策名称	发布部门
1	2013.02	杨凌示范区管委会关于加快推进城镇化的意见	杨凌示范区管委会
2	2015.03	杨凌示范区廉租住房和公共租赁住房并轨运行实施意见（试行）	杨凌示范区规划建设局
3	2015.06	关于杨凌示范区廉租住房和公共租赁住房并轨运行实施意见（试行）	杨凌示范区规划建设局
4	2016.07	关于印发《杨凌示范区商品房预售资金监管办法》的通知	杨凌示范区住房和城乡规划建设局 中国人民银行杨凌支行
5	2016.07	杨凌示范区保障性住房建设领导小组办公室 关于调整租赁型保障房准入标准的通知	杨杨凌示范区保障性住房建设领导小组办公室
6	2017.03	杨凌示范区规划建设局关于进一步加强绿色建筑管理工作的通知	杨凌示范区规划建设局
7	2017.04	杨凌示范区建设工程招投标委员会办公室关于转发《陕西省房屋建筑和市政基础设施工程施工分包管理细则》的通知	杨杨凌示范区建设工程招投标委员会办公室
8	2017.05	杨凌示范区保障性住房建设领导小组办公室关于2017年度廉租住房租赁补贴发放的通知	杨凌示范区保障性住房建设领导小组办公室
9	2017.06	杨凌示范区住房和城乡规划建设局关于开展工程监理、造价咨询和招标代理企业执业行为监督执法检查的通知	杨凌示范区规划建设局
10	2018.04	杨凌示范区保障性住房管理中心关于开展公租房入住资格排查的通知	杨凌示范区保障性住房建设领导小组办公室
11	2018.04	杨凌示范区保障性住房建设领导小组办公室关于城镇廉租住房租赁补贴发放的通知	杨杨凌示范区保障性住房管理中心
12	2018.06	关于改进建设工程招投标有关工作的通知	杨凌示范住建局 杨凌示范区公共资源交易中心
13	2018.07	杨凌示范区住房和城乡规划建设局关于开展示范区工程勘察设计企业动态监督检查的通知	杨凌示范区住房和城乡规划建设局